BEDRIJFSONGEVAL

*Van Joseph Finder zijn verschenen:*

De Moskou Club*
Het Orakel Project
Het Uur Nul
De Krijgsraad (High Crimes)*
Paranoia
Bedrijfsongeval

*In POEMA-POCKET verschenen

JOSEPH FINDER

# BEDRIJFSONGEVAL

UITGEVERIJ LUITINGH

Oorspronkelijke titel: *Company Man*
Vertaling: Hugo Kuipers
Omslagontwerp: Edd, Amsterdam
Omslagfotografie: Andy Whale/Getty Images

ISBN 90 245 5580 9 / 9789024555802
NUR 332

www.boekenwereld.com

Voor mijn ouders, Morris en Natalie Finder

En ter nagedachtenis aan mijn dierbare schoonouders,
Michel en Josephine Souda

Dat is de ondankbare positie van de vader in het gezin
– de kostwinner voor allen, de vijand van allen.
– *August Strindberg*, 1886

# DEEL EEN

# VEILIGHEID

# 1

Het kantoor van de president-directeur van de Stratton Corporation was eigenlijk helemaal geen kantoor. Op het eerste gezicht zou je het een 'cubicle' noemen, maar bij de Stratton Corporation – die máákte de stijlvolle, zilverkleurige panelen rondom het geborsteld stalen Stratton Ergon-bureau van de president-directeur – is cubicle een vies woord. Je werkte niet in een cubicle in een 'cube farm'; nee, je 'multitaskte' op je 'thuishonk' in een 'open systeem'.

Nicholas Conover, de president-directeur van Stratton, leunde achterover in zijn leren Stratton Symbiosis-stoel, een zetel van topklasse, en probeerde zich te concentreren op de stroom cijfers uit de mond van zijn financieel directeur, Scott McNally, een kleine, bescheiden nerd met een griezelige voorliefde voor cijfers. Scott was cynisch en gevat, maar dan wel op een scherpe, enigszins boosaardige manier. Hij was ook een van de intelligentste mannen die Nick ooit had gekend. Toch was er niets waar Nick zo'n hekel aan had als aan budgetbesprekingen.

'Verveel ik je, Nick?'

'Moet je dat nog vragen?'

Scott stond bij het gigantische plasmascherm en raakte het met de stylus aan om de PowerPoint-beelden op te roepen. Hij was amper een meter vijftig lang, meer dan dertig centimeter kleiner dan Nick. Hij had allerlei zenuwtrekjes, maakte nerveuze bewegingen met zijn schouders, en zijn nagels waren afgekloven tot op het leven. Hij was ook zijn haar aan het verliezen, al was hij nog in de dertig; zijn schedel was kaal met alleen nog een randje wild krulhaar. Hij had geld genoeg, maar het leek wel of hij sinds de universiteit altijd hetzelfde blauwe button-down Oxford-shirt, versleten bij de boord, had gedragen. Als hij sprak, gingen zijn bruine ogen schichtig heen en weer, verzonken in diepe blauwpaarse holten.

Terwijl hij maar doorpraatte over de afvloeiingen, en voorrekende hoeveel ze dit jaar zouden kosten en hoeveel ze het volgend jaar zouden besparen, frommelde hij met zijn andere hand aan wat er van zijn slordige haar was overgebleven.

Nicks bureau werd zorgvuldig leeg gehouden door zijn geweldige secretaresse, Marjorie Dykstra. De enige dingen die zich daarop bevonden, waren zijn computer (draadloos toetsenbord en dito muis, geen irritant rattennest van draden, plat scherm), een rode modeltruck met het Stratton-logo op de zijkant, en ingelijste foto's van zijn kinderen. Hij keek steeds even naar die foto's, in de hoop dat Scott zou denken dat hij alleen maar in de ruimte staarde en zich op de eindeloos durende presentatie concentreerde.

*Waar komt het op neer, jongen?* zou hij willen zeggen. *Zullen ze in Boston tevreden zijn of niet?*

Maar Scott ging maar door over kostenbesparingen, outplacementkosten, meetsystemen, werknemers als 'eenheden', als staafgrafieken op een PowerPoint-dia. 'De huidige gemiddelde leeftijd van de personeelsleden is 47,789 jaar, met een standaardafwijking van 6,92,' zei Scott. Toen hij met de aluminium stylus het scherm aanraakte, zag hij Nick wazig kijken, en hij keek hem met een vaag glimlachje aan. 'Maar leeftijd is alleen maar een cijfer, hè?'

'Is er ook goed nieuws?'

'Ach, het is maar geld.' Scott zweeg even. 'Dat was een grapje.'

Nick keek naar de rij foto's in hun zilveren lijsten. Sinds Laura's dood, vorig jaar, gaf hij om nog maar twee dingen: zijn baan en zijn kinderen. Julia was tien, en op haar schoolfoto zat ze er stralend bij, haar kastanjebruine krulhaar een wirwar, haar enorme, vochtige bruine ogen fonkelend, haar grote nieuwe tanden een beetje scheef, haar glimlach zo natuurlijk en oogverblindend dat het was of ze uit de foto naar voren sprong. Lucas was zestien. Net als zijn zusje had hij donker haar, en hij was opvallend knap, met een markante kin en de korenblauwe ogen van zijn moeder. Een jongen die de harten van tienermeisjes sneller liet slaan. Lucas glimlachte naar de camera, een glimlach die Nick na het ongeluk niet meer bij hem had gezien.

Er was maar één foto van hen vieren. Ze zaten op de veranda van het oude huis, Laura in het midden, en ze raakten haar allemaal aan, hun handen op haar schouder of om haar middel. Ze was het middelpunt van het gezin. Daar was een grote leegte voor in de plaats gekomen. Haar geamuseerde, twinkelende blauwe ogen keken recht in de camera, openhartig en evenwichtig, met een beetje binnenpret. En natuurlijk zat Barney, hun dikke logge mengeling van labrador en golden retriever, met zijn hondenglimlach op zijn hurken voor het hele gezin. Barney stond op alle gezinsfoto's, zelfs op de laatste foto die met Kerstmis was gemaakt, die waarop Lucas net zo dreigend keek als Charles Manson.

'Todd Muldaur krijgt een rolberoerte,' zei Nick, opkijkend naar Scott. Muldaur was vennoot in Fairfield Equity Partners in Boston, de beleggingsfirma die nu eigenaar was van de Stratton Corporation. Om het maar ronduit te zeggen: Todd was Nicks baas.

'Dat zit er wel in,' beaamde Scott. Hij keek plotseling om, en even later hoorde Nick de kreten ook.

'Wat...?' zei Scott. Ergens dichtbij riep een diepe mannenstem. Er was ook een vrouwenstem, blijkbaar Marge.

'U hebt geen afspraak, meneer!' riep Marge, haar stem schel en angstig. Het antwoord bestond uit onverstaanbaar gegrom. 'Trouwens, hij is er niet, en als u niet meteen weggaat, meneer, moet ik de bewaking bellen.'

Een kolossale gestalte dreunde tegen een van de zilverkleurige panelen rondom Nicks werkstation en gooide het bijna om. Het was een baardige reus van achter in de dertig. Hij droeg een geruit flanellen overhemd waarvan de knoopjes los waren, met daaronder een zwart Harley-Davidson-T-shirt. Het was een krachtpatser met een tonronde borstkas. De man kwam hem bekend voor. Een fabrieksarbeider? Iemand die kortgeleden was ontslagen?

De man werd gevolgd door Marge, die wilde gebaren maakte. 'U mag hier niet naar binnen!' riep ze uit. 'Gaat u hier onmiddellijk weg, of ik bel de bewaking.'

De reus bulderde met een stem als een misthoorn: 'Moet je kijken! De baas zelf. De beul.'

Er ging een kille angst door Nick heen. Hij besefte dat de budgetbespreking misschien wel het hoogtepunt van die dag was geweest.

De man, waarschijnlijk een werknemer die in de nieuwste afvloeiingsronde was ontslagen, keek hem met wilde ogen aan.

Nick dacht aan krantenberichten over woedende werknemers – 'rancuneuze ex-personeelsleden', werden ze altijd genoemd – mensen die ontslagen waren en naar hun werkplek terugkwamen en daar om zich heen schoten.

'Ik herinner me net een telefonische vergadering waar ik te laat voor ben,' mompelde Scott McNally, en hij perste zich langs de indringer. 'Als je me wilt excuseren.'

Nick kwam langzaam uit zijn stoel en richtte zich op met zijn volle lengte van een meter vijfentachtig. De woedende man met de baard was veel groter.

'Wat kan ik voor u doen?' vroeg Nick beleefd en kalm, zoals je een dobermannpincher zou proberen te sussen.

'Wat jij voor mij kunt doen? Nou moet ik toch wel heel hard lachen. Jij kan niks meer voor mij doen, klootzak, en ook niks meer mét mij.'

Marge, die nog achter hem met haar handen stond te zwaaien, zei: 'Nick, ik bel de bewaking.'

Nick stak zijn hand op om haar tegen te houden. 'Dat is vast niet nodig,' zei hij.

Marge kneep haar ogen bijna dicht om te kennen te geven dat ze het er helemaal niet mee eens was, maar knikte toen en liep behoedzaam achteruit.

De man met de baard kwam een stap naar voren en zette zijn kolossale borst op, maar Nick week geen centimeter. Dit was iets uit het oerwoud: de indringer was een baviaan die zijn tanden ontblootte en schreeuwde en paradeerde om een roofdier af te schrikken. De man rook naar ranzig zweet en sigarenrook.

Nick vocht tegen de grote verleiding om de man tegen de vlakte te slaan. Hij zei tegen zichzelf dat hij, president-directeur van Stratton, zulke dingen niet kon doen. Daar kwam nog bij dat als die man een van de vijfduizend werknemers van Stratton was die in de afgelopen twee jaar waren ontslagen, hij het volste recht had om zich kwaad te maken. Hij moest de man laten uitrazen en tot rust laten komen, als een ballon waar de lucht uit loopt.

Nick wees naar een vrije stoel, maar de man met de baard wilde niet gaan zitten. 'Hoe heet u?' vroeg Nick een beetje zachter.

'Dat had ouwe Devries nooit hoeven vragen,' zei de man meteen. 'Die kende iedereen z'n naam.'

Nick haalde zijn schouders op. Dat was maar een mythe. De joviale, vaderlijke Milton Devries – Nicks voorganger – was bijna veertig jaar president-directeur van Stratton geweest. De oude man was populair geweest, maar hij had echt geen tienduizend namen gekend.

'Ik ben niet zo goed in namen als de oude man,' zei Nick. 'Dus help me maar een handje.'

'Louis Goss.'

Nick stak zijn hand naar hem uit, maar Goss nam hem niet aan. In plaats daarvan wees Goss met zijn dikke wijsvinger naar hem. 'Toen jij achter je dure computer ging zitten, achter je dure bureau, en de helft van de jongens in de stoelenfabriek ontsloeg, heb je je toen ook afgevraagd wie die mensen zijn?'

'Meer dan je denkt,' zei Nick. 'Zeg, ik vind het jammer dat je je baan bent kwijtgeraakt...'

'Ik ben hier niet omdat ik mijn baan ben kwijtgeraakt – ik heb namelijk dienstjaren. Ik ben hier om tegen je te zeggen dat als iemand hier weg moet, jij het bent. Omdat je één keer per maand door de fabriek loopt, denk je zeker dat je iets weet van de mensen die daar werken? Dat zijn mensen, jongen. Vierhonderdvijftig mannen en vrouwen die 's morgens om vier uur opstaan en de vroege dienst draaien om hun gezin te eten te geven en hun huur of hun hypotheek te betalen en voor hun zieke kinderen en stervende ouders te zorgen, ja? Weet je wel dat sommigen van die jongens door jou hun huis gaan verliezen?'

Nick deed zijn ogen even dicht. 'Louis, wil je alleen tegen me praten of wil je ook horen wat ik te zeggen heb?'

'Ik wil je een beetje gratis advies geven, Nick.'

'Alle waar is naar zijn geld.'

De man negeerde hem. 'Denk jij er nou maar serieus over na of je door wilt gaan met die afvloeiingen. Want als je die morgenvroeg niet afblaast, gaat de hele zaak plat.'

'Wat bedoel je?'

'Ik heb de helft, misschien wel driekwart van de jongens op de werkvloer achter me. Nog meer, als we eenmaal beginnen. Morgen melden we ons allemaal ziek, Nick. En we blijven ziek tot mijn maten hun baan terug hebben.' Goss glimlachte met zijn tabaksbruine tanden, genietend van dit moment. 'Als jij doet wat goed is, doen wij dat ook. Iedereen blij.'

Nick keek Goss aan. Hoeveel van wat hij zei was bluf? Een wilde staking kon de onderneming lamleggen, vooral wanneer zo'n staking oversloeg naar andere fabrieken.

'Denk daar maar eens over na, als je vanavond in je Mercedes naar je omheinde enclave rijdt,' ging Goss verder.'Denk maar eens na: wou je naar de bliksem gaan en het hele bedrijf met je meeslepen?'

*Het is een Chevrolet Suburban, geen Mercedes*, wilde Nick zeggen, maar toen dacht hij aan de term 'omheinde enclave'. Hoe wist Goss waar hij woonde? Daar had niets over in de krant gestaan, al praatten mensen natuurlijk altijd... Was dit een versluierde bedreiging?

Toen Goss de reactie op Nicks gezicht zag, glimlachte hij. Het was een naargeestige grijns. 'Ja, dat klopt. Ik weet waar je woont.'

Nick voelde dat zijn woede oplaaide als een plas benzine waarin een brandende lucifer was gegooid. Hij sprong overeind en kwam bliksemsnel naar voren tot zijn gezicht nog maar een paar centimeter van dat van Louis Goss vandaan was. 'Wat wil je daarmee zeggen?' Het kostte hem al zijn zelfbeheersing om de man niet aan te vliegen, om de kraag van zijn flanellen shirt niet vast te pakken en strak te trekken om die dikke nek. Toen hij zo dichtbij was, besefte hij dat Goss' kolossale lichaam voor het grootste deel uit vet bestond, niet uit spieren.

Goss kromp ineen en deinsde een beetje terug.

'Dacht je dat niet iedereen weet dat je in een kast van een villa in een omheinde enclave woont?' zei Goss. 'Dacht je dat iemand anders in dit bedrijf daar het geld voor heeft?'

Nicks woede zakte meteen weer. Hij voelde een soort opluchting; hij had het verkeerd begrepen. Vergeleken met wat hij even had gedacht, stelde de bedreiging die Louis had uitgesproken niet veel voor. Hij boog zich nog dichter naar hem toe, porde met zijn vinger tegen Goss' borst, tegen het witte streepje tussen 'Harley' en 'Davidson'.

'Ik wil je wat vragen, Louis. Weet je nog, de grote personeelsbijeenkomst in de stoelenfabriek, twee jaar geleden? Toen ik tegen jullie zei dat de onderneming diep in de stront zat en dat er waarschijnlijk mensen weg moesten, maar dat ik dat zoveel mogelijk wilde voorkomen? Jij was toch niet ziek op die dag?'

'Ik was erbij,' mompelde Goss.

'Weet je nog dat ik vroeg of jullie allemaal wat minder uren wilden draaien, dan kon iedereen zijn baan houden? Weet je nog wat iedereen zei?'

Goss zweeg. Hij wendde zijn ogen af, wilde Nick niet recht aankijken.

'Jullie zeiden allemaal nee, dat kon niet. Van salarisverlaging kon geen sprake zijn.'

'Jij hebt makkelijk...'

'En ik vroeg of jullie bereid waren allemaal te bezuinigen op jullie ziektekostenverzekering, crèchevoorzieningen en lidmaatschappen van de sportclub. Nou, hoeveel mensen staken hun hand op om te zeggen: ja, goed, we doen een stapje terug? Weet je dat nog?'

Goss schudde onwillig met zijn hoofd.

'Nul. Er ging verdomme niet één hand omhoog. Niemand wilde ook maar een uur werk verliezen; niemand wilde ook maar één extra voorziening missen.' Hij hoorde hoe het bloed door zijn oren suisde, voelde dat hij een kleur kreeg van verontwaardiging. 'Denk je dat ik vijfduizend banen heb geschrapt, jongen? Nou, in werkelijkheid heb ik vijfduizend banen geréd. Want de jongens in Boston die eigenaar van deze onderneming zijn, spelen het keihard. Ze kijken naar onze grootste concurrent en zien dat die geen metaal meer buigt, dat die zijn meubilair niet meer in Michigan maakt. Alles wordt tegenwoordig in China gemaakt, Louis. Daarom zitten ze onder onze prijzen. Dat douwen die jongens uit Boston door mijn strot bij elke gelegenheid die ze krijgen.'

'Daar had ik geen idee van,' mompelde Louis Goss. Hij schuifelde met zijn voeten. Hij wist niets anders te bedenken.

'Dus ga je gang maar, Louis. Ga maar staken. En dan sturen ze een nieuwe president-directeur, en vergeleken met hem ben ik moeder Teresa. Iemand die al onze fabrieken sluit zodra hij ook maar een stap in dit gebouw heeft gezet. En als je dan je baan wilt houden, Louis, moet je verdomd snel Chinees leren.'

Louis zweeg enkele ogenblikken, en toen hij sprak, deed hij dat met een zachte, doffe stem. 'Je gaat mij ontslaan, hè?'

'Jou?' Nick snoof. 'Jij bent de ontslagpremie niet waard. En ga nou als de gesmeerde bliksem aan het werk en maak dat je uit mijn... werkruimte komt.'

Enkele seconden nadat Louis Goss was weggesjokt, kwam Marge terug. 'Je moet naar huis, Nick,' zei ze. Nu meteen.'

'Naar huis?'

'Het is de politie. Er is een probleem.'

## 2

Nick reed zijn Chevrolet Suburban te snel achteruit van zijn parkeerplek af, zonder te kijken wat er achter hem was, en vloog over het parkeerterrein dat rondom het hoofdkantoor lag. Zelfs midden op de werkdag stond dat terrein halfleeg, zoals al twee jaar het geval was, sinds de afvloeiingen. Onder het personeel tierde de galgenhumor welig, wist Nick. Het had ook voordelen wanneer het halve personeel was ontslagen: je kon altijd een parkeerplek vinden.

Zijn zenuwen waren tot het uiterste gespannen. Al dat lege zwarte asfalt, omringd door een groot zwart veld van buffelgras, de resten van een verplicht vuur. Buffelgras hoefde nooit gemaaid te worden, maar je moest het wel elke paar jaar tot de grond toe afbranden. Het rook naar barbecue.

Zwart op zwart tegen het zwart van de weg: een naargeestig landschap. Hij vroeg zich af of er een donkere steenkoolvlek op je ziel kwam als je elke dag door die immense uitgestrektheid van geschroeide aarde reed en door de ramen van je kantoor naar dat verkoolde veld keek.

*Je moet naar huis. Nu meteen.*

Als je kinderen hebt, denk je het eerst aan hen. Zelfs iemand als Nick, niet bepaald een tobber, dacht meteen in de verkeerde richting wanneer hij een telefoontje van de politie kreeg.

Maar er was niets met zijn beide kinderen aan de hand, had de politie Marjorie verzekerd. Julia was op de terugweg van school, en Lucas... nou, Lucas was die dag naar school geweest en deed wat het ook was wat hij tegenwoordig na schooltijd deed – en dat was een heel andere zaak.

Het ging dus niet om de kinderen.

Ja, het was weer een inbraak, hadden ze gezegd, maar deze keer moest hij echt zelf naar huis komen. Wat zou dat nou kunnen betekenen?

In het afgelopen jaar was Nick gewend geraakt aan telefoontjes van het beveiligingsbedrijf of de politie. Het inbraakalarm ging vaak midden op de dag af. Er was ingebroken. Het beveiligingsbedrijf ging de echtheid van het alarm na door naar Nicks huis of kantoor te bellen en om een code te vragen. Als ze dan niet van een bevoegd persoon te horen kregen dat het vals alarm was, belde het bedrijf meteen de politie van Fenwick en dan gingen een paar agenten poolshoogte nemen bij het huis.

Dat gebeurde altijd wanneer er niemand was – de mensen die in de keuken werkten, hadden een van hun vele vrije dagen; de kinderen waren naar school; de huishoudster, Marta, was boodschappen aan het doen of haalde Julia van school.

Er werd nooit iets gestolen. De indringer forceerde een raam of een van de tuindeuren, ging naar binnen en liet een boodschap achter.

Het was letterlijk een boodschap: woorden in oranje Day-Glo uit een verfspuitbus, hoofdletters geschreven met de precisie van een architect of ingenieur: GEEN SCHUILPLAATS.

Twee woorden, het een boven het ander.

Werd er ooit door iemand aan getwijfeld dat het een gestoord ontslagen personeelslid was? De graffiti ontsierde de muren van de huiskamer, de eetkamer die ze nooit gebruikten, het nieuwe pleisterwerk op de keukenmuren. In het begin had het hem doodsbang gemaakt.

Ze waren niet veilig; dat was natuurlijk de echte boodschap. Iemand kon bij hen komen.

De eerste graffiti was op de zware, sierlijk bewerkte essenhouten voordeur verschenen, de deur waarover Laura wekenlang met de architect had overlegd en die de belachelijke som van drieduizend dollar had gekost – een deur! Nick had laten weten hoe hij erover dacht, maar hij had geen bezwaar gemaakt, want het was blijkbaar belangrijk voor haar. Hij was volkomen tevreden geweest met de dunne paneeldeur die bij het huis had gehoord dat ze net hadden gekocht. Hij wilde niets aan het huis veranderen, behalve wanneer hij het half zo klein zou kunnen maken. In Stratton hadden ze een oud gezegde en de oude Devries mocht dat graag herhalen: de walvis die spuit, krijgt de harpoen. Soms dacht hij erover om zo'n bronzen plaquette te laten maken zoals je ze op stenen toegangszuilen van grote landhuizen zag, met koperen reliëfletters: HET HUIS VAN DE SPUITENDE WALVIS.

Maar voor Laura was die voordeur een symbool: daar verwelkomde je je vrienden en familie, en daar hield je degenen buiten je huis die niet welkom waren. De deur moest dus zowel mooi als zwaar zijn. 'Het is de voordeur, Nick,' had ze volgehouden. 'Het eerste wat mensen zien. Daar bezuinig je niet op.'

Misschien dacht ze echt dat een zeven centimeter dikke voordeur hun veiligheid zou vergroten. Dat ze dit krankzinnig grote huis in de Fenwicke Estates hadden gekocht, dat was ook haar idee geweest. Ze wilde de veiligheid van een omheinde enclave. Daar waren maar een paar anonieme telefoontjes voor nodig geweest, kort nadat de afvloeiingen waren bekendgemaakt.

'Als ze het op jou hebben gemunt, lopen wij ook gevaar,' had ze gezegd. Er liepen veel mensen rond die woedend op hem waren. Hij sprak haar niet tegen. Hij moest zijn gezin beschermen.

Nu ze weg was, leek het wel of hij haar neurose had overgenomen, alsof die in zijn botten was binnengedrongen. Soms had hij het gevoel dat zijn gezin, wat ervan over was, zo kwetsbaar was als een ei.

Hij wist ook dat de veiligheid van hun omheinde enclave niet veel meer dan een illusie was. Het was een schijnvertoning, het mooie poorthuis en de bewakers, de particuliere beveiligingsfirma, de hoge zware ijzeren omheining met speerpunten.

De Suburban kwam gierend tot stilstand voor het sierlijke smeedijzeren hek naast het bakstenen poorthuis, dat eruitzag als een miniatuurkasteel. Op een van de zuilen zat een koperen plaquette met FENWICKE ESTATES.

Die 'e' aan het eind van Fenwick had hij altijd pretentieus gevonden, op het irritante af. Hij vond het allemaal zo verschrikkelijk ironisch, die dure enclave met de duurste beveiliging die je kon krijgen – de hoge smeedijzeren omheining met de vezeloptiekkabel die in de bovenste stang verborgen zat, en de bewegende CCTV-bewakingscamera's en bewegingssensoren op de plaatsen waar je niet kon verhinderen dat het geboefte door het omringende bos kwam en over de omheining klom.

'Weer een inbraak, meneer Conover,' zei Jorge, de dagbewaker. Aardige man, kon niet aardiger. De bewakers hadden allemaal een professionele houding en droegen allemaal een keurig uniform.

Nick knikte grimmig en wachtte tot het mechanische hek belachelijk langzaam was opengegaan. Hij ergerde zich aan de schelle elektronische waarschuwingstoon. Alles piepte tegenwoordig: vrachtwagens die achteruitreden, vaatwasmachines en droogmachines, magnetrons. Je werd er gek van.

'De politie is er, weet u,' zei Jorge. 'Drie wagens, meneer.'

'Enig idee wat er aan de hand is?'

'Nee, meneer. Sorry.'

Dat verrekte hek deed er een eeuwigheid over om open te gaan. Het was belachelijk. 's Avonds stond er soms een rij auto's te wachten om naar binnen te gaan. Daar moesten ze iets aan doen. Allemachtig, als zijn huis nou eens in brand vloog – zou de brandweer dan ook voor het hek staan te wachten tot zijn huis in de as lag?

Geërgerd liet hij de motor ronken. Jorge haalde schaapachtig verontschuldigend zijn schouders op.

Zodra het hek zo ver openstond dat hij erdoor kon, gaf hij gas – de acceleratie van de Suburban bleef hem verbazen – en denderde hij over de bandenverscheurende tijgertanden die in het wegdek zaten en het eenrichtingsverkeer afdwongen. Hij reed over de brede ronde binnenplaats met oude klinkers die door Italiaanse vaklieden uit de Oude Wereld, overgevlogen uit Sicilië, in een geometrisch patroon waren gelegd. Hij passeerde het bord met MAXIMAAL 30 KM/UUR met minstens tweemaal die snelheid.

Het wegdek van klinkers ging over in een spiegelgladde macadamweg zonder straatnaambord. Hij reed met grote snelheid langs de oude populieren en sparren, de brievenbussen ter grootte van hondenhokken. Van de huizen was niets te zien. Alleen wanneer je werd uitgenodigd, kon je zien hoe het huis van je buren eruitzag. En denk maar niet dat ze hier in Fenwicke Estates straatbarbecues hielden.

Toen hij politiewagens in de straat en aan het begin van zijn oprijlaan zag, voelde hij dat zich onder in zijn maag iets kleins en kouds en hards vormde, een ijspegel van angst.

Een geüniformeerde politieman liet hem een meter of tachtig van het huis vandaan stoppen, halverwege de oprijlaan. Nick sprong uit de auto en gooide het portier met één snelle, vloeiende beweging achter zich dicht.

De agent was kort en gedrongen en zag er sterk uit. Ondanks het koele weer zweette hij. Op zijn insigne stond MANZI. Een walkietalkie aan zijn riem bracht staccato-geluiden voort.

'U bent meneer Conover?' Hij ging recht voor Nick staan om hem de weg te versperren. Nick ergerde zich meteen. Mijn huis, mijn oprijlaan, mijn inbraakalarm: sodemieter op.

'Ja, dat ben ik. Wat is er aan de hand?' Nick deed zijn best om zijn ergernis en zijn angst niet in zijn stem te laten doorklinken.

'Mag ik u wat vragen stellen?' Tussen de hoge berken door viel gespikkeld zonlicht op het asfalt en op het ondoorgrondelijke gezicht van de politieman.

Nick haalde zijn schouders op. 'Ja – wat is er aan de hand? Weer die graffiti?'

'Hoe laat hebt u vanmorgen het huis verlaten, meneer?'

'Om een uur of halfacht, maar de kinderen vertrekken meestal om acht uur, uiterlijk kwart over acht.'

'En uw vrouw?'

Nick keek de agent rustig aan. De meeste politieagenten moesten op zijn minst weten wie hij was. Hij vroeg zich af of die kerel hem alleen maar op stang probeerde te jagen. 'Ik ben een alleenstaande ouder.'

Een korte stilte. 'Mooi huis.'

'Dank u.' Nick voelde de afkeer, de jaloezie die als moerasgas van de man opsteeg. 'Wat is er gebeurd?'

'Er is niets met het huis gebeurd, meneer. Zo te zien is het gloednieuw. Nog niet eens helemaal klaar, hè?'

'We laten wat verbouwingen doen,' zei Nick ongeduldig.

'O. En de bouwvakkers zijn hier elke dag?'

'Was dat maar waar. Gisteren niet en vandaag ook niet.'

'Uw beveiligingsfirma heeft een telefoonnummer van u op uw werk bij de Stratton Corporation,' zei agent Manzi. Hij keek op een aluminium klembord, zijn zwarte ogen klein en diep in hun kassen, als rozijnen in butterscotchpudding. 'U werkt daar.'

'Ja.'

'Wat doet u bij Stratton?' Er ging een seconde voorbij en toen keek hij Nick aan: hij wist verdomd goed wat Nick daar deed.

'Ik ben de president-directeur.'

Manzi knikte alsof alles nu duidelijk was. 'O. Er is de laatste paar maanden een aantal keren bij u ingebroken. Is dat juist, meneer Conover?'

'Het is nu vijf of zes keer.'

'Wat voor beveiligingssysteem hebt u hier, meneer?'

'Inbraakalarm op de deuren en sommige ramen en tuindeuren. Een elementair systeem. Niet zo uitgebreid.'

'Voor zo'n huis is dat een eenvoudig systeem. Dus geen camera's?'

'Nou, weet u, dit is een omheinde enclave.'

'Ja, dat kan ik zien, meneer. Daar schiet u wat mee op, met al die idioten die binnenkomen.'

'U hebt volkomen gelijk.' Nick glimlachte bijna.

'Blijkbaar staat het inbraakalarm niet erg vaak aan, meneer. Klopt dat?'

'Agent, waarom zijn er hier vandaag zoveel auto's voor een routine...'

'Zal ik de vragen stellen?' zei agent Manzi. De man scheen van zijn gezag te genieten. Hij vond het prachtig om de grote baas van Stratton te koeioneren. Laat hem maar, dacht Nick. Als hij dat nou leuk vindt. Maar...

Nick hoorde een auto aankomen, draaide zich om en zag de blauwe Chrysler Town and Country met Marta achter het stuur. Hij voelde die chemische opwelling van plezier die hij altijd voelde wanneer hij zijn dochter zag, zoals hij die ook had gevoeld wanneer hij Lucas zag, totdat er dingen gebeurden. Het busje stopte naast Nick en de motor werd afgezet. Een autodeur ging open en viel dicht, en Julia riep: 'Wat doe jíj thuis, papa?'

Ze rende naar hem toe, gekleed in een spijkerbroek, een lichtblauw Stratton-sweatshirt met capuchon en zwarte sportschoenen. Ze droeg elke dag een variant van haar outfit, een sweatshirt of een sporttrui. Toen Nick naar dezelfde basisschool ging, meer dan dertig jaar geleden, mocht je geen spijkerbroek dragen en werd een sweatshirt niet als gepaste schoolkleding beschouwd. Maar hij had 's morgens geen tijd om met haar in discussie te gaan, en hij wilde het zijn kleine meisje niet te moeilijk maken, niet na alles wat ze na de dood van haar moeder had moeten doormaken.

Ze sloeg haar armen stevig om zijn buik heen. Hij tilde haar niet meer op, want ze was bijna een meter vijftig en woog meer dan veertig kilo. Het laatste jaar was ze lang en slank geworden, bijna slungelig, al was ze nog wat mollig om haar middel. Ze begon zich lichamelijk te ontwikkelen, met ontluikende kleine borstjes waar Nick moeite mee had. Ze herinnerden hem er voortdurend aan hoezeer hij als ouder tekortschoot; wie ter wereld zou met haar praten, zou haar door haar tienerjaren heen helpen?

De omhelzing duurde enkele seconden voordat Nick haar losliet, ook iets wat was veranderd sinds Laura er niet meer was. De omhelzingen van zijn dochter: ze wilde niet dat hij losliet.

Ze keek nu met haar diepe, mooie, bruine, levendige ogen naar hem op. 'Waarom is er zoveel politie?'

'Ze willen met me praten, schatje. Niets bijzonders. Waar is je rugzak?'

'In de auto. Is die gekke man weer in het huis geweest om lelijke dingen te schrijven?'

Nick knikte en streek door haar glanzende bruine haar. 'Waarom ben je nu thuis? Heb je geen pianoles?'

Ze keek hem met een minachtend glimlachje aan. 'Dat is pas om vier uur.'

'Ik dacht dat het om drie uur was.'

'Mevrouw Guarini heeft dat maanden geleden veranderd. Weet je dat niet meer?'

Hij schudde zijn hoofd. 'O, ja. Dat was ik vergeten. Zeg, ik moet met deze politieman hier praten. Marta, blijven jullie hier totdat de politie zegt dat jullie weer in het huis mogen?'

Marta Burrell kwam van Barbados. Ze was een koffiekleurige vrouw van achtendertig, zo lang en slank als een fotomodel. Meestal had ze een zwoel soort onverschilligheid om zich, of misschien was het arrogantie. Haar spijkerbroek zat een beetje te strak, ze droeg meestal schoenen met hoge hakken, en ze stak haar afkeuring over Julia's dagelijkse kleding niet onder stoelen of banken. Ze keurde trouwens zo ongeveer alles in het huishouden af. Maar ze was verknocht aan de kinderen en kon veel meer van hen gedaan krijgen dan Nick. Marta was een voortreffelijk kindermeisje geweest toen de kinderen klein waren, en nu was ze een uitstekende kok en een onverschillige huishoudster.

'Ja, Nick,' zei ze. Ze stak haar hand naar Julia uit, maar het meisje liep vlug weg.

'U zei?' zei Nick tegen de politieman.

Manzi keek Nick met een strakke blik aan, op het brutale af, maar er zat een schittering in zijn ogen; blijkbaar hield hij een glimlach in. 'Hebt u vijanden, meneer Conover?'

'Hier in de stad niet meer dan zo'n vijfduizend mensen.'

De politieman trok zijn wenkbrauwen op. 'Pardon?'

'We hebben kortgeleden ons halve personeel laten afvloeien, zoals u wel zult weten. Meer dan vijfduizend werknemers.'

'Ja,' zei de politieman. 'U bent hier niet erg populair, hè?'

'Zegt u dat wel.'

Het was nog niet zo lang geleden, dacht Nick, dat iedereen gek op hem was. Mensen die hij op de middelbare school niet eens had gekend, probeerden met hem aan te pappen. Het blad *Forbes* was zelfs met een lang artikel over hem gekomen. Per slot van rekening was Nick de arbeidersjongen, de zoon van iemand die zijn hele leven metaal had gebogen in de stoelenfabriek – journalisten smulden van zulke dingen. Misschien zou Nick nooit zo geliefd bij het personeel zijn als de oude Devries, maar in elk geval was hij een tijdje populair, bewonderd, bemind geweest. Hij was een soort held geweest in het stadje Fenwick, Michigan, iemand die je in de winkel kon aanwijzen en op wie je, als je de moed had, bij de diepsvriesafdeling af kon stappen om je aan hem voor te stellen.

Maar dat was vroeger geweest – voordat twee jaar geleden de eerste afvloeiingen werden aangekondigd, nadat de nieuwe eigenaren van Stratton op de kwartaalbijeenkomst in Fenwick hadden gezegd waar het op stond. Ze hadden geen keus. Als ze niet snel tot kostenbesparingen overgingen, ging de Stratton Corporation naar de bliksem. Dat betekende dat het halve personeel moest vertrekken, vijfduizend mensen in een stadje van veertigduizend inwoners. Het was het pijnlijkste wat hij ooit had gedaan, iets waarvan hij nooit had kunnen denken dat hij het zou doen. Sinds de eerste ontslagen twee jaar geleden waren aangekondigd, was er een serie kleinere afvloeiingen geweest. Het was net een Chinese waterfoltering. De *Fenwick Free Press*, die vroeger jubelende artikelen over Stratton publiceerde, had nu grote koppen als: WEER DRIEHONDERD STRATTON-WERKNEMERS OP STRAAT. KANKERPATIËNT RAAKT STRATTON-PENSIOEN KWIJT. De plaatselijke columnisten noemden hem steevast 'de Beul'.

Nick Conover, de gewone jongen die het ver had gebracht, was de meest gehate man van de stad geworden.

'Iemand als u zou een betere beveiliging moeten hebben. Alle waar is naar zijn geld, weet u.'

Nick wilde daar net iets op zeggen toen hij zijn dochter hoorde gillen.

## 3

Hij rende op het gegil af en trof Julia naast het zwembad aan. Ze gilde met horten en stoten en zat op de arduinstenen rand. Haar handen sloegen in het water en haar kleine rug zwaaide heen en weer. Marta stond dichtbij, hulpeloos en ontzet, haar hand voor haar mond.

Toen zag Nick waarom Julia zo gilde, en hij voelde zich meteen misselijk.

In bessenrood water dreef een donkere vorm, helemaal uitgestrekt, omringd door glanzende witte ingewanden. Het bloed concentreerde zich in een donkere wolk om het karkas heen; het water werd lichter en roziger naarmate het verder van de behaarde bruine massa vandaan was.

Het karkas was niet meteen herkenbaar als Barney, hun oude labrador/golden retriever. Hij wilde het eerst niet geloven en moest nog eens kijken. Op de arduinsteen, niet ver van de plaats waar Julia jammerend zat neergeknield, lag een bebloed koolstofstalen Henckels-mes uit hun keukenset.

Nu begreep hij opeens veel meer: het ongewoon grote aantal politieagenten, de ondervraging, zelfs het feit dat Barney hem niet meteen met geblaf had begroet, zoals hij altijd deed.

Twee politiemannen waren foto's aan het maken. Ze praatten met elkaar en hun gedempte gesprek werd onderbroken door knetterende geluiden uit hun radio's. Ze praatten nonchalant met elkaar, alsof er niets bijzonders was gebeurd. Dit was hun dagelijks werk. Niemand gaf blijk van medeleven of bezorgdheid. Nick merkte dat hij woedend werd, maar hij moest nu vooral zijn dochter troosten.

Hij ging vlug naar haar toe, liet zich op zijn knieën zakken en legde zijn hand op haar rug. 'Schatje,' zei hij. 'Schatje.'

Ze draaide zich om, sloeg haar armen om zijn hals en jammerde luidkeels. Haar adem kwam bij horten en stoten en was warm en vochtig. Hij hield haar stevig vast, alsof hij het trauma uit haar kleine lichaam kon persen, alles weer normaal kon maken, haar weer het gevoel kon geven dat ze veilig was.

'O, schatje, ik vind het zo erg.' Ze haalde krampachtig adem, alsof ze hikte. Hij hield haar nog steviger vast. Al haar tranen smolten samen in de holte van haar hals. Hij voelde dat ze haar shirt doorweekten.

Tien minuten later, toen Marta met Julia naar binnen was gegaan, sprak Nick met agent Manzi. Hij deed nu niet meer zijn best om zijn woede in te houden. 'Wat gaan jullie hieraan doen?' bulderde Nick. 'Waar wachten jullie op? Die inbraken zijn al maanden aan de gang, en jullie hebben er helemaal niks aan gedaan.'

'Neemt u me niet kwalijk, meneer,' zei Manzi neutraal.

'Jullie hebben geen rechercheur op de zaak gezet, jullie hebben geen onderzoek ingesteld, jullie hebben de lijsten van ontslagen Stratton-medewerkers niet nagetrokken. Jullie hebben maanden de tijd gehad om die verrekte gek tegen te houden. Waar wachten jullie op? Moet die krankzinnige een van mijn kinderen vermoorden voordat jullie de zaak serieus nemen?'

Manzi's kalmte – bespeurde Nick een soort voldoening, was dat mogelijk? – was om razend van te worden. 'Nou, meneer, zoals ik al zei: u zou er eens over kunnen denken uw beveiliging uit te breiden...'

'Mijn beveiliging? En jullie dan? Is dit verdomme niet jullie werk?'

'U hebt het zelf gezegd, meneer: u hebt vijfduizend personeelsleden van Stratton ontslagen. Tegen zoveel vijanden kunnen wij u niet beschermen. U moet echt uw beveiligingssysteem uitbreiden.'

'Ja, en wat gaan jullie doen? Hoe gaan jullie mijn gezin beschermen?'

'Laat ik eerlijk tegen u zijn, meneer. Stalkingzaken zijn altijd erg moeilijk.'

'U bedoelt dat u er verdomd weinig aan kunt doen, nietwaar?'

Manzi haalde zijn schouders op. 'U hebt het gezegd. Ik niet.'

## 4

Toen de politie weg was, probeerde Nick een hele tijd zijn dochter te troosten. Hij belde haar pianoles af en ging bij haar zitten. Hij praatte een beetje en hield haar vooral tegen zich aan. Toen ze enigszins rustig was, liet hij haar aan Marta over en ging naar kantoor terug, waar hij een grotendeels onproductieve middag doorbracht.

Toen hij thuiskwam, sliep Julia en was Marta in de huiskamer. Ze keek naar een film over een baby die met de stem van Bruce Willis praatte.

'Waar is Julia?' vroeg Nick.

'Ze slaapt,' zei Marta bedroefd. 'Het ging al wat beter met haar. Maar ze heeft veel gehuild, Nick.'

Nick schudde zijn hoofd. 'Het arme kind. Dit treft haar het meest, denk ik. Barney was eigenlijk Laura's hond. Voor Julia was Barney...' Hij zweeg. 'Is Lucas boven?'

'Hij heeft gebeld. Hij was bij een vriend thuis en zei dat ze aan hun geschiedenisproject werkten.'

'Ja, dat zal wel. Ik denk eerder dat ze zitten te blowen. Welke vriend?'

'Ziegler, denk ik. Eh, weet je, Nick? Ik vind het niet prettig alleen in huis te zijn – na vandaag bedoel ik.'

'Dat kan ik me voorstellen. Doe je de deuren en ramen goed op slot?'

'Ja, maar die gek...'

'Ik weet het. Ik laat een nieuw alarmsysteem installeren, zo'n systeem dat je kunt aanzetten als je in huis bent.' De directeur Beveiliging van Stratton had tegen Nick gezegd dat hij later naar het huis zou komen om te kijken wat hij kon doen. Alles voor de baas. Ze hadden zich te lang met een primitief alarmsysteem beholpen; het werd tijd dat ze het nieuwste van het nieuwste lieten installeren, met camera's en bewegingsdetectors en zo. 'Je kunt naar bed gaan, als je wilt.'

'Ik wil de rest van deze film zien.'

'Goed.'

Nick ging naar boven en liep door de gang naar Julia's slaapkamer. Hij maakte zachtjes de deur open en liep door de duisternis, afgaand op zijn geheugen. Er viel zoveel licht tussen de gordijnen door dat hij het slapende lichaam van zijn dochter kon onderscheiden toen zijn ogen eenmaal aan het donker gewend waren. Julia sliep onder, en met, een verzameling favoriete dekens, die ze elk een naam had gegeven, en ook met een wisselende selectie van pluchen beesten en Beanie Baby's uit haar grote voorraad. Vanavond hield ze Winnie de Pooh tegen zich aan, die ze had gekregen toen ze nog maar een paar dagen oud was. De beer was vlekkerig en verfomfaaid.

Aan de keuze van haar slaapgenoot kon hij altijd vrij goed zien hoe ze eraan toe was: Elmo als ze zich opgewekt voelde; Curious George als ze zich ondeugend voelde; haar kleine Beanie Baby-koala, Eucalyptus, als ze iemand wilde troosten die het moeilijker had dan zijzelf. Maar Pooh betekende altijd dat ze zich kwetsbaar voelde en de ultieme troost van haar oudste vriend nodig had. Na de dood van haar moeder had ze maandenlang elke nacht met Pooh geslapen. De laatste tijd had ze Pooh ingeruild voor andere beesten; dat was een teken dat ze zich al een beetje sterker voelde.

Maar deze avond lag Pooh weer in haar bed.

Nick raakte haar bezwete krullen aan, rook de zoete lucht van babyshampoo, vermengd met de enigszins zure transpiratielucht, en kuste haar vochtige voorhoofd. Ze mompelde, maar bewoog niet.

Ergens in het huis ging een deur open en dicht, meteen gevolgd door de plof van iets wat op de vloer viel. Nick luisterde meteen. Aan de zware, stampende voetstappen op de beklede trap kon hij horen dat het Lucas was.

Nick manoeuvreerde zich door het mijnenveld van boeken en speelgoed en deed de deur zachtjes achter zich dicht. Het was donker in de lange gang, maar hij zag een streep geel licht onder de deur van Lucas' kamer.

Nick klopte, wachtte en klopte opnieuw.

'Ja?'

Telkens weer schrok hij van de diepte en het timbre van Lucas' stem. En ook van de norse ondertoon in het afgelopen jaar. Nick maakte de deur open en zag zijn zoon op zijn bed liggen, zijn hoge schoenen nog aan, de knopjes van zijn iPod in zijn oren.

'Waar was je?' vroeg Nick.

Lucas keek hem aan en vond toen, ergens voorbij Nick, iets interessanters. 'Waar is Barney?'

Nick zweeg even. 'Ik vroeg waar je was, Luke. Het is een doordeweekse avond.'

'Bij Ziggy.'

'Je hebt me niet gevraagd of je daarheen mocht.'

'Dat kon ik je niet vragen, want je was er niet.'

'Als je naar een vriend wilt, moet je het eerst aan mij of Marta vragen.'

Lucas haalde zijn schouders op. Zijn ogen waren rood en glazig en Nick was er nu vrij zeker van dat hij high aan het worden was. Dat was een ongunstige nieuwe ontwikkeling, maar hij had zijn zoon er nog niet op aangesproken. Dat had hij uitgesteld, omdat het weer een berg was die hij moest beklimmen, weer een confrontatie waarvoor het hem aan kracht ontbrak. Er gebeurde zoveel op zijn werk, en dan was Julia er ook nog, die eerlijk gezegd veel gemakkelijker te troosten was. En verder had hij zijn eigen verdriet, waardoor het veel moeilijker voor hem was om een goede, begrijpende vader te zijn.

Hij keek naar Lucas en hoorde het blikkerige, stampende gesis uit de koptelefoon komen. Hij vroeg zich af naar wat voor rotmuziek Lucas nu weer luisterde. Hij ving een zweem van muffe rook in de kamer op, misschien van gewone sigaretten, al was hij daar niet zeker van.

Er zat een grote discrepantie tussen Lucas aan de binnenkant en Lucas aan de buitenkant. Vanbuiten was Lucas een tamelijk volwassen zestienjarige, een lange man die er goed uitzag. Zijn bijna vrouwelijke aantrekkelijkheid had scherpere, mannelijke trekken aangenomen. Zijn wenkbrauwen, boven blauwe ogen met lange wimpers, waren donker en fors. Maar de Lucas vanbinnen was vijf of zes. Hij was gauw gekwetst, zag overal een belediging in en kon een eeuwigheid wrok blijven koesteren.

'Je rookt toch niet?'

Lucas keek zijn vader met vernietigende minachting aan. 'Ooit van tweedehands rook gehoord? Ik was bij mensen die rookten.'

'Ziggy rookt niet.' Kenny Ziegler was een grote, stevig gebouwde blonde jongen, een zwemmer die Lucas' beste vriend was geweest sinds de tijd dat hij nog in het zwemteam zat. Maar nadat Lucas zo'n zes maanden geleden was opgehouden met zwemmen, ging hij niet meer zoveel met Ziggy om. Nick betwijfelde of Lucas die middag en avond bij Ziggy thuis was geweest. Hij was vast ergens anders geweest, waarschijnlijk bij een andere vriend.

Lucas keek hem strak aan. Zijn muziek piepte en siste.

'Heb je huiswerk?' drong Nick aan.

'Je hoeft me niet op de vingers te kijken, Nick.' Nick. Dat was ook iets nieuws: dat hij zijn vader bij zijn voornaam noemde. Sommige vrienden van Lucas hadden hun ouders altijd bij de voornaam genoemd, maar Nick en Laura hadden altijd op het traditionele 'ma' en 'pa' gestaan. Lucas probeerde hem alleen maar op stang te jagen. De afgelopen maand noemde hij hem Nick.

'Wil je die luidsprekertjes uit je oren doen als ik tegen je praat?'

'Ik kan je prima verstaan,' zei Lucas. 'Waar is Barney?'

'Haal die dingen weg, Luke.'

Lucas trok ze aan het draad uit zijn oren en liet ze op zijn borst vallen. Het blikkerige geluid was nu nog harder en duidelijker te horen.

'Er is Barney iets overkomen. Iets ergs.'

'Waar heb je het over?'

'We hebben hem gevonden... Iemand heeft hem doodgemaakt, Luke.'

Lucas zwaaide zijn benen van het bed. Hij keek alsof hij op het punt stond Nick aan te vliegen.

'Hem dóódgemaakt?'

'We hebben hem vandaag in het zwembad gevonden... Een of andere gek...' Nick kon niet verdergaan. Hij wilde dat gruwelijke beeld niet voor ogen hebben.

'Zeker dezelfde die steeds inbreekt, hè? Die graffiti op de muren spuit?'

'Daar ziet het naar uit.'

'Het komt door jou!' Lucas' ogen werden groter en glansden nu van tranen. 'Al die mensen die je hebt ontslagen. De hele stad haat je.'

Nick wist niet wat hij daarop moest zeggen.

'Op school ook. De helft van de ouders van de leerlingen is ontslagen. Ik schaam me rot.'

'Lucas, luister...'

Lucas keek hem woest aan, met uitpuilende ogen en ontblote tanden, alsof Nick persoonlijk Barney had vermoord. 'Ga als de sodemieter mijn kamer uit,' zei hij met overslaande stem.

Nick werd verrast door zijn eigen reactie. Als hij zo tegen zijn vader had gepraat, zou die hem een pak rammel hebben gegeven. Maar in plaats van woede kwam er een kalm, geduldig verdriet bij hem op – zijn hart deed pijn om de jongen, om wat hij had moeten doormaken. 'Lucas,' zei Nick, zo zacht dat het bijna fluisteren was. 'Praat nooit meer op die manier tegen me.' Hij draaide zich om en deed de deur zachtjes achter zich dicht. Hij had hier geen zin in.

Op de gang, vlak voor de kamer van de oudere broer die ze aanbad, stond Julia. De tranen liepen over haar gezicht.

## 5

Niet lang nadat Nick erin was geslaagd Julia in slaap te krijgen – door haar op te tillen, te knuffelen, in te stoppen – werd er snel en kort op de voordeur geklopt.

Eddie Rinaldi, de directeur Beveiliging van Stratton, droeg een geelbruine fleece trui en een spijkerbroek en rook naar bier en sigaretten. Nick vroeg zich af of Eddie uit zijn stamkroeg kwam, Victor's aan Division Street.

'Shit,' zei Eddie. 'Dat is rottig, van die hond.'

Eddie was een lange, magere man, altijd gespannen en nerveus. Zijn bruine krulhaar was met grijs doorschoten. Hij had putjes op zijn wangen en voorhoofd, het resultaat van de vele puisten in zijn tienerjaren. Hij had grijze ogen, grote neusgaten en een weke mond.

Op de middelbare school hadden ze in hetzelfde ijshockeyteam gespeeld – Eddie op de rechterflank, terwijl Nick, de aanvoerder, in het midden speelde. Nick was de ster geweest – van het team en ook van de school, de aantrekkelijke jongen op wie de meisjes afkwamen. Eddie, geen slechte ijshockeyspeler, was een geboren grappenmaker, half lijp, en met dat gezicht vol puisten was hij niet bepaald populair bij de meisjes. In het team zeiden ze altijd dat ze Eddie als baby net een beetje te lang in de wasdroger hadden laten zitten. Dat was een beetje onredelijk; hij was een rare snijboon die op school maar net kon meekomen, maar hij bezat een aangeboren slimheid. Hij keek ook tegen Nick op, verafgoodde hem bijna, al kwam daar ook altijd een beetje jaloezie bij. Na de middelbare school, toen Nick aan de Michigan State University in East Lansing ging studeren, ging Eddie naar de politieacademie in Fraser. Het lukte hem erdoor te komen, en hij kreeg een baan bij de politie van Grand Rapids en kwam daar na bijna twintig jaar in de problemen. Zoals hij Nick had uitgelegd, was hij ervan beschuldigd dat hij een verdachte had mishandeld – een absurde beschuldiging, maar ja. Ze hadden hem gedegradeerd en een kantoorbaan gegeven totdat de publiciteit zou zijn overgewaaid – tenminste, dat zei de korpscommandant, maar Eddie had geweten dat zijn carrière naar de maan was.

Nick, inmiddels president-directeur van Stratton, had Eddies hachje gered door hem een baan aan te bieden waarvoor hij misschien niet helemaal de kwalificaties bezat: adjunct-directeur Beveiliging, belast met antecedentenonderzoek, bestrijding van diefstal in het bedrijf, dat soort dingen. Zoals Nick de toenmalige directeur Beveiliging, een man die allang voor Stratton werkte, had verzekerd, zette Eddie zich meteen volledig in. Hij was Nick enorm dankbaar en stond altijd voor hem klaar.

Twee jaar later, toen de directeur Beveiliging met vervroegd pensioen ging, volgde Eddie hem op. Soms had Nick het gevoel dat het nog net als in de oude ijshockeytijd was: Nick, de ster, de stormram zoals ze hem noemden, met zijn schoten van honderd kilometer per uur, Nick die de face-offs deed, die een pass maakte tussen negen sticks door alsof hij een draad door een naald haalde; en Eddie, breed grijnzend als hij wilde stunts uithaalde, bijvoorbeeld de schaatsen onder een tegenstander vandaan schopte, kerels in hun buik spieste, iemands gezicht met zijn stick bewerkte of met mallotige schijnbewegingen langs de zijkant van het veld kwam opzetten.

'Bedankt voor je komst,' zei Nick.

'Ik wil eerst de keuken zien.'

Nick haalde zijn schouders op en liep voor hem uit door de gang. Hij deed het licht aan en trok een van de lappen plastic weg die aan de deurpost waren geplakt om als stofbarrière tussen de keuken en de rest van het huis te fungeren.

Nick ging de keuken in, gevolgd door Eddie, die zachtjes floot toen hij de kasten met glazen deuren en het professionele Wolf-fornuis zag. Hij zette de kleine nylon gymtas neer die hij bij zich had. 'Jezus, dit moet een fortuin hebben gekost.'

'Het is belachelijk.'

Hij deed een van de branders aan. Die maakte een tikgeluid en sprong toen aan. Er kwam een krachtig bulderende blauwe vlam uit. 'Man, wat een gasdruk. En je kookt niet eens.'

'Daar moest een nieuwe leiding voor komen. Het gazon opengebroken, opnieuw ingezaaid, noem maar op.'

'Shit, wat heb je een boel spoelbakken!'

'Ik geloof dat deze spoelbak voor voorbereidingen wordt gebruikt. Die daar is voor de vaat.'

'De vaatwasmachine staat daar?'

'Ja.' Was die niet van Fisher & Paykel? Ook een resultaat van Laura's zoektochten naar de beste apparaten die te krijgen waren. *Het heeft twee laden*, had ze tegen hem gezegd, *dus je kunt ook kleinere hoeveelheden afwassen*. Tja, had hij gedacht.

Eddie trok aan een handgreep om een plaat marmer naar voren te halen. 'Is dit een bestekla?'

'Een ingebouwde snijplank.'

'Mooi. Ga me niet vertellen dat jij dit allemaal hebt uitgekozen.'

'Laura heeft het allemaal ontworpen. Ze heeft alle apparaten uitgekozen, het kleurenschema, de kasten, alles.'

'Zonder aanrecht is het lastig koken, weet je.'

'Dat komt nog.'

'Waar bewaar je de drank?'

Nick tikte tegen de voorkant van een kast. Die sprong open en bleek een verzameling drankflessen te bevatten.

'Mooie truc.'

'Een magnetische sluiting die op aanrakingen reageert. Ook een idee van Laura. Whisky?'

'Ja.'

'Met ijs, hè?' Nick hield een whiskyglas tegen de automatische ijsmaker op de deur van de Sub-Zero en zag de blokjes tinkelend in het glas vallen. Toen liet hij er een gezonde scheut Johnnie Walker op volgen, gaf het glas aan Eddie en liep voor hem uit naar de deur.

Eddie nam een grote slok en slaakte een tevreden zucht. 'Hallo, Johnnie, papa is thuis. Wat drink jij?'

'Beter van niet. Ik heb een slaaptablet genomen en daar mag ik geen alcohol bij drinken.'

Ze gingen de keuken uit en kwamen in de donkere achtergang. Daar bestond het enige licht uit het oranje schijnsel van de schakelaars. Nick deed de lamp op het tafeltje aan, ook een van de duizenden kleine details in dit huis die hem elke dag weer aan Laura deden denken. Ze had maanden naar de perfecte albasten lamp gezocht tot ze Nick een keer op een zakenreis naar New York vergezelde en er een vond in een antiekwinkel in de Upper East Side van Manhattan. De winkel leverde niet aan particulieren, alleen aan binnenhuisarchitecten en woninginrichters, maar ze had zich naar binnen gepraat en de lamp gezien. Het voetstuk was van albast uit Volterra, Italië, had ze uitgelegd, toen Nick vroeg waarom het ding zo verrekte duur was. Nick zag er alleen maar witte steen in.

'Hé, die pillen moet je niet nemen. Weet je wat jij nodig hebt om in slaap te komen?'

‘Laat me raden.’ De lichten in zijn studeerkamer gingen automatisch aan toen ze binnenkwamen, speldenknoppen in het plafond en kleine golven die over de met de hand gestucte muren spoelden, met de kolossale Sony-flatscreen-tv tegenover de deur, en de tuindeuren die uitkwamen op het pas opnieuw ingezaaide gazon.

‘In één keer goed, Nicky. Neukwerk. Moet je deze kamer toch eens zien. Ongelooflijk.’

‘Laura.’

Eddie liet zich in een van de boterzachte leren Symbiosis-stoelen zakken, nam een slok van zijn whisky en zette het glas luidruchtig op een bijzettafeltje, waarvan het blad met lei was bedekt. Nick ging in de stoel naast hem zitten.

‘Nou, op zaterdagavond pikte ik een vrouwtje op bij Victor’s, ja? Ik had zeker bier in mijn ogen, want toen ik de volgende morgen wakker werd, was ze... Nou, ze had een grote persoonlijkheid, begrijp je wat ik bedoel? Ik bedoel, dat wijf was zeker uit de lelijkheidsboom gevallen en had op weg naar beneden alle takken geraakt.’ Hij liet een droog, piepend lachje horen.

‘Maar je had goed geslapen.’

‘Eigenlijk niet. Ik zag eruit als een vaatdoek, man. Weet je, Nick, je moet weer eens uitgaan. Achter de wijven aan. Maar, man, kijk wel uit: er lopen een hoop lelijkerds rond.’

‘Ik heb er nog geen zin in.’

Eddie probeerde zijn stem zacht te maken, al klonk die nu eerder schor en insinuerend. ‘Ze is een jaar dood, Nick. Dat is een lange tijd.’

‘Niet als je zeventien jaar getrouwd bent geweest.’

‘Hé, ik heb het niet over hertrouwen. Ik zou wel de laatste zijn om tegen je te zeggen dat je moet trouwen. Kijk maar naar mij – ik koop niet, ik lease. Ik ruil ze regelmatig in voor het nieuwste model.’

‘Kunnen we het over mijn beveiligingssysteem hebben? Het is laat, en ik heb een zware dag gehad.’

‘Goed, goed. Mijn systeemspecialist is steengoed. Hij heeft het systeem bij mij thuis ook geïnstalleerd.’

Nicks wenkbrauwen schoten meteen omhoog.

‘Hé, ik heb dat uit eigen zak betaald. Kom nou. Als hij aan de apparatuur kan komen, laat ik hem morgen een systeem installeren.’

‘Met camera’s en al?’

‘Allicht. We hebben het over IP-camera’s langs de rand van het perceel en bij alle toegangspunten, en camera’s binnen, zichtbaar en verborgen.’

'Wat is IP?'
'Internet en nog wat. Dat betekent dat je de beelden via internet kunt bekijken. Je zit op je werk en kijkt naar beelden van je huis – het is prachtig spul.'
'De beelden worden opgeslagen op een band?'
'Geen band. Alle camera's geven hun beelden door aan een harde schijf. Misschien werken we met bewegingssensoren om schijfruimte te besparen. Misschien werken we met *pan-and-tilt* op afstand, realtime streaming kleurenvideo met zeveneenhalve frame per seconde of zoiets. De technologie is de laatste tijd totaal veranderd.'
'En dat houdt mijn stalker buiten?'
'Laat ik het zo zeggen: als hij naar het huis toe komt en hij ziet die robotcamera's naar hem toe zwenken, dan weet hij niet hoe gauw hij weg moet komen, of hij moet al volslagen krankzinnig zijn. En op zijn allerminst krijgen we een stel scherpe beelden van hem als hij weer probeert in te breken. O ja, ik zag een paar goede camera's bij het wachthokje langs de weg. Zo te zien hebben jullie hier camera's langs de hele omheining, niet alleen bij de ingang. Misschien hebben we geluk en zijn er beelden van hem. Ik ga morgenvroeg meteen met de beveiligingsjongens praten.'
'Dacht je dat de politie dat nog niet heeft gedaan?'
Eddie maakte een *pfft*-geluid. 'De politie doet geen moer voor je. Ze doen het absolute minimum, of nog minder.'
Nick knikte. 'Ik denk dat je gelijk hebt.'
'Dat weet ik wel zeker. Ze hebben allemaal de schurft aan jou. Jij bent Nick de Beul. Jij hebt hun vader en hun broer en zus en vrouw ontslagen. Ze vinden het natuurlijk prachtig dat je op je donder krijgt.'
Nick ademde hoorbaar uit. 'Wat bedoel je, "of hij moet al volslagen krankzinnig zijn"?'
'Dat heb je met stalkers. Die houden zich niet altijd aan de regels van het gezond verstand. Als hij nog eens komt, is er maar één ding dat je helemaal op je gemak kan stellen.' Hij trok de rits van de zwarte nylon gymtas los en haalde er een klein pakje in oliedoek uit. Hij maakte het open en er bleek een matzwart pistool met korte loop in te zitten, hoekig en compact en erg lelijk. Er zaten krassen op het plastic frame en de schuif had een deukje opgelopen. 'Smith & Wesson Sigma 9mm,' zei hij.
'Dat wil ik niet,' zei Nick.
'Als ik jou was, zou ik niets uitsluiten. Iemand die zoiets met je hond doet, heeft het misschien ook op je kinderen voorzien, en je

gaat me toch niet vertellen dat je je gezin niet wilt beschermen? Zo ken ik je niet.'

# 6

Nick sloop de zaal in – het FutureLab, noemden ze die zaal – en ging achterin zitten. De Film werd vertoond op een reusachtig gebogen scherm, een *high-gain rear-projection* videoscherm dat een hele gebogen voorwand in beslag nam. De duisternis van die zaal was weldadig voor zijn slaperige ochtendogen.

Uit tientallen luidsprekers, ingebouwd in de muren, het plafond en de vloer, kwam schetterende technomuziek in surround sound. Als je naar die prachtige film keek, vloog je door de Kalahariwoestijn, door een smalle straat in Praag, over de Grand Canyon, zo dicht langs de rotsen dat je je er bijna aan schaafde. Je gierde door de moleculen van DNA en kwam uit in een Stad van de Toekomst. De beelden waren caleidoscopisch, futuristisch. 'In een wereld waarin alles met alles verbonden is,' vertelde een honingzoete baritonstem, 'heerst de kennis.' De Film ging over de toekomst van werk, leven en technologie; hij was volkomen abstract en cerebraal, als een trip. Nergens was ook maar één kantoormeubel te zien.

Alleen bepaalde klanten kregen de Film te zien. Sommige bezoekers, vooral types uit de computerwereld, waren er helemaal ondersteboven van en praatten, als het licht aanging, aan een stuk door over de 'naadloze integratie' tussen kantoormeubilair en technologie, over de Werkplek van de Toekomst. Die zaten te popelen om meteen hun handtekening op de stippellijn te zetten.

Anderen vonden de film pretentieus en irritant en waren beslist niet onder de indruk. Zoals het publiek van vanochtend, een delegatie van negen topfiguren van de Atlas McKenzie Group. Dat was een van de grootste financiële dienstverleners ter wereld, met tentakels op alle mogelijke terreinen, van bankieren tot creditcards en verzekeringen, in meer dan honderd landen. Nick zag ze onrustig verschuiven op hun stoel en tegen elkaar fluisteren. Het waren de directeur Vastgoed en de directeur Facilities Management met hun vazallen. Ze waren de vorige dag met de jet van Stratton uit Chicago overgevlogen en hadden de volledige rondleiding gekregen van het Guest Experience-team van Stratton. Nick had met hen geluncht en hun persoonlijk de directiekantoren laten zien, en daarbij had hij zijn gebruikelijke praatje gehouden over de plattere hiërarchie van moderne ondernemingen, en dat de werkomgeving van een individuele in een collaboratieve gemeenschap veranderde, en meer van die dingen.

Atlas McKenzie bouwde een gigantische kantoortoren in Toronto. Honderdduizend vierkante meter, waarvan een derde in beslag genomen werd door hun nieuwe hoofdkantoor, dat ze helemaal opnieuw wilden inrichten. Dat betekende dat er minstens tienduizend werkstations kwamen, een investering van minstens vijftig miljoen dollar, en dan was er ook nog het onderhoudscontract van tien jaar. Als Stratton de order kreeg, zou dat een enorme opsteker zijn. Meer dan enorm. Ongelooflijk. En dan waren er nog al die Atlas McKenzie-kantoren op de hele wereld, die ook standaard konden worden ingericht door Stratton – Nick kon niet eens uitrekenen hoeveel dat zou opleveren.

Nou ja, dus de Film flopte. Hij had niet meer effect op hen dan een ondertitelde filmhuisfilm die zich in een Bulgaars dorp afspeelde.

Gelukkig waren ze de vorige middag diep onder de indruk geweest van de expositie Werkplek van de Toekomst. Dat waren bezoekers altijd. Dat kon ook moeilijk anders. Het was een volledig functioneel model van een werkstation van tweeënhalf bij drie meter, en het leek meer op de desk van een journaalpresentator dan op een kantoorhokje uit Dilbertland. De bezoekers kregen een identiteitsplaatje, dat ze op hun kleding droegen en dat een chip bevatte die in contact stond met een elektronische sensor, zodat de plafondverlichting van blauw op groen overging zodra je in je werkruimte kwam. Op die manier konden collega's op een afstand zien dat je achter je bureau zat. Zodra je ging zitten, werd met een elektronische boodschap aan je teamgenoten – in dit geval de laptops die aan de bezoekers waren verstrekt – doorgegeven dat je er was. Nick stond er zelf vaak versteld van wat de technologen van Stratton allemaal bedachten. Tegenover het bureau in de Werkplek van de Toekomst bevond zich een twee meter lange *wraparound*-computermonitor met een buitengewoon hoge resolutie, en daarop verschenen een pagina tekst, een videoconference-venster en een PowerPoint-dia. De cliënten wilden het hebben zodra ze het zagen, zoals sommige mannen gaan kwijlen als ze bij een Lamborghini staan.

Omdat ze ongeveer tien minuten achterliepen, moest Nick de Lezing uitzitten. Het scherm werd zwart, en langzaam, langzaam gingen de lichten in het Lab aan. Achter een spreekgestoelte van geruwd aluminium stond het hoofd Workplace Research van Stratton, een erg lange, slanke vrouw van achter in de dertig. Ze had lang sluik blond haar met een markante pony en droeg een grote bril met hoornen montuur. Ze was Victoria Zander – nooit Vicky of Tori, alleen Victoria. Ze was dramatisch gekleed, helemaal in het zwart. Ze had een beatnik uit de jaren vijftig kunnen zijn, *on the road* met Jack Kerouac.

Victoria sprak met een honingzoete sopraanstem. Ze zei: 'Uw hoofdkantoor is een van de krachtigste merk-tools die u hebt. Het is uw beste gelegenheid om uw werknemers en uw bezoekers een verhaal over uzelf te vertellen – wie u bent, waar u voor staat. Het is uw merklandschap. We noemen dit het vertellende kantoor.' Terwijl ze praatte, schreef ze kernbegrippen – 'slimme werkplek' en 'hartslagruimte' en 'kennistijdperk' – op een digitaal whiteboard dat in de muur tegenover haar was aangebracht, en haar aantekeningen werden meteen omgezet in computertekst en verschenen op de laptops voor de mensen van Atlas McKenzie. Ze zei: 'Ons model is dat van de huifkarren rond het kampvuur. We leiden ons eigen leven in onze eigen huifkar, maar komen bij elkaar als het etenstijd is.'

Hoewel hij dit verhaal al tientallen keren had gehoord, begreep Nick het nog steeds niet helemaal, maar dat gaf niet; hij nam aan dat de anderen het ook niet begrepen. Zeker niet deze kerels uit Chicago, die waarschijnlijk inwendig met hun ogen rolden maar niet wilden toegeven dat het hun boven de pet ging. Het geschifte college dat Victoria gaf, was niet te volgen en ging waarschijnlijk volkomen langs hen heen.

Deze kerels wisten alles van modulaire kabelinfrastructuur en gepreassembleerde componenten en datakabels die in toegangsvloeren waren ingebouwd. Dat was de wereld waarin ze leefden. Ze interesseerden zich niet voor merklandschappen.

Hij wachtte geduldig tot ze klaar was en merkte dat de bezoekers onrustig werden. Hij hoefde hen alleen maar even te begroeten en een beetje met ze aan te pappen.

Sinds Nick president-directeur was, hield hij zich niet meer rechtstreeks bezig met verkoop. Dat gebeurde op een lager niveau. Hij gaf de zaak alleen een duwtje in de juiste richting en liet de grote klanten weten dat de man aan de top erbij betrokken was. Je stond ervan te kijken hoeveel effect een beetje persoonlijk contact met de president-directeur op klanten had.

Hij was hier anders altijd goed in, de stevige handdruk en het klopje op de rug, de duidelijke taal die iedereen zo verfrissend vond. Maar vanmorgen was hij gespannen en had hij een dof gevoel in zijn maag. Misschien was het de nawerking van de Ambien die hij de vorige avond had geslikt, dat kleine tabletje dat hem in slaap had gebracht. Misschien kwam het door de drie koppen koffie die hij had gedronken; anders nam hij er altijd twee. Of misschien kwam het door het feit dat Stratton deze order echt, echt nodig had.

Toen Victoria klaar was met haar presentatie, gingen de lichten aan en kwamen de twee belangrijkste kerels van Atlas McKenzie meteen naar hem toe. Een van hen, de directeur Vastgoed, was een tengere, bleke man van een jaar of vijftig. Hij had volle, bijna vrouwelijke lippen, lange wimpers en een nietszeggende uitdrukking op zijn gezicht, en hij zei niet veel. Zijn collega, de directeur Facilities Management, was een kleine, dikke man, een en al romp, met zware baardstoppels, borstelige wenkbrauwen en gitzwart haar dat duidelijk geverfd was. Hij deed Nick aan Richard Nixon denken.

'En ik maar denken dat jullie stoelen en archiefkasten verkochten,' zei Nixon. Hij lachte spierwitte tanden bloot, met een opvallende spleet in het midden.

'Verre van dat,' zei Nick grinnikend. Ze wisten wel beter; Stratton had hun maanden het hof gemaakt. Alle verkoopargumenten waren naar voren gebracht, en er waren een heleboel besprekingen geweest waar Nick gelukkig niet bij had hoeven te zijn. 'Zeg, als jullie je e-mail of voicemail of zoiets willen checken: we hebben een draadloos station op de gang.'

De bleke man, die Hardwick heette, ging dichter bij Nick staan en zei met een zijige stem: 'Mag ik je een nogal directe vraag stellen?'

'Natuurlijk.' De fijngebouwde Hardwick met zijn eeuwig neutrale gezicht was een killer, een meedogenloze haai; hij had een apparatsjik uit het oude politbureau van de Sovjet-Unie kunnen zijn.

Hardwick trok de rits van een leren Gucci-map los en haalde er een knipsel uit. Nick herkende het; het was een artikel uit *Business Week* met de kop: 'Is Midas zijn magie kwijt?' Er stond een foto bij van de legendarische Willard Osgood, de botte oude oprichter van Fairfield Equity Partners – de man die Stratton had gekocht – met zijn gelooide gezicht en zijn brillenglazen zo dik als de bodem van een colaflesje. Het artikel concentreerde zich op 'de miljoenen aan verliezen die geleden worden door Stratton, ooit de snelst groeiende leverancier van kantoormeubilair in de Verenigde Staten.' De auteur sprak over Osgoods 'befaamde Midas-magie: kwaliteitsbedrijven uitkiezen en ze gestaag laten groeien' en vroeg zich af: 'Wat is er gebeurd? Blijft Osgood lijdzaam toezien terwijl een van zijn investeringen instort? Vast niet, zeggen kenners.'

Hardwick hield het knipsel even omhoog. 'Verkeert Stratton in moeilijkheden?' vroeg hij, en hij keek Nick met zijn waterige ogen aan.

'Beslist niet,' antwoordde Nick. 'Of we een paar moeilijke kwartalen hebben gehad? Zeker – maar dat geldt ook voor Steelcase en Herman Miller en alle andere grote spelers. Zoals bekend, hebben we de afgelopen twee jaar veel personeel laten afvloeien, en dat gaat met veel kosten gepaard. Maar we doen er alles aan om op de lange termijn gezond te blijven.'

Hardwicks stem was bijna onhoorbaar. 'Dat begrijp ik. Maar Stratton is geen familiebedrijf meer. Jij hebt niet de volledige leiding. Willard Osgood kijkt natuurlijk over je schouder mee.'

'Osgood en zijn mensen bemoeien zich niet veel met ons,' zei Nick. 'Ze gaan ervan uit dat we weten wat we doen – daarom hebben ze ons overgenomen.' Hij had een droge mond. 'Weet je, ze vinden het altijd verstandig om hun ondernemingen genoeg speelruimte te geven.'

Hardwick knipperde als een hagedis met zijn ogen. 'Wij kopen niet alleen een heleboel werkstations van jullie, Nick. We kopen een onderhoudscontract voor tien jaar. Ben je er over een jaar of twee nog?'

Nick legde zijn hand op Hardwicks knokige schouder. 'Stratton bestaat al bijna vijfenzeventig jaar,' zei hij, 'en ik kan je verzekeren dat het er nog is als jij en ik er allang niet meer zijn.'

Hardwick glimlachte vaag. 'Ik vroeg niet naar Stratton. Ik vraag me af of jíj er dan nog bent.'

'Reken maar,' zei Nick. Hij gaf een kneepje in Hardwicks schouder en keek intussen vanuit zijn ooghoek naar Eddie Rinaldi, die met zijn armen over elkaar bij de ingang van het Lab tegen de muur leunde.

'Wil je me even excuseren?' zei Nick. Eddie kwam bijna nooit naar hem toe, en als hij dat deed, ging het altijd om iets belangrijks. Daar kwam nog bij dat Nick best een eind aan dit pijnlijke gesprek wilde maken.

Hij ging naar Eddie toe. 'Wat is er?'

'Ik heb iets voor je. Iets waar je maar beter naar kunt kijken.'

'Kan het niet wachten?'

'Het gaat over je stalker. Zeg jij nu maar of je ermee wilt wachten.'

# 7

Eddie ging voor Nicks computer zitten alsof die van hemzelf was en typte met twee vingers. Hij was verrassend snel voor iemand die nooit had leren typen. Terwijl hij door het intranet van Stratton ging om bij de beveiligingssectie te komen, zei hij: 'De jongens in het wachthokje van je kleine concentratiekamp waren natuurlijk buitengewoon behulpzaam.'

'Je hebt het over Fenwicke Estates.' Eddie rook naar sigaretten en Brut, de eau de toilette die hij al op de middelbare school gebruikte. Nick wist niet eens dat Brut nog steeds werd gemaakt.

'Ze hebben het daar goed voor elkaar – *high-definition, high-resolution* digitale videocamera's van Sony, gemonteerd bij de in- en uitgang. Backlight compensation. Dertig beelden per seconde. Weet je dat de politie niet eens naar de beelden op de harde schijf heeft gevraagd?'

'Zoals je voorspelde.'

'Shit, ze deden niet eens het absolute minimum om de schijn op te houden. Nou.' Op het scherm verscheen een kleurenfoto van een lang persoon met een bril. Eddie klikte een paar keer met de muis om op hem in te zoomen. Het was een man van een jaar of zestig met een diep doorgroefd gezicht, een kleine, strakke mond, gemillimeterd grijs haar en ogen die grotesk vergroot werden door de glazen van zijn bril, die een grof zwart montuur had. Nicks hart bonsde. Nog een paar muisklikken en het grimmige gezicht van de man nam bijna het hele scherm in beslag. De resolutie was niet slecht. Het gezicht van de man was duidelijk te zien.

'Ken je hem?' vroeg Eddie.

'Nee.'

'Nou, hij weet wel wie jij bent.'

'Ongetwijfeld. Kon hij zomaar doorlopen? Mooie beveiliging.'

'Nou, hij klom over de omheining in het bos. Er zijn daar camera's die door bewegingssensoren in werking worden gesteld. Er is daar geen alarm – er zou te vaak vals alarm zijn met al die dieren en zo – maar het stikt er van de camera's.'

'Geweldig. Wie is het?'

'Hij heet Andrew Stadler.'

Nick haalde zijn schouders op. Hij had die naam nooit eerder gehoord.

'Ik beperkte me bij het zoeken tot ontslagen mannelijke personeelsleden van vijftig jaar en ouder, vooral degenen bij wie het outplacement niet goed was gelukt. Man, ik heb het grootste deel van de ochtend naar portretten zitten kijken. Ik ben er scheel van. Maar ja, daar krijg ik al dat geld voor, hè?'

Eddie dubbelklikte met de muis, en in een venster naast het beeld van de bewakingscamera verscheen een andere foto. Het was dezelfde man, maar dan een beetje jonger: dezelfde grote zwarte bril met uitpuilende ogen, dezelfde strakke mond. Onder deze foto stond de naam ANDREW M. STADLER met een sofinummer, een geboortedatum, een personeelsnummer van Stratton en een datum van indiensttreding.

'Ontslagen?' vroeg Nick.

'Ja en nee. Ze riepen hem op voor de ontslagbespreking en hij nam ontslag. Je kent dat wel. Hij zei: "Na alles wat ik voor dit bedrijf heb gedaan?" En: "Jullie kunnen verrekken." Dat soort dingen.'

Nick schudde zijn hoofd. 'Ik heb hem nooit eerder gezien.'

'Kom je veel op de modellenwerkplaats?'

Op de modellenwerkplaats bouwde een kleine groep personeelsleden – lassers en metaal- en houtbewerkers – prototypen van nieuwe Stratton-producten in oplagen van twee of drie. Ze werkten aan de hand van tekeningen die door ontwerpers waren gemaakt. Het was een apart stel dat daar werkte, had Nick altijd gevonden. Ze kwamen allemaal van de fabrieksvloer, waar ze metaal hadden bewerkt, en ze waren goed met hun handen. Het waren vaak ook eenlingen en perfectionisten.

'Andrew Stadler,' zei Nick. Hij luisterde naar de klank van de naam en keek naar de gegevens van de man. 'Hij heeft vijfendertig, zesendertig jaar voor Stratton gewerkt.'

'Ja. Hij begon als monteur van die oude verticale archiefkasten en werd lasser. Daarna werd hij specialist niveau twee – hij werkte in zijn eentje op de stoelenfabriek, waar hij geretourneerde exemplaren repareerde. Hij weigerde aan de nieuwe assemblagelijnen te werken, omdat hij niet naar andermans muziek wilde luisteren, zoals hij het zei. Had steeds ruzie met zijn chef. Ze leerden hem met rust te laten en hem zijn werk te laten doen. Toen er vijf jaar geleden een plaats vrijkwam op de modellenwerkplaats, solliciteerde hij daarnaar. Ze waren blij dat ze van hem af waren.' Met nog een paar klikken riep Eddie de personeelsgegevens van Stadler op. Nick boog zich dichter naar het scherm om de kleine lettertjes te kunnen lezen. 'Wat staat daar over een ziekenhuisopname?'

Eddie draaide zich om in Nicks stoel en keek met zijn half wilde ogen naar hem op. 'Hij is knettergek, jongen. Een maniak. Hij was vaste klant op de gesloten afdeling van het County Medical.'

'Jezus. Waarvoor?'

'Schizofrenie. Hij krijgt medicijnen. Die slikt hij een paar jaar en dan houdt hij ermee op.'

Nick liet langzaam zijn adem ontsnappen.

'Wel, Nick, nu komt het ergste. Ik heb met de politie van Fenwick gebeld. Zo'n vijftien jaar geleden werd Stadler ondervraagd over de mogelijke moord op een heel gezin dat bij hem in de straat woonde.'

Er ging opeens een huivering door Nick heen. 'Wat betekent dat?'

'Dat gezin heette Stroup. Het waren buren van hem en hij deed wel eens klusjes voor ze. Hij is een technisch genie; hij kan alles repareren. Misschien kregen ze ergens ruzie over, misschien keken ze hem verkeerd aan, wie zal het zeggen, maar op een nacht ontstond er een gaslek in hun kelder. Er kwam een vonk bij en het hele huis ging in de fik.'

'Jezus.'

'Het is nooit bewezen of het een ongeluk was geweest of dat die gek het had gedaan, maar de politie vermoedde dat hij erachter zat. Al konden ze het nooit bewijzen. Ze moesten hem laten gaan bij gebrek aan bewijs. Het was niet meer dan een sterke verdenking. Nick, die Stadler is een gevaarlijke klootzak. En ik zal je nog wat vertellen wat je niet graag wilt horen. Die mafkees heeft een pistool.'

'Wat?'

'Er staat een oud veiligheidscertificaat op zijn naam. Dat heb ik in het gemeentearchief gevonden. Zo'n twintig jaar oud. En geen verkoopgegevens. Dat betekent dat hij het nog heeft.'

'Jezus. Kunnen we om een straatverbod vragen?'

Eddie maakte weer een smalend *pfft*-geluid. 'Kom nou, man, zo'n straatverbod is flauwekul. Een vodje papier.'

'Maar als hij nog eens bij mijn huis probeert te komen...'

'Dan kun je hem voor huisvredebreuk laten arresteren. Niet voor stalking. Dat stelt niks voor. Denk je dat zo'n verrekte psychopaat zich daardoor laat tegenhouden? Een kerel die de ingewanden uit je hond heeft getrokken? Een kerel die stemmen hoort, die met molentjes loopt?'

'Jezus christus, Eddie. We hebben beelden met tijdweergave. Ongeveer op het moment dat mijn hond werd doodgemaakt, zie je die kerel over het hek klimmen. De politie heeft een mes waar misschien vingerafdrukken op zitten. Ze hebben genoeg om die kerel op te pakken voor het doodmaken van mijn hond.'

'Ja, en wat hebben ze gedaan? Helemaal niks.'

'Hoe kunnen we ervoor zorgen dat ze in actie komen?'

'Ik weet het niet, man. Daarvoor zou je grote druk moeten uitoefenen. Reken maar niet dat ze meteen voor je klaarstaan; ze willen zich eerst indekken. Ik stel voor dat we die mafkees de stuipen op het lijf jagen. Als de politie eenmaal serieus bij de zaak betrokken is, moeten we van Stadler afblijven. Maar tot het zover is, moeten we ervoor zorgen dat jij en je gezin veilig zijn.'

Nick dacht daar even over na. 'Goed. Maar doe niets waardoor ik in de problemen kan komen. Dus geen geweld tegen hem. Ik wil alleen dat die rotzak ergens opgesloten wordt.'

'Mij best. Ik spoor hem op. Intussen gaat die Freddie van mij vanmiddag naar je huis om aan het nieuwe systeem te werken. Ik laat hem er vaart achter zetten.'

Nick keek op zijn horloge. Hij moest naar de maandelijkse bijeenkomst van de commissie Arbeidsvoorwaarden. 'Prachtig.'

'En hé, als niets werkt, denk dan aan dat stukje ijzerwaar van mij.'

Nick dempte zijn stem. Hij wist dat Marjorie achter haar bureau aan de andere kant van de scheidingswand zat en misschien hun stemmen kon horen. 'Ik heb geen vergunning, Eddie.'

Eddie schudde langzaam met zijn hoofd. 'Vergunning? Kom nou, man. Weet je hoe lang het duurt om door de ambtelijke molens te gaan? Zo lang kun je niet wachten. Als je zonder vergunning met een wapen rondloopt, is dat toch maar een licht delict? Honderd dollar boete. En dat alleen als je betrapt wordt. En dat word je niet, want je hoeft het niet te gebruiken. Is het je dat niet waard om je gezin tegen die psychopaat te beschermen? Honderd dollar?'

'Goed. En ga nu weg. Ik moet mijn e-mail checken, en dan heb ik nog drie afspraken op een rij.'

Eddie stond op. 'Man, wat heb je hier een dure computerspullen. Ik zou op mijn afdeling ook wel zulke monitoren kunnen gebruiken.'

'Daar ga ik niet over,' zei Nick. 'Ik ben maar een stroman.'

## 8

Scott McNally woonde in een redelijk groot maar onopvallend huis in de wijk Forest Hills van Fenwick. Daar woonden veel managers van Stratton. Het was een huis dat bij een succesvolle accountant paste, wit en in koloniale stijl, met groene luiken, een dubbele garage, een recreatiekamer, een afgewerkt souterrain. Het was ook onopvallend ingericht. Alles – de eetkamer, de banken en stoelen en kleden – leek in één keer in dezelfde niet al te dure meubelzaak te zijn gekocht. Blijkbaar ontbrak het Eden, Scotts jongere vrouw, aan Laura's belangstelling voor design.

Nick en Laura hadden één keer over Scotts huis gepraat. Hij bewonderde het in Scott dat hij, ondanks al het geld dat hij in zijn McKinsey-tijd had vergaard, nooit met zijn rijkdom probeerde te pronken, zoals veel financiële types deden. Geld was voor Scott niet iets wat je uitgaf. Het was zoiets als frequent-flyer miles die je nooit gebruikte. Toch had Nick niet kunnen zeggen wat zo vreemd was aan Scotts huis, totdat Laura hem erop wees dat het er op de een of andere manier als iets tijdelijks uitzag, als een appartement dat bedrijven tijdelijk aan medewerkers ter beschikking stelden.

Zodra ze daar aankwamen, gingen de kinderen ervandoor, Julia naar de kamer van een van Scotts twaalfjarige tweelingdochters en Lucas naar de recreatiekamer om daar in zijn eentje tv te kijken. Scott stond achter de grote, manshoge, roestvrijstalen houtskoolgrill, blijkbaar het enige tamelijk dure voorwerp dat hij bezat. Hij droeg een zwart barbecueschort met een geel gevarenteken en de tekst GEVAAR: KOKENDE MAN op de voorkant, en een bijpassende honkbalpet, ook met GEVAAR: KOKENDE MAN.

'Hoe gaat het?' vroeg Nick toen ze daar in de rook stonden.

'Ik klaag niet,' zei Scott. 'Wie zou er luisteren?'

'Denk je dat die grill groot genoeg is?'

'Een kookoppervlak van ruim een halve vierkante meter, groot genoeg om vierenzestig hamburgers tegelijk te bakken. Want je kunt nooit weten.' Hij schudde zijn hoofd. 'Dat was de laatste keer dat ik Eden bij Home Depot liet winkelen.'

'Hoe gaat het met Eden?'

'Hetzelfde, alleen nog meer. Ze is een echte fitnessfreak geworden. Als het aan haar lag, zouden we nu smullen van de tofoe, *spirulina* en gedroogd gerstesap. Ze volgt momenteel een Pilates-cursus voor gevorderden; dat is haar nieuwste obsessie. Ik snap niet goed hoe dat werkt. Kun je steeds meer gevorderd raken? Kun je Pilates studeren en op het eind een titel krijgen?'

'Nou, ze ziet er geweldig uit.'

'Als je haar maar geen snoepje noemt. Ze wordt liever een sojaboon genoemd.' Scott ging na of alle knoppen waren opengedraaid. 'Weet je, ik schaam me altijd een beetje als jij hier komt. Het is net of de kasteelheer een bezoek brengt aan de boeren in hun nederige stulpjes. Eigenlijk zouden we een everzwijn moeten roosteren. Of een hert.' Hij keek Nick aan. 'Wat wil je drinken? Een kan honingwijn, mijn vorst?'

'Doe maar een biertje.'

Scott draaide zich om en schreeuwde naar zijn dikke negenjarige zoon, die in zijn eentje op de achterveranda zat en enorme bellen blies met een vreemd ding, een lange stok waar een doek aan hing. 'Spencer! Spencer, wil je even komen?'

'Aww!' jengelde Spencer.

'Nu meteen!' riep Scott. Hij dempte zijn stem een beetje en zei: 'Eden kan bijna niet wachten tot hij zo oud is dat we hem naar Andover kunnen sturen.'

'Maar jij denkt daar anders over.'

'Ik merk die jongen amper op,' zei hij schouderophalend. Als Nick zijn financieel directeur niet beter kende, zou hij niet hebben gemerkt dat Scott een van zijn gebruikelijke grapjes maakte. 'Spencer, wil je een van die bruine flesjes bier voor meneer Conover halen?' Tegen Nick zei hij: 'Dat bier zal je goed bevallen. Het is Belgisch abdijbier, gebrouwen in de staat New York.'

'Heb je ook Miller?'

'Aha, de champagne onder de bieren. Ik ben nog steeds op zoek naar het bier onder de champagnes. Ik denk dat Eden wat Grolsch heeft gekocht, als dat ook goed is.'

'Ja.'

'Spencer, wil je op zoek gaan naar die groene flessen met die gekke metalen doppen met rubberen ringetjes?'

'Pa, barbecue-eten is niet goed voor je.' Spencer sloeg zijn armen over elkaar. 'Weet je wel dat zo'n sterk verhitte barbecue polycyclische aromatische koolwaterstoffen kan creëren, ook wel bekend als mutagenen?'

Nick keek de jongen aan. Waar had hij al die moeilijke woorden geleerd?

'Nu vergis je je, jongen,' zei Scott. 'Vroeger dachten ze dat aromatische koolwaterstoffen slecht waren. Tegenwoordig weten ze dat ze juist heel goed voor je zijn. Leren ze je nog wel iets op school?'

Spencer keek verbluft, al duurde dat maar even. 'Als je later in je leven kanker krijgt, moet je niet zeggen dat ik je niet heb gewaarschuwd.'

'Dan ben ik dood, jongen.'

'Maar, pa...'

'Oké, jongen, hier heb je je hamburger,' zei Scott opgewekt, en hij hield een van de rauwe stukjes vlees omhoog. 'Haal maar een broodje en wat ketchup. Dan krijg je salmonella en de *E. coli*-bacterie in plaats van kanker.'

Spencer begreep de humor van zijn vader blijkbaar wel, maar gaf het nog niet op. 'Maar ik dacht dat *E. coli* van nature in de menselijke darmen voorkwam,' zei hij.

'Jij houdt ook nooit op, hè? Ga op een drukke weg spelen. Maar breng eerst meneer Conover zijn bier.'

De jongen sjokte met tegenzin weg.

Scott grinnikte. 'Die kinderen van tegenwoordig.'

'Indrukwekkend,' was het enige wat Nick kon bedenken.

'Ik vind het jammer dat je dat Belgische bier niet wilt proberen,' zei Scott. 'Ik heb het ontdekt op die vakantieranch in Arizona waar ik vorige maand met mijn oude studievrienden heen ben geweest, weet je nog wel?'

'Je was niet erg enthousiast over die ranch.'

'Ooit een paard van dichtbij geroken? Hoe dan ook, het bier vond ik lekker.'

'Dus Spencer is een beetje griezelig, hè?'

'Kun je wel zeggen. We merkten het voor het eerst toen hij drie was en haiku's begon te maken met de letters van zijn alfabetsoep.'

'Volgens mij besef je niet hoe volgzaam hij is. Als ik Luke had gevraagd een biertje voor me te halen, had hij me de ogen uitgekrabd.'

'Moeilijke leeftijd. Als Spencer zestien is, zien we hem waarschijnlijk maar één keer per jaar, met Kerstmis. Maar ja, hij gedraagt zich meestal wel goed, en hij houdt van wiskunde, net als zijn pa. En later, als hij een hoogbegaafde seriemoordenaar is zoals Jeff Dahmer, vinden we natuurlijk de ontlede resten van honden en katten in de achtertuin.' Hij grinnikte, maar toen betrok zijn gezicht. 'O, shit, Nick, ik was je hond vergeten. Het spijt me.'

'Geeft niet.'

'Ik kan niet geloven dat ik dat zei.'

'Misschien moet je de hamburgers omkeren. Ze verbranden.'

'O, ja.' Hij worstelde met een grote metalen spatel. 'Nick, heeft de politie enig idee wie het heeft gedaan?'

Nick aarzelde en schudde toen zijn hoofd. 'Ze denken dat het een ontslagen werknemer is. Maar dat had ik ze ook wel kunnen vertellen.'

'Dan blijven er dus maar vijfduizend zevenenzestig verdachten over. Je hebt geen beveiligingssysteem?'

'Blijkbaar is dat niet goed genoeg. We wonen in een omheinde woonwijk.'

'Jezus, dat zou ons ook kunnen overkomen.'

'Bedankt voor je medegevoel.'

'Nee, ik bedoel... Sorry, maar als financieel directeur ben ik net zo goed verantwoordelijk voor die ontslagen als jij, en... God, je moet wel doodsbang zijn.'

'Natuurlijk ben ik dat. Maar ik ben vooral erg kwaad.'

'De politie doet er niets aan, hè?'

'Ze kennen allemaal wel iemand die door ons ontslagen is. Als bij mij thuis het alarm afgaat, komen ze niet van hun kruk in de Dunkin' Donuts.'

Spencer rende met een fles bier in zijn ene en een glas in zijn andere hand over het gazon. 'Alstublieft, meneer Conover,' zei hij, en hij gaf Nick het bier en het glas.

'Dank je, Spencer.' Nick zette het glas neer en worstelde met de ingewikkelde dop van de Grolsch-fles. Hij had nooit een flesje van dat spul gehad buiten een café, waar ze het voor je inschonken.

Spencer sloeg zijn korte dikke armen om het middel van zijn vader. Scott stak zijn vrije hand uit en pakte met een grommend geluid zijn zoon vast. 'Hé, jongen,' zei hij. Zijn gezicht was rood van de warmte en hij knipperde de rook uit zijn ogen.

'Hé, pa.'

Nick glimlachte. Dus Spencer was ook een kleine jongen, niet alleen een quiz-kampioen.

'Shit,' zei Scott, toen een van zijn hamburgers door het rooster gleed en in het vuur viel.

'Doe je dit vaak?'

'Het is mijn enige hobby. Weet je, ik amuseer me pas goed als ik mijn belastingformulier invul met Romeinse cijfers.' Hij hanneste nog wat met de metalen spatel. 'Shit,' zei hij opnieuw, toen er weer een hamburger in de vlammen viel. 'Heb je ze graag goed doorbakken?'

# 9

Jeremiah Claflin, de architect die de verbouwing van Nicks keuken deed, was een saaie maar vriendelijke man. Hij had een zwarte bril met ronde glazen, zoals sommige beroemde architecten hadden – die Japanner, die Zwitser, Nick was hun namen vergeten, als hij ze al ooit had geweten – en zijn witte haar contrasteerde mooi met zijn rode gezicht en viel over de boord van zijn overhemd. Laura had hem en een aantal andere architecten uit Fenwick en omliggende plaatsen even intensief ondervraagd als ze jaren geleden kandidaatkindermeisjes had ondervraagd. Ze had het belangrijk gevonden dat de architect die ze in de arm nam niet alleen projecten had uitgevoerd waarvoor ze bewondering had, maar ook niet zo koppig, zo artistiek was dat hij iets anders deed dan precies datgene wat ze wilde.

Nick kon goed met Claflin opschieten, zoals hij met bijna iedereen goed overweg kon, maar hij had algauw gemerkt dat Claflin hem irritant vond. Zeker, Claflin was blij dat hij aan het huis van de president-directeur van Stratton mocht werken – daar kon hij over opscheppen – en omdat Laura alleen voor de allerbeste, belachelijk dure apparaten en kasten en dergelijke had gekozen, verdiende Claflin een smak geld aan niet eens zoveel ontwerpwerk. Maar Nick was helemaal niet geïnteresseerd in al die kleine details die Laura zo belangrijk vond, en reken maar dat er een heleboel van die kleine details waren. Hij moest steeds weer beslissingen nemen. Wilde hij dat de werkbladen een geheel of half afgeronde rand kregen of een ojiefrand? Hoeveel overstek wilde hij? Hoe hoog wilde hij het spatscherm hebben? En de spoelbakken; wilde hij vlakinbouw of onderbouw? En hoe hoog moest het aanrechtblad zijn? Jezus, Nick had een onderneming te leiden.

Claflin faxte hem steeds weer tekeningen en vragen. Nick zei dan altijd tegen de architect dat hij gewoon moest doen wat Laura hem had opgedragen. Het kon hem eigenlijk geen moer schelen hoe de keuken eruitzag. Wel vond hij het belangrijk – dat was zelfs een obsessie – dat het precies zo gebeurde als Laura had gewild. De verbouwingen waren Laura's laatste project geweest. In de maanden voor het ongeluk had ze alles uitgedacht en besproken. Nick vermoedde dat ze zich zo op die verbouwing had gestort omdat de kinderen groter werden en het moederschap geen fulltimebaan meer was. Na Lucas' geboorte had ze haar baan als docente kunstgeschiedenis op het St. Thomas More College opgegeven. Toen de kinderen ouder werden, had ze geprobeerd weer als docente aan de slag te komen, maar dat was niet gelukt. Ze was zoals veel moeders op een zijspoor terechtgekomen. Ze miste het lesgeven, de intellectuele uitdaging.

Laura was verreweg de intelligentste van hen beiden geweest. Nick was met een ijshockeybeurs naar de Michigan State University gegaan en had zich uit de naad gewerkt om matige cijfers te halen, terwijl Laura summa cum laude aan Swarthmore College was afgestudeerd. Het leek wel of ze een diepe voorraad creatieve energie in zich had waaruit ze moest putten om niet gek te worden, en de verbouwingen hadden haar iets te doen gegeven.

Toch was dat niet alles geweest: Laura had genoeg gehad van die steriele oude keuken, die eruitzag alsof niemand hem ooit gebruikte. Ze had er een haardstede van willen maken, een geweldige ruimte waar het hele gezin bijeen kon komen. Laura, die erg goed kon koken, zou het eten kunnen klaarmaken, terwijl de kinderen hun huiswerk maakten of aan het keukeneiland zaten te praten. Het hele gezin kon op een prettige manier bijeen zijn.

Het minste wat Nick voor haar nagedachtenis kon doen, was ervoor zorgen dat die verrekte keuken precies zo werd als zij had gewild.

Hun huwelijk was verre van volmaakt geweest – ze hadden zelfs ruzie gehad op de avond dat ze was omgekomen, zoals hij nooit zou vergeten – maar Nick had geleerd dat je je slagvelden kon uitkiezen. Je maakte soms stilzwijgende afspraken, gaf wat terrein prijs. Laura, die in een vervallen villa op de Hill was opgegroeid, als dochter van een kinderarts, wilde op een bepaalde manier leven, namelijk op een betere manier dan die ze in haar jeugd had meegemaakt. Ze wilde de stijl en elegantie die ze niet had gekend in een huis waar altijd van alles aan mankeerde. Ze was geabonneerd op *Architectural Digest* en *Elle Décor* en een stuk of vijf andere bladen die er allemaal hetzelfde uitzagen, en ze haalde daar altijd foto's en dubbele pagina's uit om ze in een steeds dikkere map te doen waarop ze een etiket met DROOMHUIS had kunnen plakken. Nick vond een huis met meer dan twee slaapkamers, een achtertuin en een keuken waar je niet in at al bijna een onvoorstelbare luxe.

Claflin zat in de keuken op hem te wachten toen hij twintig minuten te laat thuiskwam. In de huiskamer hoorde hij Julia en haar beste vriendin Emily een computerspel spelen dat *The Sims* heette. Daarin creëerden ze hun eigen griezelig echt lijkende menselijke wezens en deden daarmee wat ze wilden. Julia en Emily gierden van het lachen om iets.

'Drukke dag gehad?' vroeg Claflin. Zijn stem klonk joviaal, maar aan zijn ogen was te zien dat hij zich ergerde omdat hij had moeten wachten.

Nick gaf de architect een hand en verontschuldigde zich. Toen viel hem iets op. De aanrechtbladen zaten erop. Hij ging naar het keukeneiland en besefte dat zelfs hij, onwetend als hij was, kon zien dat er iets verkeerd was.

'Ik zie dat ze een nieuw alarmsysteem hebben geïnstalleerd,' zei Claflin. 'Snel werk.'

Nick knikte. Hij had de witte paneeltjes op de muur gezien toen hij binnenkwam. 'Het eiland,' zei hij. 'Zo wilde Laura het niet.'

Ze had een groot eiland in het midden van de keuken ontworpen, een eiland waaraan het hele gezin op krukken kon zitten terwijl zij het eten klaarmaakte. Maar aan dit ding kon je echt niet zitten. Het had wanden van zwart graniet die zo'n zestig centimeter hoog waren, zonder overstek, zonder plaats voor krukken.

Claflin straalde. 'Nu kunnen je gasten vanaf de eettafel nooit de kooktroep zien,' zei hij. 'Toch kun je op dat eiland heel goed gerechten voorbereiden. Is het niet slim?'

Nick aarzelde. 'Je kunt er niet aan zitten,' zei hij.

'Dat is waar,' gaf Claflin toe, en zijn glimlach verflauwde. 'Maar je kunt de troep niet zien. Zo'n open keuken brengt een groot probleem met zich mee waar niemand ooit over praat. Je hebt een prachtige keuken met de beste apparaten, en een grote boerentafel waaraan je gasten zitten, en waar kijken ze uiteindelijk op uit? Een stel vuile potten en pannen op de werkbladen en het keukeneiland. Dit lost dat probleem op.'

'Maar de kinderen kunnen er niet aan zitten.'

'Geloof me, dat is van geen belang in vergelijking met...'

'Laura wilde dat iedereen aan het keukeneiland kon zitten. Ze wilde naar de kinderen kunnen kijken als die daar zaten en hun huiswerk maakten of lazen of praatten of iets anders deden, terwijl zij het eten klaarmaakte.'

'Nick,' zei Claflin langzaam, 'jij kookt toch niet? En Laura is... nou, ze is...'

'Laura wilde een grote, open keuken waar we konden zitten,' zei Nick. 'Dat wilde ze, en dat zullen we krijgen.'

Claflin keek hem enkele ogenblikken aan. 'Nick, ik heb je de gegevens gefaxt, en je hebt ervoor getekend.'

'Waarschijnlijk heb ik er niet eens naar gekeken. Ik heb je gezegd dat we alles precies zo doen als Laura wilde.'

'Dit is al op maat gemaakt. We kunnen het niet... terugsturen. Het is je eigendom.'

'Dat kan me geen moer schelen,' zei Nick. 'Je haalt die steenkerel terug en laat hem het blad opnieuw maken zoals Laura het wilde.'

'Er zit in dit ontwerp een logica die...'

'Doe het nou maar.' Nick klonk ijzig. 'Is dat duidelijk?'

# 10

Zodra Claflin weg was, kwam Julia de keuken in. Ze droeg een grijs sweatshirt met het boogvormige logo van de Michigan Wolverines. Haar vriendin zat nog achter de computer in de huiskamer; die was nog druk bezig om als een hightech-Hitler de levens van de familie Sims te tiranniseren.

'Papa, ben jij de president-directeur van Stratton?'

'Ja, schatje, weet je dat niet? Kom eens bij me.'

Ze rende naar hem toe alsof ze op toestemming had gewacht en sloeg haar armen om hem heen. Nick boog zich naar haar toe en gaf een kus op haar voorhoofd. Hij dacht: *is ze daar nog maar net achter?*

'Emily zegt dat je de halve bevolking van Fenwick hebt ontslagen.'

Emily keek van het computerscherm op en wierp een steelse blik op Nick.

'We moesten veel erg goede mensen laten gaan,' zei Nick. 'Om het bedrijf te redden.'

'Ze zegt dat je haar oom hebt ontslagen.'

Aha, dus dat was het. Nick schudde zijn hoofd. 'Dat wist ik niet. Ik vind het erg om dat te horen, Emily.'

Emily keek hem hooghartig, bijna vernietigend aan, wat nogal opmerkelijk was voor een meisje van tien. 'Oom John is bijna twee jaar werkloos geweest. Hij zegt dat hij alles aan Stratton heeft gegeven en dat u zijn leven hebt verwoest.'

Nick zou daar iets op willen zeggen – *dat kwam niet door mij, en trouwens, we bieden uitgebreide outplacementhulp, weet je* – maar als je eenmaal met kinderen van tien in discussie treedt, kun je het wel schudden. Hij werd gered door het geluid van een autoclaxon. 'Nou, Em, ga nu maar. Laat je moeder maar niet wachten.'

Emily's moeder reed in een gloednieuwe goudkleurige Lexus LX 470 die ongeveer half zo lang was als een huizenblok. Ze droeg een wit Fred Perry-tennisshirt, een witte korte broek, een Fenwick Country Club-jack en duur uitziende witte tennisschoenen. Ze had mooie gebruinde benen, kort kastanjebruin haar dat erg modieus geknipt was en een gigantische glinsterende diamanten verlovingsring. Haar man was een plastisch chirurg over wie het gerucht ging dat hij een verhouding met zijn receptioniste had, en als zelfs Nick, die totaal buiten het roddelcircuit stond, dat had gehoord, was het waarschijnlijk waar.

'Dag, Nick.' Haar sigarettenhese stem was kil en kurkdroog.

'Hallo, Jacqueline. Emily komt zo. Ik moest haar achter de computer vandaan trekken.'

Jacqueline liet een gemaakt vriendelijke glimlach zien. Nick kende haar alleen goed genoeg om hallo te zeggen: het onderhouden van vriendschappen met de schoolouders was Laura's taak geweest. Nog niet zo lang geleden begon Jacqueline Renfro te stralen als ze hem op schooluitvoeringen of ouderavonden zag, alsof hij een vriend was die ze lang geleden uit het oog had verloren. Maar mensen probeerden niet meer bij hem in het gevlij te komen.

'Hoe gaat het met Jim?' vroeg hij.

'O, je weet wel,' zei ze luchtig. 'Als mensen hun baan verliezen, nemen ze niet meer zo vaak een botoxbehandeling.'

'Emily zei dat haar oom bij Stratton is ontslagen. Is hij een broer van jou of van Jim?'

Ze zweeg even en zei toen streng: 'Van mij, maar Emily had dat niet moeten zeggen. Ze heeft geen manieren. Ik zal met haar praten.'

'Nee, nee – ze zei wat ze op haar hart had. Waar werkte je broer?'

'Ik...' Ze sprak niet verder, en riep toen: 'Emily, waar blijf je zo lang?'

Ze stonden een ogenblik pijnlijk zwijgend tegenover elkaar, totdat haar dochter naar buiten kwam, gebukt onder het gewicht van een rugzak waarvoor een sherpa zich niet zou hoeven te schamen.

Julia keek niet op van de computermonitor toen Nick eraan kwam. Hij vroeg: 'Waar is je broer?'

'Weet ik niet.'

'Heb je je huiswerk af?'

Julia gaf geen antwoord.

'Je hebt me toch verstaan?'

'Wat?' Had ze opeens een selectief gehoor? Hij hoefde in de keuken maar 'ijsje' te fluisteren en ze kwam al aangerend.

'Je huiswerk. We eten over een halfuur – het is Marta's vrije avond. Zet de computer uit.'

'Maar ik zit midden in...'

'Save het en zet hem uit. Kom, schatje.'

Hij ging naar de trap en riep omhoog naar Lucas. Geen antwoord. Maar het huis was zo onnodig groot dat geluid niet ver droeg. Nick ging naar boven en liep langs Laura's studeerkamer, waarvan de deur na haar dood niet meer open was geweest, naar Lucas' kamer.

Hij klopte aan. De deur, die op een kier stond, ging een eindje naar binnen open. Hij duwde hem helemaal open en riep: 'Luke?' Geen antwoord; geen Lucas in de kamer. Zijn bureaulamp was aan en een schoolboek lag open. Hij liep erheen om te kijken welk boek het was en stootte per ongeluk tegen het bureau. Het flatscreenscherm van de iMac kwam uit de slaapstand en liet een overdaad aan kleurrijke foto's met veel vleeskleur zien. Nick keek nog eens en zag naakte lichamen die zich in allerlei seksuele bochten wrongen. Hij kwam dichterbij om het beter te kunnen zien.

Het hele scherm werd in beslag genomen door pop-upvensters van hoerige vrouwen met grote tieten in opzichtige tinten roze en oranje. ECHTE AMATEURSLETJES stond er in een venster, en het woord ECHTE flikkerde als een neonbord.

Nicks eerste reactie was typisch mannelijk: hij keek er nieuwsgierig naar en voelde iets wat hij in maanden niet had gevoeld. Maar meteen daarna walgde hij van de smakeloosheid van die beelden – wat waren dat voor meisjes die zulke dingen deden voor het oog van al die hijgende internetgebruikers? En toen drong tot hem door dat dit Lucas' computer was, dat zijn zoon naar al die dingen keek. Als Laura dit had ontdekt, zou ze uit haar vel zijn gesprongen, hem op zijn werk hebben gebeld en hebben geëist dat hij onmiddellijk thuiskwam voor een Gesprek met zijn zoon.

Nick daarentegen wist niet wat hij ervan moest denken, hoe hij moest reageren. Hij wist zich geen raad. De jongen was zestien en zeker niet achter in zijn ontwikkeling. Natuurlijk was hij geïnteresseerd in seks. Nick herinnerde zich dat hij en een vriend, toen ze ongeveer zo oud waren, in het bos een drijfnatte *Playboy* met samengeplakte bladzijden hadden gevonden. Ze hadden het blad zorgvuldig gedroogd, zich erin verdiept alsof het de Dode-Zeerollen waren, en het in Nicks garage verstopt. Achteraf was het verbazingwekkend hoe anders de viezigheid in die tijd was, hoe onschuldig, al dacht hij daar toen heel anders over. De foto's in *Playboy* waren zo sterk geretoucheerd dat het nogal een schok was geweest toen Nick niet lang daarna in het souterrain van zijn eerste echte vriendin, Jody Catalfano, voor het eerst echte tieten van dichtbij te zien kreeg. Jody, het leukste meisje van de klas, had maanden achter hem aan gezeten en was er al veel eerder klaar voor dan hij. Haar borsten waren veel kleiner dan de voluptueuze meisjes in *Playboy*, en haar tepels waren groter en donkerder, met een paar verdwaalde haren langs de randen van de tepelhoven.

Maar deze foto's, opzichtig en schreeuwerig, waren op de een of andere manier veel te echt. Het was schaamtelozer, perverser dan alles wat Nick in zijn koortsachtige tienerjaren had gezien. En het was met een paar muisklikken op te roepen. Het lag niet half begraven onder dode bladeren in het bos, je hoefde geen moeite te doen om het te conserveren, hoefde het niet in een lege Pennzoil-doos in een garage te verstoppen. In zekere zin was het bijna om misselijk van te worden. Als Julia nu eens deze kamer was binnengekomen en het had gezien?

Hij pakte Lucas' bureautelefoon op en belde het mobieltje van zijn zoon.

Lucas nam na vijf keer overgaan op en frommelde een hele tijd aan de telefoon. 'Ja?' Op de achtergrond waren harde muziek en rauwe stemmen te horen.

'Luke, waar zit je?'

Een korte stilte. 'Wat is er?'

'Wat er is? Het is etenstijd.'

'Ik heb al gegeten.'

'We eten samen, weet je nog wel?' Dat 'samen eten' was de laatste tijd een van Nicks obsessies, vooral sinds Laura er niet meer was. Soms had hij het gevoel dat het hele gezin door middelpuntvliedende krachten uiteen zou vallen wanneer hij daar niet meer op stond.

Weer een korte stilte. 'Waar ben je, Luke?'

'Goed,' zei Lucas, en hij hing op.

Een uur later was Lucas nog steeds niet thuis. Omdat Julia honger had, gingen ze met zijn tweeën zitten eten aan het ronde tafeltje dat tijdelijk in een hoek van de keuken was gezet, een eind van de meeste bouwwerkzaamheden vandaan. Marta had de tafel voor hen drieën gedekt voordat ze aan haar vrije avond begon. In de warme oven zat een geroosterde kip in folie. Nick bracht de kip, de rijst en de broccoli naar de tafel en dacht eraan om onderzetters onder de pan met de kip te zetten, zodat de tafel geen schroeiplekken opliep. Hij verwachtte ruzie om de broccoli, en die kwam er ook. Julia wilde alleen rijst en kipdrumstick, en Nick was te moe om haar tegen te spreken.

'Ik vind die van mammie lekkerder,' zei Julia. 'Deze is te droog.'

'Hij heeft een paar uur in de oven gestaan.'

'Mammie maakte de beste kip.'

'Natuurlijk, schatje,' zei Nick. 'Eet nou maar.'

'Waar is Luke?'

'Hij is op weg naar huis.' *En daar doet hij verdomd lang over*, dacht Nick.

Julia keek naar de kippenpoot op haar bord alsof het een gigantische kakkerlak was. Ten slotte zei ze: 'Ik vind het hier niet leuk.'

Nick dacht even na. Hij wist niet wat hij moest zeggen. 'Waar niet?'

'Hier,' zei ze, niet erg behulpzaam.

'Dit huis?'

'We hebben geen buren.'

'Die hebben we wel, maar...'

'We kennen ze niet. Het is geen buurt. Het zijn alleen... huizen en bomen.'

'Mensen leven hier op zichzelf,' gaf hij toe. 'Maar je moeder wilde dat we hierheen verhuisden omdat ze dacht dat het veiliger was dan ons vorige huis.'

'Dat is het niet. Barney...' Ze zweeg. De tranen welden op in haar ogen en ze liet haar kin op haar handen rusten.

'Maar voortaan wel, met het nieuwe beveiligingssysteem.'

'In ons vorige huis gebeurden nooit zulke dingen,' merkte ze op.

De voordeur ging open en liet een schelle waarschuwingstoon horen. Even later sjokte Lucas luidruchtig de keuken in en gooide zijn rugzak op de vloer. Hij leek met de dag langer en breder te worden. Hij droeg een donkerblauw Old Navy-sweatshirt, een wijde broek waarboven de band van zijn boxershorts te zien was en een wit soort doek onder zijn achterstevoren gezette honkbalpetje.

'Wat heb je daar op je hoofd?' vroeg Nick.

'Een *do-rag*, hoezo?'

'Is dat een hiphopding?'

Lucas schudde zijn hoofd en rolde met zijn ogen. 'Ik heb geen trek,' zei hij. 'Ik ga naar boven.'

'Kom evengoed bij ons zitten, Luke,' smeekte Julia. 'Toe nou.'

'Ik heb veel huiswerk,' zei Lucas, en hij liep de keuken uit zonder achterom te kijken.

## 11

Nick ging achter zijn zoon aan naar boven. 'We moeten praten,' zei hij.

Lucas kreunde. 'Wat nou weer?' Toen hij bij de open deur van zijn kamer kwam, zei hij: 'Ben je hierbinnen geweest?'

'Ga zitten, Luke.'

Lucas zag de computermonitor tegenover de deur en sprong erop af om hem weg te draaien. 'Ik wil niet dat je mijn kamer binnengaat.'

'Ga zitten.'

Lucas ging op de rand van zijn bed zitten, voorovergebogen met zijn ellebogen op zijn knieën, zijn kin op zijn handen, een houding die Julia de laatste tijd imiteerde. Hij keek kwaadwillig.

'Je mag niet naar pornosites gaan,' zei Nick.

Lucas knipperde met zijn ogen. Zijn woedende blauwe ogen waren kristalhelder, onschuldig en zuiver. Hij probeerde iets onder zijn kin te kweken, zag Nick. Een ogenblik vroeg hij zich blijkbaar af of hij maar zou bekennen, omdat het bewijs immers zo duidelijk aanwezig was. Toen zei hij: 'Er is daar niets te vinden waar ik niet van weet, Nick. Ik ben zestien.'

'Hou op met dat "Nick".'

'Goed, pa,' zei hij met een norse stem. 'Hé, ik ga tenminste niet naar snuff- of martelsites. Je zou eens moeten weten wat voor troep ze daar laten zien.'

'Als je dat nog een keer doet, sluit ik je internettoegang af, begrepen?'

'Dat kun je niet doen. Ik heb e-mail nodig voor school. Dat is verplicht.'

'Dan laat ik je alleen AOL houden, met al die filters.'

'Dat kun je niet doen! Ik moet research doen op internet.'

'Kom nou. Waar zat je vanmiddag?'

'Bij een vriend.'

'Het klonk als een bar of zoiets.'

Lucas keek alsof hij dat geen antwoord waardig keurde.

'Wat is er met Ziggy gebeurd?'

'Ziggy is een klootzak.'

'Hij is je beste vriend.'

'Hé, jij kent hem toch niet?'

'Wie zijn dan die nieuwe jongens met wie je omgaat?'

'Gewoon vrienden.'

'Hoe heten ze?'

'Wat kan jou dat schelen?'

Nick beet op zijn lip en dacht even na. 'Ik wil dat je weer naar Underberg gaat.' Na Laura's dood was Lucas vier maanden naar een therapeut gegaan, maar toen was hij daarmee opgehouden. Hij had geklaagd dat Underberg 'uit zijn nek lulde'.

'Ik ga daar niet meer heen. O nee.'

'Je moet met iemand praten. Met mij praat je niet.'

'Waarover?'

'Allemachtig, Lucas, je hebt een van de meest traumatische dingen meegemaakt die een tiener kunnen overkomen. Natuurlijk heb je het moeilijk. Denk je dat het gemakkelijker is voor je zusje of voor mij?'

'Vergeet het maar,' zei Lucas, en hij sprak opeens op scherpe toon. 'Begin er niet eens over.'

'Wat bedoel je daar nou mee?'

Lucas keek hem meewarig aan. 'Ik heb huiswerk,' zei hij. Hij kwam van het bed en liep naar zijn bureau.

Nick schonk een whisky met ijs voor zichzelf in, ging in de huiskamer zitten en keek een tijdje naar de televisie, maar kon er niet met zijn aandacht bij blijven. Hij had een licht, aangenaam gevoel. Tegen een uur of twaalf ging hij naar zijn kamer. Bij Julia en Lucas was het licht uit. Het schermpje van het pas geïnstalleerde alarmsysteem lichtte groen op in zijn kamer. In zwarte letters stond er GEREED op te lezen. Gereed waarvoor? dacht hij. De installateur had hem die middag gebeld en hem in tien minuten verteld hoe het systeem werkte. Als er ergens een deur openging, zou het iets mededelen als FOUT – HUISKAMERDEUR. Als er beneden iemand bewoog, zou het zeggen: FOUT – BEWEGINGSSENSOR, HUISKAMER of zoiets.

Hij poetste zijn tanden, trok al zijn kleren uit behalve zijn onderbroek, en stapte in het grote bed. Naast Laura's kant van het bed lag een stapel boeken die daar al lag sinds de avond van het ongeluk. Marta stofte ze af, maar wachtte zich wel ze op te bergen. Nu leek het of Laura op zakenreis was en elk moment met rinkelende sleutels terug kon komen. Een van de boeken, zag Nick steeds weer met een steek van pijn, was een oude schoolgids van het St. Thomas More College waarin zijzelf met haar lessen kunstgeschiedenis vermeld stond. Soms had ze daar 's avonds weemoedig in gekeken.

De lakens waren koel en glad. Hij rolde tegen iets op: een van Julia's Beanie Baby's. Hij glimlachte en gooide hem opzij. De laatste tijd legde ze elke avond een andere Beanie Baby in zijn bed. Dat was een spelletje van haar. Hij nam aan dat het een manier van haar was om toch enigszins bij papa te slapen, want ze mocht al een poos niet meer in het ouderlijke bed liggen.

Hij deed zijn ogen dicht, maar zijn gedachten maalden door. De whisky had helemaal niet geholpen. Er draaide voortdurend een schokkerige film van lage kwaliteit door zijn hoofd: de politieman die zei: *hebt u vijanden, meneer Conover?* Julia's hete, natte tranen die zijn overhemd nat maakten bij het zwembad.

Vijftien, twintig minuten later gaf hij het op, deed het licht in de badkamer aan en viste een Ambien uit het plastic bruine apothekersflesje. Hij brak hem in tweeën, slikte een helft droog door en stopte de andere helft weer in de fles.

Hij deed de lamp op het nachtkastje aan en lag een tijdje te lezen. Nick was geen lezer, las nooit romans, hield alleen van biografieën, maar hij had geen tijd meer om iets te lezen. Hij had een hekel aan die managementboeken die zoveel van zijn collega-managers op de plank hadden staan.

Na een tijdje kreeg hij eindelijk slaap en deed hij het licht uit.

Hij had geen idee hoeveel later het was toen hij wakker werd van een snelle pieptoon. Eddies installateurs hadden het systeem zo afgesteld dat het afging in zijn slaapkamer of zijn studeerkamer, en dan nog alleen als hij thuis was, en niet te luid.

Hij ging met bonkend hart rechtop zitten, zijn hoofd vol drab. Een ogenblik wist hij niet waar hij was of wat dat voor vreemd hardnekkig gepiep was. Toen hij besefte waar het vandaan kwam, sprong hij het bed uit en keek hij naar het led-schermpje van het groene paneeltje.

Het flikkerde: ALARM *** TERREINRAND *** ALARM.

Hij ging de trap af om het te onderzoeken. Hij liep zo zachtjes mogelijk om de kinderen niet wakker te maken.

## 12

Nick liep op blote voeten de trap af in het donkere, stille huis. Hij keek naar een van de nieuwe schermpjes onder aan de trap. Ook dat flikkerde: ***ALARM***TERREINRAND.

Zijn hersenen voelden traag en stroperig aan. Het was een poging om helder te denken. Alleen het snelle kloppen van zijn hart, de door adrenaline aangedreven spanning, hield hem in beweging.

Hij bleef even staan en vroeg zich af welke kant hij op moest gaan.

Toen ging er licht aan in het huis en raakte hij meteen in paniek. Hij liep vlug op het licht af – zijn studeerkamer? – maar herinnerde zich toen dat de software die de camera's aanstuurde geprogrammeerd was om pixelveranderingen te detecteren, dus veranderingen in licht of beweging. Als zich verandering in het licht voordeed, gingen niet alleen de camera's aan, maar was de software ook verbonden met een relais dat automatisch een paar lampen in het huis liet aangaan. Op die manier werden potentiële indringers afgeschrikt: ze zouden denken dat iemand in het huis wakker was geworden, al was er niemand thuis.

Hij ging langzamer lopen, maar bleef in beweging en probeerde na te denken. De software van de bewegingssensor werkte met zones. Dat betekende dat wie of wat daarbuiten was zich aan de kant van het gazon bevond die het dichtst bij zijn studeerkamer lag. Eddies helper had het systeem zo ingesteld dat de beveiligingsfirma pas werd gewaarschuwd wanneer in het huis zelf werd ingebroken, want een groot dier dat over het gazon liep kon het buitenalarm al laten afgaan. Ze wilden niet dat er te vaak vals alarm was. Maar als er iets over het gazon liep, gingen de camera's en de lichten wel aan.

Een hert. Waarschijnlijk was het maar een hert.

Maar hij moest zekerheid hebben.

Hij liep door de huiskamer en de gang naar zijn studeerkamer. De lichten waren aan.

Hij ging langzamer lopen toen hij in de studeerkamer kwam. De drab in zijn hoofd werd wat helderder. Er was daar natuurlijk niemand. Het enige geluid was het zwakke zoemen van zijn computer. Hij keek naar de tuindeuren en de duisternis daarachter. Daar was niets; buiten was niets. Vals alarm.

Het werd donker in de kamer. Hij schrok daarvan, maar herinnerde zich toen dat de lichten ook geprogrammeerd waren om na twee minuten uit te gaan. Hij liep door de studeerkamer naar de ruiten van de tuindeuren en keek naar buiten.

Hij zag niets.

Er was daar niets, alleen waterig maanlicht dat op de bomen en struiken glinsterde.

Hij keek weer naar het verlichte schermpje van zijn bureauklok. Tien over twee. De kinderen lagen boven te slapen. Marta was vermoedelijk terug van haar vrije avond en lag in haar slaapkamer in de vleugel naast de keuken te slapen. Hij keek nog eens door de ruiten.

Na enkele seconden draaide hij zich om. Hij wilde de studeerkamer uit lopen.

Plotseling baadde het gazon buiten in het licht. De schijnwerpers sprongen aan; Nick schrok ervan. Hij draaide zich met een ruk om, keek naar buiten en zag een figuur dichterbij komen vanuit een groepje bomen.

Hij ging dichter naar de ruiten toe en tuurde naar buiten. Het was een man in een soort regenjas, die flapperde als hij liep. Hij stak langzaam het gazon over, recht op Nick af.

Nick ging naar het paneeltje en zette het alarmsysteem uit. Toen pakte hij de kruk van de tuindeuren vast, dacht even na en liep naar zijn bureau. Hij pakte de sleutel uit de middelste la, stak hem in het slot van de onderste, trok die la open en haalde het pistool tevoorschijn.

Hij haalde het uit het oliedoek.

Het bloed steeg naar zijn hoofd; hij hoorde het in zijn oren.

Hoewel Eddie hem had verzekerd dat hij het ding nooit zou hoeven te gebruiken, had hij het geladen achtergelaten. Nick pakte het wapen nu vast, trok de schuif naar achteren om de eerste patroon in de kamer te krijgen, zoals Eddie hem had geleerd, en liet de schuif los.

Hij draaide zich langzaam om, het wapen bij zijn zij, en hield zijn vinger zorgvuldig van de trekker vandaan. Met zijn linkerhand drukte hij op de kruk om de tuindeur open te maken. Hij ging op zijn blote voeten naar buiten. Het pas ingezaaide gazon voelde koud aan.

'Staan blijven,' riep hij.

De man bleef dichterbij komen. Nick kon zijn grove zwarte bril nu zien, zijn uitpuilende ogen, zijn gemillimeterde grijze haar, zijn kromme gestalte. De man die Andrew Stadler heette, liep rechtdoor zonder zich ergens iets van aan te trekken.

Nick bracht het pistool omhoog en blafte: 'Stop!'

Onder de flapperende regenjas droeg Stadler een witte broek en een wit overhemd. Hij mompelde in zichzelf en bleef naar Nick kijken terwijl hij steeds dichterbij kwam.

*Hij is knettergek, jongen...*

De man bleef komen. Zijn uitpuilende ogen staarden alsof hij het pistool niet eens zag, of als hij het zag, trok hij zich er niets van aan.

Eddies woorden. *Een maniak. Die kerel was vaste klant op de gesloten afdeling van het County Medical.*

'Geen stap verder!' schreeuwde Nick.

Het gemompel van de man was nu duidelijk te horen. De man stak zijn hand op en wees met zijn vinger naar Nick. Zijn gezicht was woedend, kwaadaardig. 'Nooit veilig,' zei de man schor. Hij glimlachte en zijn handen gingen snel naar de zakken op de zijkanten van zijn jas. Die glimlach was net een zenuwtrek; hij kwam en ging een paar keer achter elkaar, zonder enige logica.

*Stadler was ondervraagd over de mogelijke moord op een heel gezin dat bij hem in de straat woonde.*

'Nog één stap en ik schiet!' schreeuwde Nick. Hij bracht het wapen met beide handen omhoog. Hij mikte op het midden van het lichaam van de krankzinnige.

'*Je zult nooit veilig zijn,*' zei de man in het wit. Zijn hand verdween in zijn zak, en hij liep nu vlugger naar Nick toe, naar de deuropening.

Nick haalde de trekker over, en toen was het of alles tegelijk gebeurde. Er was een ploppend geluid te horen, hard maar lang niet zo hard als hij had verwacht. Het pistool schokte in zijn handen door de terugslag. Een lege patroonhuls vloog opzij. Nick rook kruit, zwavelig en scherp.

De maniak struikelde en zakte op zijn knieën. Er verscheen een donkere vlek op zijn witte overhemd, een krans van bloed. De kogel was in de bovenste helft van zijn borst binnengedrongen. Nick keek er met bonkend hart naar, het pistool nog in zijn beide handen geklemd, gericht op de man tot hij er zeker van was dat deze op de grond lag.

Plotseling sprong de man verrassend soepel overeind en schreeuwde met schorre stem: 'Nee!' Hij klonk gekwetst, bijna beledigd. Hij kwam moeizaam op Nick af en zei: 'Nooit... veilig!'

De man was nu minder dan twee meter van hem vandaan, en Nick schoot weer. Ditmaal mikte hij hoger, wild van angst en vastbeslotenheid. Hij kon het wapen nu beter stabiel houden en voelde kruitspikkels in zijn gezicht. Hij zag de man schuin achterovervallen, zijn mond open, maar deze keer brak hij zijn val niet. Hij landde op zijn zij, zijn benen gespreid in een vreemde hoek, en bracht een dierlijke keelklank voort.

Nick verstijfde. Enkele seconden keek hij zwijgend naar de man. Zijn oren galmden. Met het wapen in beide handen ging hij een stap opzij om het gezicht van de man te kunnen zien. De mond van de krankzinnige was wijdopen en het bloed sijpelde over zijn lippen en zijn kin. De zwarte bril was ergens gevallen. De ogen, veel kleiner zonder de vergroting door de brillenglazen, staarden recht voor zich uit.

De man ademde met een reutelend geluid en maakte geen geluid meer.

Nick bleef verdoofd staan, zinderend van de adrenaline. Hij was op dat moment nog banger dan een minuut eerder. Hij richtte het pistool bijna beschuldigend op de man en liep langzaam naar hem toe. Nick porde met zijn rechtervoet tegen de borst van de man.

De man rolde achterover, zijn mond open, een mond vol glinsterende zilveren vullingen. Het schelle metaalachtige gegalm in Nicks oren was niet zo hard meer, en alles was vreemd, akelig stil. Nick meende ergens een licht geritsel van bladeren te horen. Heel in de verte blafte even een hond.

De borst van de man bewoog niet; hij haalde geen adem. Nick boog zich over hem heen. Het pistool bungelde nu aan zijn linkerhand bij zijn zij. Hij legde zijn rechterwijsvinger op de keel van de man en voelde geen hartslag. Dat was geen verrassing; aan de starende ogen had hij al gezien dat de maniak dood was.

Hij is dood, dacht Nick. Ik heb hem gedood.

Ik heb een mens gedood.

Een diep afgrijzen maakte zich van hem meester. Ik heb hem gedood. Een andere stem in zijn hoofd begon te pleiten, verdedigend en angstig als een kleine jongen.

Ik moest wel. Ik had geen keus. Ik had verdomme geen keus.

Ik moest hem tegenhouden.

Misschien is hij alleen maar bewusteloos, dacht Nick wanhopig. Hij legde zijn vinger weer op de keel van de man, maar voelde geen hartslag. Hij pakte een van de ruwe, droge handen van de man vast, drukte hem tegen de binnenkant van zijn pols, voelde niets.

Hij liet de hand los, die vervolgens op de grond viel.

Hij porde weer met zijn tenen tegen de borst van de man, maar hij wist de waarheid.

De man was dood.

Deze krankzinnige, deze stalker, deze man die Nicks kinderen zou hebben afgeslacht zoals hij met zijn hond had gedaan, lag dood op het pas ingezaaide gazon, omringd door kleine sprietjes gras die spaarzaam uit de vochtige zwarte aarde omhoogstaken.

O jezus, dacht Nick. Ik heb zojuist een mens gedood.

Hij stond op, maar voelde dat zijn knieën bezweken. Hij zakte op de grond en voelde de tranen die over zijn wangen liepen. Tranen van opluchting? Van afgrijzen? Niet, beslist niet, van wanhoop of verdriet.

O, alsjeblieft, jezus, dacht hij. Wat moet ik nu doen?

Wat moet ik nu doen?

Een minuut, misschien twee minuten, bleef hij zitten, zijn knieën in de zachte grond. Het was of hij in een kerk was, al was hij daar in tientallen jaren niet geweest, en zat te bidden. Zo voelde het aan. Hij zat te bidden op het zachte, pas ingezaaide gazon, met zijn rug naar het in elkaar gezakte lichaam toe. Enkele ogenblikken vroeg hij zich af of hij zou flauwvallen en bewusteloos op de grond zou komen te liggen. Hij wachtte op een geluid, het geluid van iemand in het huis, iemand die wakker was geworden van de schoten en naar buiten kwam rennen om te zien wat er gebeurd was. De kinderen mochten dit niet zien.

Maar er kwam geen geluid. Er was niemand wakker geworden, zelfs Marta niet. Hij verzamelde zijn krachten, stond op, liet het wapen op de grond vallen en liep naar de studeerkamer terug alsof hij in trance was. De lichten gingen aan: weer de software van die bewegingssensoren.

Hij kon nauwelijks rechtop staan. Hij liet zich in zijn bureaustoel zakken, sloeg zijn armen over elkaar en liet zijn hoofd op zijn armen rusten. De gedachten vlogen door zijn hoofd, maar dat had geen zin; hij kon niet helder denken. Zijn hersenen voelden aan alsof ze door elkaar waren geklutst.

Hij was doodsbang.

Wat moet ik nu doen?

Wie kan me helpen? Wie moet ik bellen?

Hij pakte de hoorn van zijn bureautelefoon en drukte op de negen.

Negen-een-een. De politie.

Nee, dat kan ik niet doen. Nog niet. Hij hing op.

Hij moest nadenken. Wat zou hij tegen hen zeggen? Alles hing daarvan af. Was het zuiver zelfverdediging?

De politie, die zo'n hekel aan hem had, zou proberen hem te laten hangen. Als ze er eenmaal waren, zouden ze allerlei vragen stellen, en één verkeerd antwoord kon hem op jaren gevangenisstraf komen te staan. Nick wist dat hij, zeker nu hij zo moe en versuft was, door de politie achter de tralies kon worden gezet.

Hij had hulp nodig.

Hij pakte de telefoon weer en toetste het mobiele nummer in van de enige die zou weten wat hij nu moest doen.

*Lieve God*, dacht hij toen de telefoon overging.

*Help me.*

Eddies stem klonk afgemeten, gesmoord door de slaap. 'Ja?'

'Eddie, met Nick.'

'Nick... Jezus, het is verdomme...'

'Eddie, je moet naar mijn huis komen. Direct.' Hij slikte. Een koele bries kwam door de deuropening de kamer in. Hij huiverde ervan.

'Nu? Nick, ben je...'

'Nu, Eddie. O, god. Nu meteen.'

'Wat is er dan?'

'De stalker,' zei Nick. Hij had een droge mond en de woorden bleven in zijn keel steken.

'Hij is er?' Enkele seconden kon Nick geen antwoord geven. Eddie ging verder: 'Jezus, Nick, wat is er? Allemachtig, ga me niet vertellen dat hij je kinderen te pakken heeft gekregen!'

'Ik... Ik moet de politie bellen, maar... ik moet weten wat ik tegen ze moet zeggen, en...'

'Wat is er nou gebeurd, Nick?' blafte Eddie.

'Ik heb hem gedood,' hoorde Nick zichzelf zachtjes zeggen. Hij vroeg zich even af hoe hij het kon uitleggen, knipperde een paar keer met zijn ogen en was toen stil. Wat viel er ook te zeggen? Eddie zou het al wel begrijpen.

'Shit, Nick...'

'Als ik de politie bel, gaan ze...'

'Nick, luister,' onderbrak Eddie hem. 'Pak de telefoon niet meer op. Ik ben er over tien minuten.'

De telefoon gleed uit Nicks hand alsof zijn vingers waren ingevet. Er welde een snik in hem op.

Alsjeblieft, God, dacht Nick. Maak dit ongedaan.

## 13

Nick stond in de schaduw van de voorveranda. Hij nam slokjes uit een mok instantkoffie en wachtte. Afgezien van fysieke gewaarwordingen – de kilte van de nachtlucht, de warmte van de mok tegen zijn handpalmen, de windvlagen – voelde hij niets. Hij was de verdoving voorbij. Hij was een omhulsel zonder inhoud, een leeg lichaam dat 's nachts op een veranda stond terwijl Nick Conover boven hem in de lucht hing en ongelovig toekeek. Dit was niet gebeurd. Dit was een nachtmerrie, al had hij het gevoel dat het echt was. Hij zei tegen zichzelf dat het alleen maar een nare droom was geweest waaruit hij gauw genoeg wakker was geworden, zij het niet voordat hij het ingewikkelde, steeds afschuwelijker script had doorgenomen. Tegelijk begreep hij dat het geen droom was. Eddies auto kon nu elk moment komen aanrijden, en door het aan iemand anders te vertellen, door iemand om raad te vragen, zou Nick de nachtmerrie tot werkelijkheid maken.

Net op dat moment kwam Eddies Pontiac GTO rustig aanrijden, de koplampen gedoofd. Eddie stapte uit, deed zachtjes het portier dicht en liep op een drafje naar Nick toe. Hij droeg een trainingsbroek en een geelbruin Carhartt-jasje.

'Nick, vertel me precies wat er is gebeurd.' Deze ene keer was Eddies gezicht gerimpeld van de zorgen. Zijn schouders waren ingevallen. Zijn adem rook naar verschaalde drank; hij zag eruit alsof hij had geslapen.

Nick kauwde op de binnenkant van zijn wang en wendde zijn ogen af.

Eddie draaide zijn hoofd opzij. 'Nou, waar is hij?'

'Tja,' zei Eddie. 'Tja.'

Zijn handen maakten vreemde, hakkende bewegingen door de lucht. 'Tja.' Hij stond bij het in elkaar gezakte lichaam. De schijnwerpers achter hem wierpen een lange spichtige schaduw.

'Denk je dat iemand het heeft gehoord?' Zijn eerste vraag. Een vreemde, vond Nick. Hij vroeg niet wat er was gebeurd.

Nick schudde zijn hoofd. Hij sprak met gedempte stem en hoopte dat Eddie dat ook zou doen. 'Marta of de kinderen zouden zijn opgestaan als ze iets hadden gehoord.'

'Buren?'

'Moeilijk te zeggen. De bewakers bij de ingang komen kijken als ze denken dat er een probleem is.'

'Er gingen geen lichten aan in huizen van buren?'

'Kijk zelf maar. Onze dichtstbijzijnde buren zitten honderd meter van ons vandaan. Met bomen en van alles ertussen. Ik kan hen niet zien; zij kunnen mij niet zien.'

Eddie knikte. 'De Smith & Wesson is een 9mm. Hij maakt een hard ploppend geluid.' Hij boog zich dichter naar Stadler toe. 'Is hij in het huis geweest?'

'Nee.'

Eddie knikte weer. Nick kon niet aan zijn gezicht zien of het gunstig of ongunstig was.

'Hij heeft je gezien?'

'Ja. Ik stond hier.'

'Je zei dat hij moest blijven staan.'

'Natuurlijk. Eddie, wat moet ik...'

'Je hebt goed gehandeld.' Hij sprak zacht en geruststellend. 'Je had geen keus.'

'Hij liep door. Hij wou niet stoppen.'

'Als je hem niet had tegengehouden, had hij je kinderen aangevallen.'

'Dat weet ik.'

Eddie liet langzaam zijn adem ontsnappen, een beetje trillend. 'Shit, man.'

'Wat?'

'Shit.'

'Het was zelfverdediging,' zei Nick.

Eddie boog zich nog dichter over Stadlers lijk heen. 'Hoeveel schoten?'

'Twee, denk ik.'

'Borst en hoofd. De mond.'

Nick zag dat het bloeden was opgehouden. In het kunstlicht leek het bloed zwart. De huid van de man was wit en wasachtig en zijn ogen staarden.

'Je hebt hier vast wel een dekzeil liggen, met al die verbouwingen.'

'Een dekzeil?'

'Zeildoek. Of beter nog: plastic.'

'Een dekzeil?'

'Ja, Nick. Je weet wel. Een groot en zwaar zeil van plastic. Of die zakken die aannemers gebruiken, als je die hebt. Die moeten hier ergens liggen.'

'Waarvoor?'

'Waarvoor denk je? Enig idee hoe moeilijk het is om een dood lichaam te dragen?'

Nick voelde een kramp van angst in zijn onderbuik. 'We moeten de politie bellen, Eddie.'

Eddie keek Nick ongelovig aan. 'Dat meen je niet. Denk je dat je zelfs maar een keus hebt?'

'Wat kunnen we anders doen?'

'Waarom heb je mij dan gebeld, Nick?'

'Ik...' Hij had natuurlijk gelijk. 'Dit is erg, Eddie. Heel erg.'

'Je hebt alleen maar mijn pistool gebruikt, verdomme. Om iemand dood te schieten, ja? Hoor je me? Mijn pistool. We hebben echt geen keus.'

## 14

Nick staarde voor zich uit, wist niet wat hij moest zeggen en ging de studeerkamer weer in, op de voet gevolgd door Eddie. Nick ging in een van de stoelen zitten en wreef met de muizen van zijn handen over zijn ogen.

'Het was zelfverdediging,' herhaalde hij.

'Misschien.'

'Misschien? Wat bedoel je, misschien? Die kerel was gevaarlijk.'

'Had hij een vuurwapen?'

'Nee. Maar hoe kon ik dat nou weten?'

'Dat kon je niet weten,' gaf Eddie toe. 'Misschien zag je iets glinsteren, een mes of een pistool of zoiets, je kon het niet zeker weten.'

'Hij stak zijn hand in zijn zak. Je had me verteld dat hij een pistool had – ik dacht dat hij zijn wapen ging trekken.'

Eddie knikte, draaide zich grimmig naar de deuren om en ging de inktzwarte duisternis weer in. Na een minuut of zo kwam hij terug. Hij had wat dingen in de kom van zijn handen en liet ze op de salontafel vallen. 'Portefeuille, sleutelring. Geen mes, geen pistool, hij had niets bij zich.'

'Dat kon ik verdomme niet weten,' zei Nick. 'Hij zei steeds: "Je bent niet veilig."'

'Nick, natuurlijk wist je dat niet. Jezus, ik bedoel, als je met een psychopaat te maken hebt, kun je niet anders. Dat is het niet.'

'Jij hebt me je pistool geleend om me te beschermen,' zei Nick. 'Tijdelijk. Je zei dat het geen ernstig delict was.'

Eddie sloeg met zijn vuist in zijn handpalm. 'Jij snapt het nog steeds niet, hè? Je hebt die kerel buiten je huis gedood, niet erin.'

'Geloof me, hij probeerde binnen te komen.'

'Dat weet ik. Je mag fysiek geweld gebruiken om te voorkomen dat iemand zicht wederrechtelijk toegang tot je huis verschaft.' De woorden klonken onnatuurlijk, haperend, alsof hij ze uit zijn hoofd had geleerd toen hij bij de politie was. 'Maar geen dodelijk fysiek geweld. Dat is de wet. Weet je, Nick, de wet zegt dat je dodelijk fysiek geweld alleen mag gebruiken wanneer je met dodelijk fysiek geweld wordt geconfronteerd.'

'Maar die man heeft vroeger...'

'Ik zeg niet dat je geen kans maakt om hier onderuit te komen. Maar wat denk je dat er met je gaat gebeuren?'

Nick dronk zijn mok koffie leeg. De cafeïne kon de werking van de slaaptablet niet helemaal opheffen, maar de adrenaline en de angst deden de rest. 'Ik ben de president-directeur van een grote onderneming, Eddie. Ik ben een gerespecteerd lid van de samenleving.'

'Jij bent Nick de Beul, god nog aan toe!' snauwde Eddie. 'Wat denk je dat er met je gaat gebeuren? En met je kinderen? Denk nou na. Denk je dat de politie je zal ontzien?'

'De wet is de wet.'

'Shit! Praat me niet van de wet, Nick. Ik ken de wet. Ik weet dat de politie de wet naar haar hand kan zetten. Dat heb ik zelf ook gedaan.'

'Niet iedereen die bij de politie werkt,' zei Nick.

Eddie keek hem met nauwverholen vijandigheid aan. 'Laat me het zo stellen. Ze kunnen niets anders doen dan je in staat van beschuldiging stellen, hè?'

'Misschien.'

'Nee, zeker. En als het op een proces aankomt – en daar kun je op rekenen – ja, dan kom je er misschien onderuit. Misschien. Na een nachtmerrie van tien maanden. Ja, je kunt geluk hebben, een redelijke aanklager treffen, maar zelfs die zou onder alle mogelijke druk komen te staan om Nick de Beul te laten hangen. Je krijgt te maken met een jury van twaalf mensen die allemaal de pest aan je hebben – man, het idee dat ze je achter de tralies kunnen zetten... Hier in de stad is niet één jurylid te vinden dat niet iemand kent, iemand uit zijn familie of vriendenkring, die door jou ontslagen is! Je hebt gezien wat die jury met Martha Stewart deed, en dat ging alleen maar om een beetje handel met voorkennis. Jij hebt verdomme een oude man vermoord – kun je me nog volgen? Een zieke oude man.'

'Waar het om gaat, is dat ik onschuldig ben.' Nick voelde zich weer beroerd, dacht dat hij zou moeten overgeven. Hij keek voor alle zekerheid waar zijn metalen prullenbak stond.

'Jij bepaalt niet waar het om gaat.'

'Maar het was verdomme zelfverdediging!'

'Hé, ga nou niet met mij in discussie! Ik sta aan jouw kant. Maar het is moord, Nick. Minstens doodslag. Jij zegt dat het zelfverdediging was, maar je hebt geen getuigen, je hebt zelf geen verwondingen, en je zit met een dode man die ongewapend was. Het doet er niet toe hoeveel geld je aan een advocaat uitgeeft – je wordt hier in Fenwick berecht. En wat denk je dat er met je kinderen gaat gebeuren zolang dat mediacircus aan de gang is? Heb je enig idee wat voor effect dit op ze heeft? Denk je dat het moeilijk voor ze is om Laura's dood te verwerken, en de ontslagen en al die dingen? Nou, stel je dan eens voor dat jij terecht moet staan voor moord. De hele stad wil je lynchen, Nick. Wil je je kinderen dat laten doormaken?'

Nick gaf geen antwoord. Hij zat verstijfd in zijn stoel, ten einde raad.

'Het zit er dik in dat ze je achter de tralies zetten, Nick. Vijf, tien jaar, als je geluk hebt. Dan loop je de jeugd van je kinderen mis. En dan groeien ze op met een gevangenisboef als vader. Ze hebben geen moeder, Nick. Ze hebben alleen jou. Ga je Russische roulette met je kinderen spelen, Nick?'

Eddie keek hem fel en meedogenloos aan.

Ten slotte zei Nick: 'Wat stel je voor?'

# DEEL TWEE

# SPOREN

# 15

Audrey Rhimes' pieper ging af in het halfduister.

Ze schrok wakker uit een heerlijke droom over haar kinderjaren, een warme zomerdag, omlaag over een glijbaan waar geen eind aan kwam, in de sterk hellende achtertuin van haar ouderlijk huis. Normaal gesproken zou ze halfzeven niet vroeg vinden, maar ze had tot twaalf uur dienst gehad, en daarna was er het gebruikelijke gedoe met Leon geweest, en dus had ze hooguit vier uur slaap gekregen.

Ze voelde zich zo rauw en kwetsbaar als een kuiken dat net uit het ei was gekropen.

Audrey hield van routine en regelmaat. Die eigenschap paste niet goed bij haar werk als rechercheur op de afdeling Ernstige Delicten van het politiekorps Fenwick. Op elk uur van de dag of de nacht kon de telefoon gaan. Hoewel ze niet meer wist waarom, had ze deze baan gewild en had ze ervoor gevochten. Ze was niet alleen de enige zwarte rechercheur van Ernstige Delicten, maar ook de enige vrouw – en dat bleek het grootste probleem te zijn.

Leon kreunde, rolde zich om, begroef zijn hoofd onder een kussen.

Ze glipte uit bed en liep geluidloos door de schemerige slaapkamer, rakelings langs een stel lege bierblikjes dat Leon daar had laten liggen. Ze ging naar de keukentelefoon en belde de centrale.

Er was een lijk gevonden in een vuilcontainer bij het 500-blok van Hastings Street. Een deel van de stad waar alle verdorvenheid van de stad zich scheen te concentreren, alle prostitutie en drugs en geweld en schietpartijen. Als daar een dode werd gevonden, kon dat van alles betekenen, inclusief drugs of bendes, maar de kans was groot dat het erg weinig betekende. Was dat gevoelloos van haar? Zo zag ze het liever niet. In het begin was ze geschokt door de reacties van de nabestaanden, zelfs de moeders, die zich er bijna bij neerlegden dat ze een zoon hadden verloren. Ze hadden hun zoons al eerder verloren. Ze zeiden bijna nooit dat hun zoon onschuldig was, want ze wisten wel beter.

Toen Audrey hoorde wie haar die ochtend zou oppikken, dus met wie ze aan deze zaak zou werken – de walgelijke Roy Bugbee – voelde ze dat haar lichaam verstijfde van ergernis. Meer dan ergernis, moest ze zichzelf toegeven. Iets sterkers. Dit was geen loffelijk gevoel, geen edelmoedige impuls.

Toen ze zich aankleedde – ze had altijd een schone outfit in de kast – zei ze in stilte een van haar favoriete bijbelregels op, uit Romeinen 15: 'De God nu der volharding en der vertroosting geve u eensgezind van hetzelfde gevoelen te zijn naar Christus Jezus.' Ze hield van die tekst, al gaf ze toe dat ze hem niet helemaal begreep. Maar ze begreep er wel uit dat de Heer ons eerst leert wat ware vertroosting en ware volharding waren, en dat hij ons daar vervolgens van doordringt. Door dit op te zeggen kon ze Leons humeurigheid van de laatste tijd doorstaan, en zijn drankprobleem. Het gaf haar een sereniteit waaraan ze dringend behoefte had. Ze had zich tot doel gesteld de hele bijbel aan het eind van het jaar te hebben uitgelezen, maar door haar onregelmatige werktijden zou dat er niet van komen.

Roy Bugbee was ook rechercheur bij Ernstige Delicten en hij had een grote hekel aan haar, al wist ze niet waarom. Hij kende haar niet. Hij kende alleen haar uiterlijke verschijning, haar sekse en de kleur van haar huid. Zijn woorden deden haar pijn, zij het nooit zo erg als die van Leon.

Ze pakte haar spullen bij elkaar, haar Sig-Sauer en haar handboeien, de kaartjes waarop de rechten van arrestanten stonden afgedrukt, de aanvraagformulieren voor materialen, en haar PT, haar radio. Terwijl ze wachtte, zat ze in Leons favoriete stoel, een versleten roestbruine fauteuil, en sloeg ze haar oude, in leer gebonden King James-bijbel open, die nog van haar moeder was geweest, maar ze had nauwelijks de tijd om de plaats te vinden waar ze gebleven was, want toen kwam rechercheur Bugbee al in zijn burgerwagen voorrijden.

Hij was slonzig. De dienstauto, die hij tot zijn grote geluk had gekregen – zij had er niet een – was bezaaid met frisdrankblikjes en piepschuimen Quarter Pounder-dozen. Er hing een lucht van oude friet en sigarettenrook.

Hij zei geen gedag of goedemorgen. Audrey wenste hem wel goedemorgen; ze wilde zich niet verlagen tot zijn kinderachtigheid. In een onbehaaglijke stilte zat ze tussen de viezigheid. Ze zag de ketchuppakjes op de vloer bij haar voeten en hoopte dat ze niet ook op de zitting onder haar donkerrode mantelpakje zaten. Dat kreeg ze er nooit meer uit.

Na een paar minuten zei hij iets. Hij had net richting aangegeven bij een rood verkeerslicht. 'Je hebt geluk, hè?' Bugbees blonde haar was hoog naar achteren gekamd. Zijn wenkbrauwen waren zo licht dat je ze bijna niet kon zien.

'Pardon?'

Hij lachte rauw. 'Ik bedoel niet met je man. Als Owens niet stomdronken was geweest toen de centrale belde, zou je hem hebben gekregen. Maar geluksvogel die je bent: je kreeg mij.'

'Mm hm,' zei ze vriendelijk. Toen ze pas bij Ernstige Delicten werkte, waren er maar twee mannen die met haar wilden praten, en Owens was een van hen. De anderen deden alsof ze niet bestond. Als ze 'goedemorgen' zei, zeiden ze niets terug. Er was natuurlijk geen damestoilet – niet voor één vrouw – en dus moest ze dat van de mannen gebruiken. Een van de mannen piste altijd precies op de bril om haar te pesten. Haar collega-rechercheurs vonden dat erg grappig. Ze had gehoord dat het Bugbee was, en ze geloofde dat. Hij had 'grappen' met haar uitgehaald waaraan ze liever niet terugdacht. Ten slotte was ze maar naar het toilet van de arrestantencellen op de benedenverdieping gegaan.

'Lijk gevonden in een vuilcontainer in Hastings Street,' ging Bugbee verder. 'Het zat als een burrito in puinzakken.'

'Hoe lang ligt het daar al?'

'Geen idee. Als je maar niet gaat staan kotsen.'

'Ik zal mijn best doen. Wie heeft het lijk gevonden, een dakloze die naar eten zocht?'

'Een vuilnisman. Als je je laat gaan zoals bij dat kleine zwarte meisje, laat ik je van de zaak afhalen.'

De kleine Tiffany Akins, zeven jaar oud, was een paar maanden eerder in haar armen gestorven. Ze hadden haar vader in de boeien geslagen, maar toen Ernstige Delicten op het toneel verscheen, waren haar moeder en de vriend van haar moeder al aan hun schotwonden overleden. Audrey had haar tranen niet kunnen bedwingen. Dat mooie kleine meisje in haar SpongeBob-pyjama had haar eigen kind kunnen zijn, als ze kinderen had kunnen krijgen. Ze begreep niet hoe een vader zich zo door zijn woede en jaloezie kon laten verblinden dat hij niet alleen zijn vrouw en haar minnaar maar ook zijn eigen dochtertje doodde.

Ze reciteerde in zichzelf: *De God nu der volharding en der vertroosting geve u eensgezind van hetzelfde gevoelen te zijn...*

'Ik zal mijn best doen, Roy,' zei Audrey.

# 16

De plaats delict was een klein geasfalteerd parkeerterrein achter een groezelig restaurantje dat Lucky's heette. De plaats was afgezet met geel politielint dat een klein groepje nieuwsgierigen op een afstand hield. Het was frappant, vond Audrey, en ook erg triest, dat die onbekende dakloze na zijn dood de aandacht kreeg die hij vast en zeker nooit had gekregen toen hij er nog iets aan had. Een man liep eenzaam en onopgemerkt en wanhopig door de straten. Nu het leven uit zijn lichaam was verdwenen, kwam een heel stel mensen hem het respect betonen dat hij bij zijn leven nooit had gekregen.

Maar er waren hier geen tv-camera's. Er was geen wagen van Newschannel Six. Misschien was er niet eens een verslaggever van de *Fenwick Free Press*. Niemand wilde in de vroege ochtend naar het 500-blok van Hastings Street gaan om verslag te doen van de vondst van een dode zwerver.

Roy Bugbee parkeerde de burgerwagen tussen twee politiewagens. Ze stapten uit zonder nog een woord te wisselen. Audrey zag het witte busje van het Bureau Identificatie. Dat betekende dat de technisch rechercheurs er al waren. Maar de patholoog-anatoom was er nog niet. De politieagent die als eerste ter plaatse was geweest en de centrale had ingelicht, liep gewichtig rond, stuurde nieuwsgierigen weg en genoot duidelijk van het belangrijkste wat hem in een hele week was overkomen. Misschien wel in een hele maand. Hij ging met een klembord naar Audrey en Bugbee toe en eiste dat ze tekenden.

Ze zag een lichtflits, en toen nog een. De technisch rechercheur die het bewijsmateriaal verzamelde, was Bert Koopmans. Ze mocht Koopmans wel. Hij was intelligent en ging grondig te werk. Zoals het een technisch rechercheur betaamde, was hij obsessief en precies, maar zonder zich arrogant of moeilijk op te stellen. Haar favoriete soort politieman. Verder was hij gek op wapens en had hij zijn eigen website over vuurwapens en forensisch onderzoek. Hij was een slanke, kalende man van in de vijftig en hij droeg een grote bril met grijs getinte glazen. Hij maakte foto's en gebruikte daarvoor, als een koortsachtig werkende paparazzo, afwisselend een polaroid, een digitale camera, 35mm en video.

Haar baas, brigadier Jack Noyce, hoofd van het team Ernstige Delicten, praatte in zijn Nextel-telefoon. Hij zag Audrey en Bugbee onder het gele lint door duiken en stak zijn vinger op om hen nog even te laten wachten. Noyce was een stevige man met een rond gezicht en melancholieke ogen, zachtmoedig en vriendelijk. Hij had haar indertijd overgehaald om naar een plaats bij Ernstige Delicten te solliciteren. Hij had gezegd dat hij een vrouw in het team wilde. Daarna had hij nooit toegegeven dat het misschien een fout was geweest. Hij was haar trouwe verdediger, en zij bewees hem de dienst dat ze nooit naar hem toe ging om over de kinderachtige pesterijen van haar collega's te klagen. Van tijd tot tijd hoorde hij iets, en dan nam hij haar apart en beloofde dat hij met hen zou praten. Maar dat deed hij nooit. Noyce ging confrontaties het liefst uit de weg, en wie kon hem dat eigenlijk kwalijk nemen?

Hij maakte een eind aan het telefoongesprek en zei: 'Onbekende oudere blanke man, jaar of zestig, schotwonden in hoofd en borst. Iemand van de reinigingsdienst vond hem nadat hij de vuilcontainer had opgetakeld. Het was ook nog zijn eerste vrachtje. Wat een manier om je dag te beginnen.'

'Voor- of nadat hij de vuilnis in de bak had gestort, baas?' vroeg Audrey.

'Daarvoor. Hij liet de inhoud intact en hield een politiewagen aan.'

'Het had erger kunnen zijn,' zei Bugbee. 'Hij had vermalen kunnen zijn, hè?' Hij grinnikte en knipoogde naar zijn baas. 'Dan hadden we geen burrito gehad, maar een *quesadilla.* Ooit zo'n lijk gezien, Audrey? Als je daar niet van over je nek gaat...'

'Dat is een heel scherpzinnige opmerking, Roy,' zei Noyce met een vaag glimlachje. Audrey had altijd vermoed dat haar baas ook een hekel aan Roy Bugbee had maar te beleefd was om daar iets van te laten blijken.

Bugbee legde in het voorbijgaan kameraadschappelijk zijn hand op Noyces schouder.

'Sorry,' mompelde Noyce.

Audrey begreep niet goed waarvoor hij zich verontschuldigde. 'Hij heeft een uniek gevoel voor humor,' zei ze een beetje venijnig.

'Volgens de centrale was Owens dronken. Bugbee was de volgende op de lijst. Ik zou jullie twee niet bij elkaar hebben gezet, maar...' Hij haalde zijn schouders op en zijn stem stierf weg.

Noyce zwaaide naar iemand. Audrey draaide zich om en keek. Curtis Decker, de lijkenrijder, stapte uit zijn oude zwarte Ford Econoline-busje. Decker, een kleine man met een spookachtig bleek gezicht, had een begrafenisonderneming in Fenwick en was ook degene die lijken transporteerde voor de gemeente. Al zevenentwintig jaar bracht hij lijken van de plaats waar ze waren gevonden naar het mortuarium in het Boswell Medical Center. Decker stak een sigaret op, leunde tegen zijn busje en praatte nonchalant met zijn assistent. Hij wachtte op zijn beurt.

Noyces telefoon tsjilpte. Hij nam op en zei: 'Noyce'. Audrey excuseerde zich geluidloos.

Bert Koopmans zocht uiterst zorgvuldig met poeder naar vingerafdrukken op de rand van de gehavende donkerblauwe vuilcontainer. Zonder op te kijken van zijn werk zei hij: 'Morgen, Aud.'

'Goedemorgen, Bert.' Toen ze dichter bij de container kwam, ving ze een zweem op van een vieze stank, die zich vermengde met de geur van spek uit de open achterdeur.

Het asfalt lag bezaaid met sigarettenpeuken. Hier rookten de hulpkelners en het keukenpersoneel. Er lagen puntige scherven van een bruin bierflesje. Ze wist dat hier waarschijnlijk geen sporen te vinden zouden zijn, geen patroonhulzen of zoiets, want het lichaam was hier alleen maar gedumpt.

'Je doet deze zaak samen met Bugbee, zie ik.'

'Mm hmm.'

'De Heer beproeft de rechtvaardigen.'

Ze glimlachte, en haar blik dwaalde af naar het lichaam in de vuilcontainer, dat strak verpakt zat in zwarte afvalzakken. Het leek inderdaad wel wat op een burrito uit een afhaalzaak. Het pak lag op een vieze berg van slijmerige slastronken en bananenschillen, naast een weggegooide sandwich en een reusachtig leeg bakvetblik.

'Lag het er zo bovenop?' vroeg ze.

'Nee. Begraven onder een hoop afval.'

'Ik neem aan dat je niets hebt gevonden, geen patroonhulzen of zo.'

'Ik heb daar niet eens goed naar gezocht. Er ligt daar acht kubieke meter vuilnis. Dat lijkt me iets voor de geüniformeerde jongens.'

'Je hebt al naar afdrukken gezocht op de zakken?'

'Hé,' zei Koopmans. 'Daar had ik niet aan gedacht.' Hij bedoelde: allicht, wat dacht je dan?

'Nou, wat vind je ervan, slimme jongen?'

'Waarvan?'

'Je hebt dat pak losgemaakt, Bert?'

'Het eerste wat ik deed.'

'En? Een overval? Heb je een portefeuille of zoiets gevonden?'

Koopmans was klaar met het zoeken naar vingerafdrukken en legde zijn penseel zorgvuldig terug. 'Alleen dit.' Hij hield een plastic boterhamzakje omhoog.

'Crack,' zei ze.

'Een bijna wit, brokkelig materiaal in een plastic zakje, om precies te zijn.'

'Het lijkt op crack. Voor zo'n tachtig dollar.'

Hij haalde zijn schouders op.

'Een blanke in dit deel van de stad,' zei ze. 'Dat moet wel een drugsdeal zijn.'

'Als de deal verkeerd ging, waarom heeft hij die crack dan nog steeds bij zich?'

'Goede vraag.'

'Waar is je collega?'

Ze draaide zich om en zag dat Bugbee stond te roken en te lachen met een van de geüniformeerde agenten. 'Zo te zien druk bezig getuigen te ondervragen. Bert, je laat dit spul toch onderzoeken?'

'Dat is standaardprocedure.'

'Hoe lang duurt het voor je de uitslag hebt?'

'Een paar weken. Ze hebben het druk bij de MSP.' Het lab van de Michigan State Police deed alle drugsonderzoeken.

'Heb je toevallig ook een testsetje bij je?'

'Ja, ergens.'

'Heb je handschoenen voor me? Ik heb die van mij in de auto laten liggen.'

Koopmans greep in de nylon rugzak die naast hem lag en haalde er een blauw kartonnen doosje uit, waaruit hij een paar rubberen handschoenen trok. Ze deed ze aan. 'Kun je me dat zakje geven?'

Koopmans keek haar vragend aan, maar gaf haar het zakje crack. Het was zo'n zakje met een ziploc-sluiting. Ze trok het open, haalde er een van de apart verpakte brokken uit – vijf of zes in totaal, zag ze – en trok het plastic eraf.

'Begin nou niet mijn werk te doen,' zei Koopmans. 'Dat gaat van kwaad tot erger. Straks tuur je nog in een microscoop en klaag je over rechercheurs.'

Met haar wijsvinger schraapte ze over een rand van het bijna witte brokje. Vreemd, dacht ze. Het zag er een beetje te rond uit; de vorm was te mooi. Er was maar één kant ruw. Toen bracht ze haar wijsvinger naar haar tong.

'Wat doe je hou?' zei Koopmans geschrokken.

'Dacht ik het niet,' zei ze. 'Het verdooft mijn tong niet, zoals de bedoeling is. Dit is geen crack. Dit is citroensnoep.'

Koopmans keek haar met een vaag glimlachje aan. 'Moet ik dat testsetje nog halen?'

'Laat maar. Kun je me tegen de zijkant van die container omhoog helpen, Bert? Uitgerekend vandaag heb ik mijn beste schoenen aan.'

# 17

Opnieuw een doodgewone ochtend op kantoor. Om halfacht op het parkeerterrein van Stratton aankomen. De e-mail en voicemail checken. Een paar telefoontjes beantwoorden, voicemails inspreken voor mensen die pas over minstens een uur op kantoor zouden zijn.

Je hebt iemand gedood.

Een doodgewone dag. Een dag als alle andere.

De vorige dag, zondag, had hij er zelfs over gefantaseerd dat hij naar de kerk zou gaan om te biechten, iets wat hij niet meer had gedaan sinds hij een kind was. Hij zou het nooit doen, dat wist hij, maar in gedachten repeteerde hij zijn biecht. Hij verbeeldde zich de donkere biechtstoel, de muffe lucht van ceder en vanille, de schuifelende voetstappen buiten. 'Vergeef me, vader, want ik heb gezondigd,' zei hij. 'Mijn laatste biecht was drieëndertig jaar geleden. Ik heb deze zonden begaan. En o ja, ik heb iemand gedood.' Wat zou pastoor Garrison daarvan zeggen? Wat zou zijn eigen vader daarvan hebben gedacht?

Hij hoorde de stem van Marge, die de eerste ochtendtelefoontjes professioneel onderschepte. 'Ja, hij is op kantoor, maar hij is momenteel in bespreking...'

Hoeveel slaap had hij de afgelopen twee dagen gekregen? Hij verkeerde in de vreemde, wankele staat van iemand die de hele nacht heeft doorgehaald, tussen kalmte en wanhoop in, en ondanks de koffie die hij had gehad voelde hij zich plotseling doodmoe. Hij zou in de verleiding zijn gekomen om de deur van zijn kamer dicht te doen en zijn hoofd op zijn bureau te laten rusten, maar er was geen deur.

En eigenlijk was het ook geen kamer. Het was zeker niet een kamer van een president-directeur zoals hij zich die vroeger had voorgesteld. Niet dat hij er ooit veel over had nagedacht dat hij president-directeur van Stratton zou worden, of van welke onderneming dan ook. Toen hij als kind aan de formica keukentafel van zijn ouders zat te eten, en de zurige muffe lucht van machineolie inademde die van het haar en de huid van zijn vader kwam, zelfs wanneer die aan het eind van zijn werktijd zijn douche had genomen, stelde Nick zich voor dat hij op een dag zij aan zij met zijn vader op de fabrieksvloer van Stratton aan de machine zou staan om metaal te buigen. Zijn vaders knokige dikke vingers, met de halvemanen van zwart vuil nog onder de nagels, fascineerden hem. Het waren de vingers van een man die alles kon repareren, die een blik openkreeg dat was dichtgeroest, van een man die van overtollig hout een fort in de eik in hun kleine achtertuin kon bouwen dat alle kinderen uit de buurt jaloers maakte. Het waren de handen van een arbeider, een man die doodmoe van de fabriek naar huis kwam maar na het douchen meteen weer klusjes in huis deed, met een glas whisky in zijn hand: hij repareerde de lekkende kraan, een wiebelende tafelpoot, een lamp met kortsluiting in de fitting. Pa mocht graag dingen repareren die kapot waren, de orde herstellen, ervoor zorgen dat de dingen goed werkten. Maar hij hield er vooral van om met rust gelaten te worden. Als hij in huis aan het werk was, kreeg hij wat hij het liefst wilde: een stiltezone om hem heen, zijn gedachten helemaal voor hemzelf, zonder dat hij met zijn vrouw of zoon hoefde te praten. Nick Conover besefte dat pas veel later van zijn vader, toen hij het bij zichzelf herkende.

Hij dacht nooit dat hij op een dag de leiding zou hebben van de fabriek waarover zijn vader met zoveel ontzag en ontevredenheid sprak, als hij het er al eens over had. Ze kenden bijna niemand die niet voor Stratton werkte. Alle kinderen uit de buurt, alle volwassenen met wie zijn ouders ooit omgingen, werkten bij Stratton. Pa mopperde over die dikke oude Arch Campbell, de gemene, kromgebogen fabrieksdirecteur die de dagploeg tiranniseerde. Klagen over Stratton was zoiets als klagen over het weer: er was toch niets aan te doen. Het was een ergerlijke grote familie waaruit je niet kon ontsnappen.

Toen hij veertien of vijftien was, kreeg Nicks schoolklas de verplichte rondleiding door Stratton – alsof de kinderen nog nader moesten kennismaken met het bedrijf dat de tafelgesprekken van hun ouders beheerste, het bedrijf waarvan het logo in rood op hun witte honkbalpetten en op hun teamkleding was genaaid, het logo dat ook in neon boven de poort van het schoolstadion prijkte. Misschien zou het leuk zijn geweest om door de stoelenfabriek te lopen, die spelonkachtig was en galmde en waar een oorverdovend lawaai heerste, als de meeste kinderen niet al eens door hun vaders waren meegenomen. In plaats daarvan werden de luidruchtige scholieren vooral gefascineerd door het hoofdkantoor. Uit respect vervielen ze in een diepe stilte.

Op het hoogtepunt van de rondleiding werden ze in de wachtkamer van het immense kantoor van de president-directeur, Milton Devries, toegelaten. Dat was het heiligdom, het kloppend hart van de onderneming die hun leven beheerste, zoals zij als kinderen al wisten. Het was of ze in de grafkamer van koning Toetanchamon waren toegelaten. Zo vreemd, zo fascinerend, zo intimiderend was het. De angstaanjagende secretaresse van Devries, Mildred Birkerts, een vrouw met het gezicht van een buldog, dreunde een uit haar hoofd geleerd verhaal op, met nu en dan een chagrijnige blik, over de uiterst belangrijke functie die de president-directeur bij Stratton vervulde. Nick rekte zijn hals en ving stiekem een glimp op van Devries' bureau, een uitgestrektheid van glanzend mahoniehout met alleen een gouden bureauset en een zorgvuldige stapel papieren. Devries was er niet; dat zou te veel zijn geweest. Hij zag kolossale ramen en een bladerrijk privébalkon.

Jaren later, toen Milton Devries stierf, werd Nick – die het favoriete directielid van de oude man was geworden – door Miltons weduwe Dorothy in haar donkere villa aan Michigan Avenue ontboden. Ze vertelde hem dat hij de nieuwe president-directeur was. Omdat Stratton eigendom van haar familie was, kon ze dat doen.

Nick had zich helemaal niet op zijn gemak gevoeld toen hij zijn intrek nam in Devries' kantoor van Mussolini-formaat, met zijn hoge ramen, oosterse kleedjes, het immense mahoniehouten bureau, de voorkamer waar zijn secretaresse, Marjorie Dykstra, over zijn privacy zou waken. Het was net of hij in een mausoleum leefde. Natuurlijk was Stratton inmiddels veranderd. Tegenwoordig wilde iedereen zoveel mogelijk werknemers in een gebouw stoppen, en Stratton was overgegaan op het open systeem, een mooi woord voor werkhokjes, 'cubicles', en al het meubilair dat daarbij hoorde. Eigenlijk hield niemand van die indeling, maar bij Stratton zag het er tenminste elegant, fraai en mensvriendelijk uit: hoeken van honderdtwintig graden, de panelen niet te hoog, alle computerkabels en elektrische draden en dergelijke verborgen in de vloeren en panelen.

Op een dag keek een bezoeker in Nicks kantoor om zich heen en maakte een grap. Het was de inkoopdirecteur van IBM, een opgejaagd uitziende man met een scherpe tong. Hij keek in Nicks mahoniehouten kamer om zich heen en merkte droogjes op: 'O, ik zie het al – jij krijgt de dure spullen, en alle anderen krijgen het "open systeem".'

De volgende dag gaf Nick opdracht de directieverdieping helemaal opnieuw in te richten. Hij ging ook op het open systeem over, ondanks de luide protesten van zijn hele directieteam. Ze hadden zich jarenlang uit de naad gewerkt om een groot kantoor met een privébalkon in de wacht te slepen, en nu kregen ze cubicles? Dat moest toch wel een grap zijn? Dat kon je niet doen.

Maar hij deed het. Natuurlijk kreeg iedereen op de vierde verdieping het beste van het beste, het stijlvolle, dure Ambience Office-systeem met panelen van zilverraster en frames van geruwd aluminium, geluidsabsorberende paneelwanden en meubilair van topklasse, met name de leren Stratton Symbiosis-stoelen, die schoonheden met harpvormige rugleuning die in luxe kantoren op de hele wereld min of meer de plaats van de Aeron-stoel hadden ingenomen. De stoelen waren felbegeerd en waren kortgeleden in de permanente collectie van het Museum of Modern Art opgenomen.

Uiteindelijk wende iedereen aan de nieuwe regeling. Er werd niet meer geklaagd. Het werd een beetje gemakkelijker toen *Fortune* een grote reportage over de directiekantoren van Stratton publiceerde. Nu kon iedereen zien dat Stratton niet alleen mooie praatjes verkocht maar zijn eigen filosofie ook in praktijk bracht. Het werd nog gemakkelijker toen groepen studenten van ontwerpacademies zich aan de directiekantoren kwamen vergapen. Ze stonden er versteld van hoe strak die kantoren waren.

Zeker, de nieuwe kantoren zagen er verdomd goed uit. Als je dan toch in cubicles moest werken, was dit de beste cube farm die voor geld te koop was. En nu, had Nick vaak gedacht, zaten er kerels in cubicles na te denken over... cubicles.

Natuurlijk had je eigenlijk geen privacy meer. Iedereen wist waar je was, wanneer je ging lunchen of naar een afspraak ging, en met wie je een bespreking had. Als je door de telefoon tegen iemand schreeuwde, kon iedereen dat horen.

Toch werd het doel bereikt: als Steve Jobs van Apple Computer voor een bespreking naar Stratton kwam, of als Warren Buffett uit Omaha kwam overvliegen, konden ze zien dat de topmanagers van Stratton niet hypocriet waren. Ze aten zelf de hondenbrokken die ze verkochten. Dat was het allerbeste verkoopargument.

Dus nu was Nick Conovers kantoor een 'werkstation' en een 'thuishonk'. De nieuwe regeling was minder imposant, maar beviel hem beter. Het was geen groot offer. De meeste dagen hield hij meer van deze regeling dan van de oude.

Alleen was dit niet een van die dagen.

'Nick, gaat het wel?'

Marjorie was naar hem toe gekomen om er zeker van te zijn dat hij de agenda voor zijn bespreking van halfnegen met het hoogste directieteam had. Zoals altijd was ze elegant gekleed. Ze droeg een lavendelblauw pakje en het korte parelsnoer dat hij haar een paar jaar eerder cadeau had gegeven. Ze verspreidde een lichte wolk Shalimar.

'Met mij? O, goed, Marge, dank je.'

Ze kwam niet in beweging, maar bleef daar staan, haar hoofd schuin. 'Zo zie je er niet uit. Heb je geslapen?'

*Een paar zware nachten gehad*, zei hij bijna, maar hij hoorde haar meteen die woorden in een rechtszaal herhalen. *Hij zei dat hij een paar nachten niet goed had geslapen, maar hij ging er niet verder op in.* 'Ach, ik word gek van Lucas,' zei hij.

Een begrijpende glimlach. Ze had min of meer in haar eentje twee jongens en een meisje grootgebracht en beschouwde zich terecht als een deskundige. 'Die arme jongen heeft een probleem.'

'Ja, zijn leeftijd.'

'Wil je erover praten?'

'Graag, maar later,' zei Nick, die wist dat het nooit zou gebeuren; daar zou hij voor zorgen.

'Nou, de directiebespreking. Ben je daar klaar voor, Nick?'

'Ja.'

Kon je er als een moordenaar uitzien? Stond het op zijn gezicht te lezen? Het was absurd, het was onzinnig, maar in zijn verdoofde, verwarde staat maakte hij zich daar zorgen over. Op de directiebespreking zei hij bijna geen woord, want hij kon zich niet concentreren. Hij herinnerde zich dat hij een keer met zijn gezin in Taos had gekampeerd en dat er toen een slang in hun blokhut was doorgedrongen. Laura en de kinderen gilden, en ze smeekte Nick een schop te halen en het kreng te doden. Maar hij kon het niet. Hij kon het niet opbrengen. Het was geen giftige slang – het was een zweepstaartslang – maar Laura en de kinderen eisten dat hij die schop ging halen. Ten slotte pakte hij de slang op en gooide hij het kronkelende reptiel de woestijn in.

*Hij kon geen slang doodmaken*, dacht hij.

Dat was nogal ironisch.

Zodra de bijeenkomst voorbij was, liep hij de kamer uit. Hij vermeed de gebruikelijke contacten na afloop.

Toen hij weer achter zijn bureau zat, ging hij op het intranet van Stratton en keek hij naar Eddie Rinaldi's online-Meeting Maker om te zien wat hij die dag op zijn agenda had staan. Ze hadden elkaar niet meer gesproken sinds Eddie met het lijk in de kofferbak van zijn auto was weggereden. Telkens wanneer de telefoon ging, de hele zaterdag en zondag, kromp hij een beetje ineen, bang dat het Eddie zou zijn. Maar Eddie belde niet, en hij belde Eddie niet. Hij nam aan dat alles goed was verlopen, maar nu wilde hij graag zekerheid hebben. Hij dacht erover om Eddie via een e-mailbericht te laten weten dat hij met hem wilde praten, maar zag daarvan af. E-mail, voicemail – het werd allemaal ergens opgeslagen. Het was allemaal bewijsmateriaal.

# 18

Audrey ging alleen naar secties omdat ze er niet onderuit kon. Het was beleid van het korps. Het gerechtelijk lab eiste dat minstens een van de rechercheurs die aan de zaak werkten aanwezig was. Ze zei tegen zichzelf dat ze de noodzaak er niet van inzag, want ze wist dat ze de patholoog-anatoom alle vragen kon stellen die ze maar wilde, alles wat niet in zijn rapport stond.

In werkelijkheid was het natuurlijk bijzonder goed dat er een rechercheur bij was. Tijdens een sectie ontdekte je allerlei dingen die niet in de steriele tekst van een rapport te lezen stonden. Evengoed had ze er een grote hekel aan. Het ontleden van lijken maakte haar misselijk. Ze was altijd bang dat ze zou overgeven, al had ze dat niet meer gedaan sinds haar eerste, en dat was een vreselijk verbrande vrouw geweest.

Toch vond ze dat nog niet eens het ergste van secties. Ze vond ze vooral erg deprimerend. Je kreeg het menselijk lichaam te zien zonder geest, zonder ziel: een omhulsel van vlees, afgemeten in grammen en liters. En dat terwijl het er voor haar bij moordzaken juist om ging dat je dingen rechtzette. Met het oplossen van het misdrijf heelde je niet altijd de wonden van de nabestaanden van het slachtoffer – vaak niet – maar het was haar manier om een morele orde te herstellen in een ernstig verstoorde wereld. Ze had een briefje op haar computer geplakt, een citaat van een zekere Vernon Geberth, wiens naam bekend was onder alle rechercheurs die moordzaken deden, de auteur van een klassiek boek: *Practical Homicide Investigation*. Het citaat luidde: 'Vergeet niet: we werken voor God.' Dat geloofde ze echt. Ze was ervan overtuigd dat ondanks alle problemen die ze met haar werk had – en die had ze het grootste deel van de tijd – ze werkelijk Gods werk hier op aarde deed. Ze zocht naar het ene verdoolde schaap. Maar voor secties had je een afstandelijkheid nodig die ze liever niet had.

Daarom betrad ze nogal onbehaaglijk de wit betegelde kamer die naar bleekmiddel, formaldehyde en desinfecterende middelen rook. Intussen mocht haar collega telefoongesprekken voeren en mensen ondervragen, al vroeg ze zich af of Roy Bugbee wel zijn best deed om deze zaak op te lossen, want hij had zelf gezegd dat het slachtoffer 'een verrekte junk' was. Erg zijn best zou hij niet doen, nam ze aan.

Het mortuarium en de sectiekamer bevonden zich in het souterrain van het Boswell Medical Center, verscholen achter een deur met het opschrift VERGADERKAMER PATHOLOGIE. Alles aan deze ruimte gaf haar de kriebels, van de roestvrijstalen brancard waarop het naakte lichaam van het slachtoffer was gelegd, zijn hoofd een beetje hoger dan de voeten om de afvoer van lichaamsvloeistoffen te vergemakkelijken, tot en met de Stryker-botzaag op de stalen plank, de afvalvernietigers in de gootsteen, en de orgaanbak met een plastic afvoerbuis die ooit doorzichtig was geweest maar bruin was verkleurd.

De patholoog-anatoom, een van de drie die aan het korps verbonden waren, was Jordan Metzler, een jonge arts die opvallend knap was en zich daar ook heel goed van bewust was. Hij had een kop vol donker krullend haar, prachtige bruine ogen, een markante neus, volle lippen en een oogverblindende glimlach. Iedereen wist dat hij niet lang in deze baan en in deze stad zou blijven: er was hem kortgeleden een baan op het Massachusetts General in Boston aangeboden. Over een paar maanden zou hij in een duur restaurant op Beacon Hill zitten en een beeldschone verpleegster verhalen vertellen over een achterlijk stadje in Michigan waar hij een paar jaar had moeten werken.

'Audrey in huis!' riep hij uit toen ze binnenkwam. 'Yo, Audrey!'

Waarom voelden bepaalde blanke mannen zich altijd gedwongen om zwarte taal te gebruiken als ze tegen Afro-Amerikanen spraken? Dachten ze dat ze daardoor cool leken, in plaats van belachelijk? Dachten ze dat ze dan eerder contact met zwarte mensen konden leggen? Was het Metzler zelfs maar opgevallen dat zij niet zo sprak?

Ze glimlachte vriendelijk. 'Dokter Metzler,' zei ze.

Hij vond haar aantrekkelijk; dat kon Audrey zien aan de manier waarop hij naar haar grijnsde. Haar antennes werkten nog, zelfs na acht jaar huwelijk met Leon. Zoals de meeste vrouwen kon ze mannen goed doorzien; soms dacht ze dat ze hen beter kende dan ze zichzelf kenden. Die acht jaar huwelijk met Leon hadden haar niet van haar zelfrespect beroofd, zelfs niet in die verschrikkelijke laatste twee jaren. Ze wist dat mannen zich altijd tot haar aangetrokken hadden gevoeld vanwege haar uiterlijk. Ze vond zichzelf niet mooi, verre van dat, maar ze wist dat ze er leuk uitzag. Ze zorgde goed voor zichzelf, ze trainde, ze ging nooit zonder make-up de deur uit en ze was er goed in om de juiste lipstick voor haar teint te kiezen. Ze had graag het gevoel dat ze er door haar standvastige geloof zo goed uitzag, maar daarvoor had ze in de kerk te veel vrouwen met een even standvastig geloof gezien, vrouwen van wier uiterlijk alleen God kon houden.

'Kogels gevonden?' vroeg ze.

'Nou, op de röntgenfoto's zijn er twee te zien. Geen uitgangswonden. Ik krijg ze er wel uit. Jullie hebben deze nog niet geïdentificeerd, hè?'

Ze vermeed het om naar het lichaam te kijken, de gerimpelde huid en de geelbruine teennagels. Dat betekende dat ze Metzler moest blijven aankijken, en ze wilde niet dat hij daar een verkeerde conclusie uit trok. Zeker niet zo'n geile bok als hij.

'Misschien hebben we geluk en leveren de vingerafdrukken wat op,' zei ze. De technisch rechercheurs hadden net de vingerafdrukken van het slachtoffer genomen en ook ander sporenmateriaal op het lichaam verzameld, zoals materiaal onder de nagels en de nagels zelf. Omdat het lichaam niet geïdentificeerd was, stuurden ze de afdrukken meteen naar het AFIS, het Michigan Automated Fingerprint Identification System in Lansing.

'Tekenen van veelvuldig drugsgebruik?' vroeg ze.

'Je bedoelt naaldsporen of zoiets? Nee, niets. We zullen zien wat het toxicologisch lab in het bloed vindt.'

'Lijkt dit jou een dakloze?'

Hij stak zijn kin naar voren en fronste zijn wenkbrauwen. 'Niet op grond van zijn kleren. Die roken niet ongewoon slecht. Of op grond van zijn lichamelijke verzorging of gebit of hygiëne. Ik zou zeggen van niet. Hij is eigenlijk tamelijk schoon. Ik bedoel, hij zou zijn nagelriemen beter hebben kunnen verzorgen, maar hij lijkt me eerder een ziekenhuisgeval dan een politiegeval.' Ziekenhuisgevallen – zo noemden de pathologen de secties die ze op ziekenhuispatiënten verrichtten, die altijd schoongeboend bij hen aankwamen.

'Tekenen van een worsteling?'

'Nee.'

'Zijn mond lijkt ingeslagen,' zei ze. Ze dwong zich te kijken. 'Tanden gebroken. Zou het kunnen dat hij een klap met bijvoorbeeld de kolf van het wapen heeft gehad?'

Metzler vond haar hypothese blijkbaar wel amusant. 'Mogelijk? Alles is mogelijk.' Waarschijnlijk merkte hij dat hij te arrogant overkwam, en daarom ging hij op mildere toon verder. 'De tanden zijn gebarsten en er zijn stukjes af. Ze zijn niet naar binnen geduwd. Dat past bij een kogelinslag. En er is geen trauma op de lippen – geen zwellingen of keuzingen, zoals wanneer met een zwaar voorwerp op de mond was geslagen. En dan is er ook nog het kogelgat in zijn gehemelte.'

'Ja.' Ze liet hem genieten van zijn moment van superioriteit. Het kwetsbare mannelijke ego moest gevleid worden. Dat vond ze geen probleem; ze had het haar hele volwassen leven gedaan. 'En het tijdstip van overlijden, dokter? We hebben het lichaam gevonden om zes...'

'Noem me toch Jordan.' Weer die oogverblindende glimlach. Hij deed zijn best. 'Dat kunnen we niet zeggen. Er is volledige rigor.'

'Op de plaats van het misdrijf zei je dat er geen rigor mortis was, en omdat rigor meestal pas drie of vier uur na het overlijden intreedt, dacht ik...'

'Nee, Audrey, er spelen te veel andere factoren mee – lichamelijke conditie, omgeving, doodsoorzaak, of de man aan hardlopen deed of niet. Eigenlijk zegt het niets.'

'En de lichaamstemperatuur?' vroeg ze. Ze sprak met opzet aarzelend. Ze wilde antwoorden van de patholoog; ze had er geen belang bij om zijn tekortkomingen aan te tonen.

'Wat is daarmee?'

'Nou, constateerde je op de plaats delict niet dat de lichaamstemperatuur ruim drieëndertig graden was? Dat betekent een daling van zo'n drieënhalve graad, nietwaar? Als de lichaamstemperatuur na overlijden ongeveer een graad per uur daalt, schat ik dat het slachtoffer drie of vier uur dood was toen het werd gevonden. Lijkt dat je een redelijke veronderstelling?'

'In theorie wel.' Dokter Metzler glimlachte, maar ditmaal keek hij zoals een ouder een kind van vijf aankijkt dat vraagt of de maan van groene kaas is. 'Alleen kun je zoiets nooit met zekerheid zeggen. Er zijn te veel variabele factoren.'

'O.'

'Zo te horen weet je meer van forensische wetenschap dan de meeste rechercheurs die ik hierbinnen krijg.'

'Het is nu eenmaal een belangrijk onderdeel van mijn werk.'

'Als je geïnteresseerd bent, wil ik je wel iets leren om je vooruit te helpen. Waarom zou ik al die informatie die ik in mijn hoofd heb zitten niet delen met iemand die graag wil leren?'

Ze knikte en glimlachte beleefd. De kennis die als een last op je schouders drukt, zou ze willen zeggen.

'Ik vraag me af of ze jou bij Ernstige Delicten wel op waarde weten te schatten.' Hij deed alsof hij de geperforeerde roestvrijstalen buizen langs de rand van de onderzoekstafel bijstelde, de buizen die tijdens de sectie de vloeistoffen van het lichaam afspoelden.

'Ik heb me nooit onderschat gevoeld,' loog ze. Voor het eerst zag ze het teenkaartje op de linkervoet van het lijk. Daarop stond: *Onbekende John Doe nr. 6.* Was dat niet... Hoe heette dat ook weer? Een 'John Doe' was toch een onbekende persoon?

'Het is in jouw soort werk vast niet gunstig om er zo goed uit te zien als jij.'

'Dat is erg vleiend van je, dokter,' zei ze. Ze zocht wanhopig naar een vraag om van onderwerp te veranderen, maar ze kon niets bedenken.

‘Helemaal niet vleiend. Accuraat. Je ziet er goed uit, Audrey. Schoonheid en hersenen – helemaal geen slechte combinatie.’

‘Hé, nu klink je net als mijn man,’ zei ze luchtig. Die had nooit iets gezegd wat daar ook maar enigszins bij in de buurt kwam, maar ze wilde de patholoog duidelijk maken waar het op stond zonder dat ze hem om de oren sloeg, en dit was het eerste wat ze kon bedenken.

‘Ik zag je ring, Audrey,’ zei hij, en hij keek haar aan met een glimlach die meer dan speels leek.

Allemachtig, de man was bezig een dode open te snijden. Dit was nou niet bepaald een vrijgezellenbar.

‘Je bent te aardig,’ zei ze. ‘Dokter, geven de schotwonden je een indruk van de afstand waarop geschoten is?’

Metzler glimlachte in zichzelf toen hij het lichaam op de tafel bestudeerde. Hij pakte een stalen scalpel van de metalen plank die aan de tafel was bevestigd en maakte, misschien met een beetje te veel kracht, een grote y-vormige incisie van de schouders tot aan het schaambeen. Hij deed duidelijk zijn best om zijn nederlaag sportief te accepteren. ‘Ik zie geen spikkels, geen brandwondjes van kruit, geen roet,’ zei hij. Zijn stem was veranderd; hij was nu een en al professionaliteit.

‘Dus het zijn geen contactwonden?’

‘Geen contact en ook niet van dichtbij.’ Hij trok de huid, de spieren en het weefsel opzij.

‘Wat zegt dat ons over de afstand?’

Hij werkte ruim een halve minuut zwijgend door. Toen zei hij: ‘Nou, rechercheur, dit vertelt ons niets, behalve dat de loop van het wapen meer dan een meter van de wond vandaan was. Om daar iets zinnigs over te kunnen zeggen moeten we het kaliber van de kogel en het type munitie weten en testschoten met het wapen lossen. De afstand kan een meter zijn, of honderd meter. Dat is niet te zeggen.’

Nu de glanzende ribbenkast was blootgelegd, hield hij het ronde zaagblad boven het bot en drukte op de schakelaar om het te starten. Boven het hoge mechanische gejengel uit zei hij: ‘Misschien kun je beter wat achteruitgaan, rechercheur. Dit wordt soms kliederig.’

## 19

Hoe graag hij het ook zou willen, Nick kon de wekelijkse cijfertjeslunch met Scott McNally niet gemakkelijk afzeggen, niet nu de belangrijke kwartaalbespreking met de raad van bestuur voor de deur stond. Hij voelde zich koortsig, klam, misselijk. Hij had ook geen behoefte aan gezelschap, en dat was ongewoon voor hem. Zijn gebruikelijke uitbundigheid was gedempt. Hij voelde dat er een felle hoofdpijn kwam opzetten, en hij had in geen jaren hoofdpijn gehad. Zijn maag was onrustig, alsof hij een kater had. Hij kon nu niet tegen koffie, al had hij daar eigenlijk wel behoefte aan om wakker en alert te blijven.

Een kok van het bedrijfsrestaurant had een lunch voor hen tweeën op het ronde tafeltje naast zijn thuishonk gezet. Het waren de gebruikelijke dingen – een broodje aubergine en Parmezaanse kaas voor Scott, een broodje tonijn en een kop tomatensoep voor Nick. Gevouwen linnen servetten, glazen met ijswater en een glazen waterkan, cola light voor hen beiden. Nick at meestal alleen een broodje aan zijn bureau, tenzij hij een werklunch had. En tot aan Laura's dood had ze altijd zijn lunch voor hem ingepakt – een broodje tonijn, een zakje Fritos, wortelstokjes – en in zijn aktetas gedaan. Dat was een kleine traditie die terugging tot hun vroegste tijd, toen ze geen geld hadden, en hij was eraan gewend geraakt. Het was een van die kleine dingen die Laura graag voor hem deed, zelfs toen ze lesgaf en in de morgen bijna geen tijd had voordat ze naar de universiteit ging. Ze deed ook altijd een liefdesbriefje in het papieren lunchzakje, en daar moest hij om glimlachen als hij het vond. Het was wel eens gebeurd dat hij een informele lunch met Scott of een andere manager had en een van Laura's briefjes naar buiten was gefladderd. Dan had hij zich een beetje gegeneerd gevoeld, maar was hij ook heimelijk trots geweest. Hij had al haar briefjes bewaard zonder het haar te vertellen. Na haar dood had het niet veel gescheeld of hij had ze weggegooid of verbrand of zoiets, want het was te pijnlijk om ze in bezit te hebben. Maar hij kon het niet opbrengen om dat te doen. En dus lag er een keurig stapeltje gele Post-It-briefjes in Laura's prachtige handschrift in de onderste la van zijn bureau op kantoor, met een elastiek eromheen. Soms kwam hij in de verleiding om ze te bekijken, maar uiteindelijk kon hij dat niet. Het was te pijnlijk.

'Je ziet er belabberd uit,' zei Scott, die meteen op zijn broodje aanviel. 'Ben je ziek?'

Nick schudde zijn hoofd, nam zorgvuldig een slok uit zijn glas, huiverend van het ijswater. 'Ik mankeer niets.'

'Nou, dit helpt misschien,' zei Scott. 'Ik weet hoe je over de cijfers denkt. Misschien kun je beter een kussen pakken.' Hij haalde een aantal samengehechte papieren uit zijn tas en schoof een setje naar Nick toe, naast zijn bord.

Nick keek ernaar. Overzicht van inkomsten en kasstroom, balans.

'Moet je toch eens zien,' zei Scott. 'Wat kunnen ze die broodjes lekker roosteren! Misschien grillen ze ze zelfs, weet ik veel.' Hij nam een slok cola light. 'Eet jij niet?'

'Geen honger.'

Nick keek zonder belangstelling naar de cijfers, terwijl Scott het blikje cola light bestudeerde. 'Ik heb gehoord dat de kunstmatige zoetstof in dit spul op het gemoed van ratten kan werken.'

Nick bromde iets. Hij luisterde niet.

'Ooit een gedeprimeerde rat gezien?' ging Scott verder. 'Opgerold tot een balletje en zo? Soms vinden ze hun hol gewoon niet de moeite waard, weet je.' Hij nam een grote hap van zijn broodje.

'Wat is Stratton Asia Ventures?' vroeg Nick.

'Je leest voetnoten. Erg goed. Dat is een dochterbedrijf dat ik heb opgericht om in de operaties van Stratton in Azië en het Pacifisch gebied te investeren. We hadden een plaatselijke dochter nodig om vergunningen aan te vragen en van bepaalde belastingverdragen met de Verenigde Staten te profiteren.'

'Mooi. Legaal?'

'Op het randje,' zei Scott. 'Maar natuurlijk is het legaal. Iets wat slim is, hoeft nog niet illegaal te zijn, Nick.'

Nick keek op. 'Ik begrijp het niet,' zei hij. 'Onze inkomsten zijn gestegen?'

Scott knikte. Hij kauwde op zijn grote hap en maakte grommende geluiden om aan te geven dat hij wilde praten maar het niet kon. Toen zei hij, met zijn mond nog halfvol voedsel: 'Blijkbaar.'

'Ik dacht... Jezus, Scott, je zei dat we naar de bliksem gingen.'

Scott haalde zijn schouders op en keek hem schelms aan. 'Daar heb je mij voor. Je weet dat ik altijd meespeel. Ik ben je beste voorhoedespeler, nietwaar?'

'Mijn beste voorhoedespeler? Scott, heb jij in je leven ooit aan sport gedaan?'

Scott hield zijn hoofd schuin. 'Waar heb je het over? Ik was de ster van het wiskundeteam van de Stuyvesant High School.'

'Wacht even.' Nick ging naar het begin van het rapport terug en las de cijfers nog wat aandachtiger. 'Goed, wacht even. Je bedoelt dat onze internationale activiteiten met twaalf procent omhoog zijn gegaan? Hoe zit dat?'

'Lees de cijfers maar. De cijfers liegen niet. Het staat daar allemaal zwart op wit.'

'Ik heb vorige week met George Colesandro in Londen gepraat, en die klaagde steen en been. Wil je zeggen dat hij de cijfers verkeerd leest? De man heeft een microprocessor in plaats van hersenen.'

Scott schudde zijn hoofd. 'Stratton UK rapporteert in Britse ponden, en het pond is sterk gestegen ten opzichte van de dollar,' zei hij met zijn brede grijns. 'Je moet altijd de laatste wisselkoersen gebruiken, nietwaar?'

'Dus het is gegoochel. Gerotzooi met wisselkoersen.' Nick was tot het uiterste gespannen, en het gaf hem een goed gevoel om aan iets anders te denken dan aan de afgelopen vrijdagnacht. Maar tegelijk was het ongelooflijk wat Scott blijkbaar deed. Het was tenhemelschreiend. 'We gaan helemaal niet omhoog – we gaan omlaag. Je... je goochelt met de cijfers.'

'Volgens de standaardboekhoudpraktijken moeten we de juiste wisselkoersen gebruiken.' Die standaardpraktijken hadden zo ongeveer kracht van wet.

'Hoor eens, Scott, je vergelijkt appels met peren. Je gebruikt een andere wisselkoers dan het vorige kwartaal. Daardoor doe je het voorkomen alsof we het beter deden.' Nick wreef over zijn ogen. 'Heb je in Azië en het Pacifisch gebied hetzelfde gedaan?'

'Ja, overal.' Scott kneep zorgelijk zijn ogen half dicht.

'Scott, dit is hartstikke illegaal.' Nick smeet het rapport op de tafel. 'Wat wil je me aandoen?'

'Jóú? Dit heeft niet met jou te maken.' Scott had een rood gezicht en sloeg zijn ogen neer. 'Ten eerste is er niets illegaals aan. Misschien gaan we inderdaad tot de rand, maar daar niet overheen. En laat me je wat vertellen. Als ik die cijfers niet een beetje verfraai, komen onze vrienden uit Boston als een stoomwals over ons heen gedenderd. Dan halen ze hier alles overhoop. Ik zeg je dat dit een volkomen legitieme manier is om met de cijfers te werken.'

'Je... je smeert lipstick op een varken, Scott.'

'Nou, misschien een beetje gloss. Zeg, als je mensen te eten krijgt, maak je toch je huis schoon? Voordat je je auto verkoopt, ga je ermee naar de autowasstraat. Zo precies kijken de directieleden niet.'

'Dus je bedoelt dat we het kunnen doen zonder dat iemand ons doorheeft,' zei Nick.

Scott haalde zijn schouders weer op. 'Ik bedoel, Nick, dat de baan van iedereen hier op het spel staat, ja? Ook die van jou en mij. Op deze manier winnen we op zijn minst wat tijd.'

'Nee,' zei Nick. Hij trommelde met zijn vingertoppen op het doorzichtige plastic omslag. 'We geven ze de echte cijfers. Begrepen?'

Scott kreeg een kleur, alsof hij zich schaamde of kwaad maakte, of allebei. Hij had er duidelijk grote moeite mee om kalm te blijven. Blijkbaar kostte het hem veel inspanning om zijn stem niet tegen zijn baas te verheffen. 'Goh, en ik hoopte nog wel dat er een belastingtruc naar me genoemd zou worden,' zei hij na een korte stilte.

Nick knikte en glimlachte vreugdeloos. Hij dacht aan Hutch, de vroegere financieel directeur. Henry Hutchens was briljant als het om financiën ging, en hij was een typische boekhouder – niemand kende de finesses van de ouderwetse balans zo goed als hij – maar hij wist weinig van gestructureerde financiën en derivaten en al die blitse nieuwe financiële instrumenten die je tegenwoordig moest gebruiken om het hoofd boven water te houden.

Hutch zou zoiets nooit hebben gedaan. Aan de andere kant zou hij waarschijnlijk ook niet hebben geweten hoe het moest.

'Je zei toch dat we vanavond met Todd Muldaur gaan dineren?'

'Om acht uur,' zei Nick. Hij zag ertegen op. Todd had hem een paar dagen geleden gebeld om te zeggen dat hij toevallig in Fenwick moest zijn – alsof iemand daar ooit toevallig iets te zoeken had – en met hem wilde dineren. Dat kon nooit gunstig zijn.

'Nou, ik heb tegen hem gezegd dat ik hem voor het diner de nieuwste financiële gegevens zou voorleggen.'

'Mooi, maar laten we dan wel zorgen dat die gegevens op keiharde feiten gebaseerd zijn.'

'Keiharde feiten in een financieel verslag?' Scott schudde zijn hoofd. 'Dat bestaat niet. Het is net als dat verhaal over die beroemde wetenschapper. Hij geeft een lezing over astronomie en na afloop komt er een oud dametje naar hem toe en die zegt tegen hem dat hij het helemaal verkeerd heeft – de wereld is in werkelijkheid een grote platte schotel op de rug van een gigantische schildpad. En de wetenschapper zegt: maar waar staat die schildpad dan op? En het oude dametje zegt: "Jij bent erg slim, jongeman, erg slim, maar zo kom je er niet – het zijn schildpadden, helemaal tot beneden toe."'

'Wil je me daarmee geruststellen?'

Scott haalde zijn schouders op.

'Ik wil dat je Todd de echte, onopgesmukte cijfers geeft, hoe beroerd die er ook uitzien.'

'Goed,' zei Scott, en hij sloeg zijn ogen neer. 'Jij bent de baas.'

## 20

Toen Audrey haar werkhokje naderde, ging de telefoon. Ze keek op het schermpje van de nummerherkenning en was blij dat ze dat deed, want het was iemand die ze niet wilde spreken.

Ze herkende het telefoonnummer. Die vrouw belde haar elke week met de regelmaat van de klok en deed dat al zoveel weken dat Audrey de tel kwijt was. Elke week sinds de zoon van de vrouw was vermoord.

Ze heette Ethel Dorsey en ze was een sympathieke christelijke Afro-Amerikaanse vrouw. Ze had in haar eentje vier zoons grootgebracht en had zichzelf ervan overtuigd dat ze dat goed had gedaan, want ze had geen idee dat drie van haar zoons in een wereld van bendes en drugs en goedkope wapens leefden. Toen haar zoon Tyrone in Hastings Street werd doodgeschoten, wist Audrey meteen dat het iets met drugs te maken had. En zoals veel moorden die met drugs in verband stonden, werd ook deze niet opgelost. Soms praatten mensen. Soms niet. Audrey had een zaak die ze niet kon sluiten. Ethel had een zoon minder. Maar nu kwam het probleem: Audrey kon het gewoon niet opbrengen om die arme vrome Ethel Dorsey de waarheid te vertellen, namelijk dat haar Tyrone was doodgeschoten in het kader van een uit de hand gelopen drugsdeal. Audrey herinnerde zich Ethels vochtige ogen en haar warme directe blik, als ze met haar praatte. De vrouw deed Audrey aan haar oma denken. 'Hij is een goede jongen,' zei ze steeds weer. Audrey kon haar niet vertellen dat haar zoon niet alleen vermoord was, maar dat hij ook een straatdealer was geweest. Waarvoor zou ze dat doen? Waarom moesten de illusies van die vrouw worden verbrijzeld?

En dus belde Ethel Dorsey elke week en vroeg ze beleefd en verontschuldigend of er vooruitgang was geboekt bij het zoeken naar Tyrones moordenaar. En Audrey moest haar dan de waarheid vertellen: nee, het spijt me, nog niets. Maar we hebben het niet opgegeven. We werken er nog aan, mevrouw.

Audrey kon daar niet tegen. Ze wist dat ze Tyrone Dorseys moordenaar waarschijnlijk nooit zouden vinden, en als ze hem vonden, zou dat Ethel Dorsey geen gemoedsrust geven. Toch was zelfs een criminele drugsdealer iemands zoon. Iedereen telde, of anders telde niemand. Jezus sprak over de herder die naar dat ene verdwaalde lam bleef zoeken en zijn kudde achterliet. Daarom, zei Christus, ben ik geboren.

Vandaag kon ze het niet opbrengen om de telefoon op te nemen en met de vrouw te praten. Ze keek naar de foto van Tyrone die ze op de zijwand van het hokje had geplakt, naast de foto's van alle andere slachtoffers aan wier zaken ze werkte of had gewerkt. Terwijl ze wachtte tot de telefoon ophield met rinkelen, zag ze een opgevouwen vel papier dat op de bruine harmonicamap op het midden van haar bureau was gelegd. Op het etiket van de map had ze zorgvuldig met hoofdletters ONBEKENDE BLANKE MAN NR. 03486 geschreven.

Het witte vel papier was een beetje onregelmatig opgevouwen om het op een kaartje te laten lijken. Op de voorkant stond een zwartwitafbeelding van een kerk, een goedkoop plaatje dat blijkbaar ergens van het internet was geplukt. Daaronder stond in gotische letters uit iemands computer: Jezus houdt van je.

Ze vouwde het papier open, al wist ze al min of meer wat ze zou aantreffen. Binnen stond: 'Maar alle andere vinden je een kutwijf.'

Ze verkreukelde Roy Bugbees stompzinnige grap, met spelfout en al, en gooide het papier in de metalen prullenbak. Toen keek ze voor de vijfhonderdduizendste keer naar het systeemkaartje dat op haar computermonitor geplakt was, het kaartje dat bruin werd aan de randen, met in haar nette, vurige handschrift: Vergeet niet: we werken voor God. Ze vroeg zich af voor wie Roy Bugbee dacht dat hij werkte.

Een uurtje later slenterde Bugbee naar binnen, en ze gingen in een lege verhoorkamer zitten.

'Bij AFIS hebben ze niets gevonden,' zei hij bijna trots. 'Helemaal niks.'

Dus de vingerafdrukken van de oude man kwamen niet overeen met afdrukken in de computer in Lansing. Er was niets gevonden, ook niet bij de latente afdrukken. Dat verbaasde haar niet. De vingerafdrukken van het slachtoffer zouden alleen in AFIS voorkomen als hij voor iets gearresteerd was.

Ze zei: 'Bert Koopmans zegt dat de kogels 9mm's zijn. Met koperen mantel.'

'O, daar komen we veel verder mee,' zei Bugbee met een uitgestreken gezicht. 'Dat beperkt het zoeken tot maar zo'n duizend wapentypes.'

'Dat valt nog wel mee.' Audrey negeerde zijn sarcasme. Ze ging ervan uit dat Roy gewoon niet wist waar hij het over had. 'Als de MSP in Grand Rapids ernaar kijkt, wordt dat aantal veel kleiner.' Het forensisch lab van de Michigan State Police in Grand Rapids deed het vuurwapenonderzoek voor de politie in dit deel van de staat. Hun onderzoekers waren erg goed. Ze waren getraind in het identificeren van wapens en munitie en maakten daarvoor gebruik van allerlei hulpmiddelen, inclusief IBIS, de database van het Integrated Ballistics Identification System, die beheerd werd door het ATF, het federale Bureau of Alcohol, Tobacco and Firearms.

'Dat zal niet meer dan een halfjaar duren,' zei Bugbee.

'Nou, ik hoopte eigenlijk dat ze er wat meer vaart achter zetten als jij daarheen rijdt.'

'Ik?' Bugbee lachte. 'Ik vind dat jij naar Grand Rapids zou moeten rijden, Audrey. Zo'n knap vrouwtje als jij hoeft alleen maar met haar ogen te knipperen en ze leggen de zaak al boven op de stapel.'

Ze hield haar adem even in. 'Ik doe het wel,' zei ze. 'Nou, hoe zit het met de informanten?'

'De verklikkers weten niks over een oude kerel die crack in het hondenhok probeerde te kopen,' zei hij nors, alsof hij die informatie eigenlijk niet wilde prijsgeven. Waarom werd dat deel van de stad het 'hondenhok' genoemd? Audrey wist niet of ze dat ooit had geweten. Het heette gewoon zo.

'Maar de crack in de zak van die kerel was nep.'

'Ja, ja.' Bugbee wuifde met zijn hand. 'De oudste truc van de wereld. Blanke man, gemakkelijk slachtoffer, gaat naar het hondenhok om crack te kopen, en een oplichter verkoopt hem troep die van kaarsvet en zuiveringszout is gemaakt.'

'In dit geval fijngemalen hoesttabletten met citroensmaak.' Dat had Bert Koopmans haar verteld.

'Nou ja, wat maakt het uit? Die blanke man maakt ruzie met de oplichter, en die krijgt daar genoeg van en maakt die kerel koud. Als hij toch bezig is, pakt hij ook zijn portefeuille en gaat er dan vandoor. Zaak gesloten.'

'En hij laat de hoesttabletten achter.'

Bugbee haalde nonchalant zijn schouders op. Hij leunde in de stalen stoel achterover tot hij met zijn hoofd tegen de muur rustte.

'En dan laat hij het lichaam niet ergens in een steegje achter, maar neemt hij de moeite om het in vuilniszakken te verpakken en in een afvalcontainer te tillen, wat echt niet makkelijk is.'

'Misschien waren ze met zijn tweeën.'

'Met chirurgische handschoenen aan.'

'Hm?' Hij keek geërgerd.

'Het lab heeft sporen van maïszetmeel op de afvalzakken gevonden. Dat wijst op het gebruik van latexhandschoenen.'

Bugbee stak zijn wijsvinger loom in een naad van de systeemwand. 'Waarschijnlijk van het lab zelf.'

'Zo slordig zijn ze niet,' zei ze. Ze dacht: *Kom nou, Roy, heb je hier niet eens over nagedacht? Werk je wel aan deze zaak?* Ze ergerde zich, maar dwong zich kalm te blijven. 'Het wil er bij mij niet in dat die cracktypes een voorraadje chirurgische handschoenen hebben liggen.'

Bugbee blies zijn adem uit. 'Is Noyce in zijn kamer?'

'Sorry?'

'Ik zei, ik zie brigadier Noyce hier niet staan, dus als je je probeert uit te sloven, is er niemand die je hoort.'

Audrey slikte en hoorde een stemmetje in haar hoofd: *De God nu der volharding en der vertroosting geve u...* En toen onderbrak ze die innerlijke stem en zei nog zachter dan gewoonlijk: 'Roy, ik ben hier niet om jou te imponeren. Ik ben hier om mijn werk te doen.'

Bugbee manoeuvreerde zijn stoel naar voren, ging rechtop zitten en keek haar slaperig aan.

Ze hoorde haar hart bonken. 'Ik weet dat je om de een of andere reden een hekel aan me hebt, maar ik ga me niet bij jou verontschuldigen voor wie ik ben en wat ik ben. Je zult er gewoon mee moeten leven. Ik oordeel niet over jou, en jij oordeelt niet over mij. Jij bent niet degene die op vrijdag mijn salarischeque tekent. Als je van deze zaak af wilt, moet je met Noyce praten. Maar laten we anders proberen ons professioneel te gedragen.'

Bugbee keek alsof hij erover dacht de tafel tegen haar aan te duwen en de deur achter zich dicht te smijten. Enkele seconden gingen in stilte voorbij. Toen zei hij: 'Jij oordeelt niet over mij, hè? Zulke godsdienstkwezels als jij doen niks anders. Jullie houden altijd precies bij wat iedereen verkeerd doet. En dat doen jullie omdat jullie je beter voelen dan andere mensen, hè, Audrey? Omdat jullie denken dat jullie de Grote Baas aan jullie kant hebben. Al dat bidden van jullie, dat is alleen maar slijmen bij de Grote Baas in de Lucht. Jullie likken je een weg naar de hemel toe.'

'Zo is het wel genoeg, Roy,' zei ze.

Er werd op de deur gebonkt, en die zwaaide open. Brigadier Noyce verscheen in de opening. Hij trok zijn schouders naar achteren en keek van de een naar de ander. 'Mag ik jullie twee iets vragen?' zei hij. 'Heeft een van jullie in de database van vermiste personen gekeken?'

'Ik heb vanmorgen naar Familiediensten gebeld,' zei Audrey, 'maar ze hadden niets.'

'Je moet dat blijven nagaan, weet je,' zei Noyce. 'Soms duurt het een dag of meer voordat die dingen worden opgenomen.'

'Je hebt iets?' vroeg Bugbee.

'Het is een spoor, een vrij goed spoor,' antwoordde Noyce. 'De moeite waard om erachteraan te gaan.'

## 21

Nick belde Eddie. Hij wilde hem geen e-mail sturen, want hij was nog steeds bang dat alles opgeslagen bleef in de server van het bedrijf.

Ze ontmoetten elkaar bij de zuidwestelijke ingang van het gebouw, voor het kantoor van Beveiliging. Dat was een idee van Eddie, die niet in het gebouw wilde praten. Wat betekende het, vroeg Nick zich af, als zijn eigen beveiligingschef hun eigen kantoor niet veilig vond?

Ze liepen over het verharde pad dat om een van de parkeerterreinen heen leidde. Er hing een vage mestlucht, afkomstig van de vele boerderijen in de omgeving, vermengd met de schroeilucht van het verbrande buffelgras.

'Wat is er?' vroeg Eddie, terwijl hij een Marlboro opstak. 'Man, wat kijk je bezorgd.'

'Wie, ik?' zei Nick met een grimas. 'Waar zou ik me nou zorgen over maken?'

'Kom op. Alles is onder controle.'

Nick keek in het rond om er zeker van te zijn dat ze niemand in de buurt hadden. 'Wat heb je met... hem gedaan?'

'Dat wil je niet weten.'

Nick zweeg. Hij luisterde naar het geluid van Eddies schoenen op het pad. 'Nee. Dat wil ik wél weten.'

'Nick, geloof me, het is beter zo.'

'Heb je het pistool weggedaan, of heb je het nog?'

Eddie schudde zijn hoofd. 'Hoe minder je weet, hoe beter het is.'

'Goed. Luister. Ik heb er veel over nagedacht, en ik denk... ik denk dat ik naar de politie moet gaan. Er is geen andere uitweg. Wat ik heb gedaan, is juridisch verdedigbaar. Het wordt lastig, maar met een goede advocaat kom ik er waarschijnlijk wel door.'

Eddie liet een laag, droog grinniklachje horen. 'Welnee,' zei hij. 'Je kunt de tandpasta niet in de tube terugstoppen.'

'Wat bedoel je?'

'Vrijdagnacht wilde je het weg hebben. Ik heb daarvoor gezorgd.' Zo te horen moest hij moeite doen om beschaafd te blijven spreken. 'We hebben iets weggemoffeld, en daar zijn we allebei bij betrokken.'

'Dat deden we in paniek...'

'Hoor eens, Nick,' zei Eddie. 'Ik zwem niet in jouw wc, en jij pist niet in mijn zwembad. Goed?'

'Hè?'

‘Ik vertel jou niet hoe je Stratton moet leiden. Jij vertelt mij niets over misdaad en politie en dat soort dingen. Dit is mijn terrein.’

‘Ik vertel jou niet wat jíj moet doen,’ zei Nick. ‘Ik vertel je wat ík ga doen.’

‘Elke beslissing die je neemt, raakt mij ook,’ zei Eddie. ‘En ik stem tegen. Dat betekent dat je helemaal niks kunt doen. Wat gedaan is, kan niet ongedaan gemaakt worden. Daar is het veel te laat voor.’

## 22

Ze stopten voor een bescheiden huis aan West Sixteenth Street in Steepletown. Audrey had een gevoel alsof er een kwal in haar buik zat te wriemelen, het gevoel dat ze altijd had wanneer ze voor het eerst met de nabestaanden van een moordslachtoffer in contact kwam. Het rauwe verdriet, het ongeloof, de peilloos diepe pijn – ze kon er bijna niet tegen. Je moest afstand van die dingen nemen, anders werd je gek, had Noyce haar al in het begin gewaarschuwd. Dat doen we allemaal. De buitenwereld denkt dat we cynisch en hard zijn, maar we nemen afstand om onszelf te beschermen. Dat leer je nog wel.

Ze had het nooit geleerd.

Ze genoot van het recherchewerk, zelfs van de routinedingen waar luie types als Roy Bugbee geen zin in hadden. Maar niet hiervan. Ze kon er niet tegen om het lijden van een medemens van zo dichtbij mee te maken en er helemaal niets aan te kunnen doen. Ik zal de moordenaar van uw vader vinden, ik zal de jongens vinden die uw dochter hebben vermoord, ik zal de man vinden die uw vader in de supermarkt heeft doodgeschoten – dat was alles wat ze kon beloven, en het hielp wel, maar heelde niet alle wonden.

Er was aangifte van vermissing gedaan door een vrouw. Haar vader was vrijdagnacht niet thuisgekomen. Het signalement – leeftijd, lengte, gewicht, kleding – kwam overeen met dat van het moordslachtoffer dat in de vuilcontainer in Hastings Street was gevonden. Audrey wist dat het hem was. De afdeling Familiediensten had de dochter gebeld, zoals voorschrift was, om zo diplomatiek en tactvol mogelijk te zeggen – ze waren daar goed in – dat er een dode was gevonden en dat het misschien haar vader was. Zou ze zo goed willen zijn om naar het mortuarium van de politie in het Boswell Medical Center te komen en hen te helpen een lichaam te identificeren, en zo nodig uit te sluiten dat het haar vader was?

De aluminium hordeur zwaaide open en de vrouw kwam al naar hen toe voordat Audrey uit de Crown Victoria was gestapt. Ze was klein, erg klein, en leek op zeven meter afstand net een kind. Ze droeg een wit T-shirt, een vale spijkerbroek met verfspatten en een gerafeld spijkerjasje. Haar bruine haar had een soort pieken dat Audrey aan punkartiesten deed denken. Haar handen bungelden onder het lopen heen en weer, zodat ze een beetje op een verwaarloosde lappenpop leek.

'U moet van de politie zijn,' zei ze. Haar bruine ogen waren groot en vochtig. Van dichtbij was ze tamelijk mooi en leek ze nog fragieler. Zo te zien was ze tegen de dertig. Ze had die glazige, ongelovige blik die Audrey al tientallen keren in de ogen van nabestaanden had gezien. Haar stem was dieper dan Audrey had verwacht; het timbre had vreemd genoeg iets kalmerends.

'Ik ben Audrey Rhimes.' Ze stak haar hand uit en keek de vrouw vol medegevoel aan. 'Dat is mijn collega, Roy Bugbee.'

Roy, die naast het open portier aan de bestuurderskant stond, kwam niet om de auto heen om de dochter een hand te geven. Waarschijnlijk vond hij dat overdreven. Hij wuifde even en produceerde een strak glimlachje. Kom even naar haar toe, dacht Audrey. De man had geen manieren, geen gevoel. Hij kon niet eens doen alsof.

'Cassie Stadler.' Haar hand voelde warm en vochtig aan, en de make-up van haar ogen was vlekkerig.

Het ging er nu om dat ze zich niet te dramatisch gedroegen; de vrouw had het al moeilijk genoeg. Maar ze werd naar het mortuarium gereden om een dode te identificeren die misschien haar vader was – niets zou het nog moeilijker voor haar kunnen maken. Waarschijnlijk wist Cassie Stadler dat net zo goed als Audrey. Maar Audrey praatte door. Ze draaide zich om naar de passagier, die midden op de achterbank zat en glazig voor zich uit keek.

'Vertelt u me iets over uw vader,' zei ze. 'Gaat hij 's nachts vaak weg?' Ze sprak in de tegenwoordige tijd en hoopte dat het niet zou opvallen en geruststellend overkwam.

'Nee, eigenlijk niet,' zei Cassie Stadler, en toen zweeg ze.

'Raakt hij van tijd tot tijd gedesoriënteerd?'

Ze knipperde met haar ogen. 'Wat? Sorry. Gedesoriënteerd? Ja, ik geloof van wel. Soms. Zijn... zijn probleem.'

Audrey wachtte op meer. Maar Bugbee onderbrak hen met harde stem. 'Ging uw vader voor zover u weet vaak naar Hastings Street en omgeving?'

De donkere ogen van de mooie vrouw vertoonden allerlei uitdrukkingen vlak na elkaar: verbazing, gekwetstheid, ergernis, verdriet.

'Het is hem, toch?' was alles wat de dochter zei. 'Mijn papa.'
Ze reden zwijgend de parkeergarage van het ziekenhuis in. Audrey had dit nooit eerder gedaan. Een lijk in het mortuarium identificeren – dat kwam gelukkig niet veel voor, al leek het in televisieseries van wel. Er waren ook geen schuifladen in het mortuarium; niets van die macabere dingen. Maar de dood was altijd gruwelijk om te zien. Het lijk lag op een stalen brancard en was bedekt met een groen chirurgisch laken. De kamer was steriel, koud van de airconditioning en rook naar formaline. Jordan Metzler, beleefd maar afstandelijk, trok het groene laken zo nonchalant weg als wanneer hij een dekbed wegtrok. Het hoofd en de hals waren nu te zien.
Onder dat piekerige haar zakte het volmaakte kleine poppengezicht van Cassie Stadler helemaal in elkaar, en niemand hoefde iets te zeggen.

## 23

Audrey vond een lege kamer in het ziekenhuissouterrain waar ze met zijn drieën konden praten. Het was een personeelskamer: een verzameling stoelen met verschillende bekleding, een korte bank, een koffiezetapparaat dat eruitzag alsof het nooit werd gebruikt, een televisie. Bugbee en zij zetten stoelen bij elkaar. Op een bijzettafeltje stonden twee open frisdrankblikjes. Ze vond een bijna lege doos Kleenex. Cassie Stadlers smalle schouders schokten; ze snikte geluidloos met heel haar lichaam. Bugbee, die blijkbaar had geleerd hoe hij afstand moest nemen, zat ongeduldig met een klembord op zijn schoot. Audrey hield het niet meer uit. Ze sloeg haar armen om de vrouw heen en mompelde: 'O, het is zo moeilijk. Ik weet het.'
Cassie haalde diep adem, haar hoofd gebogen. Ten slotte keek ze op, zag de Kleenex-doos, trok er een paar papieren zakdoekjes uit en snoot haar neus.
'Sorry,' zei ze. 'Ik dacht niet...'
'Je hoeft je niet te verontschuldigen,' zei Audrey. 'Wat is dit verschrikkelijk voor je.'
Cassie haalde een pakje sigaretten tevoorschijn en schudde er een uit. 'Mag ik roken?'
Audrey knikte en wierp Bugbee een zijdelingse blik toe. Je mocht hier niet roken, maar daar zou ze niet moeilijk over doen, niet tegen deze vrouw op dit moment, en gelukkig vond Bugbee dat ook, want hij knikte.

Cassie haalde een goedkope plastic aansteker tevoorschijn en stak de sigaret aan, waarna ze een grote rookwolk uitblies. 'Hij is... in zijn mond geschoten?'

Een begrafenisonderneming zou het gezicht hebben gereconstrueerd en make-up hebben aangebracht. Het gezicht zou er kunstmatig hebben uitgezien, zoals alle doden in aula's van begrafenisondernemingen, maar dan zou haar tenminste deze vreselijke aanblik bespaard zijn.

'Dat klopt,' zei Bugbee. Hij weidde er niet over uit, zei niet dat het twee keer was gebeurd, zei niet dat Stadler ook in zijn borst was geschoten. Hij hield zich aan de standaardprocedure: zo min mogelijk informatie verstrekken, voor het geval een achtergehouden detail hen later kon helpen te bevestigen dat iemand de moordenaar was.

'God!' riep ze uit. 'Waarom? Wie zou mijn papa dat aandoen?' Ze nam weer een trek, pakte een leeg colablikje van de bijzettafel en tikte de as in de kleine opening.

'Dat willen we uitzoeken,' zei Audrey. Papa: het was schokkend om een volwassen vrouw dat woord te horen gebruiken. Ze dacht aan haar eigen papa, herinnerde zich de geur van zijn tabak en zweet en haarwater. 'We hebben je hulp nodig. Ik weet dat dit een moeilijk moment is, en je wilt er waarschijnlijk helemaal niet over praten, maar alles wat je weet, kan ons helpen.'

'Mevrouw Stadler,' vroeg Bugbee, 'gebruikte uw vader drugs?'

'Drugs?' Ze keek verbaasd. 'Wat voor drugs?'

'Zoals crack?'

'Crack? Mijn vader? Welnee.'

'Je zou er versteld van staan wie er allemaal drugs als crack gebruiken,' merkte Audrey vlug op. 'Mensen van wie je het nooit zou denken, mensen uit alle lagen van de bevolking. Zelfs vooraanstaande personen.'

'Mijn vader wist niet eens iets van die wereld af. Hij was een eenvoudige man.'

'Maar misschien heeft hij dingen voor je achtergehouden,' drong Audrey aan.

'Ja, misschien, maar ik bedoel... Crack? Dat zou ik hebben gemerkt,' zei Cassie. Ze blies rook door haar neusgaten uit, als de twee stralen van een draak die vuur uitademde. 'Ik woon al bijna een jaar met hem samen. Ik zou iets hebben gemerkt.'

'Misschien niet,' zei Bugbee.

'Zeg, ik gebruik zelf geen drugs, maar ik ken mensen die dat wel doen. Ik bedoel, ik ben kunstenaar, ik woon in Chicago, en daar kennen ze het verschijnsel. Mijn vader vertoonde geen van de symptomen. Hij... Het is echt absurd.'

'Je komt oorspronkelijk uit deze stad?' vroeg Audrey.

'Ik ben hier geboren, maar mijn ouders zijn gescheiden toen ik een kind was, en toen ben ik bij mijn moeder in Chicago gaan wonen. Ik kom... kwam hier vaak terug om mijn vader op te zoeken.'

'Waarom ben je deze keer bij hem gebleven?'

'Hij belde me en zei dat hij net ontslag had genomen bij Stratton, en ik maakte me zorgen om hem. Het gaat niet goed met hem, en mijn moeder is vier of vijf jaar geleden gestorven. Ik wist dat hij iemand nodig had die voor hem zorgde. Ik was bang dat hij het niet aankon.'

'Toen rechercheur Bugbee je daarnet naar drugs vroeg, aarzelde je,' zei Audrey. 'Gebruikte je vader bepaalde medicijnen?'

Ze knikte en sloeg haar hand voor haar ogen. 'Verschillende medicijnen, waaronder Risperdal, een middel tegen psychosen.'

'Psychotisch?' gooide Bugbee eruit. 'Was hij psychotisch?'

Audrey deed haar ogen even dicht. Die kerel zag altijd weer kans de verkeerde dingen te doen of te zeggen.

Cassie draaide zich langzaam naar Bugbee om, drukte intussen de sigaret uit op de bovenkant van het colablikje en liet hem door de opening vallen. 'Hij leed aan schizofrenie,' zei ze dof. 'Hij heeft daar het grootste deel van mijn leven aan geleden.' Ze keek Audrey aan. 'Maar hij had het min of meer onder controle.'

'Is hij ooit een tijdje verdwenen geweest?' vroeg Audrey.

'Nee, eigenlijk niet. Hij ging wel eens wandelen. Ik was blij als hij naar buiten ging. Het laatste jaar had hij het moeilijk.'

'Wat deed hij bij Stratton?' vroeg Bugbee.

'Hij was modelbouwer.'

'Wat is dat?'

'Hij werkte in hun modelwerkplaats. Daar maken ze prototypen van producten waaraan ze werken, de nieuwste stoelen of bureaus en zo.'

'Hij nam ontslag. Hij werd niet ontslagen?' vroeg Bugbee.

'Ze stonden op het punt hem te ontslaan, maar toen sloegen de stoppen bij hem door en nam hij ontslag voordat ze hem konden wegsturen.'

'Wanneer heb je hem voor het laatst gezien?' vroeg Audrey.

'Vrijdagavond onder het eten. Ik... ik had eten voor ons klaargemaakt, en na het eten kijkt hij meestal tv. Ik ging naar de kamer die ik als atelier gebruik en ging schilderen.'

'Je bent kunstenaar?'

'Min of meer. Niet zo serieus als ik vroeger was, maar ik schilder nog wel. Ik heb het nooit tot een galerie gebracht of zo. Ik verdien de kost door lessen kripalu-yoga te geven.'

'Hier?'

'In Chicago. Ik heb niet meer gewerkt sinds ik in Fenwick ben.'

'Heb je hem nog gezien voordat je ging slapen?' vroeg Audrey.

'Nee,' zei ze verdrietig. 'Ik viel daar op de bank in slaap. Dat overkomt me vaak, als het niet wil lukken met een schilderij en ik erover wil nadenken. Soms val ik dan gewoon in slaap en word ik de volgende morgen wakker. Dat gebeurde zaterdagmorgen ook. Ik stond op en ontbeet, en toen hij om tien uur niet beneden was, maakte ik me zorgen en ging ik naar zijn kamer, maar hij was er niet. Ik... Wilt u me excuseren? Ik heb dorst... Ik moet...'

'Wat kunnen we voor je halen?' vroeg Audrey.

'Van alles, alleen... ik heb zo'n dorst.'

'Water? Frisdrank?'

'Iets waar suiker in zit.' Ze glimlachte verontschuldigend. 'Ik heb een beetje suiker nodig. Sprite. Seven-Up. Zoiets. Maar geen cafeïne. Daar word ik gek van.'

'Roy,' zei Audrey, 'er is een automaat op de gang... Wil je...?'

Bugbees wenkbrauwen gingen omhoog en er vormde zich een venijnig glimlachje om zijn mondhoeken. Hij zag eruit alsof hij iets heel onaangenaams ging zeggen. Maar ze wilde even met deze vrouw alleen zijn. Ze had het gevoel dat Cassie haar onder vier ogen meer zou vertellen.

'Goed,' zei Roy na een lange stilte. 'Natuurlijk.'

Toen de deur dicht was, schraapte Audrey haar keel om iets te zeggen, maar Cassie was haar voor.

'Hij heeft de pest aan je, hè?'

Grote goden, was het zo duidelijk te merken? 'Rechercheur Bugbee?' zei Audrey, alsof ze verbaasd was.

Cassie knikte. 'Hij kan zijn minachting nauwelijks bedwingen.'

'Rechercheur Bugbee en ik kunnen erg goed samenwerken.'

'Het verbaast me dat je hem tolereert.'

Audrey glimlachte. 'Ik wil liever over je vader praten.'

'Natuurlijk. Sorry. Ik... Ik merkte het gewoon.' Ze huilde weer en veegde met haar hand over haar ogen. 'Ik... Ik heb geen idee wie mijn papa kan hebben vermoord. Of waarom iemand dat heeft gedaan. Maar ik heb het gevoel dat als iemand daarachter kan komen, jij dat bent.'

Audrey voelde tranen in haar ogen. 'Ik zal mijn best doen,' zei ze. 'Meer kan ik niet beloven.'

# 24

Terra was het beste restaurant in Fenwick. Je ging erheen om bijzondere gelegenheden te vieren, zoals verjaardagen, promoties, een bezoek van een goede oude vriend. Het had de enigszins intimiderende sfeer van een duur etablissement waar werd aangenomen dat je niet vaak kwam. Van mannen werd verwacht dat ze een das droegen. Er was een maître d'hôtel, en er was een sommelier die een grote zilveren taste-vin aan een lint om zijn hals had hangen, als een olympische medaille. De obers maalden peper voor je in een molen ter grootte van een honkbalknuppel. De tafellakens waren van gesteven wit linnen. Het menu was immens, in leer gebonden, en je had er twee handen voor nodig. De wijnlijst zelf was apart in leer gebonden en telde twintig bladzijden. Een paar weken voor Laura's ongeluk was Nick er met haar naartoe geweest omdat ze jarig was; het was haar favoriete restaurant. Ze hield van hun befaamde dessert, een taart met gesmolten chocolade waar de chocolade als lava uit sijpelde als je je lepel erin stak. Nick vond Terra stijf en benauwend, maar het eten was altijd geweldig. Van tijd tot tijd ging hij er met belangrijke cliënten heen.

Vanavond was hij hier met zijn allerbelangrijkste cliënt: zijn baas, de managing partner van Fairfield Equity Partners in Boston. Nick had Todd Muldaur niet erg sympathiek gevonden toen hij hem voor het eerst samen met de oprichter van Fairfield, Willard Osgood, ontmoette. Maar Osgood liet altijd een van zijn plaatsvervangers toezicht houden op de ondernemingen die zijn firma bezat, en hij had Todd uitgekozen.

Niet lang nadat Nick door Dorothy Devries tot opvolger van haar man als president-directeur was benoemd, had ze Nick weer in haar oude donkere villa bij zich laten komen om hem te vertellen dat de familie een gigantische belastingaanslag had gekregen en het bedrijf moest verkopen. Het was aan Nick om de ideale koper te zoeken. Er was geen gebrek aan gegadigden. De Stratton Company was schuldenvrij, maakte gestaag winst en had een groot marktaandeel en een beroemde naam. Jammer genoeg waren veel van die gegadigden van plan Stratton te kopen, op te doffen en dan snel aan iemand anders door te verkopen. Losse onderdelen van de hand doen, misschien zelfs naar de beurs gaan – wie wist wat die bedrijfsplunderaars ermee deden? Toen kwam er een telefoontje van de beroemde Willard Osgood, die de reputatie had dat hij bedrijven kocht en ze daarna behield terwijl ze zelfstandig mochten blijven opereren. Willard Osgood, 'de man met de Midas-magie', zoals *Fortune* hem noemde: alles wat hij aanraakte, veranderde in goud. De ideale oplossing. Osgood kwam zelfs naar Fenwick gevlogen – nou ja, hij vloog in zijn privéjet naar Grand Rapids en werd daarna in een eenvoudige oude Chrysler naar Fenwick gereden – en kwam de weduwe Devries en Nick het hof maken. Met zijn charmes praatte hij Dorothy Devries de broek van het lijf (ze had toch al een voorkeur voor broekpakken), en hij nam ook Nick voor zich in. Willard Osgood was privé net zo rondborstig en onpretentieus als in al zijn interviews. Hij was een verstokte Republikein, een aartsconservatief, net als Dorothy. Hij zei tegen haar dat hij een bedrijf het liefst eeuwig vasthield. Regel nummer één, zei hij, is nooit geld verliezen; regel nummer twee is regel nummer één nooit vergeten. Hij haalde haar helemaal over toen hij zei dat hij liever een geweldig bedrijf voor een redelijke prijs kocht dan een redelijk bedrijf voor een geweldige prijs.

De man die hij bij zich had, Todd Muldaur, een Yale-footballer met stroblond haar die voor het grote adviesbureau McKinsey had gewerkt, zei niet veel, maar hij had iets wat Nick niet aanstond. Hij hield niet van Todds arrogante houding. Maar ach, Osgood had de leiding, dacht Nick. Niet Muldaur.

Natuurlijk was Todd tegenwoordig degene die de kwartaalbesprekingen leidde, de maandelijkse financiële rapporten las en alle vragen stelde. Todd was degene die voor de grote beslissingen moest tekenen. Na die eerst ontmoeting met Willard Osgood had Nick de oude man nooit meer gezien.

Nick kwam een paar minuten te vroeg. Scott McNally zat al met een cola light aan de tafel. Hij had zijn gerafelde blauwe buttondownoverhemd vervangen door een kraakhelder wit overhemd met een blauw streepje, een rode das en een mooi donker pak. Nick droeg ook zijn beste pak, dat Laura voor hem had uitgekozen bij Brooks Brothers in Grand Rapids.

'Heeft Muldaur je verteld waar hij voor komt?' vroeg Nick toen hij ging zitten. Dit was zo ongeveer het laatste wat hij wilde: in een duur restaurant eten terwijl hij geen honger had, vriendelijk zijn tegen een arrogante klootzak terwijl hij liever thuis in bed zou liggen.

'Geen idee. Dat heeft hij niet gezegd.'

'Hij zei dat hij voorafgaand aan de kwartaalbespreking contact wilde hebben.'

'Het komt natuurlijk door die nieuwe financiële gegevens die ik hem heb gestuurd. Ze zijn vast ook niet blij met die cijfers.'

'Maar dat is toch geen reden voor een persoonlijk bezoek?'

Scott liet zijn hoofd zakken en mompelde: 'Hij komt net binnen.' Nick keek op en zag de grote blonde man in hun richting lopen. Scott en hij stonden op.

Scott liep om de tafel heen naar Muldaur toe en schudde hem met beide handen hartelijk de hand. 'Hé, Todd!'

'Scott! Kerel!'

Muldaur stak Nick zijn vlezige hand toe en gaf hem een onnodig harde handdruk, waarbij hij de vingers net onder de knokkels vastgreep, zodat Nick niet terug kon schudden. Nick had daar een grote hekel aan. 'Leuk je te zien,' zei Todd.

Todd Muldaur had een grote hoekige kaak, een stompe neus en turkooiskleurige ogen die blauwer waren dan de vorige keer dat Nick hem zag; dat was in een vergaderzaal met glazen wanden in het kantoor van Fairfield aan Federal Street in Boston geweest. Blijkbaar had hij getinte contactlenzen. Hij had het magere, strakke gezicht van iemand die veel eiwitten at en regelmatig trainde. Hij droeg een duifgrijs pak dat er duur uitzag. 'Dus dit is blijkbaar het enige goede restaurant in de stad, hè?'

'Alleen het allerbeste voor onze vrienden uit Boston,' zei Nick vriendelijk toen ze gingen zitten.

Todd nam het grote witte linnen servet, vouwde het open en legde het op zijn schoot. 'Het moet wel goed zijn,' zei hij sarcastisch. 'De American Automobile Association geeft deze tent zijn "prestigieuze Four Diamond Award", zoals op de voorgevel te lezen staat.'

Nick glimlachte en verbeeldde zich dat hij Todd een bloedneus sloeg. Hij zag een stel een paar tafels verderop zitten en herkende hen. De man was manager bij Stratton geweest tot vorig jaar, toen zijn divisie in het kader van de afvloeiingen was opgeheven. De man was in de vijftig en had twee studerende kinderen. Ondanks alle inspanningen van het outplacementbureau dat door Stratton in de arm was genomen had hij geen andere baan kunnen vinden.

De gebruikelijke moedeloosheid kwam bij Nick op. Hij excuseerde zich en ging de man gedag zeggen.

De vrouw van de man zag hem het eerst. Haar ogen gingen even wijd open, en toen wendde ze zich af, zei vlug iets tegen haar man en stond op, maar niet om Nick te begroeten.

'Bill,' zei Nick.

Nu stond de man op zonder iets te zeggen, en hij en zijn vrouw draaiden zich om en liepen het restaurant uit. Nick bleef nog enkele ogenblikken met een rood hoofd staan. Hij vroeg zich af waarom hij zichzelf aan dat soort vernederingen onderwierp. Het was al zo vaak gebeurd dat hij beter zou moeten weten. Misschien vond hij tot op zekere hoogte dat hij het verdiende.

Toen hij naar zijn tafel terugging, waren Todd en Scott diep gewikkeld in een gesprek over de goede oude tijd bij McKinsey. Nick hoopte dat geen van beide mannen had gezien wat er zojuist was gebeurd.

Todd had erop gestaan dat Stratton hun oude financieel directeur, Henry 'Hutch' Hutchens, door Scott McNally liet opvolgen. Nick had daar geen enkel probleem mee gehad, maar het ergerde hem soms dat Scott zulke goede maatjes was met Muldaur.

'Wat is er toch met Nolan Bennis gebeurd?' zei Scott tegen Muldaur. 'Weet je nog?' Hij glimlachte naar Nick. 'Ook iemand van McKinsey. Je zou niet geloven wat een oen dat was.' Hij keek Todd weer aan. 'Weet je nog, dat hotel op Shedd Island?' Hij legde het Nick uit: 'McKinsey huurde altijd een peperduur hotel op een superexclusief eiland voor de kust van South Carolina af om met topcliënten te overleggen. Nou, die Nolan Bennis is daar op de tennisbaan met een stel kerels van Carbide, en ik zweer het je: hij had zwarte sokken en loafers aan. Hij speelde voor geen meter. Hij verpestte alles. We moesten dat nog maanden aanhoren – wat een afgang. Een sukkel dat het was! Je kon niet met hem in het openbaar verschijnen. Werkt hij nog bij McKinsey?'

'Blijkbaar heb je de nieuwste *Forbes* 400 niet gelezen,' zei Todd.

'Waar heb je het over?' Scott keek hem vragend aan.

'Nolan Bennis is president-directeur van ValueMetrics. Hij is nu vier miljard dollar waard. Een paar jaar geleden heeft hij het hotel op Shedd Island gekocht, samen met zo'n tweehonderd hectare van het eiland.'

'Ik heb altijd al gedacht dat hij het ver zou schoppen,' zei Scott.

'Helemaal te gek, dit menu,' zei Todd. 'Eendenborst met coulis van frambozen. Ik bedoel, hoe 1995 kun je zijn? Ik word hier helemaal nostalgisch van.'

De serveerster kwam naar hun tafel. 'Mag ik u over onze specialiteiten van vanavond vertellen?' zei ze. De vrouw kwam Nick bekend voor, al kon hij haar niet helemaal thuisbrengen. Ze keek Nick aan en wendde toen vlug haar ogen af. Ze kende hem ook. Niet wéér een.

'We hebben Chileense zeebaars met geroosterde bloemkool, pancetta en mandarijnensap voor negenentwintig dollar. Er is lamsribstuk met *pistacchio*-korst, met daarbij puree van selderiewortel en wilde paddenstoelen. En de vangst van de dag is geschroeide tonijn...'

'Laat me raden,' onderbrak Todd haar. 'Het is "sushi"-kwaliteit en hij wordt rauw in het midden geserveerd.'

'Dat klopt!' zei ze.

'Waar heb ik dat eerder gehoord?'

'U komt me bekend voor,' zei Nick, die medelijden met de vrouw had.

Ze keek hem even aan, maar wendde zich meteen weer af. 'Ja, meneer Conover. Ik werkte vroeger voor Stratton. Afdeling Reizen.'

'Ik vind het jammer om dat te horen. Gaat het goed met u?'

Ze aarzelde. 'Als serveerster verdien ik minder dan de helft van wat ik bij Stratton verdiende, meneer,' antwoordde ze gespannen.

'Het is voor iedereen moeilijk geweest,' zei Nick.

'Ik geef u heren nog een paar minuten om te beslissen,' zei ze, en ze liep vlug weg.

'Gaat ze in onze salades spugen?' zei Todd.

'Ik hoef jullie niet te vertellen dat we met een groot probleem zitten,' zei Todd.

'Geen twijfel mogelijk,' beaamde Scott vlug.

Nick knikte en wachtte af.

'Als je een stuk of twee moeilijke kwartalen hebt, kan dat door de slechte economie komen,' zei Todd. 'Maar als het blijft gebeuren, lijkt het op een dodelijke spiraal. En dat kunnen we ons niet veroorloven.'

'Ik begrijp dat je je zorgen maakt,' zei Nick, 'en geloof me, ik maak me ook zorgen. Ik verzeker je dat we alles onder controle hebben. Er komt morgen een grote klant – een heel grote – en de kans is groot dat hij zijn handtekening zet. Dat contract alleen al kan voor een ommekeer zorgen.'

'Hé, we kunnen altijd hopen dat de bliksem inslaat,' zei Todd. 'Misschien heb je geluk. Maar laat ik je wat vertellen. Ondernemingen mogen dan gebaseerd zijn op continuïteit, maar op kapitaalmarkten draait het om creatieve vernietiging. Als je niet wilt veranderen, zak je af naar middelmatigheid. Als president-directeur moet je de inertie van je organisatie overwinnen. Je moet de slagaders van je bedrijf weer helemaal vrijmaken. Frisse ideeën moeten ruim baan krijgen. Zelfs de beste boten moeten wel eens aan het schommelen worden gebracht. Dat is de magie van het kapitalisme. Dat zei Joseph Schumpeter jaren geleden al.'

'Speelde die niet bij de Bruins?' zei Nick met een stalen gezicht.

'Je bent snel, of je bent dood, Nick,' zei Todd.

'Nou, ik weet niet hoe dat met die "creatieve vernietiging" zit,' zei Nick, 'maar ik weet wel dat we in feite allemaal op hetzelfde spoor zitten. Daarom hebben we de onderneming aan Fairfield verkocht. Jullie investeren in waarde op de lange termijn – dat is de enige reden waarom ik Dorothy Devries kon overhalen om aan jullie te verkopen. Ik weet nog goed wat Willard tegen Dorothy en mij zei, in de salon van haar huis aan Michigan Avenue: "We willen jullie partner, jullie klankbord zijn. We willen het bedrijf niet leiden – we willen dat jullie het bedrijf leiden. Misschien moeten we met zijn allen wat pijn lijden, maar het gaat ons allemaal om de lange termijn."'

Todd glimlachte zuur. Hij begreep wat Nick deed: de woorden van de hoogste baas aanhalen als de Heilige Schrift. 'Dat klinkt echt als Willard. Maar weet je, de oude man is tegenwoordig een verschrikkelijk groot deel van zijn tijd aan het vliegvissen in de Florida Keys. Hij is gek op vliegvissen – het laatste jaar schijnt hij meer aan tarpon en gratenvis te denken dan aan winst- en verliesrekeningen.'

'Hij gaat met pensioen?'

'Nog niet, maar binnenkort. Hij is zo goed als vertrokken. Dat betekent dat hij het zware werk aan ons overlaat, de arme sukkels die elke dag naar kantoor moeten en het vuile werk moeten opknappen terwijl hij in de boeg van zijn Hell's Bay-boot staat en zijn lijn uitgooit. De wereld is veranderd, Nick. Vroeger schreven de institutionele beleggers een cheque van twintig miljoen dollar voor ons uit, of honderd miljoen, en bemoeiden ze zich verder niet met ons werk. Na zes of tien jaar kregen ze hun winst uitgekeerd en dan was iedereen tevreden. Nu ligt dat anders. Ze kijken over onze schouder mee en bellen steeds weer. Ze willen niet zien dat een van onze grote investeringen naar de bliksem gaat. Ze willen onmiddellijk resultaat zien.'

'Ze zouden naar jullie website moeten gaan,' zei Nick. Fairfield Equity Partners had een levendige Flash-film op zijn website, de fabel van Aesopus over de schildpad en de haas, in de stijl van een sprookjesboek. Kon het nog oubolliger? 'Zeg maar tegen ze dat ze naar dat verhaal over die schildpad en die haas moeten gaan. Herinner ze aan de lange termijn.'

'Tegenwoordig komt de schildpad in de schildpadsoep terecht, jongen,' zei Todd.

Scott lachte een beetje te hard.

'Maak je geen zorgen,' zei Nick. 'Dat staat niet op het menu.'

Todd glimlachte niet. 'Wij houden van gezonde ondernemingen die groeien. We hebben geen zin om vallende messen op te vangen.'

'Wij zijn geen vallend mes, Todd,' zei Nick rustig. 'We maken wat veranderingen door, maar we zijn op de juiste weg.'

‘Nick, over een paar dagen hebben we de kwartaalbespreking, en ik wil dat de raad van bestuur dan een algeheel plan van aanpak voor zich heeft liggen. Ik heb het nu over consolidatie van vestigingen, de verkoop van onroerend goed, noem maar op. Creatieve vernietiging. Ik wil niet dat de raad van bestuur zijn vertrouwen in jou verliest.’

‘Bedoel je daarmee wat ik denk dat je bedoelt?’

Todd keek hem met een triomfantelijke glimlach aan. ‘Welnee, Nick! Begrijp me niet verkeerd! Toen we Stratton kochten, kochten we niet alleen een stel verouderde fabrieken in Kloteradeel, Michigan, met machines uit 1954. We kochten een team. Daarmee bedoel ik ook jou. We willen dat je aanblijft. We willen alleen dat je anders over de dingen gaat denken. We hebben behoefte aan een grootscheepse, bliksemsnelle operatie om de trendlijn om te buigen.’

Scott knikte gewichtig. Hij beet op zijn onderlip en draaide een paar plukjes van zijn haar achter zijn rechteroor. ‘Ik begrijp wat je bedoelt, en ik denk dat ik een paar interessante ideeën heb.’

‘Dat hoor ik graag. Ik bedoel, ach, waarom zouden jullie alle onderdelen in de Verenigde Staten maken, terwijl jullie ze voor de halve prijs in China kunnen krijgen?’

‘Nou,’ zei Nick, ‘daar hebben we over nagedacht, en we hebben het verworpen, Todd, want...’

‘Misschien kunnen we er nog eens over nadenken,’ onderbrak Scott hem.

Nick keek hem duister aan.

‘Ik wist wel dat ik op jullie kon rekenen. Nou, wie wil er dessert? Laat me eens raden – de desserttrend die in 1998 hoogtij vierde in Manhattan, is eindelijk tot Fenwick doorgedrongen: taart met gesmolten chocolade?’

Nadat ze afscheid van Todd hadden genomen en hem hadden zien wegrijden in zijn gehuurde Lincoln Town Car, keek Nick zijn financieel directeur aan. ‘Aan wiens kant sta jij eigenlijk?’

‘Waar heb je het over? Je moet de baas tevreden houden.’

‘Ik ben je baas, Scott. Niet Todd Muldaur. Onthoud dat.’

Scott aarzelde. Blijkbaar vroeg hij zich af of hij Nick zou tegenspreken. ‘Trouwens, wie zegt dat er meer kanten zijn? We staan allemaal aan dezelfde kant, Nick.’

‘Er zijn altijd meer kanten,’ zei Nick rustig. ‘Binnen en buiten. Sta jij aan mijn kant?’

‘Natuurlijk, Nick. Jezus. Natuurlijk sta ik aan jouw kant. Wat dacht je dan?’

# 25

Leon keek naar de televisie en dronk bier. Dat was tegenwoordig zo ongeveer alles wat hij deed, als hij niet sliep. Audrey keek naar haar man, zoals hij daar onderuitgezakt op het midden van de bank zat, in zijn pyjamabroek en een wit T-shirt dat te strak om zijn steeds dikkere bierbuik spande. Door de vijftien of twintig kilo die hij het afgelopen jaar was aangekomen, leek hij tien jaar ouder. Vroeger zou ze hebben gezegd dat ze nooit een hardere werker had ontmoet dan hij, iemand die nooit een dag werk oversloeg, die nooit klaagde. Nu zijn werk hem was afgenomen, wist hij zich geen raad. Zonder werk verviel hij tot een leven van vadsigheid; voor hem zat daar niets tussenin.

Ze ging naar de bank en kuste hem. Hij had zich niet geschoren en ook niet gedoucht. Hij draaide zijn hoofd niet opzij om haar te kussen; hij ontving haar kus zonder zijn blik van het scherm weg te nemen. Na een tijdje zei hij, terwijl Audrey daar met haar handen op haar heupen naar hem stond te glimlachen, met zijn whisky- en sigarettenstem: 'Hé, Shorty, je bent laat thuis.'

Shorty: dat was zijn woordje voor haar, bijna vanaf de dag dat ze elkaar leerden kennen. Hij was meer dan een meter tachtig, zij amper een meter vijftig, en als ze met elkaar over straat liepen, zag dat er vreemd uit.

'Ik heb gebeld en een boodschap voor je ingesproken,' zei ze. 'Je was zeker in bespreking.' Hij wist dat ze bedoelde dat hij sliep. Zo reageerde ze op Leons nieuwe levensstijl. Het idee dat hij de hele dag maar sliep of tv zat te kijken, terwijl ze een hypotheek te betalen hadden – daar kon ze razend van worden. Ze wist dat ze niet helemaal redelijk was. De arme kerel was ontslagen, en er was tot honderden kilometers in de omtrek geen bedrijf dat een technicus zocht die gespecialiseerd was in elektrostatische poedercoating. Aan de andere kant was de halve stad ontslagen en was het veel mensen gelukt om een baan bij Home Depot, de meubelketen, te krijgen, of op de groenteafdeling van de Food Town. Ze verdienden slecht, maar het was beter dan niets, en zeker beter dan de hele dag op de bank liggen.

Hij gaf geen antwoord. Leon had ogen die diep in hun kassen lagen, een groot hoofd, een krachtig lichaam, en ooit, niet zo lang geleden, had iedereen gevonden dat hij er goed uitzag. Nu zag hij er afgemat en verslagen uit.

'Je... hebt mijn boodschap over het avondeten ontvangen?' Daarmee bedoelde ze natuurlijk dat ze wilde dat hij het avondeten klaarmaakte. Niets ingewikkelds. Er was een diepvrieshamburger die hij in de magnetron kon ontdooien. Een zakje bindsla dat hij kon wassen. Wat dan ook. Maar ze rook niets, geen eten dat werd bereid, en ze wist het antwoord al voordat hij iets zei.

'Ik heb al gegeten.'

'O. Goed.' Ze had om een uur of vier een boodschap voor hem ingesproken, zodra ze wist dat ze laat zou thuiskomen, lang voordat hij ooit aan zijn avondeten begon. Ze bedwong haar ergernis en ging de keuken in. Het kleine aanrecht stond zo vol – vuile borden, glazen, koffiekoppen, bierflesjes – dat je het gemarmerde roze formica-oppervlak niet eens kon zien. Hoe kon één persoon in één dag zoveel troep maken? vroeg ze zich af. Waarom vertikte hij het om de rommel achter zich op te ruimen? Verwachtte hij van haar dat ze kostwinner én echtgenote én huishoudster was? In de plastic afvalemmer lag een weggegooide Hungry Man-doos en een plastic bakje dat in vakken was verdeeld, aangekoekt met een drab waar tomatensaus in zat. Ze voelde eraan. Het was nog warm. Hij had net gegeten. Niet uren geleden. Hij had honger gehad en iets te eten voor zichzelf klaargemaakt. Hij had niets voor haar klaargemaakt, al had ze hem dat gevraagd. Nou ja, waarschijnlijk juist omdat ze het hem had gevraagd.

Ze ging naar de huiskamer terug en bleef daar staan wachten tot ze zijn aandacht had, maar zijn blik bleef op de honkbalwedstrijd gericht. Ze schraapte haar keel. Geen reactie.

'Leon, schat, kan ik je even spreken?' zei ze.

'Goed.'

'Wil je me aankijken?'

Hij zette eindelijk het geluid van de televisie uit en keek haar aan.

'Schat, ik dacht dat je eten voor ons allebei zou klaarmaken.'

'Ik wist niet wanneer je terug zou zijn.'

'Maar ik zei...' Ze beet op haar lip. Ze zou niet tegen hem schreeuwen. Ze wilde niet degene zijn die met ruziemaken begon, niet deze keer. Ze sprak een beetje zachter. 'Ik vroeg je om eten voor ons allebei klaar te maken. Ja?'

'Ik dacht dat je zou eten wanneer je thuiskwam, Shorty. Ik wilde niet iets klaarmaken wat koud werd.'

Ze knikte. Zweeg even. Inmiddels kende ze het scenario uit haar hoofd. Maar we hadden toch afgesproken dat jij het eten zou klaarmaken, het huis zou schoonhouden? Je weet dat ik niet alles kan doen. En dan zei hij: Waarom kun je niet meer doen wat je vroeger deed? Vroeger had je ook tijd om die dingen te doen. En dan zei zij: Ik heb hulp nodig, Leon. Dat is het nou juist. Ik kom doodmoe thuis.

En dan zei hij: 'Hoe denk je dat ik me voel? Ik zit hier de hele dag als een nutteloze baal zand. Jij hebt tenminste een baan.'

Dat had een hele tijd gewerkt, dat beroep op haar schuldgevoel. Maar toen gooide hij het over een andere boeg en zei hij dat koken en schoonmaken vrouwenwerk was. Waarom werd plotseling van hem verwacht dat hij vrouwenwerk deed? Omdat hij geen loon meer naar huis bracht? En zo langzamerhand wilde ze schreeuwen: Vrouwenwerk? Vrouwenwerk? Waarom is dat vrouwenwerk? En kun je niet op zijn minst de rommel achter je gat opruimen? En zo ging het dan door, stompzinnig en geestdodend en zinloos.

'Goed,' zei ze.

Ze werkte aan zes zaken, waaronder drie actieve en één moord. Je kon je eigenlijk op niet meer dan één tegelijk concentreren, en vanavond was dat Andrew Stadler. Ze legde de harmonicamap naast zich op de bank, en terwijl Leon naar de Tigers keek en zich lam dronk, las ze de rapporten door. Ze mocht graag in zaakdossiers lezen voordat ze ging slapen. Ze geloofde dat haar onderbewustzijn in haar slaap aan dingen bleef werken, dat het bleef zoeken, dingen met zijn scherpe oogjes bekeek en die dingen duidelijker zag dan wanneer ze wakker was.

Het was haar een raadsel hoe Andrew Stadlers lichaam in een vuilcontainer in het 500-blok van Hastings Street terecht was gekomen. En ze begreep ook niet wat die namaakcrack daar deed. Dat hij aan schizofrenie leed – had dat er iets mee te maken? Ze zou met zijn baas bij Stratton moeten praten, en ook met de directeur Personeelszaken. Misschien had hij toch drugs gebruikt.

Ze kwam in de verleiding om Leon naar Stratton te vragen, naar de modelwerkplaats. Misschien wist hij daar iets van. Misschien was hij Stadler zelfs wel eens in de fabriek tegengekomen of kende hij iemand die hem kende. Ze stond al op het punt om iets te zeggen, maar toen keek ze naar hem, zag zijn glazige ogen, zijn verslagen gezicht, en deed ze het maar niet. Ze hoefde tegenwoordig maar iets heel onbetekenends over haar werk te zeggen en het was of er een rotte kies bij hem werd getrokken. Dan werd hij eraan herinnerd dat zij werk had waarbij ze zich betrokken kon voelen, en hij niet.

Het was die ellende niet waard, dacht ze.

Toen de wedstrijd voorbij was, ging hij naar bed, en ze volgde hem. Terwijl ze haar tanden poetste en haar gezicht waste, vroeg ze zich af of ze haar gebruikelijke lange T-shirt of een teddy zou aantrekken. Ze hadden meer dan een halfjaar geen seks gehad, en niet omdat zij niet wilde. Hij had alle belangstelling verloren. Maar ze had er behoefte aan om die fysieke intimiteit te herstellen. Anders...

Toen ze in bed stapte, lag Leon al te snurken.

Ze ging naast hem liggen, deed de lamp op haar nachtkastje uit en viel algauw in slaap.

Ze droomde van Tiffany Akins, die doodging in haar armen. Het kleine meisje in de SpongeBob-pyjama. Het meisje dat van haarzelf had kunnen zijn. Dat zijzelf had kunnen zijn. Ze droomde van haar vader, van dat moment waarop Cassie Stadler haar vader 'papa' noemde.

En toen schopte haar scherpzinnige onderbewustzijn iets naar boven en gingen haar ogen open. Ze ging langzaam rechtop zitten.

Het was allemaal te clean. Er waren helemaal geen sporen.

Ze dacht niet alleen aan de restjes farmaceutisch zetmeel op de plastic zakken waarin het lichaam had gezeten. Die wezen erop dat het lichaam verplaatst was door iemand die chirurgische handschoenen droeg, iemand die er goed op lette dat hij geen vingerafdrukken achterliet. Dat alleen al wees op een mate van voorzichtigheid die je niet vaak bij drugsmoorden aantrof. Maar er waren ook helemaal geen sporen op het lichaam aangetroffen, geen vezels, niets van het normale sporenmateriaal dat op het lichaam van slachtoffers te vinden was. Zelfs de schoenzolen van het slachtoffer, waarop je altijd iets vond, waren helemaal schoongeboend.

Ze herinnerde zich ook hoe schoon het lichaam was geweest toen er sectie werd verricht. Ze herinnerde zich dat de patholoog-anatoom zei: 'Hij lijkt meer op een ziekenhuisgeval dan een politiegeval.'

Dat was het; dat was de afwijking. Het lichaam was zorgvuldig schoongemaakt door een deskundige. Door iemand die wist waar de politie naar zocht.

Andrew Stadlers lichaam was niet in die container gelegd door een crackdealer die in paniek was geraakt. Het was zorgvuldig, systematisch in een vuilcontainer gelegd door iemand die precies wist wat hij deed.

Het duurde een hele tijd voor ze weer in slaap viel.

## 26

'Dit spul smaakt naar takjes,' zei Julia.

Nick moest onwillekeurig hardop lachen. Op de voorkant van de doos stond een foto van twee glimlachende mensen, een Aziatisch meisje en een blonde, Scandinavisch uitziende jongen. Ze glimlachten niet om de ontbijtpap; dat stond wel vast.

'Het is goed voor je,' zei hij.

'Waarom moet ik altijd ontbijtpap eten? Alle anderen in mijn klas krijgen 's morgens wat ze willen.'

'Dat geloof ik niet.'

'Paige krijgt elke morgen Froot Loops of Cap'n Crunch of Apple Jacks.'

'Paige...' Onder normale omstandigheden kwamen de correcte ouderlijke antwoorden vanzelf bij hem op, maar vanmorgen kon hij niet erg helder denken. Hij maakte zich zorgen omdat hij die slaaptabletten te lang achtereen innam. Waarschijnlijk waren ze verslavend. Hij vroeg zich af of Julia, Lucas of Marta twee nachten eerder iets hadden gehoord. 'Paige doet het niet goed op school omdat ze niet met een gezond ontbijt aan de dag begint.' Soms geloofde hij zelf niet in de onzin die hij uitsprak, de schaamteloze propaganda. Toen hij een kind was, ontbeet hij met wat hij maar wilde, suikerzoet spul als Quisp, Quake en Coco Puffs, en hij deed het prima op school. Eigenlijk wist hij niet of alle kinderen tegenwoordig door hun ouders werden gedwongen om gezond te ontbijten, of dat alleen Laura daarop had gestaan. Hoe dan ook, hij handhaafde de Wet van het Gezonde Ontbijt alsof het de grondwet was.

'Paige zit in mijn rekengroep,' wierp Julia tegen.

'Fijn voor haar. Het kan me niet schelen, al eet ze chocoladetaart als ontbijt.' De tv stond op een tafel in deze tijdelijke hoek van de keuken. De *Today Show* stond aan, maar op dat moment werd er op het plaatselijke net een reclamespotje voor Pajot Ford uitgezonden, altijd een irritante commercial. John Pajot, de eigenaar, was ook de presentator – tja, hij betaalde voor de reclame, en als hij dat wilde, mocht hij de ster zijn – en hij deed dat altijd in jachtkleding. Hij maakte grappen over 'knallende koopjes' en 'voordeeltreffers'.

'Waar is je broer?' vroeg hij.

Ze haalde haar schouders op en keek somber naar de pap. Die zag er inderdaad uit als iets wat in een bos van de grond was opgeraapt. 'Die slaapt nog, denk ik.'

'Goed, neem dan alleen wat yoghurt.'

'Maar ik houd niet van de yoghurt die we hebben. Die smaakt niet goed.'

'Die hebben we nu eenmaal. Dus je kunt kiezen: yoghurt of... takjes.'

'Maar ik hou van aardbeienyoghurt.'

'Ik zal Marta vragen meer aardbeienyoghurt te kopen. Intussen hebben we vanille. Die smaakt goed.' Marta was er nu niet; ze deed de was. Hij zou eraan moeten denken haar te vragen aardbeienyoghurt op haar boodschappenlijst te zetten. En ook wat gezonde ontbijtpap die niet naar takjes smaakte.

'Nee, het smaakt niet goed. Het is van dat organische spul. Hun vanille smaakt raar.'

'Of anders de kaasslierten. Je kunt kiezen.'

Julia slaakte een zucht van diepe frustratie. 'De kaasslierten,' zei ze nors.

Het plaatselijk nieuws begon, en de presentator, een glad type met een smal gezicht en zwart haar dat de glans van schoenpoets had, zei iets over 'vermoord aangetroffen'.

'Waar is de afstandsbediening?' vroeg Nick. Als Julia binnen gehoorsafstand was, zette hij altijd het geluid af bij televisieberichten over moorden of gruwelijke misdrijven of kindermisbruik. Ze pakte hem tussen het pak organische éénprocentsmelk en de suikerpot vandaan en gaf hem aan haar vader. Hij pakte hem en zocht naar het kleine knopje om het geluid af te zetten – waarom was die knop niet groter en had hij geen aparte kleur? – maar net toen hij erop wilde drukken, zag hij een foto op het scherm. Het was een foto van een vreselijk vertrouwd gezicht, met de woorden *Andrew Stadler*. Hij staarde er met bonkend hart naar.

Hij hoorde: '... vuilcontainer achter Lucky's Restaurant in Hastings Street.'

'Wat is er, papa?' vroeg Julia.

Hij hoorde iets over een begrafenis. 'Hm? O, niets. Een van onze Stratton-werknemers is gestorven, schatje. Kom, neem wat kaasslierten.'

'Was hij oud?' vroeg ze. Ze stond op.

'Ja,' zei Nick. 'Hij was oud.'

Marge zat al aan haar bureau toen hij aankwam. Ze dronk koffie uit een Stratton-kop en las in een roman van Jane Austen. Ze gooide de pocket verontschuldigend opzij. 'O, goedemorgen,' zei ze. 'Sorry, ik wilde dit uitlezen voordat ik vanavond mijn leesclub heb.'

'Laat je niet door mij weerhouden.'

Er was een exemplaar van de *Fenwick Free Press* naast zijn toetsenbord op zijn bureau gelegd. Een kop op de voorpagina luidde: *Ex-Stratton-werknemer waarschijnlijk vermoord*. Marjorie moest die krant daar hebben neergelegd en hem zo hebben gevouwen dat het artikel over Stadler naar boven lag.

Hij had die ochtend niet in de krant gekeken voordat hij van huis ging; daar had hij geen tijd voor gehad. Omdat Luke nog niet was opgestaan, was Nick naar zijn kamer gegaan om hem wakker te maken. Onder zijn berg van beddengoed had Luke gezegd dat hij het eerste uur vrij had en nog wat bleef liggen. Nick was niet met hem in discussie gegaan en had de deur van zijn kamer dichtgedaan.

Nu pakte hij het artikel op en las het aandachtig door. Opnieuw bonsde zijn hart. Er stonden niet veel bijzonderheden in. *... lichaam ontdekt in een vuilcontainer achter een restaurant in Hastings Street.* Niet dat het in plastic verpakt was; Nick vroeg zich af of Eddie om de een of andere reden de afvalzakken had weggehaald. *Blijkbaar door meer kogels getroffen*, al stond er niet bij waar de man geraakt was. De politie had natuurlijk niet alles aan de krant verteld wat ze over de zaak wisten. Hoe zenuwslopend het ook was om dit alles te lezen, op de een of andere manier vond Nick het ook geruststellend. De details vormden een overtuigend beeld van een werkloze man die in een gevaarlijk deel van de stad was vermoord, waarschijnlijk terwijl hij betrokken was bij straatcriminaliteit. Er stond een foto van Stadler bij die minstens twintig jaar geleden was genomen: dezelfde bril, dezelfde strakke mond. Als je dat artikel las, schudde je je hoofd om die man, die het al moeilijk had en toen ook nog zijn baan verloor en in een neerwaartse spiraal van drugs of criminaliteit of zoiets terecht was gekomen, en dan bladerde je door naar de sportpagina's.

Nicks ogen liepen vol tranen. Die man had hij gedood. Een man die een kind achterliet – *een dochter, Cassie, negenentwintig, woonachtig in Chicago* – en wiens ex-vrouw vier jaar geleden was gestorven. Een bescheiden, rustig levende man die bijna zijn hele volwassen leven in een Stratton-fabriek had gewerkt.

Hij merkte plotseling dat Marge zorgelijk naar hem stond te kijken. Ze had iets gezegd.

'Sorry?'

'Ik zei, het is triest, nietwaar?'

'Vreselijk triest,' zei Nick.

'De begrafenis is vanmiddag. Je hebt een telefonische vergadering met Verkoop, maar die kan worden verzet.'

Hij besefte wat ze zei, en knikte. Nick ging naar de begrafenis van alle Stratton-werknemers, zoals de oude Devries ook altijd had gedaan. Dat was een traditie, een ceremoniële verplichting van de president-directeur in deze Stratton-stad.

Hij zou naar de begrafenis van Andrew Stadler moeten gaan. Hij had geen keus.

# 27

'Je helpt me helemaal niet,' zei Audrey.

Bert Koopmans draaide zich om bij de spoelbak, waar hij zijn handen waste. De manier waarop hij zich omdraaide en haar aankeek, had iets vogelachtigs. Hij was lang, bijna spichtig, met kleine oogjes die dicht bij elkaar stonden en altijd geschrokken keken.

'Dat is niet mijn werk,' zei hij, droog maar niet onvriendelijk. 'Wat is het probleem?'

Ze aarzelde. 'Nou, welbeschouwd heb je niets op het lichaam gevonden.'

'Over welk lichaam hebben we het?'

'Stadler.'

'Wie?'

'Die man in de vuilcontainer. In Hastings Street.'

'De tortilla.'

'Eigenlijk een burrito.'

Hij glimlachte vaag. 'Je hebt alles gehoord wat ik heb ontdekt.'

'Vond je het lichaam te... schoon?'

'Schoon? Heb je het over hygiëne? Die kerel zijn nagels waren vuil.'

'Dat bedoelde ik niet, Bert.' Ze dacht even na. 'Het vuil onder zijn nagels – dat is toch verzameld?'

'Nee, dat heb ik zoekgemaakt.' Bert keek haar fel aan. 'Vergeet je tegen wie je het hebt? Denk je dat dit een van Waynes zaken is?' Niet alle technisch rechercheurs waren zo zorgvuldig, zo dwangmatig nauwgezet als Koopmans. Hij liep naar een zwarte archiefkast, trok hem open en pakte er een map uit. Hij keek naar een papier. 'Schaamharen, hoofdharen, vingernagels linkerhand, vingernagels rechterhand. Vezels van linkerschoen, vezels van rechterschoen. Ongeïdentificeerde substantie onder nagels rechterhand, ongeïdentificeerde substantie onder nagels linkerhand. Moet ik doorgaan?'

'Nee, dank je. Wat is die ongeïdentificeerde substantie?'

Hij keek haar weer aan. 'Als ik dat wist, zou ik het woord "ongeïdentificeerd" dan gebruiken?'

'Hebben we het over huid of bloed of vuil?'

'Je stelt mijn geduld op de proef, rechercheur. Huid en bloed – dat zijn substanties die ik al eerder heb gezien, of je het nu gelooft of niet.'

'Vuil heb je ook eerder gezien.'

Hij haalde een van zijn schouders op. 'Maar vuil is geen vuil. Het is... spul. Het kan van alles zijn. Ik heb genoteerd dat er een groen waas op zat.'

'Groene verf? Bijvoorbeeld doordat Stadler met zijn nagels over de zijkant van een huis had gekrabd...?'

'Verf zou ik hebben herkend.' Hij gaf haar het formulier van het sporenmateriaal. 'Hier. Als jij nu eens naar Bewaring liep om het op te halen. Dat kunnen we er samen naar kijken.'

De man die de leiding van de afdeling Bewaring had, was een futloos type dat Arthur heette, een dikke blanke man met een tandenborstelsnor. Hij droeg een stofjas. Ze drukte op de zoemer, en hij nam de tijd om naar het loket te komen. Ze gaf hem het roze exemplaar van het formulier en legde uit dat ze alleen nummer vijftien wilde hebben. Al het materiaal – het uitgetrokken hoofd- en schaamhaar, de twee buisjes bloed – werd in een grote koelkast bewaard. Arthur kwam na een paar minuten met een ongelooflijk verveelde blik terug. Hij scande de streepjescode op de vijftien bij twintig centimeter grote envelop met *Nagelknipsels van Sectie* en vervolgens de streepjescode op het papier aan de muur om haar naam en nummer vast te leggen, precies zoals de procedure voorschreef. Toen hoorde Audrey opeens Roy Bugbees stem.

'Dat lijkt me de zaak-Stadler,' zei Bugbee.

Ze knikte. 'Jij werkt aan Jamal Wilson?'

Bugbee negeerde haar vraag. Toen de man van Bewaring de envelop door het loket schoof, griste Bugbee hem weg voordat Audrey hem te pakken kon krijgen. 'Nagelknipsels, hè?'

'Gewoon wat sporenmateriaal dat ik nog eens laat onderzoeken.'

'Hoe kom ik toch aan het vreemde gevoel dat we hier niet samen aan werken, Audrey?'

'Er zijn ontzaglijk veel dingen waar ik graag jouw hulp bij zou hebben.'

'Goed,' zei Bugbee. 'Ga je nu meteen naar het lab?'

Koopmans, die verbaasd had gekeken toen hij Roy Bugbee zag, legde twee vellen kopieerpapier op het werkblad in de langgerekte laboratoriumruimte waar vingerafdrukken werden opgedampt. Hij sneed de onderkant van alle kleine envelopjes met een wegwerpscalpel open en tikte de inhoud op het papier.

'Groene materie, zoals ik al zei,' zei Koopmans. Audrey en hij droegen mondkapjes om te voorkomen dat ze de substantie met hun adem wegbliezen. Bugbee niet.

Audrey keek van dichterbij. 'Zou het helpen als je het onder een binoculaire microscoop legt?'

'Dat wil ik best doen, maar ik heb het al gedaan en toen zag ik niets meer dan nu.' Hij bewoog een houten spateltje door het hoopje. 'Zand, een soort fijn groen poeder, wat fragmentjes die eruitzien als korreltjes. Je kunt ermee naar het lab van de staat gaan, maar die vertellen je alleen maar wat ik net heb gezegd. En het duurt zes weken voor ze het je vertellen.'

'Jezus,' zei Bugbee. 'Je hebt geen microscoop nodig voor dat spul.'

'Is dat zo?' zei Koopmans, en hij wierp Audrey een snelle blik toe.

'Jij hebt blijkbaar geen gazon,' zei Bugbee. 'Dat is hydroseed.'

'Hydroseed,' zei Koopmans.

'Wat is dat precies?' vroeg Audrey.

'Het is graszaad, vermengd met, weet ik veel, vermalen krantenpapier en nog meer troep. Het is vloeibaar en ze spuiten het. Om een nieuw gazon te krijgen. Ik heb zelf de pest aan dat spul. Er zit me veel te veel onkruidzaad in.'

'Maar het is groen,' zei Audrey.

'Dat is het kleurpoeder,' zei Koopmans. 'En die korrels – dat is de muls.' Hij trok met zijn duim en wijsvinger aan zijn kin.

'Nou, je hebt Stadlers huis gezien,' zei Audrey. 'Ik heb daar geen hydroseed gezien. Jij wel?'

'Nee,' zei Bugbee hooghartig. 'Een gazon van niks. Allemaal bloedgierst en weegbree. Mannen letten op zoiets.'

'Als je zo bezeten bent van gazons,' zei Koopmans. 'Zou het slachtoffer misschien wat hebben bijverdiend als tuinman of zoiets?'

'Nee,' zei Audrey. 'Hij kon zijn baan in Stratton amper houden. Nee, ik vermoed dat hij dat spul onder zijn nagels heeft gekregen op een plaats waar hij heen ging. Misschien – waarschijnlijk – in de nacht dat hij werd vermoord.'

## 28

De begraafplaats Mount Pleasant was niet de grootste van Fenwick, en ook niet bijzonder goed verzorgd. Hij bevond zich op een heuvel boven een drukke snelweg en lag er nogal verlaten bij, zelfs voor een begraafplaats. Nick was er nooit eerder geweest, maar hij had dan ook een hekel aan begraafplaatsen en kwam er zo min mogelijk. Wanneer hij bij een uitvaart aanwezig moest zijn, ging hij naar de kerk of de aula en miste hij dit deel. Laura's dood had begrafenissen moeilijker gemaakt, niet gemakkelijker.

Maar hij was laat. Hij had de dienst in de aula gemist, want hij had een belangrijke telefonische vergadering met de topmannen van Steelcase en Herman Miller niet kunnen verzetten. Ze hadden gesproken over een lobbypoging om een idioot wetsvoorstel in het Congres van de baan te krijgen.

Hij parkeerde zijn Suburban langs de stoeprand in de buurt van de plaats waar de ceremonie werd gehouden. Er was een groepje mensen in donkere kleren, misschien tien of twaalf mensen in totaal. Hij zag een predikant, een zwarte vrouw, een bejaard echtpaar, vijf of zes mannen die misschien collega's van Stadler waren geweest, een aantrekkelijke jonge vrouw die de dochter van de man moest zijn. Ze was tenger, met grote ogen en kort punkhaar dat eruitzag alsof het met een hakmes was gekapt. Hij had in de krant gelezen dat ze negenentwintig was en in Chicago woonde.

Nick ging er aarzelend naartoe en hoorde de dominee, die naast de kist stond, zeggen: 'Zegen dit graf. Moge het lichaam van onze broeder Andrew hier in vrede rusten tot U hem tot glorie wekt, als hij U van aangezicht tot aangezicht zal zien en de heerlijkheid van de eeuwige God zal kennen, die leeft en heerst, nu en in de eeuwigheid.' Sommige van zijn woorden gingen verloren in het verkeerslawaai.

Enkele aanwezigen draaiden zich naar hem om. De Stratton-mannen herkenden hem en keken een beetje langer. Nick meende verbazing te zien, misschien zelfs een beetje verontwaardiging, al was hij daar niet zeker van. De mooie dochter keek verdoofd, als een hert dat in koplampen staart. Naast haar stond de zwarte vrouw, die ook erg aantrekkelijk was. Ze keek Nick indringend aan en hij zag dat de tranen over haar wangen liepen. Nick vroeg zich af wie ze was. Er waren niet zoveel zwarten in de stad.

Hij was niet voorbereid op de aanblik van de glanzende mahoniehouten kist. De kist stond op het mechanisme om hem te laten zakken, dat verscholen zat achter groen geplooid fluweel. Nick herinnerde zich dat van Laura's begrafenis. Hij schrok ervan. Op de een of andere manier had hij er meer moeite mee om naar die grote mahoniehouten kist met afgeronde randen te kijken dan naar Andrew Stadlers lichaam, toen dat ineengezakt op zijn gazon lag. Dit was definitiever, echter. Dit was een man met een familie – in elk geval een dochter – en vrienden. Misschien was hij een gevaarlijke schizofreen geweest die zijn medicijnen niet innam – maar hij was ook iemands papa. Die mooie jonge vrouw met dat piekerige haar en die porseleinachtige huid. De tranen sprongen Nick in de ogen. Hij geneerde zich.

De zwarte vrouw keek weer naar hem. Wie was ze?

De Stratton-mannen keken ook weer naar hem. Ze zagen natuurlijk zijn tranen en ergerden zich aan de hypocrisie. Nick de Beul die stond te grienen bij het graf van iemand die hij had ontslagen, dachten ze natuurlijk.

Toen het voorbij was en de kist langzaam en geluidloos in het graf was gezakt, wierpen de aanwezigen aarde en bloemen op de kist. Sommigen omhelsden de dochter, pakten haar hand vast, mompelden woorden van leedwezen. Toen het juiste moment aangebroken leek te zijn, ging hij naar haar toe.

'Mevrouw Stadler, ik ben Nick Conover. Ik ben de...'

'Ik weet wie u bent,' zei ze koel. Ze had een heel klein knopje op de rechterkant van haar neus, een glinstering van licht.

'Ik heb uw vader niet persoonlijk gekend, maar ik wilde u vertellen hoe erg ik dit vind. Hij was een gewaardeerde medewerker.'

'Zo gewaardeerd dat u hem ontsloeg.' Ze zei dat heel rustig, maar de bitterheid was duidelijk te horen.

'De ontslagen zijn moeilijk geweest voor ons allemaal. Zoveel waardevolle mensen die hun baan verloren.'

Ze zuchtte. Blijkbaar wilde ze er niet langer over praten. 'Mijn vaders hele wereld stortte in toen hij zijn baan verloor.'

Hij had zich mentaal voorbereid op woede, want daar werd hij vaak mee geconfronteerd als hij vroegere Stratton-personeelsleden tegenkwam, maar met deze reactie wist hij niet goed raad, deze reactie van een vrouw die haar vader begroef, hier op deze begraafplaats. 'Het was verschrikkelijk wat hij moest doormaken.' Hij zag dat de zwarte vrouw de woordenwisseling belangstellend volgde, al stond ze zo ver van hen vandaan dat ze misschien niet kon horen wat ze zeiden.

Stadlers dochter glimlachte zuur. 'Laat één ding duidelijk zijn, meneer Conover. Wat mij betreft, hebt u mijn vader vermoord.'

## 29

Leons oudste zuster, LaTonya, was een forsgebouwde vrouw met een dominante persoonlijkheid, iemand die haar mening nooit onder stoelen of banken stak, maar misschien moest je ook wel zo zijn als je zes kinderen groot te brengen had. Audrey vond het prettig om bij haar te zijn – ze was alles wat Audrey niet was, grof terwijl Audrey tactvol was, brutaal terwijl Audrey beleefd was, koppig terwijl Audrey meegaand was. Misschien ging het de laatste tijd niet zo goed tussen haar en Leon, maar dat had hun vriendschap niet geschaad. Hun zusterband was sterker. LaTonya had toch al niet veel respect voor haar jongere broer.

Audrey paste vrij vaak op de drie jongste Saunders-kinderen. Meestal genoot ze daarvan. Het waren leuke kinderen, een meisje van twaalf en twee jongens van negen en elf. Natuurlijk maakten ze misbruik van haar goede karakter en liepen ze over haar heen. Als zij er was, konden ze dingen doen die hun strenge moeder nooit zou accepteren. Maar daar waren tantes voor, dacht ze. Het ontging haar ook niet dat LaTonya zelf ook gebruik van Audrey maakte door haar veel vaker als oppas te vragen dan ze zou moeten doen, want LaTonya begreep iets wat nooit hardop werd uitgesproken: haar kinderen waren de enige kinderen die Audrey ooit zou hebben.

LaTonya kwam die avond een uur later thuis dan ze had gezegd. Ze volgde een motivatietraining in de Days Inn aan Winsted Avenue om te leren thuis een eigen bedrijf op te zetten. Haar man Paul was chef-monteur bij een GMC-dealer en werkte meestal laat door. Hij was nooit voor acht uur thuis. Audrey vond het eigenlijk niet erg. Ze had een lange dienst achter de rug, waarin ze ook naar de begrafenis van Andrew Stadler was geweest, en eerlijk gezegd was ze liever een paar uur bij haar nichtje en neefjes dan thuis bij Leon. En ze wilde ook liever niet aan die arme Cassie Stadler denken. Soms moest je er gewoon even tussenuit.

LaTonya sjouwde met een grote kartonnen doos vol witte plastic flessen. Haar gezicht, dat zo rond als een maan was, parelde van het zweet. 'Dit hier,' zei ze toen de hordeur achter haar dichtviel, 'zal ons uit de schulden helpen.'

'Wat is het?' vroeg Audrey. Camille oefende op de piano in het hobbykamertje en de twee jongens keken tv.

'Hé, wat krijgen we nou? Wat moet dat, verdomme?' schreeuwde LaTonya tegen haar zoons terwijl ze de doos op de keukentafel zette. 'Het kan me niet schelen dat jullie tante Audrey alles maar goed vindt. We hebben hier een regel voor tv-kijken. Zet dat kloteding af en ga aan jullie huiswerk. Nu meteen!'

'Maar Audrey zei dat het mocht!' protesteerde Thomas, de jongste zoon. Matthew, ervaren genoeg om te weten dat hij nooit met hun moeder in discussie moest gaan, ging vlug naar boven.

'Het kan me geen moer schelen wat Audrey zei. Jullie kennen de regels!' daverde ze. Ze keek Audrey aan en haar stem werd zachter. 'Het zijn dieetsupplementen. Over een jaar of twee heb ik Pauls salaris niet meer nodig. Niet dat dat veel voorstelt, overigens.'

'Dieetsupplementen?'

'Thermogenisch,' zei LaTonya. Het was duidelijk dat ze het woord net had geleerd. 'Het brandt het vet weg. Verstookt je metabolisme. Blokkeert ook koolhydraten. En het is allemaal natuurlijk.'

'*Sistah*, je moet oppassen met al die plannen om thuis geld te verdienen,' zei Audrey. Het was gek, maar als ze bij LaTonya was, praatte ze onwillekeurig zwart en in een ander ritme. Ze was zich er heel goed van bewust dat LaTonya haar verwaand vond.

'Oppassen?' riep LaTonya uit. 'We hebben het hier over de gezondheidsindustrie. Over vijf jaar gaat daar een biljoen dollar in om, en ik stap op de begane grond in de lift.' Ze maakte een nieuwe doos Ritz-crackers open en hield hem voor aan Audrey, die haar hoofd schudde. LaTonya scheurde het waspapier van een van de rollen crackers open en greep een handvol.

'LaTonya, kan ik je even spreken?'

'Mmmpf?' antwoordde LaTonya met haar mond vol cracker.

'De manier waarop je tegen je kinderen praat. De taal. Ik vind dat kinderen dat soort taal niet moeten horen, vooral niet van een ouder.'

LaTonya's ogen gingen wijd open van verontwaardiging. Ze zette haar handen in haar zij, kauwde, slikte, en zei toen: 'Audrey, meid, ik hou van je, maar het zijn míjn kinderen, weet je? Niet van jou. Van míj.'

'Evengoed,' zei Audrey. Ze had er spijt van dat ze iets had gezegd en wilde het terugnemen.

'Meid, die kleine rotzakken hebben respect voor krachttermen. Als jij kinderen had, zou je dat begrijpen.' LaTonya zag de gekwetste uitdrukking op Audreys gezicht. 'Het... Het spijt me. Ik bedoelde het niet zoals het eruit kwam.'

'Het geeft niet,' zei Audrey, en ze schudde even met haar hoofd. 'Ik had dat niet moeten zeggen.'

LaTonya hield een van de grote witte plastic flessen omhoog. 'Dit heb je nodig,' zei ze.

'Ik?'

'Voor die waardeloze nietsnut van een man van je. Mijn broer. Als hij dan toch op zijn luie reet zit, kan hij net zo goed wat van die thermogenische supplementen nemen. Vierentwintig vijfennegentig. Jij hebt er het geld voor. Weet je wat: ik geef je mijn korting. Zestien vijftig. Lager kan ik niet gaan.'

# 30

Audrey moest niet veel hebben van de directeur Beveiliging van de Stratton Corporation, een ex-politieman die Edward Rinaldi heette. Ten eerste was hij in het begin niet bereid met haar te praten, wat ze nogal vreemd vond. Per slot van rekening deed ze onderzoek naar de dood van een Stratton-personeelslid. Hoe drukbezet kon hij nou helemaal zijn? Toen ze hem door de telefoon had verteld wat ze wilde, had hij gezegd dat zijn agenda boordevol zat.

En dan was er zijn niet helemaal vlekkeloze reputatie. Ze deed altijd haar huiswerk, en voordat ze naar het Stratton-hoofdkantoor ging, belde ze met deze en gene. Ze ging ervan uit dat in elk geval de geüniformeerde politie haar iets over de beveiligingschef van het grootste bedrijf in de stad zou kunnen vertellen. Ze hoorde dat hij uit Fenwick zelf kwam en met Nicholas Conover, de president-directeur van Stratton, op de middelbare school had gezeten. Dat hij politieman in Grand Rapids was geweest. Zijn contacten met de politie van Fenwick waren beperkt gebleven tot aangiften van diefstal en vandalisme bij Stratton. 'Die kerel?' zei een ervaren agent, Vogel, tegen haar. 'Die zou het hier nooit hebben gered. We zouden hem eruit hebben getrapt.'

'Waarom?'

'Te eigengereid. Hij heeft zijn eigen regels, als je begrijpt wat ik bedoel.'

'Ik geloof niet dat ik het begrijp.'

'Ik wil geen geruchten verspreiden. Informeer maar in Grand Rapids.'

'Dat doe ik, maar je hebt zelf ook met hem te maken gehad?'

'Ja, hij zat ons op de huid toen er vandalisme gepleegd was in het huis van de president-directeur – alsof wij dat gedaan hadden, in plaats van een of andere gestoorde ontslagen werknemer.'

'Hij zat jullie op de huid?'

'Hij wilde de antecedenten van die werknemer hebben.'

'Wie?'

Vogel klonk verrast. 'Wat bedoel je? Die kerel natuurlijk. Die Stadler. Daarvoor belde je me toch?'

Plotseling was Edward Rinaldi veel interessanter geworden.

Toen ze naar Grand Rapids belde, kostte het haar nog meer moeite om iemand te vinden die met haar over Edward Rinaldi wilde praten. Uiteindelijk vertrouwde een inspecteur Pettigrew haar toe dat ze Rinaldi niet misten. 'Laat ik het zo stellen,' zei de inspecteur behoedzaam. ‘Hij leidde een vrij goed leven.’

‘Wat bedoelt u?’

‘Ik bedoel dat zijn inkomsten niet noodzakelijkerwijs beperkt bleven tot zijn salaris.’

‘Hebben we het over omkoping, inspecteur?’

‘Dat zou kunnen, maar dat bedoel ik niet. Ik zeg alleen dat niet alle drugs die in beslag genomen werden op de afdeling Bewaring terechtkwamen.’

‘Hij gebruikte?’

De inspecteur grinnikte. ‘Niet voor zover ik weet. Hij scheen zich veel meer te interesseren voor schoenendozen met geld. Maar hij is eruit gegooid zonder formeel onderzoek van Interne Zaken. Het zijn dus maar geruchten.’

Nu had ze nog meer belangstelling voor Rinaldi.

Maar ze hield vooral niet van Rinaldi’s houding – zijn ontwijkend gedrag, zijn schichtige ogen, de snelle en ongepaste grijnslachjes, de priemende blik. De man had iets vulgairs, iets onbetrouwbaars.

‘Waar is uw collega?’ vroeg hij toen ze een paar minuten hadden gepraat. ‘U werkt toch altijd met zijn tweeën?’

‘Vaak wel.’ Bugbee en hij zouden het prima met elkaar kunnen vinden, dacht ze. Ze waren uit hetzelfde hout gesneden.

‘U bent rechercheur Rhimes? Zoals die zangeres, LeAnn Rimes?’

‘Anders gespeld,’ zei ze. ‘Heeft Andrew Stadler vernielingen gepleegd in het huis van uw president-directeur, meneer Rinaldi?’ vroeg ze. Ze kwam meteen ter zake.

Rinaldi wendde te snel zijn ogen af. Hij keek naar het plafond alsof hij zijn hoofd pijnigde. Er kwamen diepe rimpels in zijn voorhoofd. ‘Ik heb geen idee, rechercheur.’

‘U wilde zijn antecedenten hebben, meneer Rinaldi. U moet een verdenking hebben gehad.’

Hij keek haar nu recht aan. ‘Ik lever graag grondig werk. Ik ga alle mogelijkheden na. Dat doet u waarschijnlijk ook.’

‘Het spijt me, maar ik begrijp het niet helemaal. Verdacht u meneer Stadler of niet?’

‘Luistert u eens, rechercheur. Er wordt vandalisme gepleegd in het huis van mijn baas, en wel op een walgelijke, gestoorde manier. Toen heb ik natuurlijk eerst de lijsten doorgenomen van de mensen die hier de zak hebben gekregen. Iemand die dreigementen had uitgesproken tijdens de outplacementbesprekingen. Dat soort dingen. Dan ontdek ik dat een van de kerels die zijn ontslagen een psychiatrisch verleden heeft. En dus kijk ik nog wat beter naar die man. Logisch toch?’

'Absoluut. En wat ontdekte u toen u wat beter naar hem keek?'

'Wat ik ontdekte?'

'Ja. Had hij dreigementen uitgesproken tijdens die outplacementbesprekingen?'

'Dat zou me niet verbazen. Mensen doen dat, weet u. In zulke tijden gaan mensen door het lint.'

'Niet volgens zijn baas in de modelwerkplaats, de man die het outplacementgesprek heeft gevoerd, samen met iemand van Personeelszaken. Hij zei dat Stadler ontslag nam, maar niet gewelddadig was.'

Rinaldi lachte smalend. 'Probeert u me in de val te lokken of zoiets, rechercheur? Vergeet het maar. Ik zeg u dat die kerel vaste klant was in het gekkenhuis.'

'Er is schizofrenie bij hem vastgesteld. Klopt dat?'

'Wat wilt u van mij? Wilt u weten of die Stadler de gestoorde klootzak was die naar het huis van mijn baas ging en zijn hond doodmaakte? Dat zou ik echt niet weten.'

'Hebt u met hem gepraat?'

Rinaldi wuifde met zijn hand. 'Nee.'

'Hebt u de politie gevraagd onderzoek naar hem te doen?'

'Waarom? Waarom zou ik die arme kerel in moeilijkheden brengen?'

'U zei net dat het u niet zou verbazen als hij dreigementen had uitgesproken tijdens zijn outplacementgesprek.'

Rinaldi draaide zijn dure stoel rond en keek met half dichtgeknepen ogen naar zijn computerscherm. 'Wie heeft tegenwoordig de leiding van Ernstige Delicten? Is dat Noyce?'

'Ja, brigadier Noyce.'

'Doet u hem de groeten van me. Sympathieke kerel. Goede politieman.'

'Dat zal ik doen.' Dreigde hij aan touwtjes te trekken? Dat zou hem niet lukken, dacht ze. Brigadier Noyce kende hem nauwelijks. Ze had haar baas naar Rinaldi gevraagd. 'Maar om op mijn vraag terug te komen, meneer Rinaldi – u hebt nooit met Stadler gepraat en hem nooit aangewezen als degene die misschien dat vandalisme had gepleegd in meneer Conovers huis?'

Rinaldi schudde weer zijn hoofd en keek toen peinzend. 'Ik had geen reden om te denken dat hij het was,' zei hij op redelijke toon.

'Dus het is niet duidelijk geworden wat er in het huis van meneer Conover is gebeurd.'

'Zo is het. De politie van Fenwick schijnt niet veel hoop te hebben dat de zaak wordt opgelost.'

'Hebt u Andrew Stadler ooit ontmoet of met hem gepraat?'
'Nee.'
'En meneer Conover? Heeft hij Stadler ooit ontmoet of met hem gepraat?'
'Ik betwijfel het. De president-directeur van zo'n grote onderneming komt met de meeste werknemers niet in contact, behalve misschien met een hele groep tegelijk.'
'Dan was het erg sympathiek van hem dat hij naar meneer Stadlers begrafenis ging.'
'Is hij daar geweest? Nou, dat lijkt me echt iets voor Nick.'
'Hoezo?'
'Hij leeft erg met zijn werknemers mee. Waarschijnlijk gaat hij naar alle begrafenissen van Stratton-medewerkers. In zo'n stad als deze is hij een bekende persoonlijkheid, weet u. Het hoort bij zijn baan.'
'O.' Ze dacht even na. 'Maar u moet namen aan meneer Conover hebben voorgelegd, namen van ontslagen werknemers, om na te gaan of een van die namen hem bekend voorkwam.'
'Ik val hem meestal niet met zulke dingen lastig, rechercheur. Tenzij ik duidelijke aanwijzingen heb. Ik laat hem zijn werk doen en ik doe het mijne. Nee, ik wou dat ik u kon helpen. De man heeft, hoelang, vijfendertig jaar voor Stratton gewerkt. Ik vind het verschrikkelijk om een trouwe werknemer op die manier aan zijn eind te zien komen.'

## 31

'Yo,' zei Scott. Hij kwam achter Marges kant van de scheidingswand vandaan, naast Nicks bureau. 'Op zoek naar opwindend leesvoer? Het verslag voor de raad van bestuur is klaar.'
Nick keek op van zijn scherm, een korzelige e-mailwisseling met zijn juridisch adviseur, Stephanie Alstrom, over een ergerlijk en eindeloos gevecht met de milieuautoriteiten. Het ging om het vrijkomen van bepaalde vluchtige organische stoffen uit een kleefstof die was verwerkt in een stoelmodel van Stratton waarvan hij de productie toch al had stopgezet.
'Fictie of non-fictie?' vroeg hij.
'Non-fictie, jammer genoeg. Sorry dat het op het laatste moment komt, maar ik moest alle cijfers opnieuw berekenen zoals jij het wilde.'

'Sorry dat ik zo onredelijk was,' zei Nick sarcastisch. 'Maar ik ben degene die op de schopstoel zit.'

'Muldaur en Eilers komen vanmiddag in het Grand Fenwick aan,' zei Scott, 'en ik heb tegen ze gezegd dat ik de rapporten daar voor het diner van vanavond heen breng, dan kunnen ze ze bekijken. Je kent die kerels – zodra ze jou zien, komen ze met vragen. Ik hoop dat je daarop voorbereid bent.'

Op de avond voor de kwartaalbespreking dineerde de raad van bestuur altijd in de stad. Dorothy Devries, dochter van de oprichter en het enige lid van de familie Devries in de raad, nodigde hen meestal uit in de Fenwick Country Club, die min of meer haar eigendom was. Dat was altijd een stijve, formele aangelegenheid waarop niet openlijk over zaken werd gesproken.

'Nou, Scott, ik moet vanavond verstek laten gaan.' Hij stond op. Hij voelde zich helemaal rauw vanbinnen en zijn hoofdpijn was inmiddels in alle hevigheid komen opzetten.

'Je... Dat meen je niet.'

'Vanavond voert de vierde klas het jaarlijkse toneelstuk op. Ze doen *De tovenaar van Oz* en Julia heeft een belangrijke rol. Ik moet daar echt bij zijn.'

'Zeg dat je een geintje maakt, Nick. *Het toneelstuk van de vierde klas?*'

'Ik heb vorig jaar haar toneelstuk gemist, en ik heb de tentoonstelling van tekeningen gemist en zo ongeveer alles wat er op school wordt georganiseerd. Ik kan deze echt keer niet wegblijven.'

'Kun je niet iemand een videoband laten maken?'

'Een videoband? Wat voor een vader ben jij?'

'Een vader die er nooit is, en daar ben ik trots op. Mijn kinderen hebben des te meer respect voor me omdat ik nooit beschikbaar ben.'

'Nu misschien. Wacht maar tot ze in therapie gaan. Hoe dan ook, je weet net zo goed als ik dat er op die diners nooit echt zaken wordt gedaan.'

'Het heet *sjmoezen*. Een Jiddisch woord. Het betekent: je baan redden.'

'Gaan ze me ontslaan omdat ik niet met ze heb gedineerd? Als ze dat doen, Scott, waren ze toch alleen maar op zoek naar een excuus.'

Scott schudde zijn hoofd. 'Goed,' zei hij, en hij sloeg zijn ogen neer. 'Jij bent de baas. Maar als je het mij vraagt...'

'Dank je, Scott. Maar ik vroeg het je niet.'

# 32

Audrey zat aan haar bureau en keek naar haar rijtje foto's. Toen belde ze naar het forensisch lab van de Michigan State Police in Grand Rapids.

De vorige dag had ze de rit van bijna twee uur naar Grand Rapids gemaakt en de kogels in hun bruine papieren envelopjes aan een forensisch laborant gegeven die amper oud genoeg leek om zich te moeten scheren. De laborant, Halverson, was erg beleefd en zakelijk geweest. Hij vroeg haar of er patroonhulzen waren, alsof ze die misschien had vergeten. Ze vertelde hem dat ze die niet hadden gevonden en verontschuldigde zich zowaar tegenover die jongen. Ze vroeg hoe lang het zou duren, en hij zei dat ze enorm veel werk hadden en onderbemand waren. Ze hadden een achterstand van drie of vier maanden. Gelukkig kende brigadier Noyce een van de Ramp Rangers, zoals ze de snelwegpolitie van Michigan noemden, en toen ze hem daarop had gewezen – heel subtiel, tactvol – had Halverson gezegd dat hij zou proberen er meteen aan te werken.

Door de telefoon klonk Halverson nog jonger. Hij herinnerde zich haar naam niet, maar toen ze het labnummer voorlas, tikte hij het op de computer in.

'Ja, rechercheur,' zei hij aarzelend. 'Eh, nou, eens kijken. Ja. Het zijn 9mm's, koperen mantel, zoals u zei. Blijkbaar spiraal linksom, zes ribbels. Goh, en jullie hebben geen hulzen gevonden?'

'Het lichaam was gedumpt. Zoals ik al zei: jammer genoeg niet.'

'Als jullie een huls hadden, zouden we veel meer kunnen ontdekken,' zei hij. Hij sprak alsof ze de patroonhulzen achterhield en alleen nog moest worden overgehaald om ze te overhandigen. 'Op de hulzen blijven meestal veel meer sporen achter dan op de kogels.'

'Niets aan te doen,' zei ze. Ze wachtte geduldig terwijl hij de metingen en gegevens van zijn microscopisch onderzoek oplas. 'Dus, eh, op grond van de veld- en groefbreedten produceert de GRC-database zo'n twintig verschillende modellen die het wapen in kwestie kunnen zijn geweest.' Hij bedoelde, herinnerde ze zich, de General Rifling Characteristics-database, die ongeveer elk jaar door de FBI op een cd werd gezet.

'Twintig,' zei ze teleurgesteld. 'Dat maakt het aantal niet veel kleiner.'

'Vooral Colts en Davis Industries. Veel straatwapens zien er zo uit. Ik denk dat u op zoek bent naar een Colt 9mm, een Davis 9mm of een Smith & Wesson.'

'U kunt het aantal mogelijkheden niet verder verkleinen? Bijvoorbeeld de munitie?'

'Ja, dit zijn kogels met een koperen mantel en een holle punt. Het zouden Remington Golden Sabers kunnen zijn, maar daar moet u me niet op vastpinnen. Dat is problematisch.'

'Goed.'

'En ook... Nou, waarschijnlijk zou ik dit niet moeten zeggen.'

'Ja?'

'Nou, dit is maar een persoonlijke opmerking. De veldbreedte ligt tussen de 0,64 en 1,37 millimeter. De groeven zijn tussen de 3,15 en 3,25 millimeter. Dat is dus tamelijk strak. Daar leid ik uit af dat het een vrij goed wapen was, niet een of ander amateurdingetje. Misschien is het de Smith & Wesson, want dat is een goede fabrikant.'

'Over hoeveel Smith & Wesson-modellen hebben we het dan?'

'Nou, Smith & Wesson maakt geen 9mm's meer. De enige die ze ooit hebben gemaakt, was de baby Sigma.'

'Baby Sigma? Is dat de naam van het model?'

'Nee. Ik bedoel, u weet wel, ze hebben een productlijn die de Sigma heet, en een paar jaar lang – van het midden tot het eind van de jaren negentig – was de kleinste Sigma een 9mm zakpistool dat soms de "baby Sigma" werd genoemd.'

Ze noteerde: 'S&W Sigma 9mm.'

'Goed,' zei ze. 'Dus we zoeken een Smith & Wesson Sigma 9mm.'

'Nee, dat heb ik niet gezegd. We kunnen de andere mogelijkheden niet elimineren.'

'Natuurlijk, meneer Halverson.' De staatspolitie was altijd erg voorzichtig met wat ze tegen je zeiden, want ze wisten dat alles stand moest houden voor de rechter. Alles moest zorgvuldig gedocumenteerd worden en het mocht nooit een kwestie van gissen zijn. 'Wanneer denkt u dat u meer weet?'

'Nou, als onze IBIS-laborant ermee bezig is geweest.'

Ze wilde niet vragen hoe lang dat zou duren. 'Nou, als u er een beetje vaart achter kunt zetten, zouden we dat erg op prijs stellen.'

## 33

De gloednieuwe gehoorzaal van de Fenwick Elementary School deed niet onder voor veel theaterzalen van universiteiten: pluchen stoelen, geweldige akoestiek, professioneel geluids- en belichtingssysteem. Het heette het Devries Theater en het was een geschenk van Dorothy Stratton Devries, ter ere van wijlen haar echtgenoot.

Toen Nick op de Fenwick Elementary zat, was er helemaal geen gehoorzaal geweest. Bijeenkomsten werden in de gymzaal gehouden, en alle kinderen zaten dan op de splinterige houten banken. Nu leek het wel of de vierdeklassers hun jaarlijkse toneelstuk in een Broadway-theater opvoerden.

Nick keek om zich heen en was blij dat hij was gekomen. Alle ouders waren er, en ook grootouders. Zelfs ouders die bijna nooit naar gebeurtenissen op school kwamen, zoals Emily Renfro's vader Jim, die plastisch chirurg was. Jacqueline Renfro was klassenmoeder of zoiets, maar haar man had het meestal te druk met het verrichten van facelifts of het neuken van zijn receptioniste. Sommige ouders hadden videocamera's en stonden al klaar om de productie vast te leggen, al zou niemand later ooit nog naar de beelden kijken.

Zoals altijd was hij laat. Tegenwoordig kwam hij overal laat aan. Marta had Julia een uur geleden afgezet, zodat zij en de andere vierdeklassers hun met de hand gemaakte kostuums konden aantrekken, kostuums waaraan ze al maanden op school hadden gewerkt. Julia was opgewonden, want ze mocht de Boze Heks van het Westen spelen – haar eigen keuze, een rol waarvoor ze auditie had gedaan en waarom ze had gesmeekt. Ze had geen auditie gedaan voor Dorothy, de rol die alle andere meisjes wilden spelen. Nicks kleine robbedoes had geen zin om een braaf typetje met een gevlochten pruik en een katoenen jurk te spelen. Ze wist dat de heks de show stal. Dat waardeerde hij in haar.

Ze verwachtte niet dat hij er zou zijn. Hij had al een paar keer tegen haar gezegd dat hij naar een diner voor zijn werk moest en dat hij daar niet onderuit kon. Ze was teleurgesteld geweest, maar had zich erbij neergelegd. Daarom was ze des te blijer toen ze haar papa in de zaal zag. In werkelijkheid beschouwde Nick het uitzitten van het schooltoneelstuk natuurlijk als een van die vervelende ouderlijke plichten waar je nu eenmaal aan vastzat, zoals het verschonen van poepluiers, een bezoek aan *The Lion King On Ice* (eigenlijk alles On Ice), of kijken naar de Teletubbies en niet laten blijken wat een lullige types dat waren.

Het achterste gedeelte van de zaal was afgezet, en aan de voorkant waren er niet veel plaatsen meer over. Hij keek om zich heen, zag hier en daar een paar plaatsen, een zee van afgewende blikken en een paar onvriendelijke gezichten. Misschien werd hij een beetje paranoïde. Het schuldgevoel brandde op zijn gezicht. Hij was ervan overtuigd dat mensen alleen maar naar hem hoefden te kijken om te weten wat hij had gedaan.

Maar dat was het natuurlijk niet. Ze hadden om andere redenen een hekel aan hem: omdat hij Nick de Beul was, omdat hij een plaatselijke held was geweest en zich tegen hen had gekeerd. Hij zag de Renfro's, zag hun ijzige blikken voordat ze zich afwendden. Ten slotte zag hij één vriendelijk gezicht, iemand die hij uit zijn middelbareschooltijd kende en wiens zoon bij Julia in de klas zat.

'Hé, Bobby,' zei hij, en hij ging op de plaats zitten die Bob Casey had vrijgemaakt door zijn jasje te verplaatsen. Casey, een kale man met een rood gezicht en een enorme bierbuik, was effectenmakelaar en had al meermalen geprobeerd Nick voor zaken te interesseren. Hij was een grappenmaker die sinds zijn schooltijd geen andere wapenfeiten op zijn naam had gebracht dan dat hij lange stukken dialoog uit *Monty Python*, de *National Lampoon* of *Airplane*-films uit zijn hoofd kon opzeggen.

'Nick!' zei Casey hartelijk. 'De grote avond, hè?'

'Nou en of. Hoe gaat het met Gracie?'

'Goed. Goed.'

Er volgde een lange, onbehaaglijke stilte. Toen zei Bob Casey: 'Ooit zoiets als deze zaal gezien? Zoiets hadden wij niet.'

'We mochten blij zijn als we de gymzaal mochten gebruiken.'

'Luxe!' zei Casey met zijn Monty Python-stem. 'Luxe! Wij moesten elke ochtend vijftig kilometer door een sneeuwstorm naar school lopen – de helling op, in beide richtingen. En we vonden het geweldig!'

Nick glimlachte. Hij vond het wel grappig, maar kon niet lachen.

Casey merkte dat Nick mat reageerde en zei: 'Nou, jij hebt een zwaar jaar achter de rug, hè?'

'Niet zo zwaar als veel mensen hier.'

'Kom nou, Nick. Je hebt je vrouw verloren.'

'Ja, nou...'

'Hoe gaat het met het huis?'

'Bijna klaar.'

'Het is al een jaar bijna klaar, hè?' grapte hij. 'Gaat het goed met de kinderen? Met Julia blijkbaar wel.'

'Ze is geweldig.'

'Ik hoorde dat Luke het moeilijk heeft.'

Nick vroeg zich af hoeveel Bob Casey van Lukes moeilijkheden wist – waarschijnlijk meer dan Nick zelf. 'Ach, je kent dat wel. Hij is zestien.'

'Moeilijke leeftijd. En hij heeft maar één ouder.'

Het stuk was wat je van een vierdeklasstuk kon verwachten – een

Stad van Smaragd die ze helemaal zelf geschilderd hadden, een pratende appelboom van beschilderd golfkarton. De muziekleraar die slordig op de digitale Yamaha-piano speelde. Julia, de Heks, vergat steeds haar tekst en verstijfde dan. Je kon de ouders in het publiek de tekst bijna horen voorzeggen – 'Papavers!' en: 'Ik krijg je nog wel, mijn schoonheid!'

Toen het voorbij was, deed Jacqueline Renfro veel moeite om Nick op te zoeken en te zeggen: 'Arme Julia.' Ze schudde haar hoofd. 'Het kan niet makkelijk voor haar zijn.'

Nick fronste zijn voorhoofd.

'Nou ja, met maar één ouder, en je bent er bijna nooit.'

'Ik ben er zoveel als ik kan,' antwoordde hij.

Jacqueline haalde haar schouders op. Ze had haar zegje gedaan en liep door. Maar haar man, Jim, kwam achter haar aan. Hij droeg een bruin tweedjasje en een blauw button-downoverhemd en zag er nog steeds als een Princeton-student uit. Hij wees met zijn vinger naar Nick en knipoogde. 'Ik zou niet weten hoe ik me zonder Jackie moest redden,' zei hij op vertrouwelijke toon. 'Ik weet niet hoe jij je redt. Maar ja, Julia is een geweldige meid – je mag je erg gelukkig prijzen.'

'Dank je.'

Jim Renfro glimlachte te enthousiast. 'Maar ja, weet je wat het met gezinnen is? Als ze te groot worden, kun je ze niet kleiner maken.' Een opgewekte, zelfgenoegzame knipoog. 'Heb ik gelijk of niet?'

Er kwamen allerlei reacties bij Nick op – te veel. Geen van alle was geweldloos. Hij had het vreemde gevoel dat er een deksel omhoogkwam, dat de bloedkleppen opensprongen.

Op dat moment kwam Julia naar hem toe rennen. Ze had haar zwarte kartonnen punthoed en haar groene schmink nog op. 'Je bent gekomen!' zei ze.

Hij sloeg zijn armen om haar heen. 'Dit wou ik niet missen.'

'Hoe was ik?' vroeg ze. Er klonk geen enkele bezorgdheid in haar stem door, geen enkel besef dat ze het had verknoeid. Ze zwol van trots. Hij was gek op dat kleine meisje.

'Je was geweldig,' zei hij.

# 34

Toen Nick in de auto zat en op weg naar huis was, liet zijn mobieltje een vreemd gesynthetiseerde, symfonische fanfare horen – hij was er nooit aan toegekomen een ander deuntje in te stellen.

Hij keek naar de nummerherkenning en zag dat het Eddie Rinaldi was. Hij nam op, want hij wilde niet dat Julia via de speakers hoorde wat Eddie te zeggen had. Ze zat op de achterbank van de Suburban, in het duister gebogen over het programma van *De tovenaar van Oz*. Ze had nog steeds die groene schmink van zinkoxide op, en Nick voorzag al grote problemen voor bedtijd, als hij zou eisen dat ze het spul van haar gezicht waste.

'Hé, Eddie,' zei hij.

'Daar ben je dan. Had je je telefoon uit?'

'Ik was bij Julia's schooltoneelstuk.'

'Goed,' zei hij. Eddie, die geen kinderen had en ook geen plannen had om ze te krijgen, en zich er evenmin voor interesseerde, vroeg nooit naar zijn kinderen als het niet absoluut noodzakelijk was. 'Ik dacht erover om even langs te komen.'

'Kan het niet wachten?'

Een korte stilte. 'Ik denk van niet. We moeten praten. Het duurt misschien maar vijf minuten.'

'Is er een probleem?' Nick was plotseling gespannen.

'Nee, nee. Geen probleem. Maar we moeten even praten.'

Eddie ging languit in de luie stoel in Nicks studeerkamer zitten, zijn benen wijd alsof het zijn eigen huis was.

'Er is een rechercheur van Ernstige Delicten met me komen praten,' zei hij terloops.

Nick voelde dat zijn ingewanden koud werden. Hij boog zich op zijn bureaustoel naar voren. Daar zat hij dan, een paar meter verwijderd van de plaats waar het gebeurd was. 'Hè?' zei hij.

Eddie haalde zijn schouders op, alsof het niets voorstelde. 'Standaardprocedure. Routine.'

'Routine?'

'Ze werkt alles af. Dat moet ze wel. Het zou slordig zijn als ze het niet deed.'

'Het is een vrouw.' Nick dacht even aan die bijzonderheid en ging daarmee de hoofdzaak uit de weg: *zat er nu al een rechercheur van Ernstige Delicten op de zaak?*

'Een zwarte dame.' Eddie had het nog veel grover kunnen zeggen. Zijn racisme was voor niemand een geheim, maar misschien had hij in de loop van de jaren geleerd dat het niet maatschappelijk aanvaardbaar was, zelfs niet bij zijn oude maten. Of misschien wilde hij Nick op dat moment niet tegen zich in het harnas jagen.

'Ik wist niet dat de politie van Fenwick die had.'

'Ik ook niet.'

Er volgde een lange stilte waarin Nick de klok kon horen tikken. Het was een zilveren klok met de inscriptie FENWICK BURGER VAN HET JAAR. Die klok was hem drie jaar geleden toegekend. Toen alles nog geweldig ging. 'Wat wilde ze?'

'Wat denk je? Ze vroeg naar Stadler.'

'Wat vroeg ze over hem?'

'Je weet wel. Wat je zou verwachten. Of hij bedreigingen had uitgesproken, dat soort dingen.'

Eddie draaide eromheen, en dat stond Nick helemaal niet aan. Er zat iets niet goed. 'Waarom praatte ze met jou?'

'Hé, man, ik ga over de beveiliging, weet je nog wel?'

'Nee. Ze moet een specifieke reden hebben gehad om met jou te gaan praten. Wat laat je weg, Eddie?'

'Laat ik iets weg? Ik laat niets weg, jongen. Luister nou. Ze wist dat ik bij de politie naar Stadler had geïnformeerd.'

Dus dat was het. Door achtergrondonderzoek naar Stadler te doen had hij in feite zichzelf aan de politie verraden. 'Shit.'

'Kom nou. Ik heb nooit met de man zelf gepraat.'

'Nee,' zei Nick, met zijn hand onder zijn kin. 'Je belt naar de politie, vraagt naar een ontslagen personeelslid dat de hond van je baas heeft afgeslacht, en een paar dagen later wordt die man dood gevonden. Dat ziet er niet goed uit.'

Eddie schudde zijn hoofd en rolde minachtend met zijn ogen. 'Alsof het iets van de maffia is of zo? Maak het nou even. De man gaat door het lint, doet zieke dingen – dan is het alleen maar een kwestie van tijd voordat je ruzie krijgt met de verkeerde.'

'Ja.'

'In het hondenhok, ach, kom nou. Ze hebben niets wat mij – of jou – met Stadler in verband brengt.'

'Waar vroeg ze dan naar?'

'Ach, ze wilde weten of jij ooit met Stadler had gepraat, of je contact met die man had gehad. Ik heb tegen haar gezegd dat je waarschijnlijk niet eens wist wie hij was. Dat klopt ook wel zo ongeveer.'

Nick ademde langzaam in en hield de lucht binnen om zichzelf tot rust te brengen. 'En als dat nu eens zo was? Wat veronderstelt ze? Dat ik achter die kerel aan ben gegaan? Dat ik hem heb vermoord?' Nick hoorde de gekwetste toon in zijn eigen stem, alsof hij zelf begon te geloven dat hij onschuldig was.

'Nee, ze zocht alleen naar kruimels. Maar maak je geen zorgen; ik heb haar goed aangepakt. Geloof me, toen ze wegging, wist ze dat het een dood spoor was.'

'Hoe weet jij dat?'
'Kom nou, ik kan dat merken. Even serieus, Nick. De president-directeur van Stratton die een van zijn eigen personeelsleden vermoordt? Nee toch? Dat gelooft niemand.'
Nick zweeg een hele tijd. 'Ik hoop het.'
'Ik wilde je alleen maar even op de hoogte stellen. Voor het geval ze met jou komt praten.'
Nick borst trok zich samen. 'Zei ze dat ze dat ging doen?' zei hij.
'Nee, maar misschien doet ze dat. Het zou me niet verbazen.'
'Ik had die naam nog nooit gehoord,' zei Nick. 'Ja? Of heb jij haar iets anders verteld?'
'Precies. Ik zei tegen haar dat je het druk hebt, dat ik mijn werk doe, dat jij er niet bij betrokken bent.'
'Goed.'
'Dus je dacht dat een van je ontslagen personeelsleden misschien gek was geworden en je hond had doodgemaakt. Maar je belde de politie en dacht dat die het wel zou afhandelen. Je had geen flauw idee wie het kon zijn geweest.'
'Precies.'
'De man die dood is gevonden, kan dezelfde zijn geweest, of niet, daar heb jij geen idee van. Zoiets.'
Nick knikte. Hij repeteerde het antwoord in zijn hoofd, keerde het om en om, porde tegen de zachte plekken. 'Er is niets wat mij met die zaak in verband brengt?' zei hij na enkele ogenblikken.
Een lange stilte. Eddie antwoordde met een soort smeulende verontwaardiging. 'Ik heb mijn werk gedaan, Nick. Dat begrijp je toch?'
'Natuurlijk. Maar ik vraag je nu om als een rechercheur te denken. Een rechercheur die een moord onderzoekt.'
'Zo denk ik, man. Als een rechercheur.'
'Geen vingerafdrukken, niets van dien aard, op het... lichaam? Vezels, DNA, weet ik veel?'
'Nick, ik heb je al gezegd dat we daar niet over gaan praten.'
'Nu wel. Ik wil het weten.'
'Het lichaam was clean, Nick,' zei Eddie. 'Ja? Helemaal clean. Zo clean als ik het kon krijgen in de tijd die we hadden.'
'En het wapen?'
'Wat is daarmee?'
'Wat heb je ermee gedaan? Je hebt het toch niet nog steeds?'
'Dacht je dat ik achterlijk was? Kom nou.'
'Waar is het dan?'
Eddie blies lucht uit. Het klonk als 'pah'. 'Op de bodem van de rivier, als je het echt wilt weten.' Zoals veel steden in Michigan lag

Fenwick aan een van de vele waterwegen die naar Lake Michigan leidden.

'De patroonhulzen ook?'

'Ja.'

'En als het toch wordt gevonden?'

'Besef je wel hoe onwaarschijnlijk dat is?'

'Ik zei...'

'Zelfs als ze het vinden, brengen ze het niet met mij in verband.'

'Waarom niet? Het is toch jouw pistool?'

'Het is een weggooiertje, Nick!'

'Een wat?'

'Een wapen dat iemand heeft gedumpt. Ik heb het opgeraapt op een plaats delict in Grand Rapids. Het zal van een crackdealer geweest zijn, en die kan het overal vandaan hebben. In elk geval zijn er geen gegevens van. Geen papieren, geen vergunning, niets. Het is clean.'

Nick had gehoord van politiemensen die wapens inpikten die ze op plaatsen van misdrijven aantroffen, maar hij wist dat je dat niet mocht doen en het zat hem niet lekker dat Eddie het nu toegaf. Als hij dat deed, wat deed hij dan nog meer?

'Dat weet je zeker,' zei Nick.

'Helemaal zeker.'

'En de bewakingscamera's?'

Eddie knikte. 'Hé, ik ben een professional, weet je nog wel? Daar heb ik ook voor gezorgd.'

'Hoe?'

'Waarom wil je dat weten?'

'Ik moet het weten. Mijn eigen bewakingscamera's hebben geregistreerd dat ik die kerel doodschoot.'

Eddie deed zijn ogen dicht en schudde geërgerd met zijn hoofd. 'Ik heb de harde schijf van de digitale videorecorder opnieuw geformatteerd. Die nacht is weg. Nooit gebeurd. Het systeem begon de volgende dag opnamen te maken. Dat is toch geloofwaardig? We hadden het de vorige dag pas geïnstalleerd.'

'Geen spoor?'

'Niets. Hé, maak je nou geen zorgen. Als die vrouw met jou komt praten, werk je mee en vertel je haar alles wat je weet, en dat is nul komma nul, hè?' Eddie liet een droog lachje horen.

'Ja. Weet ik dat ze met jou heeft gepraat?'

Eddie haalde zijn schouders op. 'Moet je zelf weten. Laten we zeggen dat ik er nog niet aan toegekomen ben. Jij hebt er toch niets mee te maken?'

'Precies.'

Eddie stond op. 'Maak je nou maar niet druk. Ga slapen. Je ziet er beroerd uit.'

'Dank je.' Nick stond op om Eddie uit te laten, maar dacht toen aan iets. 'Eddie,' zei hij. 'Die nacht. Je zei dat het jouw pistool was, dat het jou met alles in verband bracht, nietwaar? Daarom had ik geen keus.'

Eddie keek hem met doffe ogen aan. 'Ja?'

'Nu zeg je dat de herkomst van het pistool niet na te gaan is. Dat het helemaal niet met jou in verband staat. Dat snap ik niet.'

Een lange stilte.

'Ik kan geen risico's nemen, Nicky,' zei Eddie ten slotte. 'Je moet nooit risico's nemen.'

Nick leidde Eddie zijn studeerkamer uit en hoorde voetstappen op de trap. Hij zag een been in spijkerbroek, een gymschoen, de trap op verdwijnen.

Lucas.

Kwam hij net thuis? Kon hij hun gesprek hebben gehoord? Nee, dan had hij voor de deur van de studeerkamer moeten staan luisteren. Lucas deed dat niet, vooral niet omdat het hem helemaal niet interesseerde wat zijn vader deed.

Maar evengoed.

Nick vroeg het zich af. Weer een zorg erbij.

## 35

Toen Nick de volgende morgen naar zijn werk reed, had hij een rothumeur. Het nieuws dat een rechercheur die de moord onderzocht vragen stelde in het bedrijf, was hem op een gespannen, slapeloze nacht komen te staan. Hij had liggen woelen in het grote bed en was meermalen opgestaan, geobsedeerd door die noodlottige nacht.

Wat Er Die Nacht Gebeurde – in die termen dacht hij er nu over. De herinnering was versmald tot een aantal caleidoscopische beelden: Stadlers grijnzende gezicht, de pistoolschoten, het lichaam dat op de grond lag, Eddies gezicht, het wegdragen van het lichaam in zwarte afvalzakken.

Hij was door zijn slaaptabletten heen, en dat was maar goed ook, dacht hij, want hij was hard op weg verslaafd te raken. Hij probeerde aan zijn werk te denken; alles was beter dan die nacht. Maar dat betekende alleen maar dat hij aan de vergadering van de raad van bestuur van die ochtend dacht. Hij zag altijd al tegen bestuursvergaderingen op, maar deze keer wist hij dat hij van alles over zich heen zou krijgen.

Op weg naar zijn werk stond hij naast een glanzende zilverkleurige Mercedes s-klasse voor een rood verkeerslicht. Hij keek bewonderend opzij en zag Ken Coleman, de verkoopdirecteur van Stratton, achter het stuur zitten. Nick liet het raam aan de passagierskant zakken en tikte op zijn claxon tot hij Colemans aandacht had. Toen Coleman – eenenveertig, minstens dertig kilo te zwaar, slecht toupetje – zijn raam ook omlaag liet gaan, begon hij te stralen.

"Hé, Nick! Wat zie jij er piekfijn uit.'

'Bestuursvergadering. Nieuwe auto, Kenny?'

Colemans grijns werd nog breder. 'Gisteren gekregen. Vind je hem mooi?'

'Hij moet wel honderdduizend kosten.'

Coleman, altijd hyper, knikte snel, op en neer en op en neer als een pop met een slappe hals. 'Meer dan dat. Alles erop en eraan. Bijvoorbeeld een AMG-sportpakket, en, hé, stuurverwarming!' De hoogste verkoper van Stratton verdiende meer dan Nick. Nick vond dat niet erg; iemand moest het karakterbedervende werk doen dat zij deden.

Het licht sprong op groen, maar Nick kwam niet in beweging. 'Gekocht of geleased?' vroeg hij.

'Geleased. Dat doe ik altijd, weet je.'

'Goed. Want hij gaat terug naar de dealer.'

Coleman hield zijn bungelende hoofd schuin, een beweging als van een terriër, bijna komisch. 'Wat?'

Achter hem claxonneerde iemand. Nick negeerde dat. 'We hebben vijfduizend mensen ontslagen, Ken. Het halve bedrijf. Om kosten te besparen, om Stratton te redden. We hebben zowat de hele stad weggevaagd. En dus wil ik niet dat iemand uit mijn directieteam in een patserige Mercedes van honderdduizend dollar rondrijdt. Begrepen?'

Coleman keek hem ongelovig aan.

Nick ging verder: 'Je gaat aan het eind van de dag naar de dealer terug en zegt dat je een Subaru wilt, of weet ik veel. Maar ik wil je niet meer achter dat verwarmde stuur zien zitten. Begrepen?'

Nick gaf gas en reed weg.

De vijf leden van de raad van bestuur van Stratton Corporation en hun gasten zaten in het voorvertrek van de bestuurskamer. Er werd koffie geschonken uit vacuümkannen, en niet de industriële koffie uit de personeelskantine. Dit was koffie van Sulawesi Peaberry-bonen, versgemalen door Town Grounds, waar je de beste koffie van Fenwick kon krijgen. Todd Muldaur had op de eerste bestuursvergadering na de overname over de koffie geklaagd en de spot gedreven met de automaat. Nick had gevonden dat Todd zich belachelijk gedroeg, maar hij had toch voor andere koffie gezorgd. En verder waren er koude flesjes Evian-water, schijfjes meloen, frambozen en aardbeien en luxe pasteitjes, aangevoerd uit een befaamde bakkerij in Ann Arbor.

Todd Muldaur, die weer een van zijn dure pakken droeg, was bijna klaar met het vertellen van een grap toen Nick binnenkwam. Hij sprak met Scott, Davis Eilers, de andere man van Fairfield Partners, en iemand die Nick nooit eerder had gezien. 'Ik zei tegen hem, als je Fenwick goed wilt bekijken, moet je dat via je achteruitkijkspiegel doen,' zei Todd. Eilers en de andere man lachten uitbundig. Scott, die Nick had zien binnenkomen, beperkte zich tot een beleefd glimlachje.

Davis Eilers was de andere Fairfield-vennoot die zich met Stratton bezighield, een man met veel operationele ervaring. Net als Todd en Scott had hij een tijd voor McKinsey gewerkt, alleen had hij *football* gespeeld voor Dartmouth, niet voor Yale. Daarna had hij de leiding van een aantal ondernemingen gehad, als een soort ingehuurde president-directeur.

Todd draaide zich om en zag Nick. 'Daar is hij.' Hij hield zijn kopje naar Nick omhoog. 'Uitstekende koffie!' zei hij uitbundig en met een knipoog. 'Jammer dat je er gisteravond niet was. Druk met het vaderschap, hè?'

Nick gaf Todd een hand, en daarna Scott en Eilers. 'Ja, daar kon ik niet onderuit. Het schooltoneelstuk van mijn dochter, weet je, en omdat...'

'Hé, jij weet wat prioriteit heeft,' zei Todd met veel te veel oprechtheid. 'Daar heb ik respect voor.'

Nick wilde de kop hete Sulawesi Peaberry in het gezicht van die kerel smijten, maar hij keek alleen maar recht in Todds al te blauwe ogen en glimlachte waarderend.

'Nick, ik wil je voorstellen aan ons nieuwe bestuurslid, Dan Finegold.' Een lange, aantrekkelijke man, atletisch gebouwd. Een bos donkerbruin haar met een beginnend waas van zilvergrijs. Wat was dat toch met Fairfield Equity Partners? Het leek wel een reünie van een studentencorps.

Dan Finegolds handdruk was verpletterend.

'Ga me niet vertellen dat je ook in het footballteam van Yale hebt gezeten,' zei Nick hartelijk. Hij dacht: *ons nieuwe bestuurslid? Waarom hoor ik dat nu pas?*

'Nou, eigenlijk gehonkbald, maar wel voor Yale,' zei Todd, en hij klopte beide mannen op de schouder om ze bij elkaar te brengen. 'Dan was een legendarische werper.'

'Legendarisch? Kom nou,' zei Finegold.

'Hé, man, dat was je echt wel,' zei Todd. Hij keek Nick aan. 'Dan heeft twintig jaar ervaring in de kantoorinrichtingsbranche, met alle littekenweefsel van dien. Je kent vast wel OfficeSource – dat was zijn bedrijf. Toen Willard het kocht, haalde hij Dan naar Fairfield.'

'Bevalt het je in Boston?' vroeg Nick. Hij wist niets anders te bedenken. Hij kon niet zeggen wat hij werkelijk dacht: waarom ben jij hier, wie heeft je in de raad van bestuur benoemd, wat is er werkelijk aan de hand? Fairfield had het recht om bestuursleden te benoemen, maar het was niet bepaald beleefd van hen om ineens met een nieuw bestuurslid te komen aanzetten. Dat hadden ze nooit eerder gedaan. Het was geen gunstig precedent, of misschien was dat juist de bedoeling.

'Geweldige stad. Vooral voor een liefhebber van lekker eten, zoals ik. Er zijn tegenwoordig veel baanbrekende restaurants in Boston.'

'Dan is mede-eigenaar van een ambachtelijke brouwerij in de staat New York,' zei Todd. 'Daar maken ze het beste Belgische bier buiten België. Abdijbier, hè?'

'Ja.'

'Welkom in de raad van bestuur,' zei Nick. 'Je deskundigheid op het gebied van Belgisch bier komt vast wel van pas.' Dat Belgische abdijbier kwam hem bekend voor, maar hij wist niet meer waarvan.

Todd pakte Nick bij zijn elleboog vast toen ze de bestuurskamer in liepen. Hij sprak met gedempte stem. 'Jammer van Atlas McKenzie.'

'Huh?'

'Scott heeft het me gisteravond verteld.'

'Waar heb je het over?'

Todd keek hem verbaasd aan. 'De deal,' mompelde hij. 'Die niet doorgaat.'

'Wat?' Waar had hij het over? De Atlas McKenzie-deal was zo goed als rond. Dit was belachelijk!

'Maak je geen zorgen. Het komt vanmorgen niet ter sprake. Maar evengoed een grote tegenvaller, hè?' Met luidere stem zei hij: 'Mevrouw Devries!'

Todd wendde zich af en liep naar Dorothy Devries toe, die net de bestuurskamer was binnengekomen. Todd nam haar kleine hand in zijn beide grote handen en wachtte tot ze hem haar wang toekeerde voordat hij er een kus op drukte.

Dorothy droèg een bordeauxrood Nancy Reagan-broekpak met witte biezen langs de lapellen. Haar witte haar was een perfecte cumuluswolk met een zweem van blauwe spoeling, waardoor het staalblauw van haar ogen beter tot zijn recht kwam. Fairfield Partners had Dorothy Stratton Devries een klein stukje van de onderneming en een zetel in de raad van bestuur laten houden. Dat was een voorwaarde van haar geweest waarmee Willard Osgood geen enkel probleem had. Het maakte een goede indruk dat de familie van de oprichter nog bij Stratton betrokken was. Op die manier liet je zien dat Fairfield respect had voor oude tradities. Natuurlijk had Dorothy geen macht. Ze zat er vooral voor de show bij. Fairfield bezat negentig procent van Stratton, beheerste de raad van bestuur, had volledige zeggenschap. Dorothy, die niet achterlijk was, begreep dat heus wel, maar ze begreep ook dat ze, in elk geval buiten de bestuurskamer, nog steeds enig moreel gezag bezat.

Haar vader, Harold Stratton, was monteur bij de Wabash Railroad, leerling-tinnegieter en schoorsteenreparateur geweest. Hij werkte als monteur bij Steelcase in Grand Rapids en begon toen zijn eigen bedrijf met geld dat hij van zijn rijke schoonvader had gekregen. Zijn grote innovatie was de ontwikkeling van een betere rollerophanging in metalen archiefkasten geweest – progressieve rollagers in een hangmappenla. Zijn enige zoon was als kind gestorven, zodat alleen Dorothy overbleef, maar in die tijd hadden vrouwen niet de leiding van ondernemingen, en dus droeg hij het bedrijf uiteindelijk over aan Dorothy's man, Milton Devries. De latere jaren van haar leven had ze doorgebracht in haar grote, donkere villa in East Fenwick, vanwaar ze een moreel gezag uitoefende zoals alleen een societykoningin in een klein plaatsje dat kon. Ze zat in alle besturen in de stad en was voorzitter van de meeste. Hoewel ze op Nick gesteld was en hem president-directeur had gemaakt, keek ze toch op hem neer omdat hij uit een lagere maatschappelijke klasse kwam. Per slot van rekening had Nicks vader in de fabriek gewerkt. Het deed er niet toe dat Dorothy maar één generatie verwijderd was van iemand met smeervet op zijn vingers.

Nick, nog niet bekomen van Todds terloopse onthulling, zag dat Scott op zijn gebruikelijke plaats aan de ovale mahoniehouten vergadertafel ging zitten. Toen Nick naar hem toe ging en zijn hand op zijn schouder legde, hoorde hij Todd zeggen: 'Dorothy, mag ik Dan Finegold aan je voorstellen?'

'Hé,' fluisterde Nick, die nu recht achter Scott stond. 'Wat hoor ik over Atlas McKenzie?'

Scott draaide zich met moeite naar hem om en keek hem met grote ogen aan. 'Ja, ik kreeg gisteravond onder het eten een telefoontje op mijn gsm... Todd was daar ook, weet je...' Zijn stem stierf weg. Nick bleef zwijgen. Scott ging verder: 'Ze zijn in zee gegaan met Steelcase, je weet wel, die joint venture van Steelcase met Gale & Wentworth...'

'En ze belden jou?'

'Ik denk dat ik onder een sneltoets van Hardwick zat, na al die onderhandelingen op het eind...'

'Als je slecht nieuws krijgt, vertel je het eerst aan mij. Begrepen?'

Nick zag dat Scotts bleke gezicht meteen rood aanliep. 'Ik... Natuurlijk, Nick, alleen was Todd erbij, weet je, en...'

'We praten er later over,' zei Nick. Hij kneep Scott zo hard in zijn schouder dat het niet meer vriendschappelijk was.

Hij hoorde Dorothy Devries' broze lach aan de andere kant van de kamer en ging aan het hoofd van de tafel zitten.

De bestuurskamer van Stratton was het conservatiefste vertrek in het hele hoofdkantoor – de immense mahoniehouten tafel met plaats voor vijftien personen, al waren er sinds de overname geen vijftien bestuursleden meer; de zwarte leren Stratton Symbiosis-stoelen van topklasse; de flatscreenmonitoren op elke plaats, die je met een druk op de knop omhoog en omlaag kon bewegen. De kamer zag eruit als bestuurskamers van grote ondernemingen over de hele wereld.

Nick schraapte zijn keel, keek de tafel rond en wist dat hij niet meer onder vrienden was. 'Nou, zullen we dan maar beginnen met het verslag van de financieel directeur?' zei hij.

## 36

De manier waarop Scott zijn deprimerende presentatie hield – zijn droge, monotone, sombere commentaar bij de PowerPoint-dia's die op de plasmaschermpjes voor iedereen werden vertoond – was bijna provocerend, vond Nick. Alsof hij heel goed wist dat hij aas naar de hyena's gooide.

Natuurlijk hadden ze zijn praatje niet nodig, want ze hadden allemaal de grafieken in hun zwarte losbladige kwartaalverslagen zitten. Die waren de vorige dag per FedEx naar iedereen toegestuurd of door een koerier naar hun hotel gebracht. Maar het was nu eenmaal een bestuursritueel, het moest in de notulen komen, en trouwens, je mocht niet aannemen dat ze het materiaal allemaal hadden doorgelezen.

Nick wist dat in elk geval Todd Muldaur de financiële gegevens grondig had bestudeerd zodra hij ze in Boston had binnengekregen – zoals sommige mannen zich op het sportkatern van de krant storten om de honkbaluitslagen te verslinden. Todd wachtte waarschijnlijk niet eens op de uitdraaien; hij had de Adobe pdf-bestanden en Excel-spreadsheets natuurlijk al doorgenomen zodra Scott ze had gemaild.

Want zijn vragen klonken alsof ze waren ingestudeerd. En eigenlijk waren het niet eens vragen. Het waren frontale aanvallen.

'Ik kan mijn ogen niet geloven,' zei hij. Hij keek de andere bestuursleden aan – Dorothy, Davis Eilers, Dan Finegold – en ook de twee 'gasten', die altijd bij de eerste helft van de bestuursvergadering aanwezig waren: Scott en de juridisch adviseur van Stratton die als secretaris van de raad van bestuur fungeerde. Stephanie Alstrom was een kleine, serieuze vrouw met voortijdig grijs haar en een zuinig mondje dat zelden glimlachte. Ze maakte een uitgedroogde indruk. Scott had haar eens een 'rozijn van spanning' genoemd, en die beschrijving was bij Nick blijven hangen.

'Dit is rampzalig,' ging Todd verder.

'Todd, het is duidelijk dat die cijfers er slecht uitzien,' probeerde Nick naar voren te brengen.

'Er slecht uitzien?' zei Todd meteen. 'Ze zíjn slecht.'

'Het is een problematisch kwartaal – ja zelfs een problematisch jaar – voor de hele sector geweest,' zei Nick. 'Kantoormeubilair is conjunctuurgevoelig, dat weten we allemaal. Als de economie terugloopt, houden bedrijven vaak van de ene op de andere dag op met het kopen van dingen.'

Todd staarde hem aan en bracht Nick daarmee even uit zijn evenwicht. 'Ik bedoel, eh...' ging hij aarzelend verder. 'Er worden opeens veel minder kantoren opnieuw ingericht. Er zijn veel minder nieuwe bedrijven, en er wordt ook minder uitgebreid,' ging Nick verder. 'De laatste twee jaar hebben we een grote overcapaciteit in de kantoormeubilairsector. Daar komt nog bij dat de vraag over de hele linie is afgenomen. Dat alles heeft tot gevolg dat de prijzen en winstmarges fors omlaag zijn gegaan.'

'Nick,' zei Todd. 'Als ik het woord "sector" hoor, grijp ik naar mijn kotszak.'

Nick moest zijns ondanks glimlachen. 'Het is de realiteit,' zei hij.

Hij sloeg zijn armen over elkaar en voelde dat er iets verkreukeld werd in de borstzak van zijn pak.

'Mag ik Willard Osgood citeren?' ging Todd verder. "'Een verklaring is geen excuus." Er is een verklaring voor alles.'

'Eh, misschien is het redelijk om op te merken dat Nick deze cijfers nu voor het eerst ziet,' zei Scott.

'Wat?' zei Todd. 'Vandaag? Je bedoelt dat ik deze cijfers eerder te zien heb gekregen dan de president-directeur?' Hij keek Nick aan. 'Heb je iets belangrijkers aan je hoofd? Bijvoorbeeld de balletvoorstelling van je dochter of zoiets?'

Nick keek Scott woedend aan. Ja, ik zie de echte cijfers nu voor het eerst, dacht hij. Niet de vervalste cijfers waarmee jij ze wilde afschepen. Nick kwam sterk in de verleiding om zich te laten gaan, maar wie wist wat dat voor gevolgen zou hebben? Nerveus viste hij in het borstzakje van zijn pak. Hij vond een stukje papier en trok het eruit. Het was een geel Post-it-briefje. Laura's handschrift: *Ik hou van je, schat. Je bent de beste.* Een hartje en drie X-en. De tranen sprongen hem in de ogen. Hij droeg dit pak zo zelden dat hij het blijkbaar niet had laten stomen toen hij het de vorige keer had gedragen, nog voor Laura's dood. Hij schoof het briefje zorgvuldig in het borstzakje terug.

'Kom op, Todd,' zei Davis Eilers. 'We zijn hier allemaal vaders.' Hij keek Dorothy aan en zei: 'Of moeders.' Hij negeerde Stephanie Alstrom, die geen kinderen had en niet getrouwd was en die nu, terwijl ze op haar laptop zat te tikken, nog kleiner leek te worden dan ze al was.

Rustig, zei Nick tegen zichzelf, terwijl hij de tranen weg knipperde. Rustig blijven. Het leek wel of de kamer langzaam om hem heen draaide. 'Scott bedoelt de definitieve cijfers, Todd, maar geloof me, dit is geen verrassing voor mij. Ik put moed uit het feit dat onze winstmarges nog positief zijn.'

'Geen verrassing?' zei Todd. 'Geen verrassing? Laat me je wat vertellen. Eigenlijk kan het me helemaal niet schelen hoe de rest van de sector het doet. We hebben Stratton niet gekocht omdat we dachten dat jullie een doorsneebedrijf waren, net als alle andere. We hebben jullie gekocht omdat jullie aan de top stonden. Daarom zijn de stoelen en scheidingswanden en dat soort dingen in onze kantoren in Boston ook van Stratton, terwijl we ook iets anders hadden kunnen kopen. Omdat jullie de beste in jullie branche waren. Niet zomaar goed genoeg. Zoals Willard altijd graag mag zeggen: "Goed genoeg" is niet goed genoeg.'

'We zijn nog steeds de beste,' zei Nick. 'Vergeet niet dat we in een vroeg stadium tot onze ontslagen zijn overgegaan – op jouw aandrang, laat me je daaraan herinneren. Alle andere bedrijven hebben gewacht. Wij zijn de curve vóór geweest.'

'Mooi, maar jullie maken jullie plan niet waar.'

'De eerlijkheid gebiedt te zeggen,' merkte Scott op, 'dat Nick er met zijn plan niet van uitging dat de economie nog slechter zou worden.'

'Scott,' zei Todd met een dodelijk kalme stem. 'Nick is de president-directeur. Hij had rekening moeten houden met ontwikkelingen in de economie. Hoor eens, Nick, we laten onze topmanagers altijd de vrije teugel.' Zijn blauwe ogen keken Nick strak aan. Wat betekende dat eigenlijk? De teugel zo vrij dat hij erin verstrikt kon raken? 'We willen jouw bedrijf niet leiden – we willen dat je zelf je bedrijf leidt,' ging Todd verder. 'Maar niet als je het bedrijf naar de bliksem helpt. Uiteindelijk werk je voor ons. Dat betekent dat het je taak is om het kapitaal van onze investeerders te beschermen.'

'En om dat kapitaal te beschermen,' zei Nick, die zijn best deed om beleefd te blijven, 'moeten we nu in het bedrijf investeren, juist nu het minder goed gaat. Dit is het moment om in nieuwe technologie te investeren. Dan geven we de concurrentie op hun flikker als de economie weer aantrekt.' Hij keek Dorothy aan. 'Sorry.' Ze reageerde niet. Haar ijzige blauwe ogen staarden voor zich uit.

Todd, die in het kwartaalverslag bladerde, keek op. 'Bijvoorbeeld die dertig miljoen dollar die je de afgelopen drie jaar in de ontwikkeling van een nieuwe stoel hebt gestoken?'

'Een koopje,' zei Nick. 'Ontwerp- en machinekosten, zesentwintig patenten, twee afzonderlijke ontwerpteams. Het is minder dan wat ze bij Steelcase aan hun Leap-stoel hebben uitgegeven, en dat bleek een geweldige investering te zijn. En minder dan wat ze bij Herman Miller aan de ontwikkeling van de Aeron-stoel hebben uitgegeven. Vergeet niet: productontwerp en -ontwikkeling is een kernwaarde bij Stratton.' Todd zweeg een ogenblik. *Doelpunt voor het verdedigende team.* Voordat hij iets kon zeggen, ging Nick verder: 'Als je deze discussie wilt voortzetten, stel ik voor dat we overgaan tot een besloten zitting.' Het voorstel werd gesteund en bij mondelinge stemming aangenomen. Dit was het moment waarop Scott, die een gast maar geen lid van de raad van bestuur was, gewoonlijk opstond om de kamer te verlaten. Nick keek hem aan, maar Scotts gezicht was volkomen ondoorgrondelijk. Hij pakte zijn spullen niet bij elkaar, stond niet op.

'Nick, we gaan Scott vragen te blijven,' zei Todd.

'O ja?' was het enige wat Nick kon bedenken. 'Dat is... Dat is in strijd met het protocol.'

Davis Eilers, die amper een woord had gezegd, zei nu: 'Nick, we vinden het tijd worden dat Scott formeel lid van de raad van bestuur wordt. We vinden dat Scott zo'n belangrijk lid van het directieteam is geworden dat we hem graag officieel in de raad van bestuur willen opnemen. We denken dat hij veel waarde kan toevoegen.'

Nick was stomverbaasd. Hij slikte en zocht koortsachtig naar iets wat hij kon zeggen. Hij probeerde Scott weer aan te kijken, maar die ontweek zijn blik. Nick knikte en dacht na. Het was al ongehoord dat ze opeens met Dan Finegold waren komen aanzetten. Maar nu Scott ook nog in de raad van bestuur werd opgenomen zonder dat ze het zelfs maar van tevoren aan hem hadden verteld, laat staan hem om zijn mening hadden gevraagd? Hij wilde hun dat voor de voeten werpen, zijn verontwaardiging uitspreken, maar hij zei alleen: 'Nou, hij kan zeker waarde toevoegen.'

'Dank je voor je begrip,' zei Eilers.

'Eh, Nick, we gaan een paar dingen veranderen om vooruit te gaan,' zei Todd.

*In tegenstelling tot wat?* dacht Nick. *Tot achteruitgaan?* 'O?' zei hij.

'We vinden dat deze raad van bestuur niet elk kwartaal maar elke maand bijeen moet komen,' zei Todd.

Nick knikte. 'Dat is veel reizen naar Fenwick,' zei hij.

'Nou, we kunnen de bijeenkomsten beurtelings in Boston en Fenwick houden. En we willen de financiële gegevens graag wekelijks hebben in plaats van maandelijks.'

'Dat kan vast wel geregeld worden,' zei Nick langzaam. 'Zolang Scott geen bezwaar heeft.' Scott hield zijn blik strak op zijn kwartaalverslag gericht.

'Nick,' zei Davis Eilers. 'We vinden ook dat je toestemming van de raad van bestuur zou moeten vragen voordat je een van je directe ondergeschikten, dus directieleden, ontslaat.'

'Nou, zo staat het niet in mijn contract.' De huid van zijn gezicht prikte.

'Nee, maar het is een wijziging die ons gewenst lijkt. Op die manier zorgen we ervoor dat we allemaal op dezelfde golflengte zitten wat de personele bezetting betreft. Zoals ze zeggen: de enige constante is verandering.'

'Jullie hebben mij in dienst genomen om me mijn beste werk te laten leveren,' zei Nick. 'De vrije teugel, zoals jullie altijd zeggen. En je zei daarnet dat je wilt dat ik het bedrijf leid – jullie willen het niet zelf leiden.'

'Natuurlijk,' zei Eilers.

'We willen alleen geen verrassingen,' zei Todd. 'We willen dat alles soepel verloopt.' Hij sprak nu op redelijke toon, niet strijdlustig meer. Dat betekende dat hij wist dat hij had gewonnen. 'Dit is een onderneming van bijna twee miljard dollar. Het leiden daarvan is een grote klus voor iedereen, zelfs voor iemand die er met al zijn aandacht bij is. Hé, het is net football, weet je? Jij mag dan de quarterback zijn, maar je hebt geen winnend team zonder linesmen en receivers en running backs – en coaches. Wij zijn een soort coaches, nietwaar?'

Nick glimlachte vaag. 'Coaches,' zei hij. 'Ja.'

Toen er anderhalf uur later een eind aan de bestuursvergadering kwam, was Nick de eerste die de kamer verliet. Hij moest daar weg voordat hij zich liet gaan. Dat zou niet goed zijn. Ik ga geen ontslag nemen, zei hij tegen zichzelf. Ze moeten mij maar ontslaan. Als je zelf ontslag neemt, krijg je niets. Als je zonder reden wordt ontslagen, kan dat je heel wat opleveren. Vijf miljoen dollar. Dat was een van de condities die hij in de wacht had gesleept toen hij het bedrijf aan Fairfield verkocht. Het idee dat hij zou worden ontslagen, was toen zoiets als sciencefiction geweest. Hij was toen een grote ster; ze zouden hem nooit laten vallen.

Toen hij wegging, zag hij twee mensen bij de deur van de bestuurskamer zitten, een blonde man, type straatvechter, in een lelijk pak en een goed geklede, aantrekkelijke zwarte vrouw.

De vrouw over wie Eddie hem had verteld.

De vrouwelijke rechercheur van Ernstige Delicten.

De vrouw die hij op Stadlers begrafenis had gezien.

'Meneer Conover,' riep ze naar hem. 'Kunnen we u een paar minuten spreken?'

# DEEL DRIE

# SCHULD

# 37

Nick ging met hen naar een van de vergaderkamers. Hij wilde hen beslist niet in zijn thuishonk ontvangen, want daar kon iedereen, ook Marjorie, meeluisteren.

Hij liep voorop en ging aan het hoofd van de tafel zitten. Zodra de twee rechercheurs zaten, nam hij het woord. Hij sprak op kalme, gezaghebbende toon, energiek maar hartelijk. Hij stond aan het hoofd van een grote onderneming waar miljoenen dingen gebeurden, en deze twee rechercheurs waren zonder afspraak naar hem toe gekomen, zelfs zonder hem van tevoren te bellen. Toch wilde hij niets afdoen aan het belang van wat ze deden. Ze onderzochten de moord op een Stratton-medewerker. Hij wilde hun het gevoel geven dat hij dat serieus nam. Het was of hij over een evenwichtskoord liep.

Intussen was hij doodsbang. Hij vond het niet prettig dat ze zomaar naar zijn werkplek waren gekomen. Daar ging iets agressiefs, iets beschuldigends van uit. Hij wilde hun met zijn toon en houding laten weten dat hij dat afkeurde, terwijl hij tegelijk wilde laten blijken dat hij alle respect had voor hun werk.

'Wel,' zei hij. 'Ik kan een minuut of vijf missen. U treft me op mijn drukste dag.'

'We stellen het op prijs dat u ons ontvangt,' zei de zwarte vrouw. De blonde man knipperde een paar keer met zijn ogen, als een komodovaraan die naar een malse geit kijkt, maar hij zei niets. Nick voelde aan dat die man lastig zou worden. De zwarte vrouw stelde zich erg verontschuldigend op; zij zou geen probleem zijn. De blonde man – Busbee? Bugbee? – was degene voor wie hij op zijn hoede moest zijn.

'Ik wou dat u naar mijn kantoor had gebeld om een afspraak te maken. Ik wil op een ander tijdstip best uitvoerig met u praten.'

'Dit hoeft niet lang te duren,' zei de blonde man.

'Zegt u maar wat ik voor u kan doen,' zei Nick.

'Meneer Conover, zoals u weet, is vorige week een werknemer van de Stratton Corporation dood aangetroffen,' zei de zwarte vrouw. Ze was erg aantrekkelijk, en ze had ook iets sereens.

'Ja,' zei Nick. 'Andrew Stadler. Een vreselijke tragedie.'

‘Kende u meneer Stadler?’ ging ze verder.

Nick schudde zijn hoofd. ‘Nee, jammer genoeg niet. We hebben vijfduizend werknemers – twee jaar geleden maar liefst tienduizend, voordat we zoveel mensen moesten laten gaan – en ik kan echt niet iedereen leren kennen. Al zou ik willen van wel.’ Hij glimlachte weemoedig.

‘Toch bent u naar zijn begrafenis gegaan,’ merkte ze op.

‘Uiteraard.’

‘Gaat u altijd naar de begrafenissen van Stratton-personeel?’ vroeg de blonde rechercheur.

‘Niet altijd. Maar wel als ik kan. Ik voel me niet altijd welkom, niet meer. Maar het is het minste wat ik kan doen.’

‘U hebt meneer Stadler nooit ontmoet?’ vroeg de zwarte vrouw.

‘Nee.’

‘Maar u wist wel van zijn... situatie, nietwaar?’ ging ze verder.

‘Zijn situatie?’

‘Zijn persoonlijke moeilijkheden.’

‘Ik heb later gehoord dat hij in een inrichting opgenomen was geweest, maar er zijn zoveel mensen die een geestesziekte hebben en toch niet gewelddadig zijn.’

‘O?’ zei de zwarte rechercheur vlug. ‘Hoe wist u dat hij was opgenomen? Hebt u zijn personeelsdossier gezien?’

‘Heb ik dat niet in de krant gelezen?’

‘Daarover heeft niets in de krant gestaan,’ zei de blonde man.

‘Dat moet wel,’ zei Nick. Er had toch iets in de krant gestaan. ‘Er stond iets over een “problematische emotionele voorgeschiedenis” of zoiets, nietwaar?’

‘Niets over een opname in een inrichting,’ zei de blonde man op besliste toon.

‘Dan moet iemand het me hebben verteld.’

‘De directeur Beveiliging van uw bedrijf, Edward Rinaldi?’

‘Misschien. Maar ik herinner het me niet.’

‘O,’ zei de zwarte vrouw, en ze noteerde iets.

‘Meneer Conover, heeft Edward Rinaldi u verteld dat hij dacht dat uw hond door Andrew Stadler was doodgemaakt?’ vroeg de blonde rechercheur.

Nick kneep zijn ogen half dicht, alsof hij het zich probeerde te herinneren. Hij herinnerde zich dat hij Eddie daarnaar had gevraagd.

*Eddie had tegen haar gezegd dat hij, Nick, niet eens wist wie die man was. Dat was bijna waar.*

*‘Ik had die naam nog nooit gehoord,’* had Nick gezegd. *‘Ja? Of heb jij haar iets anders verteld?’*

'*Precies*,' had Eddie geantwoord. '*Ik zei tegen haar dat je het druk hebt, dat ik mijn werk doe, dat jij er niet bij betrokken bent.*'

'Eddie heeft mij geen namen genoemd,' zei Nick nu.

'O nee?' zei de vrouw. Ze klonk verrast.

Nick knikte. 'Eerlijk gezegd heb ik een moeilijk jaar achter de rug. Ik sta aan het hoofd van een onderneming die de helft van het personeel heeft ontslagen. Veel mensen zijn natuurlijk kwaad op mij.'

'U bent niet de populairste bewoner van deze stad,' merkte ze op.

'Dat is nog maar zacht uitgedrukt. Ik heb woedende brieven van ontslagen personeelsleden gekregen, hartverscheurende brieven.'

'Bedreigingen?' vroeg ze.

'Misschien, maar dat zou ik niet weten.'

'Waarom zou u niet weten of er bedreigingen waren?' vroeg de mannelijke rechercheur.

'Ik maak hier niet als eerste mijn post open. Als ik een dreigbrief krijg, gaat die meteen naar Beveiliging. Ik krijg hem niet te zien.'

'U wilt het niet weten?' zei hij. 'Ik zou het willen weten.'

'Ik niet. Tenzij ik het om de een of andere reden moet weten. Hoe minder ik weet, hoe beter.'

'O ja?' zei de blonde man.

'Ja. Ik wil me niet paranoïde voelen. Dat heeft geen zin.'

'Heeft meneer Rinaldi u verteld waarom hij zich in Stadlers achtergrond verdiepte?' drong de zwarte vrouw aan.

'Nee. Ik wist niet eens dat hij dat deed.'

'Heeft hij u later niet verteld dat hij onderzoek had gedaan naar Stadler?' hield ze vol.

'Nee. Hij heeft me nooit iets over Stadler verteld. Ik had geen idee – heb nog steeds geen idee – waar Eddie onderzoek naar deed. Hij doet zijn werk en ik doe het mijne.'

'Meneer Rinaldi heeft u nooit zelfs maar Stadlers naam genoemd?' zei de vrouw.

'Nee, niet dat ik me herinner.'

'Ik begrijp het niet goed,' zei ze. 'Zei u net niet dat meneer Rinaldi u misschien over een opname van Andrew Stadler in een inrichting had verteld? Dat zou toch betekenen dat hij Stadlers naam noemde?'

Nick voelde een heel klein straaltje zweet dat langzaam over zijn oorlel liep. 'Toen het nieuws van Stadlers dood bekend werd, heeft Eddie me zijn naam misschien terloops genoemd. Maar ik kan het me niet echt herinneren.'

'Hm,' zei de vrouw. Er volgden enkele ogenblikken van stilte.

Nick negeerde het straaltje zweet. Hij wilde er niet de aandacht op vestigen door het weg te strijken.

'Meneer Conover,' zei de blonde man. 'Er is het afgelopen jaar nogal eens in uw huis ingebroken, nietwaar? Sinds de ontslagen begonnen?'

'Ja, verscheidene keren.'

'Door dezelfde persoon?'

'Dat is moeilijk te zeggen. Maar ik denk het wel, ja, dezelfde persoon.'

'Er was graffiti en zo?'

'Er was graffiti op de muren in mijn huis gespoten.'

'Wat voor graffiti?' vroeg de zwarte rechercheur.

'"Geen schuilplaats."'

'Dat stond op de muren?'

'Ja.'

'Bent u met de dood bedreigd?'

'Nee. Sinds twee jaar geleden de ontslagen begonnen, heb ik wel eens dreigtelefoontjes gehad, maar nooit zoiets specifieks.'

'Nou, uw hond is doodgemaakt,' zei de blonde rechercheur. 'Dat is in feite toch een bedreiging met de dood?'

Nick dacht even na. 'Misschien. Wat het ook was, het was een walgelijke daad.' Hij was bang dat hij te ver was gegaan; had hij met die woorden laten blijken hoe woedend hij was? Maar hoe zou hij anders moeten reageren? Hij zag dat de vrouw iets in haar notitieboekje schreef.

'Heeft de politie van Fenwick enig idee wie dit heeft gedaan?' zei de man.

'Nee.'

'Houdt meneer Rinaldi zich bezig met uw persoonlijke beveiliging buiten de onderneming?' vroeg de zwarte rechercheur.

'Ja, informeel,' zei Nick. 'Soms. Na dat laatste incident vroeg ik hem een nieuw beveiligingssysteem te installeren.'

'Dus u hebt met hem over dat incident gesproken.'

Nick aarzelde net even te lang. Wat had Eddie precies tegen hen gezegd? Had Eddie tegen hen gezegd dat hij naar het huis was gekomen toen Barney was afgeslacht? Hij wou dat hij langer met Eddie had gepraat en precies wist wat hij had gezegd. Verdomme. 'Terloops. Ik vroeg hem om raad.' Hij wachtte op de onvermijdelijke volgende vraag – tenminste, onvermijdelijk in zijn ogen: was Eddie Rinaldi naar zijn huis gekomen toen Barney in het zwembad was gevonden? En wat was dan het goede antwoord?

In plaats daarvan vroeg de zwarte rechercheur: 'Meneer Conover, hoe lang is het geleden dat u in Fenwicke Estates ging wonen?'

'Ongeveer een jaar geleden.'

'Nadat alle ontslagen waren aangekondigd?' ging ze verder.

'Ongeveer een jaar daarna.'

'Waarom?'

Nick zweeg even. 'Mijn vrouw wilde het.'

'Waarom wilde ze het?'

'Ze maakte zich zorgen.'

'Waarover?'

'Ze dacht dat ons gezin misschien gevaar liep.'

'Waarom maakte ze zich zoveel zorgen?'

'Het was vooral een kwestie van instinct. Ze wist dat er een paar mensen waren die ons misschien kwaad wilden doen.'

'Dus u hoorde wel van bedreigingen,' zei de zwarte vrouw. 'Maar u zei net dat u daar niets van wist. U wilde er niets van weten.'

Nick vouwde zijn handen op de tafel. Hij voelde zich steeds nerveuzer, als een dier dat in het nauw was gedreven, en hij wist dat hij zich hier alleen maar uit kon redden door een redelijke en tegelijk enigszins botte toon aan te slaan. 'Of ik iets over specifieke bedreigingen hoorde? Nee. Of ik hoorde dat er bedreigingen waren – dat een paar geïsoleerde randfiguren het op mij en mijn gezin voorzien hadden? Ja. Mensen praten. Er gaan geruchten. Ik wilde niet afwachten of die geruchten al dan niet gegrond waren. En ik kan u zeggen dat mijn vrouw beslist niet wilde wachten.'

De twee rechercheurs namen blijkbaar genoegen met dat antwoord. 'Was er ook bij u ingebroken voordat u in uw nieuwe huis ging wonen, meneer Conover?'

'Nee, niet voordat we in Fenwicke Estates woonden.'

De blonde rechercheur glimlachte. 'Dus die... omheinde enclave, zoals ze het noemen... bood u niet veel bescherming, hè?' Hij sprak de woorden 'omheinde enclave' erg laatdunkend uit en deed geen enkele poging om zijn leedvermaak te verbergen.

'Het duurt alleen wat langer om erin en eruit te komen,' gaf Nick toe.

De blonde man grinnikte en schudde zijn hoofd. 'Maar het kost veel meer, wed ik.'

'Nou en of.'

'Maar u kunt het zich veroorloven.'

Nick haalde zijn schouders op. 'Het was niet mijn idee om daar te gaan wonen. Het was een idee van mijn vrouw.'

'Uw vrouw,' zei de zwarte vrouw. 'Ze... Ze is vorig jaar overleden, nietwaar?'

'Ja.'

'Ze is niet onder verdachte omstandigheden gestorven?'

Een korte stilte. 'Nee, dat niet,' zei Nick langzaam. 'Ze is bij een auto-ongeluk om het leven gekomen.'

'U reed?' vroeg ze.

'Ze reed zelf.'

'Was er alcohol in het spel?'

'Ja, bij de andere automobilist,' zei Nick. 'Die reed in een vrachtwagen. Hij had gedronken.'

'Maar u niet.'

'Nee,' zei hij. 'Ik niet.' Hij drukte zijn lippen op elkaar en keek op zijn horloge. 'Ik vrees dat...'

De blonde man stond op. 'Bedankt voor uw tijd.'

Maar de zwarte vrouw bleef zitten. 'Nog een paar dingen, meneer.'

'Kunnen we een andere keer verdergaan?' zei Nick.

'Een... een minuut maar, als u geen bezwaar hebt. We willen alles onderzoeken. Bezit u vuurwapens, meneer Conover?'

'Vuurwapens?' Nick schudde zijn hoofd. Hij hoopte dat hij niet rood was geworden.

'Helemaal geen handvuurwapens?'

'Nee. Sorry.'

'Dank u. En waar was u vorige week dinsdagavond?'

'Thuis. Ik ben in zo'n tien dagen nergens heen geweest.'

'Hoe laat ging u slapen? Weet u dat nog?'

'Vorige week dinsdag?'

'Ja.'

Nick dacht even na. 'Ik heb woensdagavond ergens gedineerd. Dinsdag was ik thuis.'

'Weet u nog hoe laat u ging slapen?'

'Ik weet niet... Nou, meestal ga ik om elf uur, halftwaalf slapen.'

'U bedoelt dat u om halftwaalf in bed lag?'

'Dat denk ik wel.' Ze was pienter, besefte Nick. Pienterder, besefte hij nu, dan de blonde man, die alleen maar een intimiderende houding aannam.

'U hebt de hele nacht geslapen?'

'Ja.' Jezus, dacht hij. Waar zinspeelde ze op?

'Mooi,' zei ze. Ze stond op. 'Meer hoeven we niet te weten. We stellen het op prijs dat u met ons hebt willen praten.'

Nick stond op en gaf hun een hand. 'Graag gedaan,' zei hij. 'Maar wilt u de volgende keer eerst even bellen?'

'Doen we,' zei de zwarte vrouw. Ze bleef staan, aarzelde blijkbaar nog even. 'Ik vind het jammer dat we uw tijd in beslag hebben genomen, meneer Conover. Maar weet u, slachtoffers zijn niet zomaar slachtoffers – het zijn mensen. Wat zijn problemen ook waren, wat zijn tekortkomingen ook waren, er is iemand dood. Iemand die belangrijk was voor iemand. We hebben allemaal wel iemand die van ons houdt, weet u.'

'Dat wil ik ook graag denken,' zei Nick.

## 38

Zodra Nick de twee rechercheurs naar de lift had gebracht, ging hij naar de bestuurskamer terug in de hoop daar Todd Muldaur nog te treffen, maar de kamer was leeg. Todd en de anderen waren weggegaan. Hij ging met een omweg naar zijn kantoorruimte – zijn cubicle – terug, langs Scotts werkruimte.

'Goedemiddag, Gloria,' zei hij tegen Scotts secretaresse, een kleine, uiterst competente vrouw met een breed gezicht en een blonde pony. 'Is Scott er?'

'Goedemiddag, meneer Conover. Scott is...'

'Hé, Nick,' zei Scott, die achter zijn scheidingswand vandaan kwam. 'Man, het viel niet mee vanochtend, hè?'

'Vertel mij wat,' zei Nick neutraal. Hij liep door naar Scotts bureau en naar de ronde tafel waar Scott zijn besprekingen hield.

'Zo ga je opeens heel anders over een wortelkanaalbehandeling denken,' zei Scott. Hij pakte stapels papier van de ronde tafel en legde ze op een kast naast zijn bureau. 'Nou, wat vind je van die nieuwkomer, Finegold?'

'Hij lijkt me wel sympathiek,' zei Nick voorzichtig. Hij bleef bij de tafel staan wachten tot Scott de papieren had weggehaald.

'Die kerel barst van de poen, weet je. Weet je dat hij een paar jaar geleden die jongensband 'NSYNC heeft ingehuurd voor de bar mitswa van zijn dochter, toen die band nog aan de top stond?'

'Hij is een hot spare,' zei Nick.

'Een wat?'

'Een hot spare. Je harde schijf crasht, je verwisselt hem voor een hot spare, een reserveschijf, en je kunt weer verder. Plug and play. Meteen bedrijfsklaar.'

'Dan Finegold? O nee, ik denk dat ze alleen maar het team willen versterken. Hij is echt een geweldige kerel. Ik zal je een grappig verhaal vertellen. Toen hij...'

'Ik moest van Todd over Atlas McKenzie horen,' onderbrak Nick hem. 'Hoe zit dat?'

Scott kreeg een kleur en sloeg zijn ogen neer. 'Dat heb ik je verteld. Ik kreeg het telefoontje van Hardwick toen ik op weg was naar het diner. Ik probeerde je mobieltje te bellen, maar dat stond blijkbaar uit.'

'Je hebt geen boodschap ingesproken.'

'Nou, het is... het was niet iets wat je in een voicemail wilt achterlaten, weet je...'

'En je hebt me geen e-mail gestuurd? Je hebt me vanmorgen niet gebeld, voordat de bespreking begon? Je vond het geen probleem dat ik het verdomme van Todd Muldaur te horen kreeg?'

Scotts handen kwamen vlug omhoog, met de palmen naar voren. 'Ik had geen gelegenheid...'

'En je had ook geen gelegenheid om me te vertellen dat ze jou in de raad van bestuur wilden hebben?' zei Nick.

Scott keek strak naar het witte formica tafelblad, alsof hij daar iets zorgwekkends had gezien. 'Nee,' begon hij aarzelend.

'Ga me niet vertellen dat je niet wist wat er ging gebeuren! Waarom heb je niks tegen mij gezegd? Omdat je me niet op mijn mobieltje kon bereiken?'

'Het... Het was niet aan mij om dat te vertellen, Nick,' zei Scott. Hij keek nu eindelijk op. Zijn gezicht was donkerrood en zijn ogen waren vochtig. Zijn stem was gedwee, maar zijn ogen keken fel.

'Het was niet aan jou om...? Wat bedoel je nou? Je wist dat ze je in de raad van bestuur gingen zetten en het was niet aan jou om me dat te vertellen? Je bewaarde hun geheimpje en zette me te kakken waar de hele raad van bestuur bij zat?'

'Kom nou, Nick, rustig maar,' zei Scott. 'Ja? Het was ingewikkeld... Ik bedoel, achteraf had ik misschien iets moeten zeggen, maar Todd wilde dat ik het... Nick, je zou dit met Todd moeten bespreken.'

Nick stond op. 'Ja,' zei hij. 'Dat kon ik wel eens doen.'

*Flik me niet nog eens zoiets*, dacht hij. Hij sprak het bijna uit, maar hield zich op het laatste moment in.

Toen hij naar zijn bureau terugging, hield Marge hem tegen. Ze had een envelop.

'Dit is net binnengekomen van Personeelszaken,' zei ze. 'Die cheque waar je om vroeg.'

'Dank je,' zei hij. Hij nam de envelop aan en liep door.

'Nick,' zei ze.

Hij bleef staan en draaide zich om.

'Die cheque... Voor Cassie Stadler?'

'Ja?'
'Dat is veel geld. Het is de afvloeiingspremie voor haar vader, nietwaar? Die hij misliep doordat hij zelf ontslag nam?'
Nick knikte.
'De firma is niet verplicht dat te betalen, hè?'
'Nee.'
'Maar het is goed dat je het doet. Het is... Het is zo aardig, Nick.' Ze had tranen in haar ogen.
Nick knikte weer en ging naar zijn bureau terug. Hij pakte meteen zijn telefoon op en belde Todd Muldaurs mobiele nummer. Todds mobieltje ging drie, vier keer over, en net toen Nick wilde ophangen, nam Todd op. 'Met Todd.'
Het klonk als een op de band opgenomen boodschap, en daarom wachtte Nick even voordat hij zei: 'Todd, met Nick Conover.'
'O, hé, Nick. Je was ervandoor voordat ik de kans kreeg afscheid te nemen, jongen.'
'Todd, probeer je mij eruit te werken?'
Een korte stilte. 'Waarom zeg je dat?'
'Kom nou, man. Wat daar gebeurde, op die bestuursvergadering. Dat je Finegold erbij haalt, je hot spare, en dat je Scott in de raad van bestuur zet zonder mij van tevoren in te lichten. De maandelijkse bestuursvergaderingen, de wekelijkse financiële verslagen. Dat je de spelregels verandert. Dat je niet meer toestaat dat ik mijn team samenstel zoals ik dat wil. Denk je dat ik achterlijk ben?'
'Nick, we hoeven je er niet uit te werken,' zei Todd met ijzige stem. 'Als we je weg wilden hebben, zou je al weg zijn.'
'Maar dan zou ik wel een fikse premie meekrijgen.'
'Voor Fairfield Partners is dat wisselgeld.'
'Is vijf miljoen dollar wisselgeld voor jullie?'
'Nick, ik meende wat ik zei. We willen wat meer mensen om de tafel hebben. Het team versterken.'
'Als je denkt dat ik de onderneming niet kan leiden, moet je dat gewoon zeggen.'
Todd zei iets, maar de verbinding werd slechter. '... weg staat,' zei hij.
'Wat zei je?' vroeg Nick. 'Ik was je even kwijt.'
'Ik zei, we hebben vertrouwen in je, Nick. We willen alleen niet dat je in de weg staat.'
'In de weg?'
'We moeten ervoor zorgen dat je meewerkt, Nick. Dat is alles. We willen er zeker van zijn dat je meedoet.'
'O, ik doe mee,' zei Nick, opzettelijk dubbelzinnig en insinuerend.

Hij wist zelf niet precies wat hij ermee bedoelde, maar hoopte dat het vaag dreigend klonk.

'Prima,' zei Todd. Zijn stem kraakte weer; de verbinding werd zwakker. Een fragment: '... te horen.'

'Wat zei je?' vroeg Nick.

'Man, hebben jullie maar één gsm-toren in dit gat? De ontvangst is waardeloos. Nou, dan hang ik maar op. Ik raak je kwijt.' En de verbinding was verbroken.

Nick keek een hele tijd naar de langgerekte blauwe Stratton-cheque die hij had laten opmaken voor Cassie Stadler: een vergoeding voor geleden schade. Andrew Stadler had ontslag genomen voordat hij werd ontslagen en had daardoor geen recht gehad op een afvloeiingspremie. Toch wist je nooit zeker wat een rechter zou beslissen als Cassie Stadler er een zaak van maakte. Dat kon je beter voor zijn, vond hij. Je kon beter royaal zijn. Op die manier lieten ze haar zien dat de werkgever van haar vader het goed bedoelde, dat Stratton bereid was verder te gaan dan wat verplicht was.

Meer zat er niet achter, zei hij tegen zichzelf.

De vrouw tevredenstellen. Niemand wilde een proces.

En hij herinnerde zich wat die vrouwelijke rechercheur had gezegd toen ze wegging. 'We hebben allemaal iemand die van ons houdt,' had ze gezegd. Ze had gelijk. Hoe gestoord, hoe krankzinnig Andrew Stadler ook was geweest, zijn dochter had van hem gehouden.

Hij drukte op de knop van de intercom. 'Marge,' zei hij. 'Wil je Cassie Stadler voor me bellen?'

'Ik geloof dat ze in het huis van haar vader woont,' zei Marges stem in de luidspreker.

'Ja. Zeg tegen haar dat ik even langs wil komen. Ik heb iets voor haar.'

## 39

Brigadier Jack Noyce trok Audrey in zijn glazen hok, dat niet veel groter dan Audreys werkruimte was. Hij had er wel een duur uitziend geluidssysteem in gezet, een dvd-speler met luidsprekers van topkwaliteit. Noyce hield van zijn geluidsapparatuur, en hij hield van muziek. Soms zag Audrey hem met zijn koptelefoon op van muziek genieten of met de deur dicht naar de speakers luisteren.

Als hoofd van het team Ernstige Delicten had Noyce allerlei administratieve verantwoordelijkheden. Verder had hij de leiding over meer dan tien rechercheurs en ging een groot deel van zijn dag in besprekingen zitten. Alleen in de muziek – Keith Jarrett, Bill Evans, Art Tatum, Charlie Mingus, Thelonious Monk, alle grote jazzpianisten – kon hij afleiding vinden.

Er kwam nu zachtjes muziek uit Noyces stereo, een prachtige, bezielde uitvoering van de ballad 'You Go to My Head'. Een pianist speelde de melodie.

'Tommy Flanagan?' zei Audrey.

Noyce knikte. 'Je doet je ogen dicht, en je bent in de Village Vanguard terug.'

'Het is prachtig.'

'Audrey, je hebt niets over Bugbee gezegd.' Zijn trieste ogen, achter dikke brillenglazen in een vliegeniersmontuur, glansden van betrokkenheid.

'Het gaat wel,' zei ze.

'Als het niet zo was, zou je het me toch vertellen?'

Ze lachte. 'Alleen als ik het niet meer uithield.'

'De practical jokes zijn blijkbaar afgelopen.'

'Misschien kreeg hij er genoeg van.'

'Of misschien heeft hij geleerd respect voor je te hebben.'

'Nu geef je hem veel te veel eer,' zei ze lachend.

'En jij bent degene die in de mogelijkheid van morele verlossing zou moeten geloven. Zeg, Audrey – zijn jullie naar Stratton geweest?'

'Ga me niet vertellen dat hij je inlicht over elke stap die we zetten.'

'Nee. Ik kreeg een telefoontje van de directeur Beveiliging van Stratton.'

'Rinaldi.'

'Ja. Je hebt met hem gepraat, en daarna zijn jullie samen met Nicholas Conover gaan praten.'

'Waarom belde hij jou?'

'Hij zegt dat jullie opeens kwamen opdagen en voor de deur van een bestuursvergadering op Conover zaten te wachten. Is dat waar?'

Ze voelde zich in het defensief gedrongen. 'Dat was mijn beslissing. Ik wilde niet dat hij zijn antwoorden zou voorbereiden of op die van Rinaldi zou afstemmen.'

'Ik kan je niet volgen.' Noyce zette zijn bril af en begon er met een schoonmaakdoekje over te wrijven.

'Ik had al met Rinaldi gepraat, en daar had ik geen goed gevoel aan overgehouden. Ik kan het niet uitleggen.'

'Hoeft ook niet. Instinct.'

'Ja.'

'En in negentig procent van de gevallen klopt er niets van. Maar hé...' Hij glimlachte. 'Je moet het doen met wat je hebt.'

'Ik wilde niet dat Rinaldi met zijn baas zou afspreken wat ze zouden zeggen.'

'En dus overvielen jullie de president-directeur voor de deur van de kamer waar hij een bestuursvergadering had gehad?' Noyce lachte zachtjes.

'Ik dacht alleen: als we eerst een afspraak met hem maken, belt hij zijn beveiligingschef om te vragen wat er aan de hand is.'

'Ik kan je nog steeds niet volgen. Je denkt toch niet dat de president-directeur van Stratton iets met deze zaak te maken heeft?'

Ze schudde haar hoofd. 'Nee, natuurlijk niet. Maar de zaak kan wel met hem in verband staan. Een paar dagen voor Stadlers dood heeft zich een incident voorgedaan bij Nicholas Conover thuis. Iemand had de hond van de familie afgeslacht en in het zwembad gegooid.'

Noyce huiverde. 'Allemachtig. Was het Stadler?'

'Dat weten we niet. Maar er waren veel meer dingen in het huis van Conover gebeurd sinds ze daar ongeveer een jaar geleden gingen wonen. Tot nu toe was het graffiti. Er is niets gestolen en er is geen geweld gebruikt. Maar elke keer werd aangifte gedaan bij onze geüniformeerde divisie – en die hebben niets gedaan. Ze hebben niet eens een afdruk gemaakt van het mes dat is gebruikt om die hond dood te maken. Het schijnt dat niemand erg gemotiveerd was om er iets aan te doen. Iedereen heeft nu eenmaal een hekel aan Conover.'

'Eh, ja, maar toch is het niet goed.'

'Kort voor Stadlers dood nam Rinaldi contact op met onze geüniformeerde divisie om naar die Andrew Stadler te vragen. Hij wilde weten of Stadler bij de politie bekend was.'

'En was hij dat?'

'Lang geleden is Stadler ondervraagd in verband met de dood van een gezin bij hem in de buurt, maar daar is niets uit voortgekomen.'

'Waarom was Rinaldi geïnteresseerd in Andrew Stadler?'

'Rinaldi zei dat hij de lijst van ontslagen mensen had doorgenomen – en dat is een lange lijst van zo'n vijfduizend mensen – om te kijken wie er wel eens geweld hadden gebruikt.'

'En gold dat voor Stadler?'

'Rinaldi draaide er een beetje omheen. Toen ik Stadlers chef ondervroeg, in de modelwerkplaats waar Stadler had gewerkt, zei die dat Stadler helemaal niet gewelddadig was. Al heeft hij in zijn woede zelf ontslag genomen, wat betekende dat hij de afvloeiingspremie niet kreeg. Maar Rinaldi had ontdekt dat Stadler in het verleden psychiatrisch behandeld is.'

'En dus vermoedde hij dat Stadler de stalker van Conover was.'

'Hij zegt van niet, maar ik denk van wel.'

'En dus denk jij dat Conover of Rinaldi iets met de moord op Stadler te maken heeft?'

'Ik weet het niet. Maar die Rinaldi zet me wel aan het denken.'

'O, ik weet van Rinaldi.'

'Hij zei dat jullie vrienden waren, jullie tweeën.'

Noyce grinnikte. 'Zei hij dat?'

'Hij heeft zich bij de politie in Grand Rapids niet helemaal aan de regels gehouden. Hij werd eruit gegooid omdat ze hem ervan verdachten dat hij geld had achtergehouden bij een drugsinval.'

'Hoe weet je dat?' Noyce was plotseling nieuwsgierig.

'Ik heb naar Grand Rapids gebeld en met wat mensen gepraat tot ik iemand vond die hem heeft gekend.'

Noyce fronste zijn wenkbrauwen en schudde zijn hoofd. 'Ik heb liever niet dat je naar Grand Rapids belt.'

'Waarom niet?'

'Mensen praten. Geruchten verspreiden zich als een lopend vuurtje. Rinaldi kan het te horen krijgen, en ik wil niet dat hij weet dat we naar hem informeren. Als hij dat weet, maken we minder kans hem op een leugen te betrappen.'

'Goed. Daar zit wat in.'

'Denk je dat Rinaldi de moord op Stratton kan hebben gepleegd?'

'Dat heb ik niet gezegd. Edward Rinaldi is een ex-politieman, en iemand die misschien mensen kent, weet je.'

'Wie zou er nou een moordaanslag laten plegen op een geestelijk gestoorde ex-werknemer?' Noyce zette zijn bril weer op en trok zijn wenkbrauwen op.

'Vergezocht, hè?'

'Een beetje.'

'Maar niet onwaarschijnlijker dan een drugsmoord met als slachtoffer iemand die niet aan het profiel van een crackgebruiker voldoet, die geen crack in zijn bloed had en die nepcrack in zijn zak had. Doorgestoken kaart, dus.'

'Daar zit wat in.'

'Bovendien zijn er helemaal geen vingerafdrukken gevonden op het plastic waarin het lichaam verpakt was. Er waren wel sporen van talk. Dat wijst erop dat degene die het lichaam heeft verplaatst chirurgische handschoenen droeg. Het is allemaal erg vreemd. Ik zou graag Rinaldi's telefoongegevens willen hebben.'

Noyce slaakte een diepe zucht. 'Daarmee zou je de knuppel in het hoenderhok gooien bij Stratton.'

'En Rinaldi's persoonlijke telefoongegevens – thuis, mobiel, enzovoort?'

'Dat is gemakkelijker.'

'Wil je daarvoor tekenen?'

Noyce beet op zijn lip. 'Ja. Dat wil ik wel. Als je een instinctief gevoel hebt, wil ik daar wel in meegaan. Maar, Audrey, luister. De Stratton Corporation heeft veel vijanden in deze stad.'

'Vertel mij wat.'

'Daarom wil ik eerlijk te werk gaan. Het mag er niet op lijken dat we alleen maar achter ze aan zitten om ze in verlegenheid te brengen – dat we buigen voor pressie van het publiek, dat we in het gevlij willen komen. Dat wil ik niet. Ik wil dat we het eerlijk spelen, en wat net zo belangrijk is: ik wil dat het er ook op lijkt dat we het eerlijk spelen. Goed?'

'Natuurlijk.'

'Zolang we wat dat betreft maar op dezelfde golflengte zitten.'

## 40

Cassie Stadler woonde aan West Sixteenth Street. Dat was in het deel van Fenwick dat nog steeds Steepletown werd genoemd omdat daar vroeger zoveel kerktorens waren geweest. Nick kende die wijk goed; hij was er opgegroeid, in een klein splitlevelhuis met een slordig gazonnetje en een gaashekje om de buren weg te houden. In Nicks jeugd was Steepletown een arbeiderswijk. De meeste mannen werkten in de fabriek van Stratton. De meesten waren ook Pools en katholiek, al waren de Conovers niet Pools en gingen ze niet naar de Sacred Heart-kerk. Het was een wijk waar mensen hun geld in matrassen bewaarden.

Toen hij door die straten reed, had hij opeens een vreemd, nostalgisch gevoel. De beelden en geuren waren hem zo vertrouwd, het gebouw van de American Legion, de kegelbaan, het biljarthuis. De huizenblokken, de aluminium gevelbeplating, Corky's Bottled Liquors. Zelfs de auto's waren nog groot en Amerikaans. Dat was in tegenstelling tot de rest van Fenwick, dat chiquer en verfijnder was geworden, vegetarisch en caloriebewust, met galerieën en SUV's en BMW's, en zich daar eigenlijk niet zo behaaglijk bij voelde, als een klein meisje dat op de hoge hakken van haar moeder loopt. Vlak voordat hij de auto voor het huis parkeerde, was er een nummer op de radio: 'She's Always a Woman' van Billy Joel. Een van Laura's grote favorieten. Ze had zichzelf geleerd het op de piano te spelen en deed dat helemaal niet slecht. Ze zong het onder de douche – 'Oh, she takes care of herself...' – en deed dat wel slecht, vals, met een ijle onzekere stem. Toen hij het hoorde, schoot er meteen een brok in Nicks keel. Hij zette de radio uit, want hij kon er niet meer tegen. Daarna moest hij eerst een paar minuten in de auto zitten voordat hij uitstapte.

Hij belde aan: zes melodieuze tonen klonken als een carillon. De deur ging open en uit het halfduister verscheen een kleine gestalte achter de stoffige hordeur.

Wat doe ik hier? dacht hij. Jezus, dit is krankzinnig. De dochter van de man die ik heb vermoord.

*We hebben allemaal wel iemand die van ons houdt*, had de vrouwelijke rechercheur gezegd.

Dit is die iemand.

'Meneer Conover,' zei ze. Ze droeg een zwart T-shirt en een versleten spijkerbroek. Ze was slank, nog tengerder dan hij zich haar van de begrafenis herinnerde, en ze had een harde, achterdochtige uitdrukking op haar gezicht.

'Mag ik even binnenkomen?'

Haar ogen waren roodomrand en er zaten grote wallen onder. 'Waarom?'

'Ik heb iets voor u.'

Ze keek hem nog even aan en haalde toen haar schouders op. 'Goed.' Het absolute minimum aan beleefdheid. Ze duwde de hordeur open.

Nick kwam in een donker halletje dat naar schimmel en vochtige vloerbedekking rook. De post lag in stapels op een schraagtafel. Er waren een paar huiselijke accenten – een schilderij in een sierlijke goudkleurige lijst, een slecht zeegezicht, zo te zien een reproductie. Een vaas met droogbloemen. Een lamp met franje aan de kap. Een merklap in een strakke zwarte lijst, geborduurd of wat dan ook, met de tekst LAAT MIJ WONEN IN EEN HUIS LANGS DE KANT VAN DE WEG EN EEN VRIEND VAN DE MENSEN ZIJN, boven een geborduurde afbeelding van een huis dat er veel mooier uitzag dan het huis waar het in hing. Het leek wel of er in tien jaar tijd niets was verplaatst of afgestoft. Hij ving een glimp op van een kleine keuken. Er stond een grote oude witte koelkast met afgeronde randen.

Ze ging een paar stappen achteruit en stond in een lichtkegel van een wandlamp. 'Waar gaat het over?'

Nick haalde de envelop uit de zak van zijn jasje en gaf hem aan haar. Ze pakte hem aan en keek verbaasd naar de envelop, alsof ze er nooit eerder een had gezien. Toen schoof ze de lichtblauwe cheque eruit. Toen ze het bedrag zag, keek ze niet verrast. Ze vertoonde geen enkele reactie. 'Ik begrijp het niet.'

'Het minste wat we kunnen doen,' zei Nick.

'Waar is het voor?'

'De afvloeiingspremie die uw vader had moeten krijgen.'

Het begon haar te dagen. 'Mijn vader heeft zelf ontslag genomen.'

'Hij had het moeilijk.'

Ze keek hem aan met een stralende glimlach die onder andere omstandigheden sexy zou zijn geweest maar nu onbehaaglijk overkwam. 'Dit is zo interessant,' zei ze. Haar stem was fluweelzacht en aangenaam diep. En sexy, dacht Nick onwillekeurig. Haar mond had ook iets, zoals de hoeken omhooggingen, zelfs wanneer ze niet glimlachte. Ze kreeg er een begrijpende uitdrukking door.

'Hm?'

'Dit,' zei ze.

'De cheque? Dat begrijp ik niet.'

'Nee. U. Wat u hier doet.'

'O?'

'Het is net of u iets wilt goedmaken.'

'Goedmaken? Nee. Uw vader had beter advies moeten krijgen toen hij zijn outplacementgesprek had. We hadden hem niet mogen laten weglopen zonder hetzelfde afvloeiingspakket dat alle anderen kregen, of hij nu zelf ontslag nam of niet. Hij was kwaad, en terecht. Hij was jarenlang bij ons in dienst geweest en had iets beters verdiend.'

'Het is verdomd veel geld.'

'Hij heeft zesendertig jaar voor Stratton gewerkt. Hier had hij recht op. Misschien niet juridisch, maar wel moreel.'

'Het is schuldgeld. Of kunnen we het bloedgeld noemen?' Ze trok haar mondhoeken weer op.

'Ik denk van niet.' Hij voelde dat zijn ingewanden zich samentrokken. 'Ik vond alleen dat u verzorgd moest achterblijven.'

'God, ik snap niet dat u ertegen kunt om te doen wat u doet.'

*Ze heeft het recht om me aan te vallen*, dacht Nick. *Laat haar maar. Laat haar maar tekeergaan tegen mij en het bedrijfsleven. Laat haar maar de vloer aanvegen met Stratton en mij. Ze zal zich er beter door voelen. Misschien ben je daarom hierheen gekomen: masochisme.*

'Eh, ja,' zei hij. 'Nick de Beul en zo.'

'Dat is vast niet gemakkelijk. Gehaat te worden door zo ongeveer iedereen in de stad.'

'Het hoort bij mijn baan,' zei hij.

'Het moet prettig zijn om er een te hebben.'

'Soms wel, soms niet.'

'Het leven moet een paar jaar geleden veel gemakkelijker voor u zijn geweest. Ik wed dat iedereen toen gek op u was. U moet toen wel het gevoel hebben gehad dat u op wolken liep. En opeens bent u de schurk van het verhaal.'

'Het is geen populariteitswedstrijd.' *Wat was dit voor een gesprek?*

Een raadselachtige glimlach. 'Een man als u wil dat mensen hem aardig vinden. Dat heeft hij nodig.'

'Ik ga maar eens.'

'Ik breng u in verlegenheid,' zei ze. 'U bent niet het introspectieve type.' Een moment van stilte. 'Waarom bent u hier eigenlijk gekomen? Vertrouwt u de koeriersbedrijven niet?'

Nick schudde vaag met zijn hoofd. 'Dat weet ik eigenlijk niet. Misschien heb ik echt medelijden met u. Ik heb vorig jaar mijn vrouw verloren. Ik weet hoe moeilijk zoiets kan zijn.'

Toen ze naar hem opkeek, meende hij verdriet in de diepten van haar lichtbruine ogen te zien. 'Kinderen?'

'Twee. Een meisje en een jongen.'

'Hoe oud?'

'Julia is tien. Lucas is zestien.'

'God, zo jong je moeder verliezen. Ik denk dat er aan de bankettafel van het leven altijd genoeg verdriet is voor iedereen. Je kunt steeds weer een portie nemen, hè?' Ze klonk alsof ze plotseling doodmoe was.

'Ik moet terug. Het spijt me als ik u lastig heb gevallen door naar u toe te komen.'

Plotseling zakte ze op de vloer. Ze zat opeens op de vloerbedekking, half opzij gezakt, haar benen gevouwen onder haar. Ze hield zich met één arm overeind. 'Jezus,' zei ze.

'Gaat het wel?' Nick kwam naar haar toe en boog zich naar voren.

Haar andere hand lag tegen haar voorhoofd. Haar ogen waren dicht. Haar doorschijnende huid was asgrauw.

'Jezus, het spijt me. Al het bloed trok opeens uit mijn hoofd weg, en ik...'

'Wat kan ik voor u halen?'

Ze schudde haar hoofd. 'Ik moet alleen even zitten. Licht in mijn hoofd.'

'Een glas water of zo?' Hij knielde naast haar neer. Ze zag eruit alsof ze elk moment kon flauwvallen. 'Eten misschien?'

Ze schudde weer haar hoofd. 'Mij mankeert niets.'

'Dat betwijfel ik. Blijf daar zitten, dan haal ik iets.'

'Ik ga nergens heen,' zei ze met een wazige blik in haar ogen. 'Maakt u zich maar geen zorgen. Mij mankeert niets.'

Nick stond op en ging naar de keuken. Daar stond een stapel vuile borden in de gootsteen, met op het aanrecht daarnaast een stel dozen van Chinese afhaalmaaltijden. Hij keek om zich heen, vond het elektrische kookstel met een ketel op een van de plaatjes. Hij pakte de ketel op en voelde dat die leeg was. Hij ging naar de gootsteen, duwde een paar gestapelde borden opzij om plaats te maken voor de ketel en deed daar water in. Hij had een paar seconden nodig om erachter te komen welke knop van het kookstel bij welk plaatje hoorde. Het plaatje deed er een hele tijd over om van zwart op oranje over te gaan.

'Houdt u van Szechuan Garden?' riep hij.

Stilte.

'Gaat het wel goed?' zei hij.

'Eigenlijk is het erg,' zei ze na weer een stilte met een zwakke stem. 'Er zijn twee, misschien drie Chinese restaurants in deze hele stad, het ene nog slechter dan het andere.' Weer een stilte. 'In mijn huizenblok in Chicago zijn er al meer.'

'Zo te zien bent u toch een goede klant.'

'Ik kan er lopend heen. Ik had geen zin om te koken sinds...'

Ze stond op de drempel van de keuken en kwam langzaam en wankelend binnen. Ze liet zich op een van de keukenstoelen zakken, chroom met een rugleuning van rood vinyl. De tafel had een blad van rood formica, met een gebarsten ijspatroon en een chromen rand.

De ketel maakte een hol bulderend geluid. Nick maakte de koelkast open – op de voorkant stond *Frigidaire* met grote oude vierkante metalen reliëfletters, en Nick moest meteen aan de koelkast van vroeger bij hem thuis denken – en zag dat die bijna leeg was. Een pak taptemelk, een geopende fles Australische wijn met een kurk erin; een doos eieren, halfleeg.

Hij vond een korst Parmezaanse kaas en een eetbaar stel sjalotjes.

'Hebt u een rasp?'

'Meent u dat nou?'

# 41

Hij zette het bord met de omelet op de tafel voor haar neer, met een vork en een papieren servetje en een kop thee. Die kop, zag hij te laat, had het oude Stratton-logo uit de jaren zeventig op de zijkant.

Ze stortte zich op het voedsel en at alsof ze uitgehongerd was.

'Wanneer hebt u vandaag voor het laatst gegeten?' vroeg Nick.

'Nu,' zei ze. 'Ik vergat te eten.'

'Hè?'

'Ik had andere dingen aan mijn hoofd. Hé, dit is niet slecht.'

'Dank u.'

'Ik had niet gedacht dat u zo goed kon koken.'

'Zo ver als dit gaat mijn kookkunst ongeveer.'

'Ik voel me al veel beter. Dank u. Ik dacht dat ik van mijn stokje ging.'

'Graag gedaan. Ik zag wat salami in de koelkast, maar ik dacht dat u veganist zou zijn of zoiets.'

'Veganisten eten geen eieren,' zei ze. 'Hm. God, weet u, er zijn soorten lintwormen die zichzelf opeten als ze geen voedsel vinden.'

'Blij dat ik hier op tijd was.'

'De president-directeur van Stratton maakt een verrekt goeie omelet. Wacht maar tot de kranten dat horen.'

'Hoe bent u in Chicago terechtgekomen?'

'Lang verhaal. Ik ben hier opgegroeid. Maar toen ik negen of tien was, kreeg mijn moeder genoeg van de gekte van mijn vader. Dat was voordat er schizofrenie bij hem was vastgesteld. Ze verhuisde naar Chicago en liet me hier bij mijn vader achter. Een paar jaar later ging ik bij haar en haar nieuwe man wonen. Hé, dit is mijn huis, en ik ben geen goede gastvrouw.'

Ze stond op, liep naar een van de onderkastjes en maakte de deur open. Er stond een verzameling stoffige flessen in, vermout en Bailey's Irish Cream en dat soort dingen. 'Laat me raden – u bent iemand voor whisky.'

'Ik moet naar huis, naar de kinderen.'

'O,' zei ze. 'Ja.' Haar gezicht had iets opgejaagds, iets van een verschoppeling, en dat trof hem. Hij had tegen Marta gezegd dat hij een uur of zo weg zou zijn; een uur erbij zou niet zoveel verschil maken.

'Maar misschien kan een beetje whisky geen kwaad.'

Ze straalde, bukte zich en haalde een fles Jameson's te voorschijn. 'Ierse, geen Schotse. Is dat goed?'

'Ja hoor.'

Ze pakte een tumbler van geslepen glas uit hetzelfde kastje. 'Oei,' zei ze terwijl ze een stofwolk uit het glas blies. Ze hield het onder de stromende kraan. 'Ik ga rocks zeggen.'

'Hm?'

'IJsblokjes. U drinkt uw whisky on the rocks.' Ze ging naar de antieke Frigidaire, maakte het vriesvak open en pakte er het soort ijsbak uit dat Nick in geen tientallen jaren had gezien, aluminium met een hendel die je omhoogtrok om het ijs in blokjes te breken. Ze trok de hendel naar achteren, en het ijs maakte een knerpend geluid dat hem aan zijn kinderjaren deed denken. Het deed hem ook aan zijn vader denken, die van whisky on the rocks hield, elke avond en te veel.

Ze liet een handvol van de scherpe blokjes in het glas vallen, schonk er zo'n vijf centimeter whisky overheen en gaf hem het glas. Ze keek hem recht in de ogen, de eerste keer dat ze dat deed. Haar ogen waren groot en grijsgroen en helder, en Nick voelde iets in zijn kruis. Hij schaamde zich meteen. Jezus, dacht hij.

'Dank u,' zei hij. In het glas was FAMOUS GROUSE gegraveerd. Het was zo'n reclameglas dat je in de slijterij kreeg, in één verpakking met de fles.

'En u?'

'Ik houd niet van whisky,' zei ze. De ketel begon schel te fluiten. Ze pakte hem van de brander, vond een doos theezakjes in een la en schonk zich een kop kruidenthee in.

'Wat voor gevoel is het om thuis te zijn?' De whisky had een aangenaam scherpe smaak en hij voelde de werking meteen. Hij herinnerde zich trouwens niet wanneer hij zelf voor het laatst iets had gegeten.

'Vreemd,' zei ze, terwijl ze aan de tafel ging zitten. 'Het roept veel herinneringen bij me op. Goede, en ook minder goede herinneringen.' Ze keek hem aan. 'Ik denk niet dat u dat begrijpt.'

'Probeer het maar eens.'

'Weet u hoe het is om een ouder met een ernstige geestesziekte te hebben? Je bent een kind en je begrijpt niet wat er aan de hand is.'

'Ja. Hoe zou je dat ook kunnen begrijpen?'

Cassie deed haar ogen dicht en het leek of ze ergens anders was. 'Dus je bent zijn dochter en hij houdt van je. Hij knuffelt je zoals niemand je kan knuffelen en drukt zijn voorhoofd tegen dat van jou aan en je voelt je zo veilig, zo geliefd, en alles in de wereld is goed. En dan, op een dag, is hij anders – alleen heeft hij het gevoel dat jíj anders bent.'

'Door de ziekte.'

'Hij kijkt je aan en je bent een vreemde voor hem. Je bent nu niet zijn dochter, van wie hij houdt. Misschien lijk je op haar, maar hij trapt er niet in, hij weet dat je vervangen bent door iets of iemand anders. Hij kijkt je aan en hij ziet een robot, weet je. En je zegt: "Papa!" Je bent drie of vier of vijf en je spreidt je armen en wacht op je superspeciale knuffel. En hij zegt: "Wie ben jij? Wie ben jij echt?" En hij zegt: "Ga weg! Ga weg! Ga weg!"' Haar mimiek was griezelig; Nick ving een glimp op van de nachtmerrie die ze had doorgemaakt. 'Je beseft dat hij doodsbang voor je is. En het is anders dan alles wat je ooit hebt meegemaakt. Want het is iets anders dan wat er gebeurt als je je misdraagt; dan wordt mama of papa boos en wordt er tegen je geschreeuwd. Ieder kind weet hoe dat is. Ze zijn kwaad. Maar je weet dat ze nog steeds van je houden, en ze weten nog steeds dat je bestaat. Ze denken niet dat je een buitenaards wezen bent. Ze zijn niet bang voor je. Wanneer een ouder schizofrenie heeft, is het heel anders. Het maakt zich van hen meester, en plotseling besta je niet meer voor hem. Je bent geen dochter meer, maar een bedrieger, een indringer. Een... buitenstaander. Iemand die daar niet thuishoort.' Ze glimlachte bedroefd.

'Hij was ziek.'

'Hij was ziek,' herhaalde Cassie. 'Maar een kind begrijpt dat niet. Een kind kan dat niet begrijpen. Zelfs wanneer iemand het me had uitgelegd, zou ik het waarschijnlijk niet hebben begrepen.' Ze snoof en haar ogen liepen vol met tranen. Ze fronste haar wenkbrauwen, wendde zich af en veegde haar ogen af aan haar T-shirt, zodat haar platte buik te zien was, haar kleine uitpuilende navel. Nick deed zijn best om niet te kijken.

'Heeft niemand je ooit verteld wat er aan de hand was?'

'Toen ik een jaar of dertien was, kwam ik er eindelijk achter. Mijn moeder wilde het niet accepteren en wilde er ook niet over praten. Dat is ook nogal krankzinnig, als je er goed over nadenkt.'

'Ik kan me niet voorstellen wat je moest doormaken.' En dat kon hij inderdaad niet – niet wat ze had moeten doormaken, en ook niet wat ze door de dood van haar vader opnieuw moest doormaken. Hij zou heel graag iets voor haar willen doen.

'Nee, dat kun je je niet voorstellen. Maar het tast je geest aan. In mijn geval tenminste wel.'

Ze drukte haar kin tegen haar borst en streek met haar vingers door haar piekerige haar. Toen ze opkeek, waren haar wangen nat. 'Je hoeft dit niet aan te horen,' zei ze, haar stem gesmoord van de tranen. 'Je kunt beter weggaan.'

'Cassie,' zei hij. Hij fluisterde het en het klonk veel persoonlijker dan zijn bedoeling was geweest.

Een tijdlang haalde ze snel en ondiep adem. Toen ze weer sprak, klonk haar stem gespannen. 'Je moet naar je kinderen,' zei ze. 'Niets is belangrijker dan je gezin.'

'Mijn gezin stelt tegenwoordig niet veel meer voor.'

'Dat moet je niet zeggen,' zei Cassie. Ze keek fel naar hem op. 'Zo moet je verdomme nooit praten. Nóóit.' Er was iets in haar opgelaaid, als een heel luciferboekje, en het zakte bijna even snel weer af. Maar wie kon dat deze vrouw kwalijk nemen, die zo kortgeleden haar vader had begraven? En toen herinnerde hij zich waarom.

'Sorry,' zei hij. 'Het was niet makkelijk voor de kinderen, en ik doe niet bepaald mijn werk.'

'Hoe is ze gestorven?' Haar stem was zacht. 'Hun moeder.'

Hij nam weer een slokje. Er speelde zich een snelle scène in zijn hoofd af, onrustig, een slecht gemonteerde film. De korreltjes glas overal in Laura's haar. De voorruit als een spinnenweb. 'Ik wil er liever niet over praten.'

'O, het spijt me.'

'Je hoeft je niet te verontschuldigen. Het was een begrijpelijke vraag.'

'Nee, je... huilt.'

Hij besefte dat hij dat deed, en toen hij zich beschaamd afwendde, inwendig vloekend op de drank, stond ze van haar stoel op en kwam naar hem toe. Ze legde haar kleine warme hand op zijn gezicht, boog zich dicht naar hem toe en drukte haar lippen op de zijne.

Geschrokken deinsde hij terug, maar ze kwam dichterbij, drukte haar lippen harder tegen de zijne en legde haar andere hand op zijn borst.

Hij wendde zijn hoofd af. 'Cassie, ik moet naar huis.'

Cassie glimlachte teleurgesteld. 'Ga maar,' zei ze. 'Je kinderen wachten.'

'Eigenlijk de oppas. Ze vindt het erg als ik later thuiskom dan ik beloof.'

'Je dochter – hoe heet ze ook weer?'

'Julia.'

'Julia. Mooie naam. Ga naar Julia en Luke. Ze hebben je nodig. Ga naar je omheinde enclave terug.'

'Hoe weet je dat ik daar woon?'

'Mensen praten. Het is perfect.'

'Wat?'

'Dat jij in een omheinde enclave woont.'
'Ik ben daar niet echt het type voor.'
'O, volgens mij wel,' zei ze. 'Meer dan je zelf beseft.'

## 42

LaTonya's twaalfjarige dochter Camille oefende op de piano in de kamer ernaast. Dat maakte het moeilijk voor Audrey zich te concentreren op wat haar schoonzuster zei. LaTonya sprak zacht, wat ze bijna nooit deed, en haalde intussen een stoofschotel met zoete aardappel uit de keuken.
'Weet je,' zei LaTonya, 'als Paul geen vast inkomen had, zou ik niet weten hoe ik me moest redden, met nog drie kinderen in huis.'
Audrey, die hoge stapels dozen met thermogenisch vetverbrandende supplementen in de keuken had zien staan, zei: 'Hoe gaat het met de vitaminen?'
'Shit!' riep LaTonya uit, en ze zette de pan vlug op de open ovendeur. 'Er zit een gat in die verrekte ovenwanten – wat een klotedingen!'
Thomas, die negen was, kwam aangerend uit de eetkamer, waar Matthew en hij zogenaamd de tafel aan het dekken waren, al kwam dat er vooral op neer dat ze giechelend de borden tegen elkaar lieten kletteren. 'Gaat het, mam?'
'Niets aan de hand,' zei LaTonya. Ze pakte de pan weer op en zette hem op het gasstel. 'Ga jij nou maar weer verder met tafeldekken en zeg tegen Matthew dat hij tegen je vader en oom Leon moet zeggen dat ze met hun luie reet aan tafel moeten gaan zitten.' Ze keek Audrey aan, een walgende uitdrukking op haar gezicht. 'Ik ben mijn tijd weer eens vooruit.'
'Hoe dan?'
'Die thermogenische supplementen. Fenwick is een achterlijke, bangelijke stad,' zei ze ernstig. 'De mensen hier willen geen nieuwe dingen proberen.'
'En nu zit jij met al die flessen.'
'Als ze denken dat ik ervoor ga betalen, kunnen ze het wel vergeten. Ik wou je vragen de kleine lettertjes van mijn contract te lezen, want ik denk niet dat ze me dat kunnen flikken.'
'Goed,' zei Audrey zonder enthousiasme. Ze had er helemaal geen zin in om LaTonya uit de zoveelste narigheid te helpen waar ze door

haar eigen schuld in terechtgekomen was. 'Weet je, het geld is niet het ergste,' zei Audrey. 'Het is niet gemakkelijk, maar we kunnen ons redden.'

'Dat jullie geen kinderen hebben,' merkte LaTonya op.

'Ja. Dat zit Leon dwars.'

'Wat doet hij nou de hele dag?' vroeg LaTonya. Ze had haar ene hand op haar linkerheup en wapperde met de andere om hem te laten afkoelen.

'Hij kijkt veel tv en hij drinkt,' zei Audrey.

'Weet je, ik wist dat dit zou gebeuren. Toen hij jong was, hebben we hem verwend. Hij was de lieveling van het gezin. Hij kreeg alles wat hij wilde. Mijn mama en ik vlogen voor hem, en nu betaal jij daar de prijs voor. Hoor jij wat ik hoor?'

'Ik hoor niets.'

'Precies.' Ze schreeuwde oorverdovend hard: 'Camille, je moet nog twintig minuten oefenen, dus hou er nu niet mee op!'

Er kwam een onduidelijk protest uit de andere kamer.

'En je krijgt pas eten als je klaar bent, dus schiet nou maar op!' Ze keek Audrey woedend aan. 'Eerlijk waar, ik weet niet wat er met haar is. Ze luistert helemaal niet naar me.'

Het avondeten bestond uit gehaktbrood, macaroni met kaas, kool en stoofschotel met zoete aardappel, allemaal vette, machtige dingen, maar heerlijk. Leon zat naast zijn zuster aan het ene eind van de tafel, LaTonya's man aan het andere eind. De twee onrustige jongens zaten aan de ene zijkant tegenover Audrey en Camilles lege plaats.

Uit de huiskamer kwam nu en dan het doffe geluid van de piano. Brahms, herkende Audrey. Een mooi stuk. Een wals misschien? Haar nichtje had er grote moeite mee.

Thomas gierde van het lachen om iets, en Matthew zei: '*Fuck you!*'

LaTonya riep uit: 'Wil je nooit meer zulke taal uitslaan in dit huis?'

De twee jongens waren meteen stil. Matthew keek als een geslagen hondje en zei: 'Ja, moeder.'

'Dan is het goed,' zei LaTonya.

Audrey keek de jongste jongen aan met een lichtelijk afkeurende blik, maar toch ook, hoopte ze, met de liefde van een tante.

Intussen was Leon zich aan het volproppen. Hij zei: 'Ik wou dat ik hier elke avond kon eten, LaTonya.'

Ze straalde, maar hield zich toen in. 'Is er enige reden waarom jij geen baan kunt krijgen?'

'Als wat?' zei Leon, en hij liet dramatisch zijn vork vallen. 'Elektrostatisch spuitwerker in de supermarkt?'

'Wat dan ook,' zei LaTonya.
'Nou, wat dan?' zei Leon. 'Wat kan iemand met mijn vakkundigheid in deze stad doen?'
'Je vakkundigheid,' zei LaTonya smalend.
'Hoe denk je dat het is om ontslagen te worden?' zei Leon met stemverheffing. 'Heb je daar enig idee van? Hoe denk je dat ik over mezelf denk?'
'Ik kan je wel vertellen wat ik ervan denk dat je de hele dag niks zit te doen,' zei LaTonya. Ze hield haar hoofd schuin. 'Camille,' schreeuwde ze. 'Wat doe je?'
Weer een gedempte kreet.
'We zitten hier allemaal te eten,' riep LaTonya. 'Straks hebben we het op zonder dat jij erbij bent, als je in dit tempo blijft oefenen.'
'Ik hou het niet uit!' schreeuwde Camille terug.
'Je kunt schreeuwen wat je wilt,' brulde LaTonya. 'Het maakt geen verschil. Ik trap er niet in.'
'Laat mij met haar praten,' zei Audrey. Ze excuseerde zich en ging naar de andere kamer.
Camille zat te huilen achter de piano, met haar hoofd op haar ellebogen, die op de toetsten steunden. Audrey ging naast haar op het bankje zitten. Ze streelde het haar van haar nichtje en liet haar hand op haar nek rusten. 'Wat is er, schatje?'
'Ik hou het niet uit,' zei Camille. Ze ging rechtop zitten. Er liepen sporen van tranen over haar gezicht. Ze was echt van streek; het was geen komedie. 'Ik kan dit niet. Het is een marteling.'
Audrey keek naar de bladmuziek. De wals in a van Brahms. 'Wat kun je niet, schatje?'
Camille legde haar dikke vinger, nat van tranen, op het papier, zodat er een klein kuiltje ontstond.
'Die triller, is dat het?'
'Ja.'
Audrey liet Camille een beetje opschuiven en speelde een paar maten. 'Zo?'
'Ja, maar ik kan het niet.'
'Probeer dit eens.' Audrey speelde de triller langzaam. 'Een octaaf lager.'
Camille legde haar vingers op de toetsen en probeerde het.
'Zo,' zei Audrey, en ze speelde het opnieuw.
Camille deed hetzelfde. Het kwam er dichtbij. 'Dat is het, schatje. Je hebt het te pakken. Probeer het nog eens.'
Camille speelde het en kreeg het goed.

'Ga nu een paar maten terug. Naar deze plaats. Laat me het eens horen.'

Camille speelde de eerste twee regels van de tweede bladzijde.

'Goh, wat leer je dat snel,' zei Audrey vol bewondering. 'Je hebt mij niet eens meer nodig.'

Camille glimlachte zwakjes.

'Wanneer is je optreden?'

'Volgende week.'

'Wat doe je naast dit stuk?'

'De kleine prelude.'

'Beethoven?'

Camille knikte.

'Mag ik komen?'

Camille glimlachte weer, ditmaal blij. 'Denk je dat je tijd hebt?'

'Ik maak tijd, schatje. Ik zou graag willen. Nou, maak het nu vlug af. Ik voel me eenzaam als ik zonder jou aan de tafel zit.'

Toen Audrey de eetkamer binnenkwam, keek Paul op. Hij was een man met een kippenborst en ingevallen wangen, een recessief gen maar een vriendelijke man. 'Ik weet niet waar je haar mee hebt bedreigd, maar zo te horen werkt het,' zei hij.

'Ze heeft zeker haar handboeien tevoorschijn gehaald,' zei LaTonya.

'Of haar pistool,' mompelde Leon. Hij scheen intussen wat gekalmeerd te zijn en had weer zijn bekende, norse persoonlijkheid aangenomen.

'Nee.' Audrey ging zitten. 'Ze had alleen een beetje hulp nodig met iets.'

'Ik wil een ijs-sundae als toetje,' zei de jongste jongen.

'Dat maak ik wel uit,' zei LaTonya. 'Op dit moment sta je er niet best voor.'

'Waarom niet?'

'Je hebt nog meer dan de helft van je gehaktbrood op je bord liggen. Hé, Audrey, waar werk je tegenwoordig aan?'

'Dat is niet iets voor aan tafel,' zei Audrey.

'Niet de bloederige details, bedoel ik.'

'Ik ben bang dat het alleen maar bloederige details zijn,' zei Audrey.

'Ze werkt aan de moord op die Stratton-arbeider die vermoord is in Hastings Street,' zei Leon.

Audrey stond er versteld van dat hij zowaar wist waaraan ze werkte. 'Eigenlijk mag niemand weten wat ik doe,' zei ze tegen hem.

'We zijn hier allemaal familie,' zei LaTonya.
'Evengoed,' zei Audrey.
'Niemand van ons vertelt iets door, zusje,' zei LaTonya. 'Denk je dat wij iemand kennen? Het ging helemaal mis met die man, hè? Hij ging aan de crack en ander gif.' Ze keek haar twee zoons veelbetekenend aan.
'Ik heb hem gekend,' zei Leon.
'Wie?' zei Audrey. 'Andrew Stadler?'
Leon knikte. 'Ja. Hij was erg op zichzelf, maar ik heb een of twee keer in de kantine met hem gepraat.' Leon stak zijn hand uit naar de pan met macaroni en schepte een grote bult op zijn bord, zijn derde portie. 'Nooit een aardiger man ontmoet.'
'Een gestoorde man,' zei Audrey.
'Gestoord?' zei Leon. 'Ik weet het niet. In elk geval was hij zo mak als een lammetje.'
'O ja?' zei Audrey.
'Zo mak als een lammetje,' zei Leon opnieuw.
'Ik ben klaar,' riep Camille. Ze kwam de kamer in en ging naast Audrey zitten. Ze pakte onder de tafel Audreys hand vast en gaf er stiekem een kneepje in. Audreys hart ging even sneller slaan.
'Je hebt er lang genoeg over gedaan,' zei LaTonya. 'Ik hoop dat je je les hebt geleerd.'
'Je klonk geweldig,' zei Audrey.

## 43

Nick kwam een beetje eerder dan gewoonlijk op kantoor. Hij haalde een kop koffie uit de directiekamer en keek naar zijn e-mail. Zoals altijd zat zijn inbakje vol met aanbiedingen van viagra en penis vergrotende middeltjes en voordelige hypotheken, met meestal creatieve spelfouten in de titels. De vrouwen en zoons van allerlei overleden Afrikaanse staatshoofden zochten nog steeds naar hulp bij het overmaken van miljoenen illegale dollars uit hun land.
Hij dacht aan die vrouw, Cassie Stadler. Ze was niet alleen erg aantrekkelijk, maar ze was ook anders dan alle vrouwen die hij ooit eerder had ontmoet. En het was duidelijk dat ze – natuurlijk zonder te weten wat hij had gedaan – zich ook tot hem aangetrokken voelde.
Geen bericht van de Atlas McKenzie-kerels – het mammoetcon-

tract dat zonder opgave van reden niet was doorgegaan – maar dat verraste hem niet. Hij zou ze erop moeten aanspreken, want hij moest weten wat hun reden was. Misschien kon hij ze toch nog overhalen om met Stratton in zee te gaan.

Omdat Marjorie er nog niet was, belde Nick zelf. Het was tien over zeven in de morgen, en dat betekende dat het aan de oostkust tien over acht was. De Atlas McKenzie-kerels waren er dan meestal al wel. Tien toetsen van hem vandaan. Het was niet veel werk om op die tien toetsen van de telefoon te drukken. Hoeveel calorieën kostte dat? Nick stelde zich een klein beetje voor van de takjespap voor die Julia niet wilde eten: zoveel calorieën. Waarom zou hij niet zelf bellen?

De vrouw aan de andere kant van de lijn zei dat het erg jammer was. Meneer Hardwick was nog in bespreking. Nick stelde zich voor dat Hardwick op dat moment gebaren maakte alsof hij zijn keel doorsneed: ik ben er niet.

Dus dat was het. Dat was een reden om niet zelf te bellen. Je wilde je de vernedering van liegende secretaresses besparen. De glimlach in de stem wanneer ze die zangerige formule uitsprak: tot mijn spijt... Het prettige gevoel dat ze een president-directeur kon dwarszitten. Vermaak voor de hele familie. Hij vroeg zich af of de serveerster van Terra echt in zijn arugulasalade had gespuugd. Ze had een beetje opgewekter gekeken toen ze die kwam brengen, nietwaar?

Nick voelde dat er wat zuur door zijn slokdarm omhoogkwam. Hij keek naar de scheidingswand van zilverraster tegenover hem. Geld en positie konden je tegen sommige dingen beschermen. Tegen andere dingen niet. Toen hij een paar jaar geleden zijn rijbewijs moest verlengen, hoefde hij niet in de rij voor het loket te staan, zoals vroeger. De president-directeur van een grote onderneming hoefde niet zelf in de rij te staan. Een jonge medewerker van de juridische afdeling deed het voor hem, en het kwam voor elkaar. Nick wist niet meer wanneer hij voor het laatst voor een taxi of op een vliegveld in de rij had gestaan. Topmanagers hadden auto's; je keek uit naar de man met een bord waar CONOVER op stond. En topmanagers van grote ondernemingen sjouwden niet met hun bagage. Daar werd ook voor gezorgd, zelfs wanneer Nick met een lijntoestel vloog. Maar als het slecht weer was, had je pech gehad. Als je auto in het verkeer vast kwam te zitten, deed het er niet toe wat de boekwaarde van je onderneming was: verkeer was verkeer. Die dingen hadden een nivellerend effect. Ze herinnerden je eraan dat je in dezelfde wereld leefde en op dezelfde plaats zou terechtkomen als ieder ander. Je dacht dat je een meester van het universum was, maar je had alleen iets te zeggen over een doosje met aarde. Je was de tiran van een terrarium. Dat je een kind had dat een hekel aan je had – dat moest ook een nivellerend effect hebben. Net als ziekte.

Net als de dood.

Hij probeerde MacFarland – dat was de man die op Nixon leek. Maar zijn secretaresse zei verontschuldigend dat meneer MacFarland op reis was. 'Ik zal hem laten weten dat u hebt gebeld,' zei de secretaresse tegen hem met de opgewekte kunstmatigheid van iemand van een castingbureau. Bel ons niet; wij bellen u.

Twintig minuten later hoorde hij de zwakke geluiden van iemand die zich installeerde en rook hij de sterke vanillegeur van Shalimar: Marjorie was er.

Nick stond op, rekte zich uit en liep om de scheidingswand heen. 'Hoe gaat het met de roman?' Hij probeerde zich de titel te herinneren. '*Manchester Abbey*, was het toch?'

Ze glimlachte. 'We hebben *Northanger Abbey* een paar weken geleden gedaan. Deze week is het *Mansfield Park*.'

'Ja,' zei Nick.

'Ik geloof dat Jane Austen eerst *Northanger Abbey* heeft geschreven, maar het kwam pas na haar dood uit,' zei Marjorie, terwijl ze de computer aanzette. Peinzend zei ze: 'Je staat ervan te kijken wat er na de dood van mensen uitkomt.'

Nick had een gevoel alsof iemand een ijsblokje tegen zijn hals had gedrukt. Zijn glimlach verflauwde.

'*Persuasion* kwam ook postuum uit,' ging ze verder. 'En *Billy Budd*, dat we vorig jaar hebben gelezen. Ik wist niet dat je zoveel belangstelling had, Nick. Je zou naar onze leesclub moeten komen.'

'Geef me een seintje als jullie de handleiding van de Chevrolet Suburban gaan doen – dat noem ik nog eens een boek,' zei hij. 'Zeg, ik verwacht een telefoontje van die Atlas McKenzie-kerels. Hardwick. MacFarland. Laat me weten wanneer ze aan de lijn zijn. Ik neem dat telefoontje overal aan, waar ik ook ben.'

De volgende uren bracht Nick in vergaderkamers door, twee besprekingen direct achter elkaar, hij kreeg er slapende billen van. Eerst met het team dat de bevoorradingsketen beheerde. De zeven leden waren tot een belangrijke conclusie gekomen: Stratton moest zijn metallicverf van meer verschillende leveranciers betrekken. Stralend van enthousiasme somden ze de overwegingen op die daarbij meespeelden, alsof ze de penicilline hadden ontdekt. Daarna was er het team van de industriële veiligheid. Daar zaten altijd meer juristen dan ingenieurs in en ze maakten zich drukker om juridische claims dan om armen en benen. Niemand kwam hem verlossen. Geen bericht van Marjorie.

Toen hij naar zijn bureau terugliep, keek hij Marjorie vragend aan.

'De Atlas McKenzie-mensen – die zouden vanmorgen toch terugbellen?' vroeg ze.

Nick zuchtte. 'Ik begin me te voelen alsof ik ergens naar buiten wordt gesmeten. Ik heb vandaag meteen gebeld, weet je, en ze zeiden dat Hardwick in bespreking was en MacFarland op reis, en dat ze me terug zouden bellen.' Maar ja, ze zouden zijn telefoontje van de vorige dag ook beantwoorden. Blijkbaar hadden ze andere prioriteiten.

'Je denkt dat ze je proberen te ontwijken.'

'Het zou kunnen.'

'Wil je ze aan de lijn hebben?' Marjorie keek opgewekt maar sluw. Dat zag hij graag.

'Ja.'

'Laat mij het maar proberen.'

Nick liep door naar zijn bureau en Marjorie begon te bellen. Hij kon niet alles horen. 'Ja,' zei ze. 'United Airlines. We hebben de zoekgeraakte bagage gevonden, en hij heeft ons een mobiel nummer gegeven waarop we hem konden bellen. Ja, James MacFarland. Hij klonk opgewonden. Maar onze medewerkster moet het verkeerd hebben genoteerd...'

Een minuut later hoorde Nick aan de toon van de intercom dat hij zijn lijn 1 moest opnemen.

'Jim MacFarland?' zei Nick, toen hij had opgenomen.

Behoedzaam: 'Ja?'

'Met Nick Conover.'

'Nick. Hallo.' Vriendelijk, met een onbehaaglijke trilling in zijn stem.

Nick wilde zeggen: *Besef je wel hoeveel geld en manuren erin zijn gaan zitten om die verrekte prototypes voor jullie te ontwerpen? En dan vinden jullie het niet eens nodig mijn telefoontjes te beantwoorden?* In plaats daarvan koos hij voor een luchtige aanpak. 'Ik wilde even contact opnemen,' zei hij. 'Over de stand van zaken.'

'Ja,' zei MacFarland. 'Ja. Daar wilde ik je nog over bellen. Over ons huidige standpunt.'

'Vertel het maar.'

Hij haalde diep adem. 'Weet je, Nick – we hadden niet beseft dat Stratton te koop staat. Dat verandert de situatie nogal voor ons.'

'Te koop? Wat bedoel je?' Nick had grote moeite om zijn stem kalm te houden. Aan het begin van zijn carrière had Nick gedacht dat je, als je de baas was, niemands reet hoefde te likken. Dat was een mooie gedachte geweest, maar het bleek dat er altijd wel iemand was wiens reet je moest likken. De opperbevelhebber van de vrije wereld moest bij boeren in Iowa in het gevlij zien te komen. *Het was goed om de baas te zijn* – dat zeiden ze toch altijd? Maar elke baas had weer een baas. Het waren schildpadden helemaal tot beneden toe. Reten helemaal tot boven toe.

Tenminste, dat gevoel had hij soms. Zoals nu.

'Weet je, als het op sourcing en support aankomt, hecht Hardwick altijd grote waarde aan stabiliteit,' zei MacFarland. 'We hadden niet beseft dat die dingen speelden. Jullie hadden nou niet bepaald een groot bord met "Te Koop" boven de voordeur, hè?'

Nick was met stomheid geslagen. 'Stratton is niet te koop,' zei hij simpelweg.

Er volgde een korte stilte aan de andere kant van de lijn. 'Huh.' Geen instemmend geluid. 'Zeg, Nick, je hebt dit niet van mij gehoord. Wij gebruiken hetzelfde advocatenkantoor in Hongkong als Fairfield Partners. En mensen praten nu eenmaal.'

'Dat is onzin,' zei Nick.

'Hoe dan ook, er is niets meer aan te doen.'

'Kom nou. Ik ben de president-directeur van de onderneming. Als Stratton werd verkocht, zou ik het toch weten?'

'Je zegt het.' Het huiveringwekkende van dit alles was dat MacFarland zo kalm klonk, zo meelevend, als een oncoloog die aan een favoriete patiënt het nieuws van een slechte diagnose moest vertellen.

## 44

Om halfelf stak Marjorie haar hoofd om de hoek.

'Vergeet niet dat je om halftwaalf een lunch hebt met Roderick Douglass van de Kamer van Koophandel,' zei ze. 'Die zal wel weer iets van je willen. En dan heb je daarna die bespreking met de lui van Nieuwe Projecten.'

Nick draaide zich om met zijn stoel en keek uit het raam. 'Ja, dank je,' zei hij peinzend.

Het was een mooie dag. De lucht was blauw, een beetje extra blauw door de tint van het glas. Er stond genoeg wind om de bladeren van de bomen in beweging te brengen. Een straaljager vloog door de hemel; zijn dubbele condensstreep veranderde snel in vage vlekken.

Het was nu zeven dagen geleden dat Andrew Stadler voor het laatst in leven was gezien.

Nick huiverde, alsof een vlaag koele lucht op de een of andere manier kans had gezien door het glazen membraan van het gebouw heen te komen. Cassie Stadlers fragiele porseleinpopgezicht stond hem weer voor ogen. *Wat heb ik jou aangedaan?* Hij herinnerde zich hoe oneindig gekwetst die ogen hadden gekeken, en hij draaide haar nummer al voordat hij zelfs maar bewust had besloten dat te doen.

'Hallo.' Cassies stem, diep en slaperig.

'Met Nick Conover,' zei hij. 'Ik hoop dat ik je niet te vroeg bel.'

'Mij? Nee... Het is... Hoe laat is het?'

'Ik heb je wakker gemaakt. Dat spijt me. Het is halfelf. Ga maar weer slapen.'

'Nee,' zei ze vlug. 'Ik ben blij dat je belt. Zeg, over gisteren...'

'Cassie, ik bel alleen om er zeker van te zijn dat het goed met je gaat. Toen ik wegging, zag je er niet zo geweldig uit.'

'Dank je.'

'Je weet wat ik bedoel.'

'Ik... Het hielp, praten met jou. Het hielp echt.'

'Daar ben ik blij om.'

'Wil je hier komen lunchen?'

'Je bedoelt vandaag?'

'O, god, dat is belachelijk, ik kan niet geloven dat ik dat zei. Jij bent een belangrijke president-directeur, je hebt vast wel lunchafspraken tot je vijfenzestigste.'

'Helemaal niet,' zei hij. 'Mijn lunchafspraak is net afgezegd. Dat betekent een broodje aan mijn bureau. Dus ja, ik wil best even het kantoor uit.'

'Echt waar? Hé, geweldig. O... Nog één klein ding.'

'Je hebt geen eten in je koelkast.'

'Jammer maar waar. Wat voor een gastvrouw ben ik?'

'Ik pik wel wat op. Ik ben er om twaalf uur.'

Toen hij had opgehangen, ging hij naar zijn secretaresse. 'Marge,' zei hij. 'Kun je mijn lunchafspraken afzeggen?'

'Allebei?'

'Ja.'

Marjorie glimlachte. 'Ga je spijbelen? Het is een mooie dag.'

'Spijbelen? Zou dat iets voor mij zijn?'

'Er is altijd hoop.'

'Nee,' zei hij. 'Ik moet alleen een paar boodschappen doen.'

# 45

Het huis aan West Sixteenth Street in Steepletown was nog kleiner dan hij het zich herinnerde. Bijna een miniatuurhuis, een poppenhuis.

Twee verdiepingen. Witte gevelbeplating die van aluminium of vinyl kon zijn, je moest erop tikken om het zeker te weten. Zwarte luiken die niet groot genoeg waren om echte luiken te zijn.

Nick droeg twee bruine boodschappenzakken van de Family Fare-supermarkt, waar hij onderweg even naartoe was geweest. Hij belde aan en hoorde de carillonklanken.

Het duurde bijna een halve minuut voordat Cassie naar de deur kwam. Ze droeg een zwart gebreid topje en een zwarte stretchbroek. Haar gezicht was bleek, droevig en volmaakt. Ze had glossy oranje lipstick aangebracht, wat een beetje vreemd was, maar het stond haar goed. Ze zag er ook beter uit, minder vermoeid dan gisteren.

'Hé, je bent echt gekomen.' Cassie maakte de deur open en leidde hem langs de vaas met de droogbloemen en de ingelijste merklap naar de kleine huiskamer. Hij hoorde 'One Is the Loneliest Number' uit de kleine speakers van een draagbare cd-speler komen. Niet de oude versie van Three Dog Night. Een moderne cover. Een vrouw met een stem als kruidnagelsigaretten. Cassie zette de muziek af.

Nick pakte de dingen uit die hij had gekocht: brood, eieren, sap, melk, mineraalwater, fruit, twee flesjes ijsthee. 'Zet maar weg wat je niet lekker vindt,' zei hij. Toen pakte hij twee sandwiches uit en legde ze ceremonieel op kartonnen borden. 'Kalkoen of rosbief?'

Ze keek aarzelend naar de rosbief. 'Te bloederig,' zei ze. 'Ik heb het liefst dat mijn vlees goed doorbakken is.'

'Dan neem ik hem,' zei Nick. 'Neem jij de kalkoen.'

Ze aten in stilte. Om wat te doen te hebben vouwde hij de verpakkingen van de sandwiches tot keurige vierkantjes op. Ze dronk het meeste van haar ijsthee op en speelde met het dopje. De sfeer was een beetje gespannen, en Nick vroeg zich af waarom ze hem had uitgenodigd. Hij zocht naar iets om te zeggen, maar voordat hij iets vond, zei ze: 'Hé, wat je al niet van een flessendop kunt leren. Hier staat: "Een feit – de laatste letter die aan het Engelstalige alfabet werd toegevoegd, was de J."'

Nick probeerde iets te bedenken wat hij daarop kon zeggen, maar ze ging verder: 'Moet jij niet een Fortune 500-bedrijf leiden of zoiets?'

'Wij zijn geen beursgenoteerde onderneming. Trouwens, ik had een saaie lunch, maar die heb ik afgezegd.'

'Nu voel ik me schuldig.'

'Dat hoeft niet. Ik was blij dat ik een excuus had om niet te gaan.'

'Weet je, ik stond gisteren echt van je te kijken.'

'Waarom?'

'Je was helemaal niet "Nick de Beul". Misschien zijn mensen nooit wat je verwacht. Zoals ze zeggen: stille wateren...'

'... raken verstopt met algen?'

'Zoiets. Je weet hoe het is – je ziet iemand die een wanhopige indruk maakt, en je moet gewoon een hand uitsteken om te helpen.'

'Jij maakt niet zo'n wanhopige indruk.'

'Ik heb het over jou.'

Nick kreeg een kleur. 'Sorry?'

Ze stond op om water op te zetten. Toen ze bij het gasstel stond, zei ze: 'We hebben allebei een verlies geleden. Het is zoals Rilke zegt – als we iets verliezen, vormt het een kring om ons heen. Een ononderbroken curve.'

'Huh. Als kind had ik een Spirograaf.'

'Ik dacht dat je een typische ondernemingsman zou zijn. Totdat ik je ontmoette. Maar weet je wat ik nu denk?' Ze keek kalm maar diep in zijn ogen. 'Ik denk dat je een echte familieman bent.'

Hij schraapte zijn keel. 'Ja, nou, zeg dat maar tegen mijn zoon. Zeg dat maar tegen Lucas.'

'Voor zo'n jongen is het een slechte leeftijd om je moeder te verliezen,' zei Cassie zacht. Ze pakte een theepot uit een kastje, en twee mokken.

'Is daar dan ook een goede leeftijd voor?'

'Die jongen heeft je waarschijnlijk dringend nodig.'

'Ik geloof dat hij daar heel anders over denkt,' zei Nick een beetje bitter.

Cassie wendde haar ogen af. 'Je zegt dat omdat hij alleen is met zijn woede en zich tegen jou keert. Nietwaar? Want jij bent veilig. Maar jullie komen er wel doorheen. Jullie houden van elkaar. Jullie zijn een gezin.'

'Dat waren we.'

'Weet je hoe gelukkig je kinderen zich mogen prijzen?'

'Tja.'

Ze keek hem aan. 'Ik wed dat een president-directeur zich ook een soort gezinshoofd voelt.'

'Ja,' zei Nick scherp. 'Misschien van zo'n eskimofamilie. Waar ze oma op een ijsschots zetten als ze geen walvisblubber meer binnenbrengt.'

'Ik wed dat die ontslagen moeilijk voor je waren.'

'Moeilijker voor de mensen die werden ontslagen.'
'Mijn vader had veel problemen, maar ik denk dat hij zich op de been kon houden doordat hij een baan had. Toen hij merkte dat ze hem niet meer wilden, stortte hij in.'
Nick had een gevoel alsof er een metalen band om zijn borst zat die steeds strakker werd aangetrokken. Hij knikte.
'Ik was kwaad op Stratton,' zei Cassie. 'En eerlijk gezegd was ik ook kwaad op jou. Misschien vat ik die dingen te persoonlijk op omdat ik een vrouw ben. Maar misschien had het een extra ongunstige uitwerking op hem. Bij iemand met een psychische stoornis weet je dat nooit.'
'Cassie,' begon Nick, maar wat hij wilde zeggen, kwam er niet uit.
'Maar dat was voordat ik jou leerde kennen. Jij wilde dat niet doen. De mensen in Boston dwongen je. Want uiteindelijk is Stratton een onderneming.'
'Ja.'
'Maar het is voor jou nooit alleen maar een onderneming geweest, hè? Ik besef net iets. In de afgelopen twee jaar moet een Strattonwerknemer zich ongeveer zo gevoeld hebben als de dochter van een schizofreniepatiënt. De ene dag ben je een geliefd gezinslid, de volgende dag ben je een unit, een kostenpost, iets wat kan worden afgekapt.' Ze leunde met haar armen over elkaar op het aanrecht.
'Ik vind het heel erg van je vader,' zei Nick. 'Erger dan ik je kan vertellen.' *En met nog meer reden dan ik je kan vertellen.*
'Mijn vader...' Cassies stem was zacht, haperend. 'Hij... Hij wilde niet zo zijn als hij was. Het maakte zich gewoon van hem meester. Hij wilde een goede vader zijn, zoals jij. Hij wilde...' Cassie begon hortend adem te halen, en Nick besefte dat ze huilde. Haar gezicht was rood en omlaag gekeerd, en ze hield een hand over haar ogen. De tranen liepen rijkelijk over haar wangen.
Nick stond abrupt op, zodat zijn stoel over de linoleumvloer schraapte, en sloeg zijn armen om haar heen.
'O, Cassie,' zei hij zachtjes. 'Het spijt me zo.'
Ze was klein en vogelachtig, met smalle knokige schouders. Ze maakte een geluid alsof ze hikte. Ze rook naar iets gekruids, iets new age-achtigs – patchoeli, was dat het? Nick schaamde zich bij het besef dat hij geprikkeld werd.
'Het spijt me zo,' zei hij opnieuw.
'Zeg dat niet steeds.' Cassie keek naar hem op en glimlachte vaag door haar tranen heen. 'Jij kunt er niets aan doen.'
Nick herinnerde zich dat hij een keer een fitting probeerde te re-

pareren terwijl hij dacht dat de stroom eraf was. Er was een akelig, tintelend gevoel door zijn arm gegolfd, en hij had er even over gedaan om te beseffen dat er stroom door de schroevendraaier lekte. Hij voelde nu ook zoiets, een schuldgevoel dat als een elektrische stroom door zijn lichaam golfde. Hij wist niet hoe hij moest reageren.

Maar Cassie zei: 'Ik denk dat je een goed mens bent, Nicholas Conover.'

'Je kent me niet,' zei hij.

'Ik ken je beter dan je denkt,' zei ze, en hij voelde dat haar armen tegen zijn rug drukten om hem naar haar toe te trekken. Toen stond ze blijkbaar op haar tenen. Haar gezicht was dicht bij hem en haar lippen drukten tegen de zijne.

Het moment om te weigeren, om zich terug te trekken, kwam en ging. Nick reageerde bijna in een reflex. Ditmaal kuste hij haar terug. Hij voelde de plakkerige tranen op zijn gezicht en zijn handen gingen vanaf haar schouders omlaag.

'Mmm,' zei ze.

De ketel floot.

Na afloop lag ze nog een hele tijd op hem in hun gladde zweet, haar mond tegen zijn borst gedrukt. Hij voelde dat haar hartslag, snel als van een vogeltje, geleidelijk tot bedaren kwam. Hij streelde haar haar, drukte zijn neus tegen haar porseleinen hals, rook iets in haar haar, een conditioner of zoiets. Hij voelde haar borsten tegen zijn maag.

'Ik weet niet wat ik moet zeggen,' begon Nick.

'Zeg dan niets.' Ze glimlachte en steunde op haar ellebogen tot ze rechtop op hem zat. Ze krabde licht met haar nagels over het bovenste deel van zijn borst en liet ze verward raken in zijn borsthaar.

Nick verschoof zijn zitvlak over de ruwe stof van de bank in de huiskamer. Hij werkte zich omhoog, sloeg zijn armen om haar heen en boog zich naar voren tot hij ook rechtop zat.

'Sterke man,' zei ze.

Haar borsten waren klein en rond, de tepels roze en nog rechtop als opgestoken duimen. Haar taille was erg smal. Ze stak haar hand over hem uit naar de tafel naast de bank, en toen ze dat deed, streken haar borsten over zijn gezicht. Hij kuste ze vlug. Ze pakte een pakje Marlboro en een Bic-aansteker, nam een sigaret uit het pakje en hield het hem voor.

'Nee, dank je,' zei Nick.

Ze haalde haar schouders op, stak de sigaret aan, inhaleerde en blies een dunne straal rook uit.

‘‘Laat mij wonen in een huis langs de kant van de weg en een vriend van de mensen zijn,’’ citeerde Nick.

‘Ja.’

‘Borduurwerk van oma?’

‘Mijn moeder vond het in een rommelwinkel. Ze vond het een mooie spreuk.’

‘Hoe lang is het geleden dat je hier weg bent gegaan?’

‘Ik ben net dertig geworden. Ik ben weggegaan toen ik een jaar of twaalf was. Een hele tijd dus. Maar ik kwam nu en dan terug om mijn vader op te zoeken.’

‘En toen ging je naar school in Chicago.’

‘Je probeert het Cassie Stadler-verhaal op een rijtje te krijgen? Veel succes.’

‘Ik vroeg het me alleen maar af.’

‘Mijn moeder hertrouwde toen ik elf was. Met een orthodontist. Hij had zelf ook twee kinderen; van mijn leeftijd en een beetje ouder. Laten we zeggen dat we niet de Brady’s waren, je weet wel, uit die televisieserie. Dokter Reese moest niet veel van me hebben. En de kleine Reese-jes, Bret en Justin, ook niet. Ten slotte stuurde hij me naar de Lake Forest Academy, vooral om me kwijt te zijn.’

‘Dat moet moeilijk voor je geweest zijn.’

Ze inhaleerde en hield de rook even in haar longen. Toen ze die weer had uitgeblazen, zei ze: ‘Ja en nee. In sommige opzichten bewezen ze me een dienst. Ik kwam op die school tot bloei. Ik was een vroegrijp kind. Ik had op mijn eindexamen de beste cijfers van mijn jaar. Je had me moeten zien toen ik zeventien was. Een veelbelovende jonge staatsburger. Niet het psychiatrisch geval dat je nu voor je ziet.’

‘Jij lijkt me helemaal geen psychiatrisch geval.’

‘Omdat ik niet kwijl en geen slechte bril draag?’ Ze keek scheel. ‘Daar trappen ze altijd weer in.’

‘Je praat erover alsof het een grote grap is.’

‘Waarschijnlijk is het inderdaad een grap. Een kosmische grap die ons verstand te boven gaat. Gods grap. Je kunt niets anders doen dan glimlachen en knikken en doen alsof je hem begrijpt.’

‘Op die manier kun je het nog ver brengen,’ zei Nick. Hij keek op zijn horloge en zag dat het al twee uur geweest was. Met een schok besefte hij dat hij naar kantoor terug moest.

Ze zag het. ‘Tijd om te vertrekken.’

‘Cassie, ik...’

‘Ga maar, Nick. Je hebt een bedrijf te leiden.’

# 46

Dokter Aaron Landis, het hoofd van de psychiatrische afdeling van het County Medical-ziekenhuis, leek een eeuwige grijns op zijn gezicht te hebben, maar toen besefte Audrey dat er iets verkeerd was aan het gezicht van de man. Hij keek zo omdat hij een aangeboren afwijking had: zijn mond stond scheef. Zijn grijze haar deed aan een Brillo-spons denken en hij had een wijkende kin die hij met niet veel succes onder een grijs baardje probeerde te verbergen. In het begin had Audrey een beetje medelijden met de psychiater omdat hij zo lelijk was, maar dat medelijden was van korte duur.

Zijn spreekkamer was klein en rommelig, met zoveel stapels boeken en papieren dat er bijna geen zitruimte voor hen tweeën was. De enige versiering bestond uit een foto van een niet al te aantrekkelijke vrouw en een nog minder aantrekkelijke zoon, en een serie kleurrijke scans van de menselijke hersenen, purper met geel-oranje highlights, op een omgekruld stuk glad papier dat met punaises op de muur was geprikt.

'Ik geloof niet dat ik begrijp wat u vraagt, rechercheur,' zei hij.

Ze had het kristalhelder gezegd. 'Ik vraag of Andrew Stadler gewelddadige neigingen vertoonde.'

'U vraagt me de vertrouwensrelatie tussen arts en patiënt te verbreken.'

'Uw patiënt is dood,' merkte ze op.

'En de vertrouwelijkheid van zijn medische gegevens blijft na zijn dood bestaan. Evenals mijn ambtsgeheim. Dat weet u, en als u het niet weet, zou u het moeten weten. Het hooggerechtshof heeft het tien jaar geleden nog bevestigd. En wat nog belangrijker is: het maakt deel uit van de eed van Hippocrates die ik heb gezworen toen ik arts werd.'

'Meneer Stadler is vermoord, dokter. Ik wil zijn moordenaar of moordenaars vinden.'

'Dat is een prijzenswaardig streven, maar ik zie niet wat ik daarmee te maken heb.'

'Er zijn dingen die we willen weten om te kunnen vaststellen wat er werkelijk gebeurd is. U wilt ons vast wel helpen ons werk te doen.'

'Ik zal u graag op alle mogelijke manieren helpen. Zolang u me maar niet vraagt de rechten van meneer Stadler te schenden.'

'Dank u, dokter. Dan zal ik mijn vraag anders formuleren. Zijn schizofrenen in het algemeen geneigd tot gewelddadigheid?'

De psychiater keek een ogenblik naar boven, alsof het antwoord misschien in de hemel te vinden was. Hij blies hoorbaar zijn adem uit. Toen keek hij haar bedroefd aan. 'Dat, rechercheur, is een van de schadelijkste mythen over schizofrenie.'

'Misschien kunt u me dan iets leren, dokter.'

'Schizofrenie is een chronische, terugkerende psychotische ziekte die meestal in het begin van de volwassenheid begint en doorgaat tot de dood. We weten niet of het een afzonderlijke ziekte of een syndroom is. Zelf spreek ik liever van een spectrumstoornis, al behoor ik daarmee tot een minderheid. De kenmerkende symptomen van schizofrenie zijn onsamenhangende gedachten, gebrek aan logica, wanen en hallucinaties.'

'En paranoia?'

'Vaak ook, ja. En een psychosociaal onvermogen. Laat me u eens iets vragen, dokter. U hebt in uw werk vast veel te maken met geweld.'

'Ja.'

'Wordt dat meestal gepleegd door schizofrenen?'

'Nee.'

'Dat bedoel ik nou. De meeste geweldsmisdrijven worden niet gepleegd door personen met schizofrenie, en de meeste personen met schizofrenie plegen geen geweldsmisdrijven.'

'Maar er is een...'

'Laat u me even uitspreken. De overgrote meerderheid van de schizofreniepatiënten is nooit gewelddadig geweest. De kans dat ze zelfmoord plegen is honderd keer groter dan de kans dat ze iemand vermoorden.'

'U bedoelt dat Andrew Stadler geen gewelddadige man was?'

'Rechercheur, ik heb bewondering voor uw vasthoudendheid, maar via die achterdeur komt u ook niet binnen. Ik zeg niets over hem in het bijzonder. Maar laat me u vertellen wat de echte correlatie is tussen schizofrenie en geweld: schizofrenie vergroot de kans om het slachtoffer van een misdrijf te worden.'

'Precies. Meneer Stadler is het slachtoffer van een vreselijk misdrijf geworden. Daarom moet ik weten of hij zijn eigen dood misschien heeft uitgelokt door een dier, een huisdier, te doden.'

'Als ik dat wist, zou ik het u niet vertellen.'

'Ik vraag u of hij in staat was tot zo'n daad.'

'Dat zal ik u ook niet vertellen.'

'Zegt u dat schizofrenen nooit gewelddadig zijn?'

Na een lange stilte zei hij: 'Natuurlijk zijn er uitzonderingen.'

'Was Andrew Stadler een van die uitzonderingen, dokter?'

'Alstublieft, rechercheur. Ik wil niets over de bijzonderheden uit meneer Stadlers medisch dossier zeggen. Ik weet niet hoe ik dat nog duidelijker kan zeggen.'

Audrey slaakte een zucht van machteloosheid. 'Mag ik u dan een zuiver hypothetische vraag stellen?'

'Zuiver hypothetisch,' herhaalde dokter Landis.

'Laten we een... hypothetisch geval nemen van een persoon die meermalen in een huis inbreekt om bedreigende teksten op de muren te spuiten. Hij doet dat op een slimme manier en zonder sporen achter te laten, hoewel het gezin in een omheinde enclave woont met alle beveiliging van dien. En hij heeft het huisdier van het gezin doodgemaakt. Wat voor iemand zou dat doen?'

'Wat voor hypothetisch persoon?' Hij deed een poging tot een glimlach, maar ook dat werd een onaangename grijns. 'Ik zou zeggen dat zo iemand uiterst intelligent is, erg goed functioneert, in staat is tot denken op een hoog niveau en tot doelgericht gedrag, en toch grote problemen met zijn impulsbeheersing heeft, grote stemmingswisselingen vertoont en uiterst gevoelig is voor afwijzing. Misschien is hij erg bang om in de steek gelaten te worden. Dat kan voortkomen uit moeilijkheden in zijn jeugd waardoor hij zich niet goed verbonden kan voelen met belangrijke personen in zijn leven. Misschien heeft hij absolute zwart-witmeningen over anderen. Misschien idealiseert hij mensen en heeft hij dan plotseling alleen nog maar minachting voor hen.'

'En dan?'

'En dan kan hij onderhevig zijn aan plotselinge, onvoorspelbare woede, korte psychotische episodes, met zelfmoordimpulsen.'

'Wat brengt hem daartoe?'

'Een situatie van grote stress. Het verlies van iemand of iets met grote waarde voor hem.'

'Of het verlies van zijn baan?'

'Zeker.'

'Kan een schizofreen het gedragspatroon vertonen dat u beschrijft?'

Dokter Landis dacht een tijdje na. 'Het is denkbaar. Het is niet onmogelijk.' Toen kwam dat griezelige glimlachje terug. 'Maar wat heeft dit alles met Andrew Stadler te maken?'

# 47

'Grover Herrick,' zei Marjorie de volgende morgen door de intercom.

Grover Herrick was een hooggeplaatste inkoopmanager bij de U.S. General Services Administration, de instantie die de inkoop voor federale diensten deed. Hij onderhandelde met Stratton over een contract voor leveringen aan het nieuwe ministerie van Binnenlandse Veiligheid. Dat ministerie omvatte onder andere de kustwacht, de douane, de immigratie- en naturalisatiedienst en de dienst voor transportbeveiliging – duizenden kantoren, honderdtachtigduizend werknemers en een enorme overheidsinvestering. Het contract deed alleen onder voor de Atlas McKenzie-deal en er was bijna net zo lang over onderhandeld.

Je liet een inkoopmanager van GSA niet lang wachten. Dat was een belangrijke regel. Een andere regel hield in dat wanneer Grover Herrick de president-directeur te spreken wilde krijgen, Grover Herrick de president-directeur te spreken kreeg. In het afgelopen jaar had Nick al minstens vijf keer zijn plicht als Stratton-topman gedaan door te doen alsof hij enorm geïnteresseerd was in wat Grover allemaal vertelde. Grover praatte dan bijvoorbeeld over de zeilboot die hij wilde kopen zodra hij met pensioen was, en Nick had gedaan alsof hij het verschil tussen een kits en een jol van het grootste belang vond. Als Herrick over zijn aambeien had willen praten, zou Nick zich daar ook in hebben verdiept.

Maar ditmaal kwam Herrick meteen ter zake.

'Nick,' zei de GSA-man. 'Ik moet je zeggen dat het ernaar uitziet dat we voor Haworth kiezen.'

Nick had een gevoel alsof hij een stomp in zijn buik had gekregen. Het scheelde niet veel of hij klapte dubbel. 'Je maakt een grapje.'

'Ik denk dat je inmiddels wel weet wanneer ik een grap maak.' Er volgde een korte stilte. 'Weet je nog dat ik je dat verhaal vertelde over die kerstkalkoen die ik liet vallen in het bijzijn van alle gasten, en dat mijn vrouw toen de tegenwoordigheid van geest had om te zeggen: "Geeft niks, haal de andere vogel maar op"? Dat was een grapje.'

'Dat verrekte *Haworth*?'

'Nou, wat dacht je dan dat er zou gebeuren?' Herricks stem was een en al verontwaardiging. 'Wij tekenen het contract, jij verhuist met je bedrijf naar *Shenzhen*, en wat dan? Dacht je dat we de kantoren van Binnenlandse Veiligheid wilden inrichten met bureaus uit *China*?'

'Wat...' kon Nick met moeite uitbrengen.

'Wanneer had je het ons willen vertellen? Ik weet wel een paar senatoren die ervan zouden smullen – maar afgezien van de politiek: het is volkomen in strijd met de inkooprichtlijnen van GSA. Zoiets mag niet gebeuren. Doe maar niet alsof je 41 USC 10 vergeten bent, de wet die bepaalt dat we zoveel mogelijk Amerikaanse producten moeten kopen. Jullie zouden die wet op jullie voorhoofd getatoeëerd moeten hebben.'

'Wacht eens even – wie heeft je verteld dat Stratton naar het buitenland gaat?'

'Wat doet dat ertoe? Waar rook is, is vuur. We zagen veel in Stratton. Een geweldig Amerikaans bedrijf. Ik begrijp wel dat het verleidelijk is om te gaan cashen en alles naar China te verschepen. Maar toch denk ik dat jullie er fout aan doen. Dat is mijn persoonlijke mening.'

'Het is absurd wat je daar allemaal zegt. Wij gaan nergens heen. Het kan me niet schelen wat je hebt gehoord.'

Herrick deed of hij dat niet hoorde. 'Wat was het plan – de inkomsten bijspijkeren met een groot voorschot van GSA, de overnameprijs opkrikken, hopen dat die verrekte Chinezen het niet doorhebben? Dat is nog eens een strategische visie, hè? Daar krijg je natuurlijk je topsalaris voor.'

'Néé, Grover. Dit is onzin.'

'Ik zei al dat we veel in jullie zagen. We zagen ook veel in Haworth, maar de prijsstellingen van Stratton zagen er al met al beter uit. Alleen beseften we niet dat jullie prijsstellingen te danken waren aan goedkope Chinese arbeidskrachten.'

'Luister nou, Grover.' Nick probeerde hem te onderbreken, maar dat lukte niet.

'Weet je wat me zo dwarszit? Jullie hebben beslag gelegd op verdomd veel tijd van mij. Ik denk erover om jullie daar een rekening voor te sturen.'

'Grover, nee.'

'Goede vaart, Nick,' zei de GSA-man, en hij hing op.

Nick vloekte hardop. Hij had zin om de telefoon door de kamer te gooien – door welke kamer dan ook – maar het kantoorsysteem leende zich niet goed voor zulk theatraal topmanagersgedrag.

Marjorie kwam naar hem toe. 'Is er iets gebeurd wat ik moet weten?'

'Die vraag zou ik ook kunnen stellen, Marge,' zei Nick, die nog net zijn zelfbeheersing kon bewaren.

Hij liep door de directieverdieping naar Scotts werkruimte en maakte daarbij een omweggetje om Gloria, Scotts secretaresse, te vermijden. Toen hij dichterbij kwam, hoorde hij Scott telefoneren.

'Ja,' zei Scott. 'We proberen het. Natuurlijk, Todd.'

Nick kwam dichterbij tot hij in Scotts gezichtsveld was.

Scott zag hem nu. Blijkbaar schrok hij een beetje, maar hij herstelde zich meteen: zijn ogen gingen wijd open en hij glimlachte, en bij wijze van groet stak hij zijn kin naar voren. 'Ja,' zei hij nu luider. 'Dat lijkt me een geweldige reis. Ik moet nu ophangen.' Hij hing op en zei tegen Nick: 'Hé, mijn vorst, welkom in de lagehurenwijk.'

'Hoe gaat het met Todd?' vroeg Nick.

'Die probeert een golfreisje naar Hilton Head te organiseren.'

'Ik wist niet dat jij golf speelt.'

'Speel ik ook niet.' Hij lachte nerveus. 'Nou ja, slecht. Maar daarom willen ze mij er zo graag bij hebben. Dan lijken zij net Tiger Woods.'

'Met die "zij" bedoel je Todd en de andere jongens van Fairfield?'

'Todd en zijn vrouw en Eden en nog een echtpaar.'

'Ik heb een interessant gesprek met MacFarland van Atlas McKenzie gehad.'

'O ja?' Scott keek hem behoedzaam aan.

'Ja. Zo leer ik er elke dag wat bij. Weet je waarom ze niet met ons in zee gaan?'

'Het moet de prijs zijn. Wat anders? Niet de kwaliteit; dat staat vast. Maar alle waar is naar zijn geld.'

'MacFarland schijnt te denken dat we te koop staan. Waarom zou hij dat nou denken?'

Scott spreidde zijn handen.

'Atlas McKenzie gebruikt hetzelfde advocatenkantoor in Hongkong als Fairfield. Zo hebben ze het gehoord.'

'Dat is absurd.'

'Weet je wat het gekke is? Ik hoorde daarnet ook zoiets van de man van GSA?'

'Van GSA?' zei Scott. Hij slikte.

'De deal voor Binnenlandse Veiligheid? Die gaat ook niet door.'

'Shit.'

'En weet je waarom? Ze willen alleen producten die in Amerika gemaakt zijn, en ze hebben een gerucht gehoord dat we onze productie naar China gaan verplaatsen. Is dat niet idioot?'

Scott beluisterde nu het bittere sarcasme in Nicks stem. Hij ging rechtop in zijn stoel zitten en zei ernstig: 'Als Todd en die kerels zoiets van plan zijn, denk je dan niet dat ze dat tenminste aan mij hadden verteld?'

'Ja, dat denk ik. Hebben ze dat?'

'Allicht niet – dan had ik het meteen aan jou verteld.'

'O ja?'

'Natuurlijk... Jezus, Nick, ik kan niet geloven dat mensen naar zulke stomme geruchten luisteren. Ik bedoel, het is net als die idiote geruchten over die bevroren kippenkop in een doos Chicken McNuggets, of de bonsai-poesjes, of dat de maanwandeling verlakkerij is...'

'Scott.'

'Zeg, ik zal wat rondbellen om het voor je uit te zoeken, goed? Maar er zit vast niets achter.'

'Ik hoop dat je gelijk hebt,' zei Nick. 'Dat hoop ik echt.'

## 48

Eddie stond niet op toen Nick die middag zijn kantoor binnenkwam. Hij deed alleen of hij salueerde en leunde toen in zijn Symbiosis-stoel achterover, zijn voeten op het bureau. Op de scheidingswand van zilverraster achter hem zat een poster met de tekst: 'MIDDELMATIGHEID. Het kost veel minder tijd en de meeste mensen zien het verschil pas als het te laat is.' Boven die woorden stond een foto van de scheve toren van Pisa. Het was zo'n flauwe parodie op bedrijfsslogans, maar Nick vroeg zich soms af hoeveel van Eddies ironie toch echt gemeend was.

'Krijg ik promotie?' vroeg Eddie. 'Ik bedoel, omdat je hierheen komt en mij niet bij je laat komen.'

Nick trok een kleine kruk op wieltjes naar zich toe. 'Dat noemen ze Management by Walking Around. MBWA.' Management door rond te lopen.

'Er valt ook veel te zeggen voor MBSOYA. Management by Sitting on Your Ass.' Management door op je reet te zitten.

Nick dwong zich te glimlachen en vertelde hem toen in het kort wat MacFarland en Grover Herrick hadden gezegd.

'Krijg nou wat,' zei Eddie. 'Dat moet toch geouwehoer zijn? Heb je hier met Scott McNally over gepraat?'

'Hij zegt dat er niets van waar is. Maar hij weet meer dan hij me heeft verteld. Dat weet ik zeker.'

Eddie knikte langzaam. 'Als jij eruit vliegt, vlieg ik er ook uit, hè?'

'Wie zegt dat ik eruit vlieg? Ik wil alleen dat je nagaat wat Scott in zijn schild voert. Dat is alles.'

Eddie grijnsde langzaam. 'Als je een assist wilt, sla ik de puck naar je toe en geef ik de klootzakken een cross-check. Desnoods sla ik de stick op hun kop kapot.'

'Misschien is het al genoeg als je een beetje naar zijn e-mailverkeer kijkt, Eddie.'

'Ik laat een van mijn mensen zijn e-mailverkeer van de server halen, ja? Je hoeft me alleen maar een paar wachtwoorden te geven.'

'Dat lijkt me een goed begin.'

'Natuurlijk. Telefoongegevens, dat soort dingen. Een makkie. Maar, jongen, jij ziet ook steeds weer kans om in de stront te trappen.' Eddie glimlachte; zijn huid vormde rimpeltjes bij zijn ogen. 'Nog een geluk dat je een vriend hebt die het niet erg vindt om je schoenen schoon te maken.'

'Laat het me weten als je iets ontdekt.'

'Daar zijn vrienden voor.'

Nick keek hem niet aan. 'En geen woord tegen iemand.'

'Akkoord, kerel.'

Nick aarzelde even en reed de kruk toen dicht naar Eddies bureau toe. 'Eddie, heb jij die rechercheurs verteld dat je naar mijn huis bent geweest toen we mijn hond hadden gevonden?'

Eddie keek hem een tijdje aan. 'Daar hebben ze me niet naar gevraagd. Ik vertel niets uit eigen beweging. Dat is les nummer één als het op politieondervragingen aankomt.'

Nick knikte. 'Ze hebben het mij ook niet gevraagd. Nog niet. Maar mocht het ter sprake komen, dan moeten onze verhalen overeenkomen. Ik vroeg je te komen, en je kwam. Het is nogal logisch dat ik jou belde. Jij bent mijn veiligheidschef.'

'Logisch,' herhaalde Eddie. 'Vanzelfsprekend. Maar je moet tot rust komen, jongen. Je piekert te veel.'

## 49

Toen hij op de directieverdieping terug was, hield Marjorie hem staande en gaf hem een stukje papier. Ze keek hem bezorgd aan. 'Ik denk dat je dit telefoontje meteen moet beantwoorden,' zei ze.

*Schooldirecteur J. Sundquist*, had ze met haar duidelijke, fraaie handschrift op het papier gezet, en dan het telefoonnummer.

Jerome Sundquist. Vijfentwintig jaar geleden was hij Nicks wiskundeleraar op de middelbare school geweest. Nick herinnerde zich hem als een lange, slanke man – ex-proftennisser – die met grote stappen door het klaslokaal liep en er vrij goed in was om de komedie 'Wiskunde is Pret' vol te houden. Voor zijn leerlingen was hij meneer Sundquist, niet 'Jerome' of 'Jerry', en hoewel hij tamelijk relaxed was, deed hij niet alsof hij een leeftijdgenoot was van de kinderen in hun speciale schoolstoelen. Nick glimlachte vaag toen hij aan die stoelen terugdacht, met dat stalen mandje voor boeken onder de zitting, en een werkblad dat aan de zijkant van de stoel begon en aan de voorkant breder werd, ondersteund door één stalen buis die met bochten van achteren naar voren ging. Ze werden toen, en nu nog steeds, in Fenwick zelf gemaakt, in de stoelenfabriek van Stratton, een paar kilometer verderop. Nick had de cijfers de laatste tijd niet gezien, maar ze gingen voor ongeveer honderdvijftig dollar van de hand, met een kostprijs van ongeveer veertig dollar. In feite was het ontwerp in al die jaren niet veranderd.

Jerome Sundquist was ook niet veel veranderd. Hij was nu de directeur van de school, geen jonge leraar meer, en permitteerde zich nu wat vaker een oordeel over leerlingen, maar als je directeur was, hoorde dat min of meer bij je werk.

'Nick, ik ben blij dat je belt,' zei Jerome Sundquist op een toon die tegelijk hartelijk en afstandelijk was. 'Het gaat over je zoon.'

De Fenwick Regional High School was een groot complex van baksteen en glas, met een oprijlaan in de vorm van een ovaal en met veel jeneverbessen en muls langs de randen, zoals je dat ook bij winkelcentra en kantorencomplexen zag – niets bijzonders, maar het moest wel worden onderhouden. Nick herinnerde zich dat hij na zijn eerste semester aan de Michigan State University naar huis kwam en alles toen erg klein vond. Dat gevoel zou hij nu ook bij zijn oude school moeten hebben, maar hij had het niet. Het gebouw was groter geworden – er was veel bijgebouwd, met nieuwe bakstenen gevels die over de oude heen waren aangebracht – en zag er op de een of andere manier luxer uit dan vroeger. Dat had alles te maken met de groei van Stratton in de afgelopen decennia; drie jaar geleden was de waarde van het bedrijf zelfs boven de twee miljard dollar gekomen. Aan de andere kant: hoe hoger je kwam, des te dieper was de val naar de bodem. Als Stratton instortte, konden er veel dingen worden meegesleurd.

Hij ging door de glazen deuren naar binnen en ademde de lucht in. Het gebouw mocht verder dan veranderd zijn, de geur was nog dezelfde. Dat ontsmettingsmiddel met grapefruitaroma dat ze nog steeds gebruikten – misschien hadden ze in 1970 een vat besteld en was dat nog steeds niet leeg. Uit de kantine kwam een vage lucht van aangebrande erwtensoep, zo onuitwisbaar als kattenpis. Het was iets wat je pas opviel als je een tijdje weg was geweest. Bijvoorbeeld op de eerste lesdag na de zomervakantie, als je besefte dat het rook naar haarstylingproducten, ontbijtomelet, kaneelkauwgom, deodorant en scheten – de geur van Fenwicks toekomst.

Toch was de school drastisch veranderd. Vroeger kwam iedereen met de bus; tegenwoordig werden de leerlingen met stationcars of SUV's gebracht of reden ze zelf naar school. Op de oude Fenwick Regional zaten geen zwarten, of hooguit een of twee per jaar; nu waren de populairste leerlingen blijkbaar zwarte tieners die er als rappers uitzagen en blanke kinderen die er ook zo probeerden uit te zien. Ze hadden een fraaie nieuwe vleugel bijgebouwd die eruitzag als een onderdeel van een particuliere school. Vroeger was daar een rookruimte, waar langharige leerlingen in Black Sabbath-T-shirts rondhingen en zaten te paffen en de spot dreven met sporttypes als Nick. Tegenwoordig was roken verboden en waren de Black Sabbath-tieners gothics met neusringen geworden.

Nick was als leerling niet veel in de kamer van de directeur geweest, maar de havermoutkleurige vloerbedekking en dito gordijnen zagen er nieuw uit, en de multiculturele foto's van tenniskampioenen op de baan – de zusjes Williams, Sania Merza, Martina Hingis, Boris Becker – pasten helemaal bij Jerome Sundquist.

Sundquist kwam achter zijn bureau vandaan en gaf Nick somber een hand. Ze gingen op camelkleurige stoelen bij elkaar zitten. Sundquist keek naar een bruine map die hij op zijn bureau had laten liggen, maar hij wist al wat erin stond.

'Ik vind het prachtig wat jullie hiermee hebben gedaan,' zei Nick.

'Met mijn kamer, of met de school?'

'Allebei.'

Sundquist glimlachte. 'Je zou ervan staan te kijken hoeveel tweede generaties van families de school nu heeft, en dat is een goede zaak. En natuurlijk heeft onze regio in veel opzichten erg veel geluk gehad. Als het de ouders goed gaat, gaat het de scholen goed. We hopen allemaal dat de achteruitgang niet blijvend is. Ik begrijp dat je momenteel een zware last te dragen hebt.'

Nick haalde zijn schouders op.

'Als ik het me goed herinner, was je een vrij goede leerling,' zei Sundquist.

'Niet zo erg goed.'

Sundquist keek geamuseerd en hield zijn hoofd schuin. 'Goed, misschien is het woord "onverschillig" meer op zijn plaats. Ik geloof niet dat ik je ooit kon laten inzien hoe prachtig poolcoördinaten waren. Je belangstelling voor trigonometrie was van meer praktische aard. Je wilde vooral weten welke hoek je kon gebruiken om een puck tussen de benen van de keeper door te meppen.'

'Ik weet nog dat je probeerde me daar de liefde voor bij te brengen. Leuk geprobeerd.'

'Maar je maakte altijd goede proefwerken. En jezus, wat was je populair. De populairste jongen van de school. Je hebt Fenwick Regional twee keer naar de halve finale van de staat gebracht, nietwaar?'

'Het ene jaar de halve finale. Het volgend jaar de finale.'

'We hebben ons ijshockeyteam niet op dat peil kunnen houden. Caldicott heeft ons al vier jaar ingemaakt.'

'Misschien hebben jullie een nieuwe coach nodig.'

'Mallon schijnt goed te zijn. Hij krijgt in elk geval meer betaald dan ik. Het is altijd moeilijk te zeggen wanneer je de coach de schuld moet geven en wanneer de spelers.' Sundquist zweeg even. 'Ik weet dat je het druk hebt, en daarom zal ik maar met de deur in huis vallen.'

'Luke heeft problemen gehad,' zei Nick een beetje afwerend. 'Dat weet ik. Ik wil doen wat ik kan.'

'Natuurlijk.' Sundquist klonk niet overtuigd. 'Nou, zoals ik je al vertelde, is Lucas voor drie dagen geschorst. Hij is betrapt op roken, en dan krijg je dat.'

Zodat Lucas nog meer tijd zou hebben om te roken. Nou, daar schoot hij wat mee op. 'Ik weet nog dat er een rookruimte was.'

'Nu niet meer. Roken is verboden op de hele campus. We hebben strenge regels op dat gebied. Alle leerlingen weten dat.'

Dat 'campus' was nieuw. Toen Nick hier op school zat, had de school alleen een terrein. Campussen waren iets voor universiteiten.

'Natuurlijk wil ik helemaal niet dat hij rookt,' merkte Nick op. 'Ik merkte dat maar op.'

'Als het nog een keer gebeurt, wordt Lucas van school gestuurd. Verwijderd.'

'Het is geen slechte jongen. Hij heeft het moeilijk gehad.'

Sundquist keek hem fel aan. 'Hoe goed ken je je zoon?'

'Wat bedoel je? Hij is mijn kind.'

'Nick, ik wil niet overdrijven, maar ik wil me ook niet te zwak uitdrukken. Het is tamelijk ernstig. Ik heb vanmorgen met onze crisisadviseur gepraat. We denken dat het niet alleen een kwestie van roken is. Ja? Je moet begrijpen dat we het recht hebben zijn kluisje te doorzoeken, en we kunnen ook onverwacht fouilleren, met de politie erbij.'

'De politie?'

'En als er drugs worden gevonden, laten we de politie tot vervolging overgaan. Dat is tegenwoordig het beleid. Ik wil je daarvoor waarschuwen. Lucas is een problematische jongen. Onze crisisadviseur maakt zich grote zorgen om hem. Lucas is niet als jij, hè?'

'Niet iedereen hoeft zo braaf te zijn.'

'Dat bedoelde ik niet,' zei Sundquist zonder het uit te leggen. Hij wierp weer een blik op de bruine map die op zijn bureau lag. 'Daar komt nog bij dat zijn cijfers aan het kelderen zijn. Hij was vroeger een goede leerling. Met de cijfers die hij nu haalt, zie ik het somber in. Begrijp je wat dat betekent?'

'Ik begrijp het,' zei Nick. 'Echt wel. Hij heeft hulp nodig.'

'Hij heeft hulp nodig,' beaamde Sundquist verbeten. 'En die krijgt hij niet.'

Nick had het gevoel dat hij als vader werd beoordeeld en dat hem het cijfer 4 werd toegekend. 'Jerry, ik kan gewoon niet inzien dat het goed is om hem te schorsen of – godbetert – van school te verwijderen. Wat schiet hij daarmee op?' Toen vroeg hij zich af hoe vaak die woorden in die kamer waren uitgesproken.

'We hebben die regels niet zomaar,' zei Sundquist soepel, en hij leunde een beetje achterover in zijn stoel. 'Er zijn bijna vijftienhonderd leerlingen op deze school, en we moeten aan het belang van hen allen denken.'

Nick haalde diep adem. 'Het was moeilijk voor hem, wat er gebeurd is. Ik weet dat hij problemen heeft. Geloof me, het houdt me erg bezig. Ik denk dat hij met verkeerde vrienden omgaat.'

'Zo kun je het ook bekijken.' Sundquist keek hem strak aan. 'Natuurlijk kun je het ook op een andere manier bekijken.'

'Wat bedoel je?' vroeg Nick met een onbewogen gezicht.

'Misschien is hij zelf wel de verkeerde vriend.'

'Luke.'

'Wat?' Hij had zijn mobieltje meteen opgenomen. Zo hadden ze dat afgesproken: als zijn vader hem belde en hij nam niet op, dan raakte hij zijn telefoon kwijt.

'Waar ben je?'

'Thuis. Hoezo?'

'Wat is er verdomme op school gebeurd?'

'Wat bedoel je?'

'Wat ik bedoel? Driemaal raden. Ik moest bij meneer Sundquist op het matje komen.'

'Wat zei hij?'

'Hou op met dat spelletje, Luke.' Nick probeerde rustig te blijven. Met Lucas praten was net zoiets als brand blussen met aanstekervloeistof. 'Je was aan het roken, en je bent betrapt. Het gaat er nu even niet om wat ik van roken vindt – je kent de regels over roken op school. Je bent voor drie dagen geschorst.'

'Nou en? Het is toch allemaal gelul.'

'Schorsing van school is gelul?'

'Ja.' Zijn stem trilde een beetje. 'Want school is gelul.'

Er verscheen een bericht van Marge op zijn monitor:

'Vergadering Commissie Arbeidsvoorwaarden nu op dit moment.'

'Luke, ik ben woedend,' zei hij. 'Jij en ik moeten hier later over praten.'

*Ja*, dacht Nick. *Daar heeft hij niet van terug.*

'En Luke...?'

Maar Lucas had opgehangen.

## 50

Zodra Audrey aan haar bureau zat, kwam Bugbee naar haar toe. Hij had een mok koffie in zijn ene en papieren in zijn andere hand en keek nogal tevreden.

'Niet zeggen,' zei hij. 'De psychiater heeft je alles over zijn gekke patiënt verteld.'

Nu begreep ze waarom hij zo tevreden keek. Hij had leedvermaak. Toch was er ook nog iets anders. Hij had die blik van 'Zei ik het niet?' in zijn ogen waarmee ze LaTonya naar de jongens had zien kijken als ze in moeilijkheden kwamen doordat ze iets hadden gedaan wat ze hun had afgeraden.

'Hij heeft me wat nuttige informatie over schizofrenie en gewelddadigheid gegeven,' zei ze.

'Dingen die je ook in een boek had kunnen lezen, denk ik. Maar hij wilde niet over Stadler praten, hè? Zijn geheimhoudingsplicht, hè?'

'Er is vast wel een manier om toegang tot Stadlers medische gegevens te krijgen.' Duidelijker dan met die woorden wilde ze Bugbee niet toegeven dat hij gelijk had.

'Wat zou Jezus doen, Audrey? Een huiszoekingsbevel aanvragen?'

Ze negeerde de grap. 'Daarmee komen we er niet. Het zou ons niet meer opleveren dan de data waarop hij in het ziekenhuis is opgenomen en dat soort dingen. De medische gegevens zouden nog steeds beschermd zijn. Misschien hebben we iets aan de Wet op de Informatievrijheid.'

'Hoeveel jaar heb je de tijd?'

'Precies.'

'Over huiszoekingsbevelen gesproken,' zei Bugbee, en hij zwaaide met de papieren in zijn linkerhand. 'Wanneer wou je me vertellen dat je de telefoongegevens van die beveiligingschef van Stratton hebt opgevraagd?'

'Zijn die al binnen?'

'Dat bedoel ik niet. Waar wil je ze voor hebben?'

Bugbee had ze blijkbaar uit de fax gehaald, of misschien had hij ze in haar IN-bakje zien liggen. 'Laat me eens kijken,' zei ze.

'Waarom ben je zo geïnteresseerd in Edward Rinaldi's telefoongegevens?'

Audrey keek hem ijzig aan, het soort blik waar LaTonya zo goed in was. 'Zou je ze me nú willen geven, Roy?'

Bugbee gaf haar meteen de papieren.

Allemachtig, dacht ze, ik moet assertiviteitstraining bij LaTonya gaan volgen. Ze voelde een golf van triomf en vroeg zich af of dat geen verkeerd gevoel was. 'Dank je, Roy. Nou, om je vraag te beantwoorden: ik wilde ze hebben omdat ik me afvraag of Rinaldi ooit naar Andrew Stadler heeft gebeld.'

'Waarom?'

'Ga maar na. Hij belde naar de politie om te vragen of Stadler bij hen bekend was, nietwaar? Stadler is de enige ex-Stratton-werknemer over wie hij belde. Daaruit leid ik af dat hij Stadler verdacht – dat hij geloofde dat Stadler de stalker was die steeds weer bij Nicholas Conover inbrak.'

'Ja, en misschien had hij daar gelijk in. Na de moord op Stadler is er niet meer bij Conover ingebroken.'

'In elk geval heeft hij geen aangifte meer gedaan,' gaf ze toe. 'Maar het is nog maar een week of zo geleden.'

'Dus misschien was het die Stadler. Misschien was Rinaldi iets op het spoor.'

'Misschien. Misschien niet. In beide gevallen zou het me niet verbazen als die veiligheidschef naar Stadler heeft gebeld om hem te waarschuwen dat hij bij Nicholas Conovers huis vandaan moest blijven. Je weet wel, in de trant van: "We weten dat je het bent, en als je nog eens zoiets doet, krijg je er spijt van."'

De telefoongegevens die door de provider van Rinaldi's mobiele telefoon waren gefaxt, vormden een dicht beschreven hoeveelheid papier van tien tot twintig bladzijden. Ze wierp er een blik op en zag dat de meeste informatie waarom ze had gevraagd erin stond, maar niet alles. Data en tijden van alle telefoongesprekken die hij had gevoerd – die waren er allemaal wel. Maar bij niet alle telefoonnummers stond ook een naam.

'Ik neem aan dat je dit al hebt bekeken,' zei Audrey.

'Ja, vlug doorgekeken. Blijkbaar heeft de man een nogal actief sociaal leven. Veel namen van vrouwen.'

'Ben je op Andrew Stadlers naam gestuit?'

Bugbee schudde zijn hoofd.

'Je hebt goed naar de dag en de nacht gekeken waarin de moord is gepleegd?'

Bugbee keek haar strak aan. 'Er staan niet overal namen bij de nummers.'

'Dat zag ik. Ik kan de logica daar niet van inzien.'

'Als een nummer geheim is, zal de naam er niet automatisch bij komen te staan.'

'Daar zit wat in,' zei ze. Ze aarzelde, kwam in de verleiding om net zo krenterig met lofprijzingen te zijn als Bugbee altijd was. Maar stond niet ergens in Spreuken dat een passend woord als gouden appelen in zilveren schalen was? 'Ik denk dat je gelijk hebt. Dat zou best eens kunnen.'

Bugbee haalde zijn schouders op, niet uit bescheidenheid maar laatdunkend. Op die manier liet hij haar weten dat slim redeneren een tweede natuur voor hem was. 'Dat betekent veel zoekwerk,' zei hij.

'Zou jij dat kunnen doen?'

Bugbee snoof. 'Kom nou. Ik heb wel wat anders te doen.'

'Nou, iemand moet het doen.'

Een korte stilte: een patstelling. 'Ben je nog meer over dat hydroseedspul aan de weet gekomen?'

Bugbee keek haar met een loom glimlachje aan en haalde toen een verkreukeld laboratoriumformulier uit zijn broekzak. 'Het is Penn Mulch.'

'Pen Mulch? Wat is dat?'

'Penn Mulch is een gepatenteerd product dat op de markt gebracht wordt door de Lebanon Seaboard Corporation in Pennsylvania, een bedrijf dat kunstmest en gazonproducten maakt.' Hij las voor uit aantekeningen die door iemand anders waren gemaakt, waarschijnlijk een laborant. 'Het zijn kleine, regelmatig gevormde korrels van ruim een centimeter lang en drie millimeter breed. Ze lijken op hamsterkeutels. Cellulosekorrels van gevriesdroogd gerecycled krantenpapier, kunstmest voor nieuwe bezaaiing en superabsorberende polymeerkristallen. En groene kleurstof.'

'En graszaad.'

'Nee, niet in de Penn Mulch. Het gazonbedrijf mengt de muls met graszaad en een bindmiddel. Op die manier krijgen ze een soort drijfmest die ze op de grond kunnen spuiten. Een soort erwtensoep, maar dan dunner. Het graszaad is in dit geval een mengeling van Kentucky Bluegrass en Creeping Red Fescue, met ook een beetje Saturn Perennial Ryegrass en Buccaneer Perennial Ryegrass.'

'Goed werk,' zei ze. 'Maar eigenlijk zegt het me niet veel. Wordt die samenstelling veel voor hydroseed gebruikt?'

'Het graszaad varieert sterk. Er zijn zo'n negenhonderd verschillende variëteiten om uit te kiezen. Daar zit goedkope troep bij.'

'Dus de gazonbedrijven gebruiken niet allemaal dezelfde mix?'

'Nee. De troep die ze langs de wegen gebruiken, de aannemersmix, wil je niet op je gazon hebben. Hoe beter de muls, hoe beter de resultaten.'

'Die Penn Mulch...'

'Duur. Veel beter dan het spul dat ze meestal gebruiken – vermalen houtpulp of krantenpapier, verpakt in zakken van vijfentwintig kilo. Dit is duur spul. Ik denk niet dat het veel wordt gebruikt. Zoiets gebruik je voor het gazon van een rijke kerel – een rijke kerel die het verschil weet, bedoel ik.'

'Dus we moeten uitzoeken welke gazonbedrijven hier in de buurt Penn Mulch gebruiken.'

'Dat zijn veel telefoontjes.'

'Hoeveel gazonbedrijven zijn er in Fenwick? Toch niet meer dan twee of drie?'

'Dat bedoel ik niet,' zei Bugbee. 'Stel, je vindt het enige bedrijf dat soms Penn Mulch in zijn hydroseedmix gebruikt. Wat dan?'

'Dan ga je na op welke gazons ze dat spul hebben gebruikt. Je zegt dat het duur is, dus het zullen er niet zoveel zijn.'

'En wat heb je dan? Onze dooie die over iemands gazon heeft gelopen waar Penn Mulch op zat. Nou en?'

'Ik kan me niet voorstellen dat er veel dure gazons in het hondenhok zijn, Roy,' zei ze. 'Jij wel?'

# 51

Toen hij van de school naar Stratton terugreed, dacht Nick aan Cassie Stadler.

Ze was niet beeldschoon – hij had in de loop van zijn leven meer dan zijn portie beeldschone vrouwen gehad, vooral in zijn studententijd, toen Laura wilde dat ze 'een pauze namen' en 'met andere mensen omgingen' – maar ze was zo intelligent dat het angstaanjagend was. Ze was griezelig scherpzinnig en begreep hem blijkbaar volkomen. Het was bijna of ze door hem heen keek. Ze kende hem beter dan hij zichzelf kende.

En hij kon niet ontkennen dat hij zich fysiek tot haar aangetrokken voelde. Voor het eerst in meer dan een jaar had hij seks gehad, en hij voelde zich weer een seksueel wezen. Dat was een gevoel dat hij bijna was vergeten. De pomp was gevoed. Hij voelde zich geil. Hij dacht aan de vorige middag en kreeg een erectie.

Toen herinnerde hij zich wie ze was en hoe hij haar had leren kennen, en meteen voelde hij zich somber. Het schuldgevoel kwam weer in hem opzetten, erger dan ooit.

Een stem in zijn hoofd zei: *Wou je me in de maling nemen? Je neukt met de dochter van de man die je hebt vermoord.*

*Ben je wel goed bij je hoofd?*

Hij begreep niet wat hij deed. Als hij te dicht bij haar kwam... Nou, als ze er nu eens op de een of andere manier achter kwam? Hoe lang kon hij dat absurde koorddansen volhouden?

*Wat doe ik toch?*

Maar hij wilde haar erg graag terugzien. Dat was juist zo absurd.

Het was nu laat in de middag, en hij hoefde niet naar kantoor terug. Hij stopte langs de kant van de weg en viste een stukje papier uit de zak van zijn jasje. Daar had hij Cassie Stadlers telefoonnummer op geschreven. Impulsief – zonder naar die afkeurende stem in zijn hoofd te luisteren – belde hij haar mobiele nummer.

'Hallo,' zei hij toen ze opnam. Zijn stem klonk ijl. 'Met Nick.'

Een korte stilte. 'Nick,' zei ze, en toen zweeg ze.

'Ik wilde alleen...' Zijn stem sloeg zelfs over. Hij wilde... wat? De klok terugdraaien? Ongedaan maken wat Die Nacht gebeurd was? Alles goedmaken? En aangezien dat niet kon, wat dan? Hij wilde alleen maar met haar praten. Dat was de waarheid. 'Ik belde alleen...'

'Ik weet het,' zei ze vlug.

'Gaat het goed met je?'

'Met jou?'

'Ik wil graag naar je toe,' zei hij.
'Nick,' zei ze. 'Je moet bij me vandaan blijven. Ik breng je in moeilijkheden. Echt waar.'
Nick glimlachte bijna. Cassie wist niet wat moeilijkheden waren. *Denk je dat jij in moeilijkheden verkeert? Je zou mij moeten zien als ik een Smith & Wesson in mijn handen heb.* Het zuur spatte tegen de achterkant van zijn keel.
'Dat denk ik niet,' zei Nick.
'Denk je niet dat je al genoeg hebt gedaan?'
Er ging zoiets al een elektrische schok door hem heen. Had hij niet genoeg gedaan? Zo kon je het ook bekijken. 'Sorry?'
'Niet dat ik het niet op prijs stelde. Dat deed ik echt wel. Alles. Maar we moeten het daarbij laten. Jij hebt een bedrijf te leiden. Een gezin dat je bijeen moet houden. Daar pas ik niet in.'
'Ik kom net van een afspraak vandaan,' zei hij. 'Ik kan over vijf minuten bij je zijn.'

'Hé,' zei Cassie, toen ze de stoffige hordeur openmaakte. Wijde spijkerbroek, wit T-shirt, verfspatten. Toen glimlachte ze en kwamen er rimpeltjes bij haar ogen. Ze zag er beter uit, klonk beter. 'Ik dacht dat je niet terug zou komen?'
'Waarom niet?'
'Nou, je weet wel, spijt achteraf. Spijt van wat je had gedaan. Het doorsnee mannengedrag.'
'Misschien ben ik geen doorsneeman.'
'Die indruk krijg ik. Heb je vandaag iets voor me meegebracht?'
Nick haalde zijn schouders op. 'Sorry. Ik heb een fles ruitenwisservloeistof in de kofferbak.'
'Laat maar,' zei Cassie. 'Daar krijg ik altijd een kater van.'
'Misschien heb ik ook een busje WD-40 bij me, je weet wel, multispray.'
'Dat klinkt al beter. De president-directeur van Stratton als mijn persoonlijke boodschappenjongen – ik vind het een schitterend idee.'
'Daar ga ik prat op. Nick Conover koopt een verrekt goed broodje kalkoen.'
'Maar moet ik het persoonlijk opvatten dat je vetloze yoghurt voor me meebrengt?' Ze liet hem binnenkomen. 'Laat me wat van de thee zetten die je hebt meegebracht.'
Ze verdween even in de keuken. Ze had een cd opstaan, een vrouw die iets zong over 'I'm brave but I'm chicken shit'.
Toen ze terugkwam, zei Nick: 'Je ziet er goed uit.'

'Ik begin me weer een beetje mezelf te voelen,' zei ze. 'Je maakte me laatst op een dieptepunt mee. Je weet vast wel hoe dat is.'

'Nou, je ziet er nu veel beter uit.'

'En jij ziet er belabberd uit,' merkte ze nuchter op.

'Tja,' zei Nick. 'Lange dag.'

Ze strekte zich uit op de bobbelige bruine bank met gouddraad door de bekleding, zoals in de jaren vijftig veel voorkwam.

'Een lange dag, of een lang verhaal?'

'Geloof me, je wilt een volwassen man niet horen klagen en zeuren over moeilijkheden op zijn werk.'

'Ik kan wel wat afleiding gebruiken.'

Nick leunde in de oeroude groene luie stoel achterover. Hij dacht even na en vertelde haar toen over het gerucht, waarbij hij een paar details wegliet. Hij noemde Scott niet met naam, sprak niet over Scotts trouweloosheid. Dat was op dat moment een te pijnlijk onderwerp.

Cassie maakte een strakke yoga-achtige bal van zichzelf door haar armen om haar knieën te slaan, en luisterde aandachtig naar hem.

'En alsof dat nog niet erg genoeg was, kreeg ik een telefoontje van Lucas' school,' ging hij verder. Hij zweeg. Hij was het niet gewend om op die manier over zijn leven te praten. Niet sinds Laura's dood. Hij was het ontwend.

'Vertel het me,' zei ze.

Hij deed het. Hij vertelde haar ook dat hij Lucas thuis had gebeld en hem de les had gelezen, en dat Luke toen had opgehangen. Toen hij eindelijk op zijn horloge keek, besefte hij dat hij meer dan vijf minuten had gepraat.

'Dat heb ik nooit begrepen,' zei Cassie.

'Wat niet?'

'Wat betekent het dat leerlingen voor drie dagen van school worden geschorst? Hoeven ze drie dagen niet naar school? Blijven ze thuis?'

'Ja.'

'Dan gaan ze toch nog meer verkeerde dingen doen? Is dat als straf bedoeld? Ik bedoel, als een honkballer voor vijf wedstrijden wordt geschorst omdat hij met de scheidsrechter heeft gevochten, dan is dat een straf. Maar als je nou tegen een leerling zegt dat hij drie dagen niet naar school mag, waar hij toch al de pest aan heeft?'

'Misschien voelt hij zich vernederd ten opzichte van zijn medeleerlingen.'

'Een tiener? Die legt er toch juist eer mee in?'

Nick haalde zijn schouders op. 'Dat gevoel zou ik niet hebben gehad.'

'Nee, jij was waarschijnlijk de ideale leerling.'

'Dat niet. Ik haalde dezelfde streken uit als anderen. Maar ik was wel voorzichtig. Ik wilde niet uit het ijshockeyteam worden geschopt. Hé, waar blijft die thee?' vroeg hij.

'Dat stel doet er een eeuwigheid over. Elektrisch, en te weinig vermogen. Pa wilde geen gas in huis. Een van zijn vele "dingen". Maar daar wil ik het nu niet over hebben.' Ze rekte haar hals en luisterde. 'Het is nu vast wel klaar.'

'Van al dat praten heb ik dorst gekregen,' zei Nick.

Cassie kwam met twee dampende mokken terug. '*English Breakfast*,' zei ze. 'Al zag ik dat je ook een doos Blue Moon Kava Kava en Chamomile hebt gekocht. Dat is vast niet de favoriete thee van Nick Conover.'

'Misschien niet.'

'Hoe kom ik toch aan het gevoel dat jij me voor een newagetype aanziet?' Ze haalde haar schouders op. 'Misschien omdat ik dat ook ben. Hoe kan ik het ontkennen? Jij maakt stoelen, ik geef les in asana's. Hé, in feite werken we allebei in de zitbranche, hè?'

'Dus je gaat me niet over mijn aura vertellen.'

'Je kunt het meisje uit de Carnegie Mellon University halen – en geloof me, dat hebben ze gedaan.' Er speelde een vage glimlach om haar mondhoeken. 'Maar je kunt de Carnegie Mellon University niet uit een meisje halen. Ik heb nooit veel van chakra's en zo moeten hebben. Wat dat betreft, heb ik veel van mijn vader weg. Ik heb een empirisch trekje van een kilometer breed.'

'En ik dacht dat je een taille van vijftig centimeter had.'

'Dank je.' Ze nam voorzichtig een slokje thee. 'Dus je hebt problemen. Je rekent daarmee af, want zo iemand ben je. Als het leven je citroenen geeft, maak je daar limonade van.'

'Op de een of andere manier verwachtte ik iets meer zen-achtigs.'

'Ik zie dat je je English Breakfast niet hebt aangeraakt. Van wat voor thee hou je dan wel?'

'Van alle thee. Zolang het maar koffie is.'

Ze vond een fles Four Roses-bourbon op een tafeltje naast de sofa en gaf die aan hem. 'Doe hier een scheut van in je thee. Dan proef je minder van de tannine.'

Hij deed er wat van in zijn kopje. De bourbon kwam de smaak duidelijk ten goede.

Cassie keek hem met kattenogen aan. 'Ben je hier nou voor mij of voor jou?'

'Allebei.'

Ze knikte geamuseerd. 'Je bent niet mijn maatschappelijk werker.'

'Kom nou,' zei Nick. 'Je bent niet bepaald een sociaal probleemgeval.'
'Ik red me wel.'
'Nou, laat ik je dit zeggen: als het ooit niet zo goed met je gaat, heb je mij om je te helpen.'
'Dit begint op een afscheid te lijken.'
'Nee. Helemaal niet.'
'Goed.' Ze stond op en trok aan het koord van de zonwering om duisternis in de kamer brengen. 'Dat is een opluchting.'
Hij kwam achter haar staan, schoof zijn handen onder haar shirt en voelde de zijdezachte warmte van haar buik.
'Waarom gaan we niet naar boven?' zei Nick.
'We gaan niet naar boven,' zei ze meteen.
'Dat doen we niet, hè? Goed.' Hij bewoog zijn handen langzaam naar boven tot hij haar borsten vond, en speelde met haar tepels terwijl hij haar nek kuste en eraan likte.
'Ja,' zei ze hees.
Nog steeds met haar rug naar hem toe, legde ze haar handen om zijn billen en kneep hard in elk daarvan.
Deze keer ging hij achterlangs bij haar naar binnen.

'Jezus,' zei hij, en ze keek met glanzende ogen naar hem op.
Hij had een paar minuten nodig om op adem te komen.
'Goh,' zei hij. 'Dank je.'
'Het was me een genoegen.'
'Nou, mij ook.'
Ze nam een slokje thee en kroop tegen hem aan op de bank. Ze zong met de cd mee, die blijkbaar op de *repeat*-stand stond.
'Je hebt een mooie stem.'
'In het kerkkoor gezongen. Mijn moeder was gek op de kerk en sleepte me er altijd heen. Dat heeft me in die tijd enorm geholpen. Nou, grote baas, je mag het nooit opgeven, weet je.' Er was een vreemd soort heftigheid in Cassies stem gekomen. 'Je moet spelen met heel je hart. Alles telt.'
'Zo speelde ik altijd ijshockey. Ik gaf alles – je moet wel.'
'Hield je altijd je hoofd omhoog als je schaatste?'
Hij glimlachte. Blijkbaar wist ze ook iets van ijshockey. 'Nou en of. Je hoeft je hoofd maar even te laten zakken, en je kunt het wel schudden. Het is een snelle sport.'
'Hou je bij Stratton ook altijd je hoofd omhoog?'
'Niet genoeg,' gaf hij toe.
'Ik denk dat mensen je soms onderschatten, omdat ze aanvoelen

dat je graag aardig gevonden wilt worden. Maar ik denk ook dat mensen die je te veel onder druk zetten daar spijt van krijgen.'

'Misschien.' Er gingen allerlei onwelkome, duistere herinneringen door Nicks hoofd.

'Ik wed dat je al veel mensen hebt verrast. Dorothy Devries – die is in de afgelopen jaren minder positief over je gaan denken. Heb ik gelijk of niet?'

Nick knipperde met zijn ogen. Hij had het zelf nooit beseft, maar het was waar. 'Ja,' zei hij. 'Hoe wist je dat?'

Cassie wendde haar ogen af. 'Je moet dit niet verkeerd opvatten, maar als de weduwe van de ouwe Devries een opvolger benoemt, gaat er van alles in haar om. Wat ze in elk geval niet wil, is iemand benoemen die het veel beter doet dan haar dierbare Milton. Zeker, er moet een goede roerganger komen. Iemand op wie je kunt rekenen, iemand van wie je kunt zeggen: "Hij is natuurlijk geen Milton Devries, maar wie is dat wel?" Ze hadden een topper van een concurrerend bedrijf kunnen wegkopen – dat is vast de gebruikelijke gang van zaken. Maar dat wilde ze niet. Ze zag in jou een mini-Milton. En toen gooide je de boel overhoop. Je was Miltons protegé niet meer. En ook al had ze daar financieel voordeel van, die hele Nick Conover-show zat haar natuurlijk dwars.'

Nick schudde alleen maar met zijn hoofd.

'Je gelooft me niet, hè?'

'Ik geloof je wel,' zei Nick langzaam. 'Dat is juist het probleem. Je zegt dingen die ik nooit goed heb beseft, en het is vast niet goed voor mijn ego, maar als ik naar je luister, denk ik, ja, zo is het waarschijnlijk wel gegaan. De oude dame kreeg iets anders dan ze verwachtte. Maar weet je, dat gold ook voor mij. Ik werd benoemd, zette drie of vier mensen op belangrijke posten en liet ze hun gang gaan. Het had anders kunnen gaan. Ik ben niet briljant, maar ik weet wat ik niet weet. Misschien ben ik er goed in om briljante mensen aan te trekken.'

'En zolang ze je trouw blijven, gaat het goed met je. Maar als het geen familiemensen zijn, kun je in de problemen komen.'

'Familiemensen?'

'De Stratton-familie.'

'Jij bent echt de vrouw met de röntgenogen,' zei Nick. 'Je kijkt dwars door mensen heen.' Plotseling huiverde hij. Hoeveel zag ze? Zag ze het bloed op zijn handen? Hij slikte. Hij moest vooral bij zijn positieven blijven.

'Je weet wat ze zeggen.'

'Wie?'

'Ze. Anaïs Nin, misschien, dat weet ik niet meer. "We zien dingen niet zoals ze zijn. We zien dingen zoals wij zijn."'

'Ik geloof niet dat ik het begrijp.'

'En de mensen van wie we het meest houden, zijn soms het moeilijkst te zien. Zoals je zoon.'

'Die is tegenwoordig een volslagen raadsel voor me.'

'Hoe laat zei je dat je kinderen thuis zijn?'

'Binnen een uur.'

'Ik zou ze graag willen ontmoeten,' zei ze.

'Eh, ik weet niet of dat een goed idee is,' zei Nick.

Cassie stond op en streek met haar vingers door haar haar. 'Jezus, wat zeg ik, wat een verschrikkelijk idee,' zei ze. Ze veranderde abrupt. 'Wat stelde ik me voor? Ik maak geen deel uit van je leven. Ik speel geen rol in je leven. Trouwens, ik zou me waarschijnlijk voor mezelf schamen.' Ze trok aan haar spijkerbroek met verfvlekken. 'We moeten het hier maar bij laten. Uiteindelijk hebben we altijd Steepletown nog. Dag, Nick. Het ga je goed.'

'Cassie,' zei Nick. 'Dat bedoelde ik niet.'

Cassie zweeg. Toen Nick haar aankeek, waren haar ogen poelen van verdriet. Er ging een golf van schuldgevoel door hem heen, en van verlangen.

'Wil je vanavond komen eten?' vroeg hij.

## 52

Toen de Chevrolet Surburban in de rij stond voor het poorthuis van de Fenwicke Estates, zat Cassie er zwijgend bij. Nick weerstond de aandrang om met zijn vingers op het stuur te trommelen.

'Goedenavond, Jorge,' zei Nick, toen ze langzaam langs het poorthuis reden.

Cassie boog zich opzij om hem te kunnen zien. 'Hallo, Jorge, ik ben Cassie.' Ze glimlachte en wuifde even naar hem.

'Goedenavond,' zei Jorge, levendiger dan gewoonlijk.

Zo, dacht Nick. Eén punt voor de menselijkheid van het meisje. Ze nam de mannen in uniform serieus. Zolang dat maar niet het begin was van algehele solidariteit met de werkende bevolking, was het waarschijnlijk een goed teken.

Hij vroeg zich af hoe zijn kinderen zouden reageren als hij met een vrouw naar huis kwam. Sterker nog, hij maakte zich daar zorgen over. Cassie was de eerste vrouw met wie hij na Laura's dood iets had, en hij wist niet hoe ze zouden reageren. Lucas zou vijandig zijn, daar kon hij gerust van uitgaan. Die stelde zich automatisch vijandig op. Maar Julia? Dat was moeilijk te zeggen. Er was natuurlijk het freudiaanse verschijnsel dat een meisje haar papa helemaal voor zich alleen wil hebben, en daarnaast was er die krachtige, onbewuste trouw jegens haar moeder: hoe durft papa met iemand anders dan mama om te gaan?

Het zou onaangenaam kunnen worden. Maar Cassie zou degene zijn die daar het meest van te lijden had. Hij had medelijden met haar om wat ze straks zou doormaken. Toen hij naar het huis reed, had hij al spijt van zijn impulsieve uitnodiging. Het zou beter zijn geweest om haar geleidelijk met de kinderen in contact te laten komen.

Toen ze de oprijlaan van het huis naderden, floot Cassie zachtjes.

'Mooi,' zei ze. 'Ik zou niet hebben gedacht dat het jouw stijl was. Dat moet ik toegeven.'

'Misschien is het dat ook niet,' gaf Nick toe, maar hij vond het niet prettig om dat te zeggen. Alsof hij Laura de schuld gaf.

Ze tuurde naar de gele puincontainer die onder een basketbalring stond. 'Verbouwing?'

'Altijd.'

'*Portoncini dei morti*,' zei ze.

'Je bent nu in Amerika,' zei Nick op luchtige toon. 'Het wordt tijd dat je Engels leert spreken.'

'Ik neem aan dat je nooit in Gubbio bent geweest.'

'Als ze daar geen zwenkwieltjes maken, ben ik er waarschijnlijk nooit geweest.'

'Het ligt in Italië, in Umbrië. Ik ben er een heel jaar geweest – schilderen, straatmuziek maken, noem maar op. Geweldige stad, maar ook een beetje griezelig. Als je door het oude centrum loopt, zie je dichtgemetselde vakken in de muren van veel huizen. Dat is een oude gewoonte, een soort sacrament. Ze metselden de deur dicht waardoor een dode uit het huis was gedragen. Dat noemen ze *portoncini dei morti*. Deuren van de doden. Geestendeuren.'

'Dat moet veel metselaars aan het werk hebben gehouden,' zei Nick. *Het is de voordeur, Nick. Daar bezuinig je niet op*. Deuren van de doden.

'Dit was Laura's huis, nietwaar?' vroeg Cassie.

Zo zou Nick het niet hebben gesteld, maar het was min of meer waar. Het was Laura's huis.

'Min of meer,' zei hij.

Marta was bij de deur toen ze binnenkwamen. 'Ik zei dat we bezoek zouden hebben,' zei Nick. 'Nou, zij is het bezoek.'

Marta gaf Cassie geen hand, zag hij. Ze zei alleen 'Aangenaam kennis te maken,' en niet al te hartelijk. Een houding alsof ze met een telemarketeer te maken had.

'Waar is Julia?' vroeg Nick aan Marta.

'Die kijkt tv in de huiskamer. Emily is net weg.'

'En Luke?'

'In zijn kamer. Achter de computer, misschien. Hij zei dat hij niet kan blijven eten.'

'O ja? Nou, hij blijft eten,' zei Nick ijzig. Jezus. Die schorsing – daar moesten ze een Ernstig Gesprek over hebben. Dat zou wel op een hooglopende ruzie uitdraaien.

Maar niet vanavond.

Nick ging met Cassie naar de huiskamer, waar Julia verdiept was in *Slime Time Live* op Nickelodeon.

'Hé, schatje,' zei Nick, 'dit is mijn vriendin Cassie.'

'Hallo,' zei Julia, en ze keek weer naar de televisie. Niet bot, maar ook niet bepaald vriendelijk. Wat koeltjes.

'Cassie komt bij ons eten.'

Julia draaide zich weer om. 'Goed,' zei ze behoedzaam. Tegen Cassie zei ze: 'Meestal hebben we geen mensen te eten.'

Toen keek ze weer naar het flikkerende scherm. Er werd groene smurrie over iemand uitgegoten.

'Maak je geen zorgen,' zei Cassie. 'Ik eet als een vogeltje.'

Julia knikte.

'Tweeënhalf keer mijn lichaamsgewicht aan wormen,' zei Cassie.

Julia giechelde.

'Hou je van honkbal?' vroeg Cassie.

'Ja, tamelijk,' zei Julia. 'Je bedoelt, mijn trui?'

'Ik ben gek op de Tigers,' zei Cassie.

Julia haalde laatdunkend haar schouders op. 'De meiden op school noemen me een jongen omdat ik die trui altijd aanheb.'

'Ze zijn er alleen maar jaloers op,' zei Nick, maar Julia luisterde niet naar hem.

'Ooit in hun stadion geweest, Comerica Park in Detroit?' vroeg Cassie haar.

Julia schudde haar hoofd.

'O, dat is fantastisch. Je zou het prachtig vinden. We moeten er eens heen.'

'Echt waar?' zei Julia.

'Absoluut. En hoor eens – ze noemden mij ook een jongen toen ik nog jong was,' zei Cassie. 'Alleen omdat ik niet van Barbie hield.'

'O ja? Ik heb de pest aan Barbie,' zei Julia.

'Barbie is eng,' beaamde Cassie. 'Ik moest nooit veel van poppen hebben.'

'Ik ook niet.'

'Maar je hebt vast wel een heleboel pluchen beesten.'

'Vooral Beanie Baby's.'

'Verzamel je ze?'

'Zo'n beetje.' Julia keek Cassie nu belangstellend aan. 'Ze zijn erg waardevol, weet je. Maar alleen als je ze niet gebruikt en zo.'

'Je bedoelt, nooit het etiket eraf halen en ze op de plank zetten?'

Julia knikte, ditmaal levendiger.

'Dat begrijp ik niet,' zei Cassie. 'Het gaat er bij Beanie Baby's toch juist om dat je met ze speelt? Heb je er veel of maar een paar?'

'Ik weet het niet. Veel, denk ik. Wil je mijn verzameling zien?'

'Echt waar? Graag.'

'Niet nu,' zei Nick. 'Later. Nu is het etenstijd, en we hebben bezoek.'

'Oké,' zei Julia. Toen gilde ze: 'Luke, eten! We hebben bezoek!'

Toen Nick met Cassie naar de hal terugliep, zei ze: 'Ze is lief, hè?'

'Ze is een echte Ma Barker,' zei Nick. 'Maar het zonnetje in huis is Lucas Conover.' Hij ging met haar naar boven en wees naar de gang. Hij hoefde niet te vertellen welke kamer van Lucas was. Achter de deur vandaan kwam een lawine van stampende muziek, een daverend basritme waar iemand zo hard mogelijk bovenuit schreeuwde. Het ging over gek worden, over tot as vergaan, over pijn en ellende. Met veel onverstaanbaar geschreeuw daartussendoor.

'Zoals je kunt horen, is hij een grote fan van Frank Sinatra,' zei Nick. Hij besloot niet aan te kloppen. Marta moest hem beneden maar tegenhouden. Lucas luisterde toch beter naar haar.

'Hoe weet je zoveel van Beanie Baby's?' vroeg Nick.

'Mijn kennis van Beanie Baby's is beperkt tot wat ik in *Newsweek* lees. Vlieg ik er nu uit?'

'Nou, Julia gelooft dat je een echte Beanie Baby-expert bent.'

'Hé, als het nou werkt? Al heb ik het gevoel dat je zoon niet zo'n Beanie Baby-fan is.'

'Hij is een moeilijk geval, mijn zoon,' zei Nick, die niet te lang over hem wilde praten. 'Ik ga me verkleden. Ik zie je straks beneden.'

Toen hij weer beneden kwam, waren Cassie en Julia in een druk gesprek verwikkeld in de huiskamer. 'En er was overal bloed,' hoorde hij Julia met een gedempte, ernstige stem zeggen.

'O nee,' fluisterde Cassie.

'En het was Barney.' Julia's ogen waren vochtig.

'Wat erg.'

'En pap zei dat hij ons zou beschermen. Hij zei dat hij alles zou doen wat hij moest doen.'

Nick schraapte zijn keel; dit was geen gesprek dat hij wilde stimuleren. 'Hé, meiden,' riep hij. 'Etenstijd.'

'Ik hoor net wat er met Barney is gebeurd,' zei Cassie, opkijkend. 'Klinkt verschrikkelijk.'

'Het was een zware slag,' zei Nick. 'Voor ons allemaal.' Hij probeerde een beetje bruusk te praten om Cassie te laten weten dat hij dat gespreksonderwerp wilde beëindigen.

Gelukkig kwam Marta op dat moment de keuken uit om te zeggen dat het eten klaar was.

'Goed,' zei Nick. 'Laten we gaan, meiden. Marta, wil jij naar boven gaan om Sid Vicious te vragen bij ons te komen zitten?'

Toen Marta naar boven ging, vroeg Julia: 'Wie is Sid Vicious?'

'Ken jij de Sex Pistols?' vroeg Cassie glimlachend aan Nick.

'Ik geloof dat ik een stuk van een film over ze heb gezien, maar ik ben weggelopen,' zei Nick. 'Ik ben geen volslagen onbenul, weet je, al denkt mijn zoon daar misschien anders over.'

'Maar wie is Sid Vicious?' vroeg Julia opnieuw.

Lucas' zware voetstappen daverden door het huis alsof er boven aan de trap een kist met kegelballen was leeggegooid. Op de overloop keek hij om en nam Cassies aanwezigheid met een onbewogen gezicht in zich op.

'Luke, dit is mijn vriendin Cassie Stadler,' zei Nick.

'Cassie Stádler?'

Zoals hij het zei, verkilde het Nicks bloed in zijn aderen.

'Ja,' zei hij rustig. 'Ze komt bij ons eten.'

'Ik moet weg,' zei Lucas.

'Je moet hier blijven.'

'Ik moet met een paar klasgenoten een werkstuk maken.'

Nick wilde met zijn ogen rollen, maar deed het niet. Een biologieproject natuurlijk, een onderzoek naar het effect van *Cannabis sativa* op de geest en het lichaam van de Amerikaanse zestienjarige. 'Het staat niet ter discussie,' zei hij. 'Ga zitten.'

'Ik hou van je muziek,' zei Cassie tegen hem.

Lucas keek haar net niet vijandig aan. 'O ja?' Zoals hij het zei, klonk het als *Nou en?*

'Als je dat muziek noemt,' zei Nick, die vond dat hij Cassie in bescherming moest nemen. Hij keek haar aan en haalde verontschuldigend zijn schouders op. 'En als we dat soort lawaai niet te horen krijgen, is het die gangstarap-herrie.'

'Gangstarap-herrie.' Cassies mimiek was perfect en vernietigend.

Lucas snoof half, grinnikte half.

'Je had zeker liever dat hij naar The Mama's & The Papa's luisterde?' vroeg ze. 'Net als zijn vader.'

*Hé, dat is niet eerlijk*, wilde Nick zeggen. 'Ik luisterde niet eens naar The Mama's & The Papa's,' zei hij.

Cassie negeerde hem. Ze concentreerde zich op Lucas. 'Ik ben nieuwsgierig. Hoe lang luister je al naar Slasher?'

'Een paar maanden,' zei Lucas verrast.

'Niet veel mensen van jouw leeftijd weten zelfs maar dat Slasher bestaat. Ik wed dat je al hun albums hebt.'

'Ik heb downloads van dingen die ze nog niet hebben uitgebracht, en ik heb ook wat bootleg-demo's.'

'Slasher zal wel een rockband zijn,' zei Nick, die zich buitengesloten voelde. 'Zeg het maar, als ik warm ben.'

'Een "slasher" is een beul, en zo noemen ze pa ook, weet je,' zei Lucas opgewekt.

'Dat heb ik gehoord. Hoe dan ook, Slasher is cool, maar John Horrigan is nogal een zak, moet ik je vertellen,' zei Cassie, en ze kwam een stap naar Lucas toe.

Lucas' ogen gingen wijd open. 'Je kent hem? Echt waar?' Er verscheen een heel andere Lucas op het toneel.

Ze knikte. 'Heb je gehoord dat hij in Saratoga van het toneel viel, in de Sudden Death-tournee? Nou, hij had daarna last van zijn nek en zijn rug. Niets hielp. Ik gaf yogales in Chicago, waar hij woont. Op een dag kwam hij naar de les, en het was het eerste wat echt hielp. Toen vroeg hij me om een paar extra sessies. En toen...' Ze liep dichter naar Lucas toe, legde haar hand op zijn arm en mompelde de rest.

Lucas giechelde en kreeg een kleur.

'Dat is niet te geloven,' zei hij. 'Horrigan bónkt. En...' Hij keek Nick even aan, en toen Julia, en dempte zijn stem. 'Hoe was hij?'

'Egoïstisch,' zei Cassie. 'Eerst dacht ik dat hij een slechte techniek had. Maar toen besefte ik dat het gewoon egoïsme was. Ten slotte beantwoordde ik zijn telefoontjes niet meer. Maar hij is wel een fantastische gitaarspeler.'

'Horrigan bonkt.'

'Wat bedoel je met "egoïstisch"?' wilde Julia weten, met het onfeilbare instinct van een tienjarige voor ongepaste onderwerpen.

'We hadden het erover wie hun gitaarsolo's mag doen,' zei Cassie.

Lucas begon geluidloos te schudden van het lachen.

Julia lachte ook, zij het zonder reden. Toen lachte Nick ook mee, en hij zou echt niet kunnen zeggen waarom. Behalve dat hij zich niet kon herinneren wanneer Lucas voor het laatst had gelachen.

Marta bracht een schaal karbonades naar de tafel, met een soort chili en koriander daarbovenop. 'Er is meer in de keuken, als iemand nog wil,' zei ze. Ze klonk een beetje gepikeerd, of misschien gewoon wat kregelig.

'Het ruikt allemaal heerlijk, Marta,' zei Nick.

'En er is salade.' Ze wees naar twee afgedekte aardewerken schalen. 'En er is rijst en ratatouille.'

'Dat is geweldig, Marta,' zei Cassie. 'Ik denk dat het ons heerlijk zal smaken.'

'Ik heb geen toetje gemaakt, maar er is ijs,' voegde Marta er somber aan toe. 'En wat fruit. Wat bananen.'

'Ik kan een geweldige banaan flambé maken,' zei Cassie. 'Liefhebbers?'

'Maak er wat van,' zei Lucas, en hij grijnsde.

Perfecte witte tanden, heldere blauwe ogen, een bijna smetteloze huid. Een mooie jongen. Nick voelde vaderlijke trots. Drie dagen geschorst. Ze zouden het Gesprek hebben. Maar niet nu. Het hing als een zwaard boven zijn hoofd.

'Daar hebben we alleen bananen, wat boter, bruine suiker en rum voor nodig.'

'Dat hebben we allemaal,' zei Nick.

'O, en een aansteker. Voor een prachtige vlam.' Cassie keek Lucas aan. 'Heb je een aansteker?'

## 53

Toen hij Cassie naar huis had gereden, trof Nick zijn zoon in zijn kamer aan. Lucas lag met dopjes in zijn oren op het bed. Nick gaf hem een teken dat hij ze moest uitdoen. Tot zijn verbazing deed Lucas dat meteen, en zei hij meteen: 'Ze is cool.'

'Goed. Ik ben blij dat je haar aardig vindt.' Nick nam de enige stoel in de kamer waar geen stapel boeken en papieren en gedragen kleren op lag. Hij haalde diep adem en stak van wal. Het gebruikelijke krachtenveld van vijandigheid was verdwenen, of misschien was het alleen maar minder sterk.

'Luke, jongen, jij en ik moeten praten.'

Lucas keek hem aan, knipperde met zijn ogen, zei niets.

'Ik heb je al verteld dat meneer Sundquist me vandaag bij zich heeft laten komen.'

'Nou en?'

'Je begrijpt wel hoe ernstig dit is, die schorsing.'

'Het is drie dagen vakantie.'

'Ik was al bang dat je dat zou zeggen. Nee, Luke. Het komt in je dossier. Als je je bij een universiteit aanmeldt, zien ze het.'

'Alsof jou dat wat kan schelen.'

'O, kom nou. Natuurlijk kan het me wat schelen.'

'Je weet niet eens welke vakken ik doe, hè?'

'Ik wist niet dat je iets deed,' grapte Nick onwillekeurig.

'Daar help je me erg mee, pa. Je bent bijna altijd op je werk, en nu wil je doen alsof je geïnteresseerd bent in mijn schoolprestaties?' Het was verbazingwekkend hoe Lucas die zuivere, onschuldige ogen van hem als een laserstraal tot een koude harde blauwe straal van haat kon concentreren.

'Ja, nou, ik maakte me zorgen over je.'

'Zorgen over mij,' herhaalde Lucas spottend.

'Dit heeft allemaal met mama te maken, hè?' Nick had er meteen spijt van dat hij het had gezegd. Dat was te bot. Maar hoe kon hij het anders zeggen?

'Sorry?' zei Lucas ongelovig.

'Nou, sinds mama dood is, ben je totaal veranderd. Dat weet ik, en dat weet jij ook.'

'Dat gaat diep, Nick. Erg diep. Dat is geweldig, voor jouw doen.'

'Wat bedoel je daar nou weer mee?'

'Nou, kijk eens naar jezelf. Jij ging meteen weer aan het werk. Geen probleem.'

'Ik heb een baan, Luke.'

'Je ging gewoon door, hè, Nick?'

'Waag het niet om ooit nog zo tegen me te praten,' zei Nick.

'Ga mijn kamer uit. Ik hoef die shit van jou niet aan te horen.'

'Ik ga pas weg als je naar me hebt geluisterd,' zei Nick.

'Goed,' zei Lucas. Hij kwam van het bed en liep zijn kamer uit. 'Blijf dan zitten en ouwehoer maar een eind weg.'

Nick liep achter zijn zoon aan de gang op. 'Kom terug,' zei hij.

'Ik hoef die shit niet.'

'Ik zei, kom terug. We zijn niet uitgepraat.'

'Hé, je hebt je zegje gedaan. Het spijt me dat ik zo'n teleurstelling voor je ben.' Lucas rende de trap af, twee treden tegelijk.

Nick rende achter hem aan. 'Je loopt niet van me weg als ik tegen je praat,' schreeuwde hij. Hij kreeg Lucas te pakken toen die net bij de voordeur was aangekomen. Hij legde zijn hand op de schouder van zijn zoon.

Lucas draaide zich met een ruk om en sloeg Nicks hand weg. 'Blijf met je poten van me af!' schreeuwde hij. Hij draaide de grote koperen knop om en duwde de deur open.

'Kom terug,' schreeuwde Nick hem na. Hij bleef in de deuropening staan. 'Dit kan zo niet doorgaan!'

Maar Lucas rende over het stenen pad het donker in. 'Ik ben dit klotehuis zat, en ik ben jou zat!' klonk de galmende stem van zijn zoon.

'Waar denk je dat je heen gaat?' schreeuwde Nick terug. 'Kom meteen terug!'

Hij dacht erover om achter zijn zoon aan te gaan, maar wat had dat voor zin? Hij voelde zich machteloos en wanhopig. Hij stond daar op de drempel tot het geluid van Lucas' voetstappen was weggestorven.

Toen hij zich omdraaide, zat Julia beneden aan de trap. Ze huilde.

Hij ging naar haar toe, gaf een kneepje in haar schouder en zei: 'Het komt wel goed met hem, schatje. Het komt wel goed met ons. Ga nu maar naar bed.'

Toen Nick even later onder de douche stond, schold hij op zichzelf omdat hij de hele zaak zo slecht had aangepakt. Hij had het stuntelig en gevoelloos gedaan. Er moesten manieren zijn om tot Lucas door te dringen, maar hij kende ze niet. Het was of hij in een vreemd land was waar de taal heel anders klonk dan zijn eigen taal en de straatborden onleesbaar waren, zodat hij zich helemaal alleen en verloren voelde. Terwijl de naalden van water in zijn hals en rug prikten, keek hij naar de rij shampoos en conditioners in de betegelde nis: allemaal spullen van Laura. Hij had ze nooit weggehaald. Dat kon hij niet opbrengen.

Hij zeepte zich in en kreeg zeep in zijn ogen, en dat deed zo'n pijn dat toen zijn ogen begonnen te prikken, hij niet meer wist of het door de zeep of de tranen kwam.

Hij trok een T-shirt en pyjamabroek aan. Net toen hij in bed stapte, hoorde hij de voordeur opengaan en ging het alarm af. Luke was teruggekomen.

Hij deed de lamp op het nachtkastje aan. Zoals altijd sliep hij aan de kant van het bed die altijd van hem was geweest. Hij vroeg zich af of hij ooit in het midden van het bed zou gaan slapen.

De deur van zijn slaapkamer ging open, en een fractie van een seconde dacht hij dat het Lucas was die zich kwam verontschuldigen. Maar het was hem natuurlijk niet.

Julia stond in de opening. Haar slanke lichaam en krullende haar staken af tegen het licht van de ganglamp.

'Ik kan niet slapen,' zei ze.

'Kom hier.'

Ze rende naar Nick toe en stapte in zijn bed. 'Papa,' zei ze heel zachtjes. 'Mag ik in je bed slapen? Alleen vannacht.'

Hij streek de krullen weg en zag haar betraande gezicht. 'Goed, schatje. Maar alleen vannacht.'

## 54

Leon sliep natuurlijk lang door, en dus was het die zaterdagochtend niet moeilijk voor Audrey om veel eerder op te zijn dan hij. Ze genoot van de stilte van de ochtend, de eenzaamheid, de rust in haar hoofd. Ze zette een pot hazelnootkoffie voor zichzelf – de koffie waaraan Leon zo'n hekel had, maar ze zou echte koffie zetten als hij opstond – en las de ochtendkranten.

De weekends waren vroeger hun eilandjes van intimiteit geweest, totdat... totdat hij zijn baan kwijtraakte en zij overuren ging maken om zoveel mogelijk van huis te zijn. Op zaterdag hadden ze altijd uitgeslapen, dicht tegen elkaar aan, en bedreven ze de liefde. Ze maakten samen een laat ontbijt klaar, lazen samen de kranten en bedreven soms opnieuw de liefde. Deden samen een dutje. En daarna gingen ze uit en genoten van het weekend; ze gingen winkelen of maakten een wandeling. Op zondag sliep hij tot zij terug was van de kerk, en dan gingen ze misschien ergens ontbijten of maakten thuis iets klaar, en ook dan bedreven ze de liefde.

Die tijd was zoiets als het oude Mesopotamië. Ze was bijna vergeten hoe het was. Die tijd was weggezakt in een ver en versluierd verleden.

Deze zaterdagmorgen dacht ze er na het zetten van haar koffie over om haar zaakdossiers te pakken en aan het werk te gaan. Maar toen lichtte er in haar hoofd een glimp van het oude Mesopotamië op.

Iemand moest de blokkade doorbreken, zei ze tegen zichzelf. Ze waren allebei vastgeroest. Geen van beiden wilde de eerste stap zetten om te proberen de dingen te veranderen.

Ze ging met zichzelf in discussie, zoals ze zo vaak deed. *Hoe vaak blijf je het proberen?* vroeg ze aan zichzelf. *Hoe vaak loop je met je hoofd tegen de muur voordat je beseft dat het beter is om daarmee op te houden?* De andere stem – de verstandiger, edelmoediger stem – zei: *Maar hij is degene die beschadigd is. Hij is gekwetst. Jij moet het voortouw nemen.*

Deze ochtend – misschien kwam het door de stille schoonheid van de ochtend, misschien door de verrukkelijke koffie, misschien doordat ze een tijdje alleen was – besloot ze het voortouw te nemen.

Ze liep zachtjes door de donkere slaapkamer, lette erop dat ze hem niet wakker maakte. Ze trok de onderste la van haar kast open en haalde er de licht abrikooskleurige zijden teddy uit die ze uit de Victoria's Secret-catalogus had gekocht en nooit had gedragen.

Ze deed de slaapkamerdeur dicht en liep door de gang naar de badkamer, waar ze een lekker warme douche nam en de badspons gebruikte. Ze bracht lotion op haar hele lichaam aan – als ze dat niet deed, werd haar huid een beetje asgrijs – en maakte zich daarna op, iets wat ze nooit deed als ze niet uitging. Ze bracht parfum aan op alle juiste geheime plaatsen – Opium, het enige parfum waarover Leon haar ooit een compliment had gemaakt.

Met alleen haar teddy aan, zodat ze zich eerst een beetje belachelijk voelde, ging ze de keuken in en maakte het ontbijt klaar. Geroosterd brood, bacon, zelfs wat meloenballetjes. Zijn favoriete ontbijt: hij hield nog meer van geroosterd brood dan van omelet. Een verse pot koffie, de soort die hij lekker vond. Een wit porseleinen roomkannetje in de vorm van een koe, gevuld met koffiemelk.

Toen zette ze alles zorgvuldig op een dienblad – het duurde even voor ze het in een kastje van de kleine bijkeuken had gevonden, ze moest het stof eraf spoelen – en ging naar de slaapkamer om Leon wakker te maken.

Omdat hij het grootste deel van het afgelopen jaar een slecht humeur had gehad, werd ze aangenaam verrast door zijn blije glimlach toen hij haar en het ontbijt zag.

'Hé, Shorty,' zei hij schor. 'Wat is dat allemaal?'

'Het ontbijt, schat.'

'Geroosterd brood. Het is toch niet mijn verjaardag?'

Ze stapte het bed in en kuste hem. 'Ik had daar gewoon zin in.'

Hij nam een slokje koffie en maakte een tevreden geluid. 'Ik moet even pissen.' Het dienblad wankelde gevaarlijk toen hij uit het bed probeerde te komen.

Ze hoorde het geluid van zijn urine die in de toiletpot klaterde, het toilet dat werd doorgetrokken, en toen hoorde ze hem zijn tanden poetsen, iets wat hij anders nooit voor het ontbijt deed. Een goed teken. Hoewel hij net zo dik werd als zijn zus, was hij nog steeds een erg sexy man.

Hij kwam het bed weer in; ze verplaatste het dienblad om hem erin te laten stappen zonder dat er iets omviel. Tot haar verbazing kuste hij haar opnieuw. Ze schoof naar hem toe, legde zijn hand op zijn bovenarm... maar toen trok hij zich los en nam weer een slok koffie.

'Je bent de siroop vergeten,' zei hij.

Ze tikte tegen de witte porseleinen juskom.

Hij hield hem ondersteboven over het geroosterd brood, dat letterlijk doorweekt werd, en nam toen mes en vork en sneed er een flink stuk af. Ze had er zelfs poedersuiker over gestrooid, omdat hij dat zo lekker vond.

'Mmm-mmm. Je hebt het verwarmd.'

Audrey glimlachte blij. Zeiden ze niet altijd dat de liefde van de man door de maag ging? Misschien was dit genoeg om de ijsschotsen die zich in hun huwelijk hadden opgehoopt te doorbreken.

Toen hij de stapel geroosterd brood en de reepjes bacon op twee na had verslonden, keek hij haar aan. 'Waarom eet jij niet?'

'Ik heb wat in de keuken gegeten.'

Hij knikte, at nog een stuk bacon, nam nog een slok koffie. 'Ik dacht dat je vandaag moest werken.'

'Ik neem vandaag vrij.'

'Waarom?'

'Nou, ik dacht dat we wat tijd met elkaar konden doorbrengen.'

Hij richtte zijn aandacht weer op het geroosterde brood. 'Hmpf.'

'Misschien heb je straks zin een eindje te gaan wandelen?' vroeg ze.

Na een korte stilte zei hij: 'Ik dacht dat we het geld nodig hadden.'

'Eén dag niet werken brengt ons niet tot de bedelstaf. We kunnen een ritje gaan maken, de stad uit.'

Weer een stilte, en toen sprak hij met zijn mond vol meloen: 'Als je maar niet tegen me gaat zeggen dat ik een baan als nachtwaker moet nemen.'

Ze ergerde zich, maar liet dat niet blijken. 'We hoeven nu niet over die dingen te praten, schat.'

'Goed.

Haar mobieltje ging. Ze aarzelde. Het apparaat onderbrak niet alleen hun gesprek, maar herinnerde haar ook op een onaangename manier aan het werk dat zij wel en hij niet had. Ze wist dat het geen privégesprek kon zijn. Het apparaat ging opnieuw.

'Ik werk het snel af,' zei ze, en ze pakte de mobiele telefoon van haar nachtkastje.

Leon wierp haar een waarschuwende blik toe.

Het was Roy Bugbee. Dat was ongewoon, een telefoontje van Bugbee op zaterdagmorgen. Hij was niet vriendelijk, maar ook niet zo grof als anders. 'De telefoongegevens,' zei hij.

'Wacht even.' Ze liep de slaapkamer uit zodat Leon zich niet aan haar gesprek zou storen. 'De gegevens van Rinaldi's mobiele telefoon?'

'Een van de nummers duikt steeds weer op. Er zat geen naam bij, en ik heb hem opgezocht in Bresser.' Dat was een retrograde telefoonboek. Ze was onder de indruk van Bugbees eigen initiatief en blij dat hij eindelijk bereid was deze zaak serieus te onderzoeken. Misschien was er nog hoop voor hem.

Bugbee zweeg even, misschien om te wachten tot zij iets zei, of misschien voor het dramatisch effect, en daarom zei ze: 'Goed idee.'

'Ja. En nou mag jij driemaal raden door wie Rinaldi om 2:07 uur 's nachts werd gebeld, op de dag dat Stadler overhoop werd geschoten.'

'Stadler,' probeerde ze.

'Nee,' zei Bugbee. 'Nicholas Conover.'

'Twee uur 's nachts? De nacht voor de ochtend waarop Stadlers lichaam werd gevonden, bedoel je.'

'Ja.'

'Maar... maar Conover zei dat hij die hele nacht sliep.'

'Hmpf. Blijkbaar niet, hè?'

'Nee,' zei Audrey. Ze voelde zich opgewonden. 'Blijkbaar niet.' Weer een korte stilte. 'Is dat het?'

'Is dat het?' zei Bugbee smalend. 'Heb jij wat beters op een zaterdagmorgen?'

'Nee, ik bedoel... goed werk,' zei ze. 'Goed gedaan.'

Ze maakte een eind aan het telefoongesprek en ging naar de slaapkamer terug, maar Leon lag niet meer in bed. Hij zat in de stoel, had zich al aangekleed en strikte de veters van zijn sportschoenen.

'Wat doe je?' zei ze.

Leon stond op, en toen hij de slaapkamer uit liep en langs het bed kwam, haalde hij met zijn hand naar het ontbijtdienblad uit en gooide het op de vloer. De meloenballetjes rolden over de vloerbedekking, het geroosterd brood kwam als een stapel neer, met de plas ahornsiroop op de grijze wol. De koffie trok er meteen in, net als de melk. Audrey slaakte onwillekeurig een gilletje van schrik.

Ze liep achter hem aan de kamer uit en riep: 'Leon, schat, het spijt me... Ik wilde niet...' Maar wat wilde ze niet? Dat telefoontje was toch belangrijk?'

'Je zou het snel afwerken, hè?' zei Leon verbitterd, terwijl hij door de gang stampte. 'Natuurlijk. Je hebt werk te doen en je gaat het doen, en dan maakt het niet uit wat wij aan het doen zijn. Jij weet wat prioriteit heeft, hè?'

Ze voelde zich verdrietig, bijna moedeloos. 'Nee, Leon, nu ben je onredelijk,' zei ze. 'Ik kan niet meer dan een minuut aan de telefoon zijn geweest. Het spijt me...'

Maar de hordeur viel dicht, en hij was weg.

Audrey was nu alleen in het huis. Ze voelde zich eenzaam en ook een beetje bang. Ze had geen idee waar Leon met zijn kwaaie kop naartoe was gegaan, alleen dat hij zijn auto had meegenomen.

Ze belde Bugbee terug en bereikte hem op zijn mobiel.

Hij was zo te horen niet zo blij haar te horen, maar dat was hij nooit. 'Je zei dat Conover op woensdagmorgen om 2:07 naar Rinaldi belde. Was dat zijn enige telefoongesprek van die nacht?'

'Van die ochtend,' verbeterde Bugbee haar. Ze hoorde verkeersgeluiden op de achtergrond. Waarschijnlijk zat hij in zijn auto.

'Zijn er die nacht of die ochtend nog meer telefoontjes tussen Conover en Rinaldi geweest?'

'Nee.'

'Dat betekent dat Rinaldi niet eerst naar Conover had gebeld om hem wakker te maken of zoiets. Met andere woorden, Conover belde Rinaldi niet terug.'

'Zo is het. Laat ik het zo stellen: Rinaldi heeft Conover niet met zijn vaste telefoon of zijn mobiele telefoon gebeld. Het is denkbaar dat hij Conover vanuit een telefooncel belde, maar om daarachter te komen zouden we Conovers telefoongegevens moeten hebben.'

'Ja. Ik vind dat we nog eens met beide heren moeten praten.'

'Dat vind ik ook. Wacht even, ik raak je kwijt.' Ze wachtte een paar seconden, een halve minuut, en toen was hij er weer. 'Ja, we moeten ze allebei onder druk zetten. Ik denk dat we ze op een tegenstrijdigheid hebben betrapt.'

'Ik wil graag morgen met ze praten.'

'Morgen is het zondag. Moet je niet naar de kerk of zoiets?'

'Zondagmiddag.'
'Dan golf ik.'
'Nou, ik ga kijken of ik morgenmiddag met Nicholas Conover kan praten.'
'Op zondag?'
'Op zondag heeft hij het vast niet zo druk met zijn werk.'
'Maar dat is de dag voor zijn gezin.'
'Stadler had ook een gezin. Weet je, Roy, ik vind dat we tegelijk met die heren moeten praten. En we moeten ze op het laatste moment bellen, vlak voordat we naar ze toe gaan. Ik wil niet dat ze elkaar bellen om hun verhalen op elkaar af te stemmen.'
'Ja, maar morgen ga ik golfen, zoals ik al zei.'
'Wat de tijd betreft, ben ik flexibel,' zei ze. 'Zeg jij maar wat jou het beste uitkomt. Ik ben meestal om elf uur de kerk uit.'
'Jezus. Nou, ik doe liever Conover. Ik wil die rotzak te grazen nemen. Praat jij maar met Rinaldi.'
'Ik denk dat Rinaldi beter op een mannelijke rechercheur reageert.'
'Het kan me geen moer schelen wat hij prettiger vindt.'
'Daar gaat het niet om,' zei Audrey. 'Het gaat erom wat het best werkt, wat ons helpt de informatie uit hem te krijgen die we willen hebben.'
Bugbee verhief zijn stem een paar decibellen. 'Als je informatie uit Nicholas Conover wilt krijgen, moet je hem hard aanpakken. Dat betekent dat ik het moet doen. Met mijn stijl. Niet jij. Jij bent een doetje, dat merkt hij meteen.'
'O, ik ben niet zo'n doetje als jij denkt, Roy,' zei ze.

## 55

Cassie zat al aan een tafeltje toen Nick in de Town Grounds arriveerde, het luxe koffiehuis van Fenwick. De nationale bevlieging van goede koffie was zelfs tot Fenwick doorgedrongen, een stad waar de goeie ouwe koffie nog hoogtij vierde, maar Starbucks had er nog geen vestiging. Het resultaat was deze kleine, hippieachtige zaak die zijn eigen koffie brandde, succes had met de verkoop van pakken koffie en ook koffie serveerde in kleine glazen percolators.
Ze dronk een kop kruidenthee – naast de theepot lag een verkreukeld zakje Celestial Seasonings Cranberry Apple Zinger – en zag er moe en somber uit. De wallen onder haar ogen waren terug.

'Ben ik te laat?' vroeg Nick.

Ze schudde vlug haar hoofd. 'Nee, hoezo?'

'Je kijkt kwaad.'

'Blijkbaar ken je me nog niet goed genoeg,' zei ze. 'Je leert nog wel te zien wanneer ik kwaad ben. Ik ben nu niet kwaad. Ik ben moe.'

'Nou, die maaltijd verliep toch niet zo slecht?'

'Je kinderen zijn geweldig.'

'Je kon erg goed met ze opschieten. Ik denk dat Julia het prachtig vond om nog een vrouw in huis te hebben.'

'Het is nogal een mannenhuishouden, met al dat testosteron dat jij en je zoon uitwasemen.'

'Weet je, Julia is op een leeftijd waarop ze... Nou, ik weet niet met wie ze over ongesteldheid en tampons en dat soort dingen kan praten. Ze wil daar van mij niets over horen. Alsof ik er trouwens iets van afweet.'

'Haar kindermeisje misschien? Marta?'

'Misschien. Maar dat is niet hetzelfde als een moeder. Laura's zuster is er ook nog, tante Abby, maar die hebben we na Laura's dood niet vaak meer gezien. Eén grote gelukkige familie.' Hij vertelde haar over de grote ruzie, Lucas die het huis uit was gestormd.

'Je praat over hem alsof hij de rotte appel in de mand is.'

'Soms denk ik dat.'

'Sinds Laura's dood.'

Nick knikte.

'Hoe is dat gebeurd?'

Nick schudde zijn hoofd. 'Daar wil ik nu niet over praten.'

'Goed. Wat gaat het mij ook aan?'

Nick keek haar aan. 'Kom nou, doe niet zo beledigd. Het is gewoon een nogal zwaar onderwerp voor een zondagmorgen, nietwaar?' Hij haalde diep adem. 'We reden naar een zwemwedstrijd. We kwamen op een stuk ijzel en slipten.' Hij sloeg zijn ogen neer. 'En bla bla bla.'

'Jij reed,' zei ze zachtjes.

'Nee, Laura.'

'Dus je neemt het jezelf niet kwalijk?'

'Dat wel. Ik neem het mezelf erg kwalijk.'

'Maar je weet dat het niet rationeel is.'

'Wie heeft het over rationaliteit?'

'Wiens zwemwedstrijd was het?'

'Van Luke. Kunnen we nu over iets anders praten?'

'Dus hij neemt het jou kwalijk en voelt zich tegelijk zelf ook schuldig?'

'Je hebt het begrepen. Het is een puinhoop.'

'In zijn hart is het een goede jongen. Hij doet stoer, zoals de meeste jongens van zestien. Hard vanbuiten, zacht vanbinnen.'

'Waarom krijg ik die zachte binnenkant nooit te zien?'

'Omdat je zijn vader bent, en omdat je veilig bent.'

'Nou, misschien kun jij hem uitleggen dat roken slecht is.'

'Ja,' zei ze grinnikend. Ze haalde een pakje Marlboro uit de zak van haar spijkerbroek en tikte er een uit. 'Ik denk niet dat ik daar de meest geschikte persoon voor ben. Dan kun je net zo goed Sid Vicious "Just Say No"-lezingen over heroïne laten geven.' Ze nam haar oranje plastic Bic-aansteker, stak de sigaret aan en trok het schoteltje naar zich toe om het als asbak te gebruiken.

'Ik dacht dat mensen die aan yoga deden niet rookten,' zei Nick.

Ze keek hem fel aan.

'Draait het bij yoga niet om ademhaling?'

'Kom op,' zei ze.

'Sorry.'

'Mag ik je iets vragen?' zei ze nonchalant.

'Ja.'

'Julia heeft me over jullie hond verteld.' Nick voelde dat zijn maag zich samentrok, maar hij zei niets. 'God,' ging ze verder. 'Dat is zo ongelooflijk. Ik bedoel, hoe voelde je je toen dat gebeurd was?'

'Hoe ik me voelde?' Hij wist niet wat hij moest zeggen. Hoe zou iemand zich voelen? Hij schudde zijn hoofd en aarzelde even. 'Ik was vooral bang dat mijn kinderen iets zou overkomen. Ik was doodsbang dat een van hen de volgende zou zijn.'

'Maar je moet ook woedend zijn geweest. Allemachtig, iemand die je gezin zoiets aandeed!' Ze hield haar hoofd schuin en keek hem scherp aan. 'Ik zou hem willen vermoorden.'

Waarom vroeg ze dat?'

Er ging een koude golf door hem heen. 'Nee,' zei hij. 'Het was niet zozeer woede als wel... een beschermend instinct. Dat voelde ik vooral.'

Ze knikte. 'Ja. Dat is zo. De normale reactie van een vader. Je moet je kinderen beschermen.'

'Ja. Ik liet een nieuw alarmsysteem installeren en zei tegen de kinderen dat ze extra voorzichtig moesten zijn. Maar er zijn grenzen aan wat je kunt doen.' Zijn mobieltje ging.

Hij verontschuldigde zich en nam op. 'Nick Conover,' zei hij.

'Meneer Conover, met rechercheur Rhimes.'

'O, ja. Hallo...'

Hij vroeg zich af of Cassie de stem van de rechercheur kon horen.

Cassie rookte en keek peinzend naar een met de hand geschreven mededeling – 'DIT IS EEN ROOKVRIJE ZONE!' – die met roze Day-Glo-krijt op een klein schoolbord was geschreven.

'Het spijt me vreselijk dat ik u op zondag stoor, maar als u een beetje tijd hebt, wil ik graag even met u komen praten.'

'Nou, vooruit dan maar. Waar gaat het over?'

'Een paar kleine bijzonderheden die ik niet goed begrijp. Misschien kunt u me het een en ander uitleggen. Ik weet dat de zondag voor het gezin bestemd is, maar als u het niet erg vindt...'

'Goed,' zei Nick. 'Hoe laat had u gedacht?'

'Over een halfuur – komt dat u gelegen?'

Nick aarzelde. 'Dat is wel goed, denk ik,' zei hij.

Toen het gesprek was afgelopen, zei hij: 'Cassie, luister... Het spijt me, maar...'

'Je gezin roept,' zei ze.

Hij knikte. 'Ik ben bang van wel. Ik zal het later goedmaken.'

Ze legde haar hand op zijn onderarm. 'Hé, dat geeft niet. De kinderen komen altijd op de eerste plaats.'

Zodra hij haar had afgezet, belde hij naar Eddies mobiele nummer.

## 56

Toen Audrey naar het imposante ijzeren hek met FENWICKE ESTATES op een koperen plaat reed, was ze zich er duidelijk van bewust dat ze in een andere wereld kwam. Ze had haar zondagse kleren voor iets informelers verwisseld en had nu het gevoel dat haar kleding niet in deze omgeving paste. Dat gold zeker voor haar Honda Accord. De bewaker bij de toegangspoort keek afkeurend naar haar. Hij noteerde haar naam en pakte zijn telefoon om Conover te bellen. Ze geloofde niet dat het door haar huidskleur kwam – eerder door de kleur van het roest op de linkervoorkant van haar auto.

Ze zag de bewakingscamera's. Op het poorthuis zat er een die een foto van haar maakte. Een andere camera registreerde haar nummerbord. Er zat er ook een bij het raam van het poorthuis, een apparaat dat kaarten kon lezen: mensen die in Fenwicke Estates woonden, hoefden waarschijnlijk alleen maar met een kaart naar de sensor te zwaaien om doorgelaten te worden. De beveiliging was indrukwekkend, maar ze vroeg zich af hoe het was om op die manier te wonen. Waarom zou je in Fenwick, waar de criminaliteit zich vooral aan de slechte kant van de stad concentreerde, voor zo'n omheinde enclave kiezen? Toen herinnerde ze zich wat Conover had gezegd. Zijn vrouw was bang geweest dat het gezin bedreigd zou worden door ontslagen Stratton-werknemers.

Toen ze naar het huis reed, hield ze haar adem even in.

Dit was een landhuis. Er was geen ander woord voor. Het was een enorm huis van natuursteen en baksteen, prachtig om te zien. Ze had nog nooit zo'n huis in het echt gezien, behalve dan in films. Het stond midden in een immens groen gazon, met overal fraaie bomen en planten. Toen ze over het natuurstenen pad naar het huis liep, keek ze nog eens naar het gazon en zag ze dat de grashalmen klein en smal en schaars waren. Van dichtbij kon ze zien dat het gazon kortgeleden was ingezaaid.

Het gazon.

Ze deed alsof ze over een van de stenen struikelde, zakte op haar knieën en brak haar val met haar hand. Toen ze weer opstond, stopte ze een flinke portie aarde in haar tasje. Op datzelfde moment ging de voordeur open en kwam Nicholas Conover naar buiten.

'Gaat het?' zei hij. Hij liep de treden af naar haar toe.

'Dat gebeurt me wel vaker. Mijn man noemt me Simon Stuntel.'

'Nou, u bent niet de eerste die over die stenen struikelt. Ik moet iets aan dat pad doen.'

Hij droeg een verbleekte spijkerbroek, een marineblauw poloshirt en witte hardloopschoenen. Ze zag nu pas hoe lang en slank hij was en hoe sterk hij eruitzag. Hij leek een sportman, of een vroegere sportman. Ze herinnerde zich gelezen te hebben dat hij op de middelbare school een erg goede ijshockeyspeler was geweest.

'Ik vind het jammer dat ik u op zondag thuis kom storen.'

'Dat geeft niet,' zei Conover. 'Waarschijnlijk is het maar goed ook. Op werkdagen zit mijn agenda erg vol. Daar komt nog bij dat ik u graag wil helpen. U doet belangrijk werk.'

'Dat stel ik op prijs. Wat is dit een mooi huis.'

'Dank u. Komt u binnen. Wilt u koffie?'

'Nee, dank u.'

'Limonade? Mijn dochter maakt de beste limonade.'

'Is dat zo?'

'Direct van diepvriesconcentraat. Ja.'

'Dat klinkt verleidelijk, maar ik moet bedanken.' Voordat ze bij de voordeuren waren, draaide ze zich om en zei: 'Dat moet echt wel het mooiste gazon zijn dat ik ooit heb gezien.'

'Nou, dat hoort een man graag.'

'O ja. Mannen en hun gazons. Maar serieus, het lijkt net een golfbaan.'

'En ik golf niet eens. Mijn grootste tekortkoming als president-directeur.'

'Is het... Neemt u me niet kwalijk dat ik dit vraag, maar mijn man Leon klaagt altijd over ons gazon dat er zo slecht aan toe is. Hebt u zoden laten leggen?'

'Nee, het is gezaaid.'

'Gewoon graszaad, of hoe heet dat ook alweer, als het wordt gespoten?'

'*Hydroseed.* Ja, dat hebben we gedaan.'

'Nou, dat moet ik tegen Leon zeggen. Hij wil niets van hydroseed weten. Hij noemt het altijd hydrowieden, omdat je volgens hem te veel onkruid in het gras krijgt, maar dit ziet er perfect uit.'

'Die Leon lijkt me een echte grappenmaker.'

'O, dat is hij ook.' Audrey voelde dat er iets kriebelde. 'Dat is hij.'

De voordeur zag eruit als iets uit Versailles, sierlijk bewerkt honingkleurig hout. Er klonk een zachte hoge toon toen Conover de deur openmaakte: een alarmsysteem. Hij leidde haar door een enorme hal met hoge gewelfde plafonds, echt adembenemend. Dus zo wonen rijke mensen, dacht ze. Stel je voor dat je je zo'n huis kunt veroorloven. Ze probeerde geen grote ogen op te zetten, maar dat was moeilijk.

Ze hoorde iemand op een piano spelen en dacht aan Camille. 'Is dat een van uw kinderen?' vroeg ze.

'Mijn dochter,' zei hij. 'Dat gebeurt trouwens niet vaak, dat ze oefent. Het is zoiets als een zonsverduistering.'

Ze liepen langs de kamer waar een jong meisje aan het oefenen was, een slank donkerharig meisje van ongeveer Camilles leeftijd. Ze droeg een honkbalshirt en speelde de eerste prelude uit Bachs *Wohltemperiertes Klavier*, een van Audreys favoriete stukken. Ze speelde haperend, mechanisch, en begreep duidelijk nog niet hoe vloeiend die muziek moest zijn. Audrey ving een glimp op van een vleugel, een Steinway. Ze herinnerde zich hoe LaTonya en Paul hutje bij mutje hadden moeten leggen om een gehavende oude piano te kopen, die steeds weer ontstemd raakte. Stel je voor dat je een Steinway bezat, dacht ze.

Ze kwam even in de verleiding om te blijven luisteren, maar Conover liep door en ze volgde hem. Toen ze in een stijlvolle zitkamer met Perzische kleedjes en grote, comfortabele fauteuils kwamen, zei ze: 'O, ze houden nooit van oefenen.'

'Zeg u dat wel,' zei Conover, en hij liet zich in een van de stoelen zakken. 'Je moet een...' begon hij, maar toen begon hij opnieuw. 'Op die leeftijd verzetten ze zich tegen alles wat je wilt. Hebt u kinderen, rechercheur?'

Ze ging in de stoel naast de zijne zitten, niet in die recht tegenover hem, want ze wilde de lichaamstaal van de confrontatie vermijden. 'Nee, we zijn niet met kinderen gezegend,' zei ze. Wat had hij willen zeggen – je moet een pistool tegen hun hoofd zetten? Niet zijn woordkeuze was interessant, maar het feit dat hij zichzelf had onderbroken.

Interessant.

Ze wierp een terloopse blik op een verzameling familiefoto's in zilveren lijsten op een lage tafel tussen hen in, en ze was meteen jaloers. Ze zag Conover met zijn overleden vrouw, een zoon en een dochter, Conover met zijn twee kinderen en hun hond. Het hele gezin zag er fantastisch goed uit.

Dit huis, die kinderen – ze was enorm jaloers en schaamde zich daarvoor.

*Nijd en gramschap verminderen de dagen*, stond in Prediker. Ergens anders stond dat jaloersheid vertering voor de beenderen was – was dat in Spreuken? Wie zal voor jaloersheid bestaan? Ja, wie? *Zie, zo zijn de goddelozen, altijd onbezorgd vermeerderen zij het bezit.* Dat stond in Psalmen, daar was ze vrij zeker van. *Waarlijk, Gij stelt hen op glibberige plaatsen; Gij doet hen instorten tot puin.*

Haar hele huis zou in twee van deze kamers passen.

Ze zou nooit kinderen hebben.

Ze zat naast de man die verantwoordelijk was voor Leons ontslag.

Ze nam haar notitieboekje en zei: 'Nou, ik wilde alleen nog wat duidelijkheid over een paar dingen uit ons vorige gesprek.'

'Goed.' Conover leunde in zijn stoel achterover, zijn armen uitgerekt naar achteren. 'Wat kan ik voor u doen?'

'Laten we teruggaan naar vorige week, naar de nacht van dinsdag op woensdag, tien dagen geleden.'

Conover keek verbaasd.

'De nacht waarin Andrew Stadler werd vermoord.'

Hij knikte. 'Goed. Ja.'

Ze keek in haar boekje, alsof ze de aantekeningen van hun vorige gesprek voor zich had. In werkelijkheid had ze ze al uitgetypt en in een map in een van de dossierdozen van de zaak-Stadler gestopt. 'We hadden het erover waar u die nacht was,' ging ze verder. 'Misschien was uw geheugen toen wat verser. U zei dat u die avond thuis was en om elf uur of halfelf ging slapen. U zei dat u de hele nacht hebt geslapen.'

'Ja.'

'U herinnert zich niet dat u die nacht bent opgestaan.'

Er kwamen rimpels in zijn voorhoofd. 'Misschien ben ik opgestaan om naar de wc te gaan.'

'Maar u hebt geen telefoongesprek gevoerd?'

'Wanneer?'

'Midden in de nacht. Nadat u was gaan slapen.'

'Niet dat ik me kan herinneren.' Hij glimlachte en boog zich naar voren. 'Als ik in mijn slaap telefoneer, heb ik nog grotere problemen dan ik al dacht.'

Ze glimlachte ook. 'Meneer Conover, u hebt die nacht om zeven minuten over twee met uw beveiligingsdirecteur, Edward Rinaldi, gebeld. Kunt u zich dat herinneren?'

Conover reageerde niet meteen. Hij keek strak naar het patroon van het oosterse kleed. 'U bedoelt na middernacht, de nacht van dinsdag op woensdag?'

'Ja.'

'Dan moet ik in de war zijn met de dagen.'

'Sorry?'

'Ik herinner me dat in een van die nachten het alarm afging. Ik heb het zo laten instellen dat het geluid maakt in mijn slaapkamer, dan wordt niet het hele huis wakker.'

'Het alarm ging af,' zei Audrey. Dat was natuurlijk na te gaan.

'Iets liet het afgaan, en ik ging naar beneden om te kijken. Voor zover ik kon zien, was het niets, maar het zat me niet lekker. Dat kunt u zich wel voorstellen, na wat er kort daarvoor gebeurd was.'

Ze knikte, drukte haar lippen op elkaar, maakte een aantekening. Ze keek hem niet aan.

'Eddie, de beveiligingsdirecteur van Stratton, had net een van zijn mensen dat bijzondere nieuwe alarmsysteem laten installeren, en ik wist niet of het vals alarm was of iets waarover ik me zorgen moest maken.'

'U hebt niet naar het beveiligingsbedrijf gebeld?'

'Ik dacht het eerst aan Eddie – ik heb hem gevraagd naar het huis te komen en het na te gaan.'

Ze keek op. 'U kon het niet zelf nagaan?'

'O, dat deed ik wel. Maar ik wilde zeker weten dat er geen foutje in het systeem zat. Ik wilde de politie niet bellen, want het was natuurlijk vals alarm. Ik wilde dat Eddie het naging.'

'Om twee uur 's nachts?'

'Hij was daar niet blij mee.' Conover glimlachte weer. 'Maar na wat ik had meegemaakt wilden we geen risico lopen.'

'Toch hebt u me verteld dat u de hele nacht hebt geslapen.'

'Blijkbaar was ik in de war met de dagen. Mijn verontschuldigingen.' Hij klonk helemaal niet alsof hij zich verdedigde. Hij klonk heel nonchalant. Zakelijk. 'En dan is er nog iets. Ik slik tabletten om in slaap te komen, en daardoor worden de nachten een beetje wazig.'

'Geheugenverlies?'

'Nee, zoiets is het niet. Ik denk niet dat Ambien geheugenverlies veroorzaakt, zoals sommige andere slaapmiddelen, Halcion en zo. Maar als ik slaap, ben ik helemaal weg.'

'Ik begrijp het.'

Hij had zijn verhaal net sterk veranderd, maar wel op een volkomen ongeloofwaardige manier. Of was ze te achterdochtig? Misschien was hij echt in de war met de dagen. Dat overkwam mensen vaak. Als die nacht niet ongewoon of opmerkelijk voor hem was geweest – dat wil zeggen, als hij die nacht niet getuige was geweest van de moord op Andrew Stadler, en daarvoor of daarna ook niets van die moord had geweten – dan had hij geen enkele reden om zich specifiek te herinneren wat hij had gedaan. Of niet gedaan.

'En is meneer Rinaldi gekomen?'

Conover knikte. 'Een halfuur later of zo. Hij liep door de tuin en vond niets. Controleerde het alarmsysteem. Hij dacht dat een groot dier het misschien had laten afgaan, een hert of zoiets.'

'Geen indringer.'

'Niet dat hij kon zien. Ik bedoel, misschien had er wel iemand door de tuin gelopen, dicht bij het huis. Maar toen ik opstond, zag ik niemand, en toen Eddie hier was, zag hij ook niets.'

'U zei dat u die avond Ambien nam om in slaap te komen?'

'Ja.'

'Dan moet u nogal versuft zijn geweest toen het alarm afging.'

'Zegt u dat wel.'

'Dus misschien was er iemand of iets en hebt u het gewoon niet gemerkt. Omdat u zo versuft was.'

'Dat is heel goed mogelijk.'

'Is er om die tijd iemand anders in het huis wakker geworden?'

'Nee. De kinderen sliepen, en Marta – dat is het kindermeisje en de huishoudster – stond ook niet op. Zoals ik al zei, ging het alarm in mijn slaapkamer af, en het was niet zo hard. En het huis is tamelijk geluiddicht.'

'Meneer Conover, u zei dat uw beveiligingsdirecteur het nieuwe alarmsysteem "net" had laten installeren. Hoe lang geleden?'

'Twee weken geleden. Nog niet eens.'

'Na het incident met de hond?'

'Precies. Als Eddie voor een slotgracht of ophaalbrug had kunnen zorgen, had ik dat ook gewild. Ik wil niet dat mijn kinderen gevaar lopen.'

'Zeker.' Toen ze aankwam, had ze de camera's rond het huis gezien. 'Als u eerder zo'n systeem had gehad, had u de inbraken misschien kunnen voorkomen.'

'Misschien,' zei Conover.

'Maar u woont in deze omheinde enclave. Wie hier binnenkomt, krijgt met nogal wat beveiliging te maken – de bewaker, de toegangscontrole, de camera's aan de voorkant en langs de omheining.'

'Al die beveiliging houdt onbevoegde auto's buiten het terrein. Maar ze houden niet iemand tegen die uit het zicht van het poorthuis over de omheining klimt en op die manier binnenkomt. De camera's pikken zo iemand wel op, maar er zijn geen bewegingssensors langs de omheining. Er gaat geen alarm af.'

'Dat is een ernstige tekortkoming.'

'Zegt u dat wel. Daarom wilde Eddie het systeem in het huis uitbreiden.'

Maar nu kwam er een andere gedachte bij haar opzetten, en ze trok eraan als aan een losse draad.

Het beveiligingssysteem.

De camera's.

*Ze hielden niet iemand tegen die gewoon over de omheining klom.*

Als Stadler midden in de nacht over de omheining van Fenwicke Estates was geklommen en naar Conovers huis was gelopen, over het gazon, en de gloednieuwe bewegingssensors hadden hem opgemerkt – zou dat dan niet zijn vastgelegd op Conovers eigen videocamera's?

En zou er in dat geval niet ergens een opname zijn? Waarschijnlijk niet op videoband: die gebruikte niemand meer. Waarschijnlijk waren de beelden opgeslagen op een harde schijf ergens in het huis. Ze vroeg het zich af. Ze wist niet veel van die nieuwe beveiligingssystemen.

Ze zou zich erin moeten verdiepen.

'Weet u, ik ben van gedachten veranderd wat die koffie betreft,' zei Audrey.

# 57

Audrey kwam pas kort na zeven uur thuis. Toen ze de sleutel van de voordeur omdraaide, trok haar maag zich samen. Ze had Leon verteld dat ze op tijd thuis zou zijn voor het avondeten, maar ze had niet gezegd hoe laat dat zou zijn. Er was maar weinig voor nodig om Leon kwaad te maken.

Maar hij was niet thuis.

Hij was al verscheidene avonden achtereen laat thuisgekomen, tegen tien uur. Dat was meteen begonnen na zijn belachelijke woedeuitbarsting om dat telefoontje dat ze had gekregen toen ze hem ontbijt op bed had gebracht. Wat deed hij? Ging hij drinken? Maar hij maakte geen dronken indruk als hij thuiskwam. Ze rook geen drank in zijn adem.

Ze had een ander vermoeden, al werd ze bijna misselijk bij de gedachte. Het kon verklaren waarom Leon geen seks meer met haar wilde.

Hij haalde het ergens anders. Ze was bang dat hij een verhouding had en dat hij de laatste dagen niet eens meer zijn best deed om dat verborgen te houden.

Overdag, als zij naar haar werk was, was Leon de hele dag thuis. Daardoor had hij genoeg gelegenheid om haar te bedriegen zonder dat ze er ooit achter kwam. Maar dat hij nu uitging en om negen of tien uur thuiskwam zonder zelfs maar een verklaring te geven – dat stak haar. Dat ging te ver.

En ja hoor, een paar minuten over tien hoorde ze de sleutel in het slot en kwam Leon binnen. Hij ging meteen naar de keuken en nam een glas water. Hij zei haar niet eens gedag.

'Leon,' riep ze.

Maar hij gaf geen antwoord.

En ze wist het. Daar hoefde je geen rechercheur voor te zijn. Het was volkomen duidelijk. Ze wist het, en het was of ze een stomp in haar maag had gekregen.

Nick zat in zijn studeerkamer en probeerde zich in wat papieren te verdiepen. Hij had Eddie gebeld, thuis en op zijn mobiel, maar die had eerst niet opgenomen. Bij de vierde poging nam Eddie op met een geërgerd: 'Wat?'

'Eddie, ze is hier net geweest,' zei Nick.

'Fenwicks eigen Cleopatra Jones? Ze heeft geen bovennatuurlijke krachten, Nick. Ze zet je alleen maar onder druk. Ze hebben vandaag hetzelfde bij mij geprobeerd – die andere kwam langs, Bugbee. Hij stelde me een zootje vragen, maar ik kon merken dat ze niets hebben.'

'Ze vroeg me naar dat telefoontje van mij met jou in die nacht.'

'Wat heb je tegen haar gezegd?'

'Nou, ik... Weet je, ik had laatst tegen haar gezegd dat ik die hele nacht had geslapen.'

'Shit.'

'Nee, luister. Dat had ik eerst gezegd, maar toen ze zei dat ze wist dat ik jou op je mobiele telefoon had gebeld, zei ik dat ik in de war moest zijn geweest met de nachten. Ik zei dat het alarm die nacht afging en dat ik jou belde om het te laten uitzoeken. Allemachtig, Eddie, heb jij wat anders tegen die andere rechercheur gezegd? Ik bedoel, ik dacht, het alarm dat afging, dat is een feit...'

'Nee, je hebt daar goed aan gedaan. Ik heb ongeveer hetzelfde gezegd toen ik hoorde wat hij wist. Maar, man, ik deed het zowat in mijn broek bij de gedachte dat jij misschien met wat anders zou komen aanzetten. Goed werk.'

'We moeten onze onderlinge coördinatie verbeteren, Eddie. We moeten ervoor zorgen dat we geen verschillende dingen zeggen.'

'Ja.'

'En dan nog iets. Ze had bewondering voor het alarmsysteem.'

'Ze heeft smaak.' Hij dempte zijn stem. 'En dat geldt ook voor de stoot die naakt in mijn bed ligt. En die net bewondering had voor mijn pik. Daarom moet ik ophangen.'

'Vooral de camera's. Vooral de camera's, Eddie.'

'Ja?'

'Weet je zeker dat ze het deel van de band dat jij hebt gewist niet terug kunnen halen?'

'Het is geen band, het is digitaal,' snauwde Eddie. 'Trouwens, ik heb je al gezegd dat je je nergens zorgen over hoeft te maken. Wat weg is, is weg. Waar is dit gesprek eigenlijk goed voor? Ik was net tien minuten bezig de oven voor te verwarmen – nu moet ik mijn stokbrood erin steken voordat hij afkoelt, als je begrijpt wat ik bedoel.'

'Die harde schijf is helemaal clean, hè? Ze kunnen het niet terughalen?'

Een geërgerde zucht. 'Doe niet zo schijterig.'

Nick merkte dat hij woedend werd, maar hij hield zich in. 'Ik hoop echt dat je weet wat je doet,' zei hij ijzig.

'Nick, nu doe je het weer. Je pist in mijn zwembad. O ja. Je had me toch gevraagd onderzoek naar Scott McNally te doen?'

'Ja?'

'Weet je nog dat hij vorige maand een week weg was?'

'Ja. Een of andere vakantieranch in Arizona. Was het niet Grapevine Canyon? Hij zei dat het zoiets was als *City Slickers*, die film, maar dan zonder humor.'

'Had hij het over *City Slickers*? Ik denk eerder aan een andere film, *Crouching Tiger*. Hij is een stiekemerd, maar zo'n lullig boekhoudertje kan het natuurlijk niet laten om zijn Stratton-korting te bedingen, hè? Dus toen die pennenlikker zijn ticket naar Hongkong kocht, vroeg hij die korting aan. Ik heb de bonnetjes van de meisjes op de reisafdeling. Niet te geloven, hè?'

'Hongkong?'

Eddie knikte. 'Eerst naar Hongkong en toen naar Shenzhen. Dat is een gigantische industriële zone op het vasteland bij Hongkong, met massa's fabrieken.'

'Ik weet wat Shenzhen is.'

'Betekent dit iets voor je?'

'Het betekent dat hij tegen me liegt,' antwoordde Nick. Het betekende ook dat al die geruchten waar waren. Waar rook was, was vuur, zoals die kerel van GSA had gezegd.

'Zo te horen heb jij moeilijkheden op alle fronten,' zei Eddie. 'Grote moeilijkheden.'

## 58

Het verbaasde Audrey dat Bugbee er al zo vroeg was. Hij zat in zijn werkhok te telefoneren. Ze ging naar hem toe en hoorde hem vragen over hydroseed stellen aan een gazonbedrijf. Nou, dacht ze, de wonderen zijn de wereld nog niet uit. Hij werkt echt aan deze zaak.

Hij droeg zijn gebruikelijke colbertje, lichtgroen met donkere ruiten, een lichtblauw overhemd en een rode das. Zoals hij daar zat, zag hij er niet slecht uit, ook al kleedde hij zich als een verkoper van tweedehands auto's. Hij zag haar staan en praatte door zonder te laten blijken dat hij haar zag. Ze hield haar vinger omhoog. Na een tijdje knikte hij haar nors toe.

Ze wachtte tot hij klaar was met telefoneren en liet hem toen zwijgend het kleine doorzichtige oogzalfbuisje zien.

Hij keek naar het beetje aarde en zei argwanend: 'Wat is dat?'

'Dat heb ik gisteren uit Conovers gazon gehaald.' Ze zweeg even. 'Ze hadden daar net met hydroseed gewerkt.'

Bugbee keek ernaar en hij wist wat ze bedoelde. 'Dat mag niet als bewijsmateriaal worden ingediend,' zei hij. 'Onrechtmatig verkregen.'

'Weet ik. Maar het is de moeite waard om het te onderzoeken. Zo op het oog ziet het er net zo uit als het spul onder Stadlers nagels.'

'De moord is nu al zo'n veertien dagen geleden gepleegd. Waarschijnlijk is het spul in die tijd afgebroken. Het is de bedoeling dat die korrels afbreken.'

'Het heeft de afgelopen twee weken niet geregend. Het enige water kwam waarschijnlijk van zijn beregeningssysteem. En wat nog interessanter is: terwijl hij koffie voor me zette, heb ik naar zijn beveiligingssysteem gekeken.' Ze gaf hem een briefje waarop ze wat notities had gemaakt. 'Een prima systeem. Zestien camera's. Dit is de naam van de beveiligingsfirma die hij gebruikt. En de merken en modellen van de apparatuur, inclusief de digitale videorecorder.'

'Je wilt dat ik met een van de technisch rechercheurs ga praten,' zei hij. Ze besefte dat hij voor het eerst niet in de contramine was.

'Ik vind dat we daarheen moeten gaan om de recorder te bekijken. En als we daar dan toch zijn, kunnen we naar bloed en vingerafdrukken zoeken, in het huis en daarbuiten.'

Bugbee knikte. 'Je denkt dat het zich allemaal in of bij Conovers huis heeft afgespeeld en dat het door de camera's is opgenomen.'

'We kunnen niet aan die mogelijkheid voorbijgaan.'

'Ze zouden wel erg stom zijn als ze zoiets over het hoofd zagen.'

'We hebben allebei veel stomheid meegemaakt. Mensen vergeten dingen. En het is ook niet meer zoals vroeger, toen je gewoon een videoband uit de recorder kon halen om hem te vernietigen. Het moet veel moeilijker zijn om digitale opnamen te wissen. Je moet weten wat je doet.'

'Eddie Rinaldi weet wat hij doet.'

'Misschien.'

'Natuurlijk weet hij dat,' zei Bugbee. 'Denk je dat Conover het heeft gedaan?'

'Ik denk dat Eddie het heeft gedaan.' Nu hij een verdachte was, merkte ze, noemde ze hem geen Rinaldi meer maar Eddie. 'Conover heeft Stadler bij zijn huis gezien of gehoord, denk ik. Misschien ging het alarm af, misschien niet...'

'Daar heeft het beveiligingsbedrijf waarschijnlijk gegevens van.'

'Goed, maar hoe dan ook, Conover belt Eddie, zegt dat die kerel zijn huis probeert binnen te komen. Eddie komt, gaat op Stadler af en schiet hem dood.'

'En ontdoet zich van het lijk.'

'Hij heeft bij de politie gewerkt. Hij is slim genoeg, of ervaren genoeg, om ervoor te zorgen dat hij geen sporen op het lichaam achterlaat...'

'Behalve die nagels.'

'Het is twee uur in de nacht, het is laat en het is donker en ze zijn allebei in paniek. Ze zien een paar dingen over het hoofd. Dat soort subtiliteiten.'

'Een van hen brengt het lichaam naar Hastings Street.'

'Eddie, denk ik.'

Bugbee dacht even na. 'Bij de poort van Fenwicke Estates houden ze waarschijnlijk bij wie op welk tijdstip weggaat. We kunnen zien wanneer Eddie aankwam en of Conover een tijdje daarna is weggereden. Of dat alleen Eddie is weggereden.'

'Wat zou je daaruit kunnen afleiden?'

'Als de schietpartij zich in of bij Conovers huis heeft afgespeeld, moesten ze het lichaam naar de vuilcontainer in Hastings Street brengen. En dat deden ze met een auto. Als Conover en Rinaldi allebei na twee uur uit Fenwicke Estates zijn vertrokken, kan het de een of de ander zijn. Maar als alleen Eddie is vertrokken, heeft Eddie het lichaam weggebracht.'

'Precies.' Ze zweeg even. 'In die enclave heb je overal camera's.'

Bugbee glimlachte. 'In dat geval hebben we ze te pakken.'

'Dat bedoel ik niet. Als we de bewakingstapes kunnen krijgen, kunnen we bevestigen wanneer Eddie aankwam en wegging.'

'Of Eddie en Conover.'

'Goed. Maar we kunnen vooral zien of Stadler over de omheining is gekomen. Of Andrew Stadler binnenkwam. Dan weten we waar Stadler was.'

Bugbee knikte. 'Ja.' Weer een korte stilte. 'Dat betekent dat Eddie een 9mm zonder vergunning heeft.'

'Waarom zonder vergunning?'

'Omdat ik de wapengegevens bij de districtspolitie heb doorgenomen. Hij heeft vergunningen voor een Ruger, een Glock en een paar jachtgeweren. Maar niet voor een 9mm. Dus als hij er een heeft, is dat zonder vergunning.'

'Ik heb het forensisch lab onder druk gezet,' zei Audrey. 'Misschien kunnen ze hun database gebruiken om de patronen die we in Stadlers lichaam hebben gevonden in verband te brengen met een andere zaak waarbij geen wapen is gevonden.'

Zo te zien was Bugbee onder de indruk, maar hij beperkte zich tot een hoofdknikje.

'In elk geval hebben we een huiszoekingsbevel nodig om te kijken welke wapens Rinaldi heeft.'

'Dat kunnen we makkelijk krijgen.'

'Goed. Als we een 9mm vinden die bij de patronen past...' Ze begon van dit echte gesprek te genieten, al stelde Bugbee zich nog wat nors en terughoudend op.

'Je droomt. Zo stom kan hij niet zijn.'

'We kunnen altijd hopen. Wat zei hij over het telefoontje?'

'Hij deed het heel handig. Hij zei, ja, hij had die nacht een telefoontje van Conover gehad, het alarm was afgegaan in Conovers huis en of hij dat kon onderzoeken. Hij zei dat hij een beetje kwaad was, maar hij ging er toch heen om te kijken. Je weet wel, wat je al niet doet om de baas tevreden te houden. Het was niks bijzonders. Ging Conover in de fout?'

'Nee. Hij... nou, ik had wel het gevoel dat hij zijn verhaal min of meer ontwikkelde.'

'Ontwikkelde?'

'Hij veranderde zijn verhaal niet meteen. Ik herinnerde hem eraan dat hij had gezegd dat hij de hele nacht had geslapen, en toen vroeg ik hem naar het telefoontje dat hij om twee uur 's nachts had gepleegd. Hij gaf het meteen toe. Hij zei dat hij in de war moest zijn geweest met de dagen.'

'Dat kan gebeuren. Geloof je hem?'

'Ik weet het niet.'

'Klonk hij alsof hij het had ingestudeerd?'

'Dat was moeilijk te zeggen. Of hij sprak de waarheid, of hij had zijn huiswerk gedaan.'

'Meestal kun je dat merken.'

'Meestal wel. Maar ik nu niet.'

'Dus misschien kan hij goed liegen.'

'Of misschien spreekt hij de waarheid. Ik denk dat hij een deel van de waarheid spreekt. Hij belde Eddie, Eddie kwam... en daar houdt de waarheid op. Heeft Eddie ook gezegd of hij iets vond toen hij in Conovers tuin op onderzoek uitging?'

'Ja. Hij zei dat hij niets vond.'

'Wat dat betreft, komen hun verhalen overeen,' zei Audrey.

'Misschien komen ze te goed overeen.'

'Ik weet niet wat je bedoelt. Ze komen overeen of niet. Weet je wat? Ik stel voor dat we snel in actie komen. Het pistool, de recorder – dat zijn allemaal dingen waarmee ze iets kunnen doen, als ze dat nog niet gedaan hebben. Het pistool weggooien, de opnamen wissen, noem maar op. Nu we tegelijk met ieder afzonderlijk hebben gepraat, zijn ze argwanend geworden. Als ze bewijsmateriaal gaan vernietigen, doen ze dat nu.'

Bugbee knikte. 'Ga met Noyce praten, vraag de huiszoekingsbevelen aan voor het geval we ze nodig hebben. Ik ga een paar mensen bellen. Kun je je vandaag hiervoor vrijmaken?'

'Graag.'

'O ja, ik heb dat meisje van Stadler nog eens gebeld.'

'En?'

'Ze weet helemaal niet wat haar vader deed in de nacht dat hij werd vermoord. Ze zegt dat hij nooit iets over Conover heeft gezegd.'

'Denk je dat ze de waarheid spreekt?'

'Ik heb geen reden om iets anders te denken. Mijn instinct geeft me in dat het klopt wat ze zegt.'

Audrey knikte. 'Dat denk ik ook.'

Een paar minuten later kwam Bugbee met een vette grijns naar Audreys werkhokje. 'Dat zul je net zien: Nicholas Conover maakt gebruik van een gazonbedrijf dat Elite Professional Lawn Care heet. Zestien dagen geleden hebben ze gras gezaaid bij een huis dat eigendom is van de president-directeur van de Stratton Corporation. Ze deden dat met hydroseed. De man kon zich dat goed herinneren – de architect, een zekere Claflin, had specifiek om Penn Mulch gevraagd. Hij zei dat ze een nieuwe gasleiding moesten leggen of zoiets. Het oude gras moest worden opengescheurd en zijn cliënt besloot een heel nieuw gazon te laten aanleggen, want het oude zag er niet goed meer uit. Die man van het gazonbedrijf zei tegen mij dat het geldverspilling was om dat soort spul in de mix te doen, maar hij had daar niets over gezegd. Niet als je een klant hebt met zoveel poen, weet je.'

## 59

Scott McNally kwam meestal ongeveer tegelijk met Nick op kantoor, om ongeveer halfacht. Normaal gesproken zaten zij en de andere vroege vogels aan hun bureau te werken en hun e-mail door te nemen. Ze praatten niet met elkaar en gebruikten de stille tijd om ongestoord hun werk te kunnen doen.

Maar vanmorgen maakte Nick een wandelingetje naar de andere kant van de verdieping en ging hij zachtjes naar Scotts cubicle toe. Telkens wanneer hij eraan dacht dat Scott over die vakantiereis in Arizona had gelogen en dat hij in werkelijkheid een geheime reis naar het vasteland van China had gemaakt, ging er een golf van woede door hem heen. Hij herinnerde zich ook wat hij van de mensen van Atlas McKenzie en Binnenlandse Veiligheid had gehoord – die vervloekte geruchten dat Stratton stilletjes bezig was 'het bedrijf naar China te verhuizen', wat dat ook precies mocht betekenen.

Het werd tijd om Scott het mes op de keel te zetten, om erachter te komen wat hij uitspookte.

'Heb je nog interessante vakantie-ideeën?' vroeg Nick abrupt.

Scott keek geschrokken op. 'Ik? Kom nou, bij een geweldige vakantie denk ik aan een StarTrek-congres.' Hij zag Nick kijken en lachte nerveus. 'Ik bedoel, nou, Eden houdt van Parrot Cay in de Turks en Caicos Eilanden.'

'Nou, ik dacht meer aan een bestemming in het oosten. Bijvoorbeeld Shenzhen. Welk hotel neem je het liefst als je in Shenzhen bent, Scott?'

Scott kreeg een kleur. Hij sloeg zijn ogen neer – dat was bijna een reflex, zag Nick – en zei: 'Ik wil overal wel heen voor een goed bord mu shu.'

'Waarom, Scott?'

Scott gaf niet meteen antwoord.

'We weten allebei dat Muldaur wil dat we de productie naar Azië verplaatsen,' zei Nick. 'Ben je dat voor hem aan het doen? Ben je achter mijn rug om op zoek naar Chinese fabrieken?'

Scott keek met een gekweld gezicht van zijn bureau op. 'Hoor eens, Nick, op dit moment is Stratton net een klein hondje met diarree. Leuk om te zien, maar niemand wil er dicht bij in de buurt komen. Ik zou ons bedrijf geen goed doen als ik die mogelijkheden niet onderzocht.'

'Mogelijkheden?'

'Ik besef dat je dat verontrustend vindt. Dat kan ik je niet kwalijk nemen. Maar op een dag kijk je naar de cijfers en zeg je: "Scott, wat zijn onze mogelijkheden?" En dan moet ik je kunnen vertellen wat ze zijn.'

'Even voor alle duidelijkheid,' zei Nick. 'Je hebt een soort spionagereis naar China gemaakt om fabrieken te onderzoeken, en daarover heb je tegen mij gelogen?'

Scott deed zijn ogen dicht, knikte en drukte zijn lippen op elkaar. 'Het spijt me,' zei hij erg zachtjes. 'Het was niet mijn idee. Todd stond erop. Hij vond dat het veel te gevoelig lag bij jou. Hij dacht dat je alles op alles zou zetten om toenaderingen tot China te blokkeren.'

'Over wat voor "toenaderingen" heb je het? Ik wil het precies weten.'

'Nick, ik vind het erg vervelend dat ik hier middenin zit.'

'Ik vroeg je iets.'

'Dat weet ik. En het is echt niet aan mij om je meer te vertellen dan ik al heb gedaan. Zullen we het er maar bij laten?'

Nick staarde hem aan. Scott deed niet eens meer alsof hij zich moest verdedigen. Nicks woede werd met de seconde heviger. Het scheelde niet veel of hij had zijn hand uitgestoken en Scott bij zijn magere nek gegrepen, hem opgetild en hem tegen de scheidingswand van zilverraster gegooid.

Nick draaide zich om. Hij wilde weggaan zonder nog een woord te zeggen.

'O, en Nick?'

Nick draaide zich om en keek hem met een onbewogen gezicht aan.

'Het Nan Hai moet je hebben.'

'Hè?'

'Het beste hotel in Shenzhen. Het Nan Hai Hotel. Geweldig uitzicht, geweldig restaurant – het zal je vast wel bevallen.'

Er kwam een stem uit Scotts intercom. 'Scott? Met Marjorie.'

'O, hallo, Marge. Op zoek naar Nick? Die is hier.'

'Nick,' zei Marge. 'Telefoon voor je.'

Nick pakte Scotts hoorn op om privé met haar te spreken. 'Is er een probleem?'

'Het is iemand van de politie.'

'Weer mijn inbraakalarm.'

'Nee, het is... het is iets anders. Niets dringends, en er is niets met de kinderen aan de hand, maar het klinkt belangrijk.'

Toen Nick vlug wegliep, keek Scott hem nieuwsgierig na.

## 60

'Met Nick Conover.'

Het verbaasde Audrey dat Nicholas Conover de telefoon zo snel opnam. Ze verwachtte van het kastje naar de muur te worden gestuurd, het telefoonspelletje dat machtige mannen zo graag speelden.

'Meneer Conover, met rechercheur Rhimes van het team Ernstige Delicten van de politie van Fenwick. Het spijt me dat ik u weer lastigval.'

Een korte stilte.

'Geen probleem,' zei hij. 'Wat kan ik voor u doen?'

'Nou, ik vroeg me af of we mochten rondkijken in uw huis.'

'Rondkijken...?'

'We dachten dat we dan misschien kunnen ontdekken waar Andrew Stadler die nacht was.' Ze hoopte dat ze subtiel genoeg op 'we' was overgaan. 'Als het inderdaad Andrew Stadler was die in die nacht naar uw huis ging, werd hij misschien afgeschrikt door al die nieuwe beveiligingsmaatregelen. De camera's en lichten en noem maar op.'

'Dat is mogelijk.' Conovers stem klonk nu een beetje minder vriendelijk.

'Dus als we kunnen vaststellen of hij naar uw huis is gegaan – of hij het echt was die in uw tuin kwam en niet bijvoorbeeld een hert – zou dat ons erg helpen om zijn laatste uren in kaart brengen. Het zou ons veel werk kunnen besparen.'

Ze hoorde Conover inademen.

'Als u het over "rondkijken" hebt, wat bedoelt u dan precies?'

'Een huiszoeking. U weet wel, zoals gewoonlijk.'

'Misschien weet ik niet precies wat dat inhoudt.' Klonk er een beetje spanning in zijn stem door? In elk geval was er iets veranderd. Hij zond geen vriendelijke signalen meer uit. Hij was neutraal geworden.

'We komen met onze technisch rechercheurs, verzamelen sporenmateriaal, maken foto's, dat soort dingen.'

Ze wisten allebei wat ze bedoelde. Hoe ze het ook wendde of keerde, hoe ze het ook verpakte, het bleef het doorzoeken van een plaats delict, en dat begreep Conover heus wel. Het was nu een vreemd soort steekspel. Bijna een toneelvoorstelling.

'U hebt het over het doorzoeken van mijn tuin?'

'Eh, ja. En ook uw huis.'

'Mijn huis.'

'Ja.'

'Maar... maar er is niemand in mijn huis geweest.'

Daar was ze op voorbereid. 'Nou, weet u, als Andrew Stadler werkelijk de stalker is die het afgelopen jaar in uw huis heeft ingebroken, zullen we daar sporen van vinden. Heb ik het mis of heeft niemand van de politie van Fenwick ooit vingerafdrukken genomen toen er was ingebroken?'

'Dat klopt.'

Ze schudde haar hoofd en deed haar ogen dicht. 'Hoe minder daarover gezegd wordt, hoe beter het is.'

'Wanneer wilt u dat gaan doen? In de loop van deze week?'

'Nou, gezien de vaart die er in dit onderzoek zit,' zei ze, 'zouden we het graag vandaag willen doen.'

Weer een stilte, ditmaal langer.

'Weet u wat?' zei Conover ten slotte. 'Ik bel u zo terug. Op welk nummer kan ik u het best bereiken?'

Ze vroeg zich af wat hij nu ging doen – een advocaat bellen? Zijn beveiligingschef? Wat hij ook deed, en of hij nu toestemming gaf of niet, ze zou zijn huis doorzoeken.

Als hij weigerde, zou ze binnen een uur een huiszoekingsbevel kunnen krijgen. Ze had al met een officier van justitie gepraat. Ze had hem die ochtend zelfs wakker gebeld, iets wat hem niet bepaald voor haar had ingenomen. Zodra hij bij zijn positieven was, had hij gezegd dat er voldoende grond voor een huiszoekingsbevel was. De rechter zou zijn handtekening zetten, geen probleem.

Maar Audrey wilde geen huiszoekingsbevel aanvragen. Ze wilde het niet hard spelen. Nog niet. Dat was escalatie, en wanneer ze de zaak wilde laten escaleren, kon ze dat altijd nog doen. Ze kon het beter wat rustiger spelen. Ze wilde de schijn ophouden – en dat gebeurde van twee kanten, geloofde ze – dat Nicholas Conover alleen maar meewerkte omdat hij een fatsoenlijke staatsburger was die gerechtigheid wilde, die wilde dat de zaak tot op de bodem werd uitgezocht. Want zodra hij haar tegenwerkte, zou ze in de aanval gaan.

Als hij weigerde, zouden er binnen enkele minuten vier politiewagens op weg naar zijn adres zijn om het huis en de bijbehorende grond af te zetten en ervoor te zorgen dat niemand iets wegbracht. Een uur later zou ze zelf komen, met een huiszoekingsbevel en een team van de technische recherche.

Ze wilde die weg nog niet inslaan, maar ze moest al rekening houden met de juridische aspecten. De officier van justitie had gezegd dat ze een huiszoekingsbevel kon krijgen als ze dat wilde. In plaats daarvan wilde Audrey het huis met toestemming van Conover doorzoeken. Dat betekende dat Conover een standaardformulier zou tekenen om die toestemming te geven.

Het was wel een beetje lastig. Als Conover tekende, met getuigen die dat konden bevestigen, wilde dat zeggen dat hij welbewust en vrijwillig toestemming gaf voor een huiszoeking. Maar er waren gevallen geweest, wist ze, waarin het een verdachte met een slimme advocaat was gelukt de resultaten van een huiszoeking ongeldig te laten verklaren. Ze hadden beweerd dat ze gedwongen waren of dat ze er niets van hadden begrepen of zoiets. Audrey was vastbesloten die fout niet te maken. Daarom hield ze zich aan de raad van de officier van justitie: laat Conover dat formulier tekenen en dateren met twee getuigen erbij, en er kan je niets gebeuren. En als hij weigert, zorgen we dat je een huiszoekingsbevel krijgt.

Een halfuur later belde hij terug. Hij klonk weer zelfverzekerd. 'Goed, rechercheur, ik heb daar geen probleem mee.'

'Dank u, meneer Conover. Nu, dan wil ik u vragen een formulier te ondertekenen om ons toestemming te geven uw perceel te doorzoeken. U weet wel, om de puntjes op de i te zetten.'

'Geen probleem.'

'Bent u erbij als we de huiszoeking doen? U moet dat natuurlijk zelf weten. Ik weet hoe druk u het hebt.'

'Dat is misschien wel een goed idee, nietwaar?'

'Ja, het lijkt me een goed idee.'

'Hoort u eens, rechercheur. Eén ding. Ik vind het niet erg dat u mijn huis doorzoekt. U mag zoeken naar wat u maar wilt, maar ik wil echt niet dat het in de buurt dan wemelt van de politie, begrijpt u? Komen er een heleboel politiewagens met zwaailichten en sirenes en zo?'

Audrey grinnikte. 'Zo erg wordt het niet.'

'Kunt u dit doen met, hoe noemt u dat, burgerauto's?'

'Ja, voor het grootste deel wel. Er komt natuurlijk wel een busje van de technische recherche en zo, maar we proberen het subtiel aan te pakken.'

'Voor zover een huiszoeking door de politie subtiel kan zijn, hè? Zo subtiel als een steen tegen je hoofd.'

Ze lachten allebei beleefd en onbehaaglijk.

'Nog één ding,' zei Conover. 'Dit is een kleine stad, en u weet ook wel dat mensen praten. Ik hoop echt dat dit alles discreet gebeurt.'

'Discreet?'

'Zonder dat het publiek het merkt. Ik kan het er echt niet bij hebben dat mensen ook nog horen dat de politie me heeft ondervraagd en mijn huis heeft doorzocht in verband met die verschrikkelijke moord. Wat ik bedoel, is dat ik wil dat mijn naam erbuiten blijft.'

'Uw naam blijft erbuiten,' herhaalde ze, en ze dacht: *wat zeg je nu precies?*

'Weet u, ik ben de president-directeur van een grote onderneming in een stad waar niet iedereen gek op me is. Het laatste wat ik wil, is dat er geruchten de ronde doen – dat mensen dingen gaan verzinnen over een onderzoek naar Nick Conover. Begrijpt u?'

'Ja.' Ze voelde die tinteling weer, alsof ze ineens kippenvel had.

'Ik bedoel, hé, we weten allebei dat ik geen verdachte ben. Maar voor je het weet, gaan er allerlei geruchten.'

'Ja.'

'Weet u, het is net zoals ze zeggen. Een leugen is de halve wereld al rond voordat de waarheid kans heeft gezien zijn broek aan te trekken.'

'Dat vind ik een mooi gezegde,' zei ze. Dat vond ze ook vreemd. Wanneer een onschuldige werd ondervraagd over een moord, praatte hij daar bijna altijd over met zijn vrienden. Hij was verontwaardigd en protesteerde. Een onschuldige die in de schijnwerpers stond, wilde de steun van zijn vrienden, en daarom vertelde hij iedereen hoe schandalig het was dat de politie hem verdacht.

Nick Conover wilde niet dat de mensen wisten dat de politie in hem geïnteresseerd was.

Dat was niet de reactie van een onschuldige.

DEEL VIER

# PLAATS DELICT

## 61

Vroeg in de ochtend, op de dag nadat rechercheur Rhimes naar zijn huis was gekomen, werd Nick badend in het zweet wakker.

Het T-shirt waarin hij had geslapen, was nat om de kraag. Zelfs zijn kussen was doorweekt, en de veren en het dons, allemaal even nat, verspreidden een boerderijlucht. Zijn hart bonkte zoals het vroeger had gedaan in een erg felle scrimmage.

Hij was net wakker geschrokken uit een droom die veel te echt was. Het was zo'n filmachtige droom die levendig en volledig gefantaseerd aanvoelde, niet de gebruikelijke opeenvolging van fragmenten van scènes en beelden. Deze droom had een verhaal, een vreselijk, onverbiddelijk verhaal waarin hij gevangen had gezeten.

Iedereen wist het.

Ze wisten wat hij Die Nacht had gedaan. Ze wisten van Stadler. Het was algemeen bekend, overal waar hij kwam, in de gebouwen van Stratton, op de fabrieksvloer, in de supermarkt, op de scholen van de kinderen. Iedereen wist dat hij iemand had vermoord, maar hij bleef volhouden, beweren – hij wist niet waarom, want het had geen zin – dat hij onschuldig was. Het was bijna een ritueel van hem en alle anderen: ze wisten het, en hij wist dat ze het wisten, en toch bleef hij zijn onschuld betuigen.

Dat was nog tot daaraan toe, maar plotseling veranderde de droom in een horrorverhaal, als een van die griezelfilms over tieners en moorddadige maniakken, maar ook als een verhaal van Edgar Allan Poe dat hij op de middelbare school had gelezen, een verhaal over een hart dat dingen vertelde.

Hij was op een dag thuisgekomen, en toen had het daar gekrioeld van de politie. Niet het huis waar hij en de kinderen nu woonden, maar het donkere, kleine splitlevelhuis in Steepletown waarin hij was opgegroeid. Het huis was wel veel groter. Veel gangen en lege kamers, ruimte genoeg voor de politie, die zich verspreidde en alles doorzocht. Hij kon er niets tegen beginnen.

Hé, probeerde hij te zeggen al kon hij niet spreken, jullie houden je niet aan de regels. Ik doe alsof ik onschuldig ben, en dat doen jullie ook. Weet je nog wel? Zo werkt het.

Rechercheur Audrey Rhimes was er, en tien andere, gezichtsloze rechercheurs, en ze verspreidden zich over dat spookachtig grote huis, op zoek naar sporen. Iemand had een tip over hen gegeven. Hij hoorde een van de rechercheurs zeggen dat de tip van Laura kwam. Laura was er ook. Ze deed een middagdutje, maar hij maakte haar wakker om tegen haar te schreeuwen en ze keek gekwetst, maar toen klonk er geschreeuw en ging hij kijken wat er aan de hand was.

Het was in de kelder. Niet in de kelder van het huis in Fenwicke Estate, met zijn hardhouten vloeren en alle systemen, de Weil-McLain gasboiler en waterverwarmer en al dat soort dingen, netjes opgeborgen achter dubbele lattendeuren, maar de kelder van het huis uit zijn kindertijd, donker, vochtig en muf en met een vloer van beton.

Iemand had een plas lichaamsvloeistoffen gevonden.

Geen bloed, maar iets anders. Het stonk. Een rottend goedje dat op de een of andere manier uit de keldermuur was gesijpeld.

Een van de rechercheurs riep een stel andere kerels erbij, en ze maakten gaten in de betonnen muren, en daar vonden ze het opgerolde, rottende lijk van Andrew Stadler, en Nick zag het en er ging meteen een elektrische schok door hem heen. Ze hadden het gevonden, en het komedie spelen was voorbij, want ze hadden het bewijs gevonden, een lijk dat in zijn kelder was ingemetseld, rottend, half vergaan. Er waren verraderlijke vloeistoffen uit gelekt. Het lichaam dat zo zorgvuldig en kunstig verborgen was, had zijn positie verraden door te gaan etteren en rotten en de zwarte jus van de dood te laten uitlekken.

Ruim tien uur nadat hij in zijn eigen zweet was wakker geworden, reed Nick de oprijlaan op en zag hij een vloot van politievoertuigen, patrouillewagens en burgerwagens en busjes, en toen was het of hij helemaal niet wakker was geworden. Dat was dus die discretie van hen. Ze zouden niet opvallender zijn geweest als ze met gillende sirenes waren komen aanrijden. Gelukkig konden de buren de auto's niet vanaf de straat zien, maar de aankomst van de politie bij het hek moest voor de nodige commotie hebben gezorgd.

Het was bijna vijf uur. Hij zag dat rechercheur Rhimes op de veranda stond te wachten. Ze droeg een perzikkleurig pakje.

Hij zette de motor van de Suburban af en bleef enkele ogenblikken zitten. Zodra hij uit de auto stapte, zou niets ooit meer hetzelfde zijn, dacht hij. Niets ervoor en niets erna. Het motorblok koelde tikkend af, en de namiddagzon had de kleur van gebrande omber. De bomen wierpen lange schaduwen en de wolken pakten zich samen.

Hij zag activiteit op het groene tapijt van het gazon aan de kant van het huis waar zijn studeerkamer was. Een paar mensen, een man en een vrouw – technisch rechercheurs? – leken daar als schapen te grazen. Ze hielden hun hoofd diep voorover en zochten aandachtig naar iets. De vrouw had het figuur van een brandkraan, met een breed achterste; ze droeg een denimshirt en een gloednieuwe, donkerblauwe spijkerbroek. De ander was een lange, klungelige man met dikke brillenglazen en een camera om zijn hals.

Dit was echt. Geen nachtmerrie. Hij vroeg zich af hoe ze wisten dat ze in de buurt van zijn studeerkamer moesten zoeken.

Hij probeerde zijn hart langzamer te laten slaan. Inademen, uitademen, kalme gedachten denken.

Hij probeerde te denken aan de eerste keer dat Laura en hij naar Maui waren gegaan, zeventien jaar geleden, toen ze nog geen kinderen hadden, het pleistoceentijdperk van zijn leven. Die volmaakte halvemaan van een wit zandstrand in de beschutte baai, het absurd blauwe kristalheldere water, de ruisende kokospalmen. In die tijd had hij zich meer dan alleen maar ontspannen gevoeld; hij had een diepe innerlijke sereniteit ervaren. Laura's vingers verstrengeld met de zijne, de Hawaïaanse zon die op hem scheen en hem tot in de kern verwarmde.

Rechercheur Rhimes hield haar hoofd schuin, keek naar hem in de auto. Waarschijnlijk vroeg ze zich af of ze naar de Suburban zou lopen of daar op hem zou wachten.

Ze zochten naar patroonhulzen. Op de een of andere manier wist hij dat.

Maar Eddie had ze toch allemaal opgeraapt?

Nick was die nacht zo'n wrak geweest, verdoofd en van de kaart. Eddie had hem gevraagd hoeveel schoten hij had gelost, en hij had twee gezegd. Dat was toch zo? Jammer genoeg was het allemaal zo'n waas dat het er ook drie konden zijn geweest. Maar Nick had twee gezegd, en Eddie had twee hulzen in het gras gevonden, dicht bij de tuindeuren.

Was er een derde schot geweest?

Was Eddie gestopt met zoeken toen hij er twee had gevonden, zodat er een was achtergebleven voor de stuntelige man en de brandkraanvrouw, die experts waren in het vinden van patroonhulzen?

Het gazon was natuurlijk niet gemaaid, want het gras was te nieuw. De radde prater van het gazonbedrijf had tegen hem gezegd dat hij minstens drie weken moest wachten voordat hij zijn hovenier het gazon liet maaien.

Daarom kon daar nog heel goed een stuk metaal liggen dat anders zou zijn opgeschept door de bladen van Hugo's brede Gravely-machine. Het kon daar liggen glinsteren in de namiddagzon, wachtend tot die vrouw met haar dikke reet zicht bukte om het op te rapen.

Hij haalde nog eens adem, deed zijn best om zich te beheersen, en stapte uit de Suburban.

'Het spijt me verschrikkelijk dat we op deze manier bij u komen binnenvallen,' zei rechercheur Rhimes. Ze klonk oprecht verontschuldigend. 'Het is erg aardig van u dat u ons laat rondkijken. Dat helpt ons enorm bij ons onderzoek.'

'Graag gedaan,' zei Nick. Vreemd, dacht hij, dat ze de komedie volhield. Ze wisten allebei dat hij een verdachte was. Hij hoorde het ratelend gekras van een kraai die hoog door de lucht vloog.

'Ik weet dat u het erg druk hebt,' zei ze.

'U hebt het ook druk. We hebben het allemaal druk. Ik wil zoveel mogelijk helpen.' Zijn mond werd droog en de laatste woorden klonken gesmoord. Hij vroeg zich af of haar dat was opgevallen. Hij slikte en vroeg zich af of ze dat ook had gemerkt.

'Heel erg bedankt,' zei ze.

'Waar is uw charmante collega?'

'Die is met iets anders bezig,' zei ze.

Nick zag de stuntelige man over het gazon naar hen toe lopen. Hij hield iets omhoog.

Nick werd licht in zijn hoofd.

De man had een grote tang, en toen hij dichterbij kwam, zag Nick een klein bruin dingetje tussen de kaken daarvan. De technisch rechercheur liet het zwijgend aan rechercheur Rhimes zien en Nick zag dat het een sigarettenpeuk was.

Rechercheur Rhimes knikte, en de man liet de peuk in een papieren zakje vallen. Toen keek ze Nick weer aan. Ze praatte door alsof ze niet onderbroken waren.

Had Stadler die nacht gerookt? Of was dat een peuk van een van de bouwvakkers die een sigarettenpauze in de tuin nam omdat ze binnen niet mochten roken? Nog niet zo lang geleden, kort voor het hydroseeden, had Nick daarbuiten wat Marlboro-peuken gevonden. Hij had ze geërgerd opgeraapt en zich voorgenomen iets tegen de aannemer te zeggen over die kerels die hun peuken op zijn gazon gooiden. In die tijd had hij nog de luxe gehad dat hij zich aan zulke onbenulligheden kon ergeren.

'Ik hoop dat u het niet erg vindt dat we alvast begonnen zijn,' zei rechercheur Rhimes. 'Uw huishoudster wilde mijn team niet binnenlaten totdat u er was, en ik wilde haar wensen respecteren.'

Nick knikte. 'Dat is aardig van u.' Hij merkte dat de vrouw haar woorden te duidelijk uitsprak. Haar uitspraak was hypercorrect, bijna overdreven. Haar hele houding had iets formeels, iets afstandelijks, in tegenstelling tot haar eerdere verlegenheid en terughoudendheid, met een beetje onzekerheid en een vleugje vriendelijkheid. Nick dacht dat hij mensen vrij goed kon doorzien, maar bij deze vrouw lukte dat niet. Hij wist niet wat hij van haar moest denken. De vorige dag had hij geprobeerd haar te charmeren, maar hij wist dat het niet gelukt was.

'We hebben een stel vingerafdrukken van u nodig,' zei ze.

'Ja. Natuurlijk.'

'En verder hebben we vingerafdrukken nodig van iedereen die in het huis woont – de huishoudster, uw kinderen.'

'Mijn kinderen? Is dat echt nodig?'

'Alleen maar om afdrukken te elimineren, zoals wij dat noemen.'

'Mijn kinderen schrikken zich een ongeluk.'

'Ach, misschien vinden ze het wel grappig,' zei ze. Een lief glimlachje. 'Kinderen vinden het vaak interessant.'

Nick haalde zijn schouders op. Ze gingen het huis in en de hoge alarmtoon was zachtjes te horen. Het huis was nu anders: verstild, gespannen, alsof het zich schrap zette voor iets. Hij hoorde rennende voeten.

Julia.

'Papa,' zei zijn dochter, haar gezicht gefronst van bezorgdheid. 'Wat gebeurt er?'

## 62

Hij ging met de kinderen in de huiskamer zitten, zij samen op de bank tegenover de enorme tv, Nick in de grote fauteuil die Lucas anders altijd in beslag nam, de fauteuil die Nick als zijn Archie Bunker-stoel beschouwde. De pa-stoel. Hij wist niet meer wanneer ze voor het laatst met zijn allen naar de televisie hadden gekeken, maar toen ze dat nog deden, ging Lucas altijd vlug op de Archie Bunkerstoel zitten. Nick had zich daaraan geërgerd, maar nooit iets gezegd.

Op een schraagtafel naast de televisie zag Nick het hoekje dat Julia en Lucas voor Barney hadden ingericht: een verzameling foto's van hun dierbare hond, zijn halsband en naamplaatje. Zijn favoriete speelgoed, waaronder een verfomfaaid pluchen lammetje – zijn eigen knuffel – waarmee hij sliep en die hij overal in zijn kwijlende bek met zich mee naartoe nam. Er was een brief die Julia hem met markers van verschillende kleuren had geschreven en die begon met: 'Barney – we missen je ZO ERG!!!' Julia had hem verteld dat het herdenkings-hoekje een idee van Cassie was geweest.

Lucas zat in zijn kolossale wijde spijkerbroek op de bank, zijn benen wijd gespreid. De band van zijn boxershorts was te zien. Hij droeg een zwart T-shirt met het woord AMERIKAN in witte letters op de voorkant. Nick had geen idee wat hij daarmee wilde zeggen. De veters van zijn zware Timberland-schoenen hingen los. Hij droeg die doek weer om zijn hoofd. Mijn eigen rijke, in een omheinde enclave wonende, gangsta, dacht Nick.

Lucas, die voor zich uit staarde, zei: 'Ga je ons nog vertellen wat de smerissen hier doen?'

'De politie, bedoel je.'

Lucas keek door het erkerraam naar de rechercheurs op het gazon.

'De politie is hier vanwege die man van wie we denken dat hij hier steeds terugkwam en dingen in ons huis schreef,' zei Nick.

'"Geen Schuilplaats,"' reciteerde Julia.

'Ja. Die dingen. Er zat iets niet goed in het hoofd van die man.'

Met een klein stemmetje zei ze: 'Is hij de man die Barney heeft doodgemaakt?'

'We weten het niet zeker, maar we denken van wel.'

'Cassies vader,' zei Lucas. 'Andrew Stadler.'

'Ja.' Cassies vader.

'Hij was *fucking* gek,' zei Lucas.

'Let op je woorden waar je zusje bij is.'

'Ik heb dat woord al eerder gehoord, pa,' zei Julia.

'Ongetwijfeld. Ik wil alleen niet dat jullie zulke taal gebruiken.'

Lucas schudde grijnzend zijn hoofd, een en al geamuseerde minachting.

'Die man, Andrew Stadler, is een paar weken geleden gestorven,' ging Nick verder, 'en de politie denkt dat hij in de nacht dat hij werd vermoord, toen hij op weg was naar waar hij ook maar heen ging, heeft geprobeerd bij ons huis te komen.'

'Ze denken dat jij het hebt gedaan,' zei Lucas. Een triomfantelijke glimlach.

Nicks binnenste trok zich samen. Misschien had Lucas iets gehoord, die avond dat Eddie er was. Of had hij alleen maar dingen met elkaar gecombineerd.

'Hé!' zei Julia verontwaardigd.

'Ze zijn hier om te proberen na te gaan waar hij geweest is, Luke.'

'Waarom verzamelen ze dan bewijsmateriaal? Ik kan ze door mijn raam zien. Ze hebben wat aarde uit het gazon opgegraven en in een bakje gedaan, en ze lopen steeds heen weer over het gazon, alsof ze iets zoeken.'

Nick knikte en ademde in en uit. Ze hadden aarde verzameld? Wat betekende dat? Hadden ze aarde op Stadlers lichaam gevonden? Hij herinnerde zich dat Eddie de schoenen van Stadler had schoongeveegd.

Konden ze aarde op Stadlers lichaam hebben gevonden dat hem met het huis in verband bracht? Waren ze tot zoiets in staat? Dat was het afschuwelijke: Nick had geen idee hoever de forensische wetenschap al was, of hoe achterlijk.

'Luke,' zei hij rustig, 'ze zoeken naar alles waaruit ze kunnen afleiden of die man hier die nacht is geweest of niet.' Nick wist dat hij zich op glad ijs begaf. Zijn kinderen waren te intelligent en ze hadden te veel televisieseries en films gezien. Ze wisten alles van rechercheurs en moorden en verdachten.

'Waarom willen ze dat weten?' vroeg Julia.

'Heel eenvoudig,' zei hij. 'Ze moeten weten wat hij die nacht deed, nagaan of hij echt hier is geweest en niet ergens anders. Dan kunnen ze nagaan waar hij daarna heen is gegaan, dus waar hij vermoord is.'

'Hebben de camera's dat niet vastgelegd?' vroeg Lucas.

'Zou kunnen,' zei Nick. 'Ik weet niet meer wanneer het nieuwe beveiligingssysteem is geïnstalleerd en wanneer die man precies is vermoord.'

'Ik wel,' zei Lucas meteen. 'Die camera's zijn er gekomen op de dag voordat Stadler werd vermoord.' Hoe had hij dat nou weer onthouden?

'Nou, als je gelijk hebt, ja, dan vinden ze misschien camerabeelden. Ik heb geen idee. O ja, de politie wil jullie vingerafdrukken hebben nu ze hier toch zijn.'

'Cool,' zei Lucas.

'Waarom? Ze denken toch niet dat wij die man hebben vermoord?' zei Julia bezorgd.

Nick lachte overtuigend. 'Maak je daar maar geen zorgen over. Als ze in en buiten het huis naar vingerafdrukken zoeken, vinden ze onze afdrukken – die van jou en mij en Marta...'

'En waarschijnlijk ook van Emily,' zei Julia.

'Ja.'
'En van die Digga, hè, Luke?'
Luke rolde met zijn ogen en keek een andere kant op.
'Wie is "Digga"?' vroeg Nick.
Lucas gaf geen antwoord, schudde nog steeds zijn hoofd.
'Dat is een jongen met een *do-rag* net als Luke. Hij draait heel harde muziek als jij er niet bent en hij ruikt altijd naar rook. Hij stinkt.'
'Wanneer komt hij hier?' vroeg Nick.
'Hij is een of twee keer geweest,' zei Lucas. 'Jezus christus. Dit is idioot. Hij is een vriend van me, ja? Mag ik vrienden hebben of is dit een gevangenis waar je geen bezoek mag krijgen? Nou je zin, Julia? Verdomde klikspaan.'
'Hé!' zei Nick.
Julia, die het niet gewend was dat haar oudere broer tegen haar schreeuwde, rende huilend de kamer uit.
'Eh, meneer Conover?'
Rechercheur Rhimes stond aarzelend in de deuropening van de huiskamer.
'Ja?'
'Kan ik u even spreken?'

## 63

'We hebben iets op uw gazon gevonden,' zei ze.
'O?'
Ze was met hem naar de hal gegaan, buiten gehoorsafstand van de kinderen.
'Een vervormd stukje metaal.'
Nick haalde zijn schouders op. Nou en? betekende dat. Wat had hij daarmee te maken?
'Het kan een kogelfragment zijn, of een stukje van een patroonhuls.'
'Van een vuurwapen?' Hij hield zijn adem in. Hij probeerde zich nonchalant, maar geïnteresseerd voor te doen, zoals je van iemand in zijn positie zou verwachten. Iemand die onschuldig was en wilde dat de politie de moordenaar vond.
'Dat is moeilijk te zeggen. Ik ben geen expert.'
'Mag ik eens kijken?' zei hij, en hij had daar meteen spijt van. Hij

moest niet te veel belangstelling tonen. Het moest in evenwicht blijven.

Ze schudde haar hoofd. 'De technische recherche heeft het. Ik wilde u alleen vragen – misschien lijkt het een belachelijke vraag – maar u zei dat u geen vuurwapen bezit, nietwaar?'

'Dat klopt.'

'Dan hebt u natuurlijk nooit op uw terrein met een wapen geschoten. Maar heeft voor zover u weet iemand anders op uw terrein met een vuurwapen geschoten?'

Hij probeerde laatdunkend te lachen, maar het klonk hol. 'We doen hier niet aan schijfschieten,' zei hij.

'Dus voor zover u weet heeft niemand ooit buiten uw huis met een vuurwapen geschoten.'

'Nee. Niet voor zover ik weet.'

'Nooit.'

'Nooit.' Er liep een koel straaltje zweet over de achterkant van zijn oor en over zijn hals. Het werd opgenomen door de boord van zijn overhemd.

Ze knikte weer, ditmaal langzaam. 'Interessant.'

'De technische recherche – is die er zeker van dat het metaal uit een kogel of zoiets afkomstig is?'

'Nou, weet u, ik denk niet dat ik het verschil zou kunnen zien tussen een flessendop en een... een Remington Golden Saber 9mm-patroonhuls,' zei ze. Nick kromp onwillekeurig ineen en hoopte dat ze het niet had opgemerkt. 'Maar die technisch rechercheurs zijn ongelooflijk goed in hun werk, en ik moet het aan hen overlaten. Ze zeggen dat het er echt wel uitziet als een fragment van een projectiel.'

'Vreemd,' zei Nick. Hij probeerde verbaasd te kijken op een neutrale, ongeïnteresseerde manier, zonder te laten blijken dat hij helemaal van zijn stuk was – doodsbang en bevend en misselijk.

Eddie had hem verzekerd dat hij alles had verzameld, alle patroonhulzen, en dat hij had gekeken of er verder nog sporen op het gazon te vinden waren. Natuurlijk kon hij gemakkelijk een klein stukje lood of koper of zoiets over het hoofd zien, bijvoorbeeld een weggevlogen stukje metaal dat zich in de grond had geboord. Dat had hem gemakkelijk kunnen ontgaan.

Per slot van rekening had Nick die nacht een dranklucht in Eddies adem geroken. Waarschijnlijk was hij zijn roes aan het uitslapen toen Nick belde. Hij was nog niet helemaal bij zijn positieven geweest. Misschien had hij niet zo grondig gezocht.

Rechercheur Rhimes wilde weer iets zeggen, maar op dat moment zag Nick iemand voorbijlopen met een rechthoekig zwart metalen voorwerp in een doorzichtige plastic zak. De brandkraanvrouw, de technisch rechercheur met het brede achterwerk in de nieuwe spijkerbroek, had daar iets wat Nick meteen herkende als de digitale videorecorder die met de beveiligingscamera's was verbonden. Blijkbaar hadden ze die uit de kast gehaald waarin het alarmsysteem was geïnstalleerd.

'Hé, wat is dat?' riep Nick uit. De vrouw, die volgens het naamplaatje op haar denimshirt Trento heette, bleef staan en keek rechercheur Rhimes aan.

De rechercheur zei: 'Dat is het opnameapparaat van uw beveiligingssysteem.'

'Dat heb ik nodig,' zei Nick.

'Dat begrijp ik. We zullen ervoor zorgen dat u het zo gauw mogelijk terugkrijgt.'

Nick schudde geërgerd met zijn hoofd. Hij hoopte, bad, dat de lichte huivering van schrik die door hem heen was gegaan niet te zien was geweest. Eddie had de schijf gewist, had hij gezegd. Opnieuw geformatteerd. Er was daar niets van die nacht op te zien.

Nick kon er alleen maar over fantaseren hoe de camerabeelden er zouden uitzien. Een wankelende man in een te grote, flapperende jas, plotseling opduikend in het felle schijnsel van de buitenverlichting. De wild bewegende handen. Zoals de man op de grond was gezakt. Of had een van de camera's de daad zelf in beeld gebracht, Nick met het pistool, zijn gezicht verwrongen van angst en woede, zijn vinger die de trekker overhaalde? Het wapen dat omhoog en naar achteren schokte, de rookwolk. De moord zelf.

Maar dat was allemaal weg.

Dat had Eddie hem verzekerd. Eddie, wiens adem naar drank had geroken. Die altijd arrogant maar nooit oplettend en grondig was, zeker niet op de ijshockeybaan. Die altijd haastig, impulsief had gehandeld.

Die misschien iets over het hoofd had gezien.

Het verkeerd had gedaan. De schijf niet goed opnieuw had geformatteerd.

Die het misschien had verknoeid.

'En verder, meneer Conover, willen we graag de sleutels van uw beide auto's hebben.'

'Mijn auto's?'

'De Chevrolet Suburban waar u in rijdt, en het busje. We willen daarin naar vingerafdrukken en dergelijke zoeken.'

'Waarom?'

'Voor het geval Stadler probeerde in een van de auto's te komen om hem te stelen of zoiets.'

Nick knikte traag en versuft. Hij stak zijn hand in zijn broekzak om zijn sleutelring te pakken. Toen hij dat deed, zag hij allerlei activiteit in zijn studeerkamer, een eindje verderop. 'Ik moet naar mijn e-mail kijken,' zei hij.

Rechercheur Rhimes hield haar hoofd schuin. 'Sorry?'

'Mijn studeerkamer. Ik moet daarheen. Ik heb werk te doen.'

'Het spijt me, meneer Conover, maar dit kan even duren.'

'Over hoeveel tijd hebben we het?'

'Moeilijk te zeggen. Je weet het nooit met die technisch rechercheurs.' Ze glimlachte en haar gezicht straalde, zodat ze er heel mooi uitzag. 'O, nog één vraag, als u geen bezwaar hebt.'

'Gaat uw gang.'

'Over uw directeur Beveiliging – meneer Rinaldi?'

'Wat is er met hem?'

'O,' zei ze met een zacht lachje. 'Het lijkt wel "wie bewaakt de bewakers?" of zoiets, maar u hebt vast wel achtergrondonderzoek naar hem gedaan voordat u hem in dienst nam.'

'Natuurlijk,' zei Nick. Een achtergrondonderzoek: dat was nou precies wat hij niet had gedaan. Eddie was een oude vriend. Nou ja, een maatje. Wat dat ook mocht betekenen.

'Wat weet u van zijn carrière bij de politie?' vroeg ze.

Er was een geel lint voor de deur van zijn studeerkamer gespannen. Daarop stond: *Plaats Delict – Niet Passeren.*

Plaats delict, dacht hij.

Nou en of.

De technisch rechercheurs waren in de kamer aan het werk; ze droegen rubberen handschoenen. Een van hen strooide fluorescerend oranje poeder op de vloer, de deurkozijnen, de plaatjes van de lichtschakelaars, het bureau, het houten kozijn en de ruiten van de tuindeuren. De ander stofzuigde de vloerbedekking met een vreemde stofzuiger die hij in zijn hand hield, een ding met een zwarte loop, een lange rechte snuit.

Nick keek er even naar, schraapte zijn keel om hun aandacht te trekken en zei: 'Dat hoeft u niet te doen. We hebben een huishoudster.'

Een flauw grapje, erg flauw. Waarschijnlijk zelfs kwetsend. Zij hadden geen huishoudsters.

De technisch rechercheur met de stofzuiger keek hem strak aan.

Nick hield zijn mond maar. Ze zochten naar vingerafdrukken,

maar ze zouden nooit iets belastends vinden. Stadler was in de nacht van de moord niet in het huis geweest. Hij was een kleine tien meter van de tuindeuren vandaan op de grond gezakt.

Daar maakte hij zich niet druk om.

Waar hij zich wel druk om maakte, was dat ze zich blijkbaar op de studeerkamer concentreerden. Er waren veel andere kamers in het huis waar Stadler ook geweest kon zijn. Waarom de studeerkamer?

Wisten ze iets?

'Meneer Conover, hebt u een sleutel van deze la?'

Een zelfverzekerde baritonstem. Een van de technisch rechercheurs wees naar de afgesloten la waar hij het pistool had bewaard dat Eddie hem had gegeven.

Hij voelde dat zijn hele lichaam in opstand kwam.

'De sleutel ligt in de middelste la aan de bovenkant,' zei Nick rustig. 'Perfecte beveiliging.'

Hij dacht aan de doos met patronen die naast het pistool in de la had gelegen. Een groene en goudkleurige kartonnen doos met de woorden REMINGTON en GOLDEN SABER in witte letters.

Eddie had hem toch weggehaald?

Toen hij het pistool meenam?

Nick kon het zich niet herinneren. Die nacht was zo'n waas.

*Alsjeblieft God o alsjeblieft God laat de kogels weg zijn laat ze weg zijn.*

Hij wachtte. Hij hield zijn adem in. De technisch rechercheur maakte de grote bureaula in het midden open, vond de sleutel meteen en knielde neer om de onderste la open te maken.

De achterkant van zijn overhemdboord was nu erg vochtig. Ja, zelfs nat.

Op dit moment lag zijn leven in de handen van die anonieme man. Die had de macht om hem voor altijd op te sluiten.

Er is geen doodstraf in Michigan, dacht hij nu. Hij had daar nooit eerder aan gedacht, had nooit een reden gehad om erover na te denken. Geen doodstraf.

Maar wel de rest van zijn leven in de gevangenis.

Dat hing hem nu boven het hoofd.

De la gleed open en de technisch rechercheur boog zich eroverheen.

Er ging een seconde voorbij, twee seconden, drie.

De stofzuiger werd uitgezet.

Nick dacht dat hij moest overgeven. Hij stond daar als een willekeurige omstander, een toerist, aan de andere kant van het gele afzettingslint, en wachtte.

De technisch rechercheur stond op. Hij had niets in zijn handen.
Misschien was de la leeg.

*Als er één kogel naar de achterkant van de la was gerold...*

Nee, als de man iets had gevonden, zou hij zijn camera hebben gepakt en een foto hebben genomen.

De la moest leeg zijn.

Nick was opgelucht. Tijdelijk, misschien. Voorlopig.

Hij stond daar naar de technisch rechercheur te kijken die aan het stofzuigen was geweest. De man had nu een plastic flesje met een pistoolgreep en spoot daarmee op een deel van de met de hand gestucte muur rond de lichtschakelaar.

Een Decora-tuimelschakelaar, dacht Nick onwillekeurig. Laura had alle lichtschakelaars in het huis vervangen door Decora-tuimelschakelaars, want die waren volgens haar veel stijlvoller. Nick had geen mening over Decora-tuimelschakelaars. Hij had nooit veel over lichtschakelaars nagedacht.

De man begon de onderkant van de tuindeuren te bespuiten, en daarna de vloerbedekking.

Hij hoorde de twee technisch rechercheurs mompelen, hoorde die met het plastic flesje iets zeggen dat klonk als 'Ik mis mijn Luminol'.

De ander zei iets op gedempte toon, iets over zoeken bij daglicht, en toen zei de eerste: 'Maar, jezus, die LCV-shit is een puinhoop.'

Nick wist niet waar ze het over hadden. Hij voelde zich een idioot, zoals hij daar voor de deuropening van zijn eigen studeerkamer stond te kijken en te luisteren.

De eerste zei: 'Die vlek zal voor een deel afgebroken zijn.'

De tweede zei iets over DNA.

Nick slikte. Met die 'vlek' bedoelden ze natuurlijk bloed. Ze zochten naar bloedvlekken op de deurkrukken, de deur, de vloerbedekking. Bloedvlekken die niet zichtbaar waren voor het blote oog en die misschien waren weggeveegd, maar niet goed genoeg.

Nou, wat dat betreft, loop ik tenminste geen gevaar, dacht Nick. Stadler was het huis niet in geweest.

Maar zijn hersenen werkten niet mee. Ze produceerden een gedachte waardoor de adrenaline nog sneller door zijn bloed ging en het zweet hem weer uitbrak.

Stadler had gebloed, en nog rijkelijk ook.

Die zwarte plas bloed.

Nick was naar hem toe gelopen en had met zijn blote voeten tegen het lichaam gepord. Misschien had hij zelfs in het bloed gestaan, hij wist het niet meer.

En toen was hij weer naar binnen gegaan.

Hij had over de vloerbedekking gelopen. Om Eddie te bellen.

Hij had nooit bloedvlekken op de vloerbedekking gezien, en Eddie ook niet, maar hoeveel was daarvoor nodig? Welk spoortje van bewijsmateriaal, afkomstig uit de plas bloed naast Stadlers lichaam en door hem de studeerkamer binnengebracht met zijn blote voetzolen? Kleine druppeltjes misschien, onzichtbaar voor het blote oog, onzichtbaar op de kamerbrede vloerbedekking geplakt, opgenomen in de wollen vezels, wachtend tot ze hun aanwezigheid kenbaar konden maken?

De technisch rechercheur die niet op de vloerbedekking spoot, draaide zich om naar Nicks bureau en zag dat Nick nog voor de deuropening stond.

Nick zei zachtjes iets, opdat ze niet zouden denken dat hij met de angst in zijn hart naar hen keek. 'Krijg ik dat spul weer uit mijn vloerbedekking?'

De technisch rechercheur die aan het spuiten was, haalde zijn schouders op.

'En hoe moet het met al dat poeder?' ging Nick met gespeelde verontwaardiging verder. 'Hoe krijg ik dat er nou weer uit?'

De technisch rechercheur met de spuitfles draaide zich om en knipperde een paar keer met zijn ogen. Hij had een lome, vijandige grijns op zijn gezicht. 'U hebt een huishoudster,' zei hij.

## 64

'Eddie.' Nick belde vanuit zijn studeerkamer. Hij was doodsbang.

'Wat?' Hij klonk geërgerd

'Ze zijn hier vandaag geweest.'

'Weet ik. Hier ook. Het stelt niks voor. Ze willen je bang maken.'

'Ja, nou, dat is dan gelukt. Ze hebben iets gevonden.'

Een korte stilte. 'Huh?'

'Ze hebben een metaalfragmentje gevonden. Ze denken dat het een stukje van een patroonhuls is.'

'Wat? Ze hebben een patroonhuls gevonden?'

'Nee, een klein stukje van een huls.'

'Ik snap het niet.' Eddies overdreven zelfvertrouwen was verdwenen. 'Ik heb beide patronen gevonden, en volgens mij waren ze niet beschadigd. Je zei toch dat je twee keer had geschoten?'

'Ik denk van wel.'

'Je dénkt, hè? Nu dénk je het?'

'Ik was buiten mezelf, Eddie. Alles was een waas.'

'Je zei tegen mij dat je twee keer had geschoten. Toen ik twee hulzen had gevonden, hield ik op met zoeken. Anders had ik de hele nacht wel met die zaklantaarn over het gras kunnen lopen.'

'Denk je dat ze echt een stukje munitie kunnen hebben?' zei Nick met een bevende stem.

'Hoe moet ik dat nou weten?' zei Eddie. 'Shit. Weet je wat, ik ga me eens in die vrouwelijke rechercheur verdiepen. Eens kijken wat die voor geheimen heeft.'

'Ik denk dat ze een goed christen is, Eddie.'

'Geweldig. Misschien vind ik iets heel goeds.'

En hij hing op.

'We hebben helemaal niks gevonden,' zei Bugbee.

'Het huiszoekingsbevel,' begon Audrey.

'Dat was zo ruim gesteld als het maar kon. Niet alleen 9mm's, maar alle vuurwapens. En natuurlijk de gebruikelijke dingen. Nergens bloed of vezels in Rinaldi's auto.'

'We hadden ook niet verwacht dat hij het lijk mee naar huis had genomen.'

'Natuurlijk niet.'

'En 9mm's?'

Bugbee schudde zijn hoofd. 'Maar er is wel iets geks. Die kerel heeft twee van die rekken voor handvuurwapens die je op slot kunt doen, ja? We vonden ze in een kast achter wat kleren. Ze zaten met zware bouten aan de muur vast. In elk rek zaten drie wapens, maar twee daarvan ontbraken.'

'Ontbraken ze of waren ze er niet? Misschien heeft hij er maar vier.'

Bugbee glimlachte en stak zijn vinger op. 'Dat is het nou juist. Er zitten twee wapens in het ene rek en twee in het andere, en je kunt aan de stofpatronen zien dat er vroeger nog twee waren. Die zijn weggehaald.'

Audrey knikte. 'Twee.'

'Ik zeg dat een van die twee het moordwapen was.'

'En het andere?'

'Het is maar een vermoeden. Maar misschien had hij een reden om niet te willen dat we dat andere wapen vonden. Twee ongeregistreerde handvuurwapens.'

Audrey draaide zich om en wilde naar haar werkruimte teruglopen, toen haar iets te binnen schoot. 'Je hebt hem niet gewaarschuwd dat je zou komen zoeken?'

'Kom nou.'

'Hoe wist hij dan dat je kwam? Hoe wist hij dat hij die wapens moest weghalen?'

'Nu snap je het.'

'Conover wist dat we zijn huis kwamen doorzoeken,' zei Audrey. 'Hij heeft dat natuurlijk tegen Rinaldi gezegd, en Rinaldi wist dat het alleen maar een kwestie van tijd was voordat we ook bij hem kwamen.'

Bugbee dacht daar enkele ogenblikken over na.

'Misschien is dat alles,' gaf hij toe.

Er verscheen een e-mail op Audreys computerscherm. Het was een bericht van Kevin Lenehan van de technische recherche. Hij vroeg of ze wilde komen.

De mensen van de technische recherche gingen allemaal naar plaatsen waar een misdrijf was gepleegd, maar sommigen waren gespecialiseerd. Als je een vingerafdruk van de kleverige kant van een stuk plakband wilde hebben, ging je naar Koopmans. Als je een serienummer hersteld wilde hebben, ging je naar Brian. Als je snel een tekening voor de rechtbank wilde hebben, een luchtkaart of een plattegrond, ging je naar Koopmans of Julie of Brigid.

Kevin Lenehan was de technisch rechercheur aan wie het vaak werd toevertrouwd – of die er misschien mee werd opgezadeld – om informatie uit computers en videoapparatuur te halen. Terwijl zijn collega's van de ene plaats delict naar de andere gingen, moest hij enorm veel tijd besteden aan het bekijken van schimmige, wazige videobeelden van roofovervallen, opgenomen met bewakingscamera's in winkels. Of hij zat naar de beelden te kijken van de autocamera's die vanzelf aangingen wanneer een agent zijn zwaailichten en sirenes aandeed.

Hij was mager, achter in de twintig, en hij had een vlassig sikje en lang vettig haar dat lichtbruin of donkerblond was, dat was moeilijk te zeggen, want Audrey had nooit meegemaakt dat hij zijn haar net had gewassen.

Het rechthoekige metalen kastje met de digitale videorecorder van Conovers beveiligingssysteem stond op zijn werkbank, verbonden met een computermonitor.

'Hé, Audrey,' zei hij. 'Ik heb van dat stukje bluf van jou gehoord.'

'Bluf?' zei Audrey in alle onschuld.

'Dat van dat kogelfragment. Ik hoorde het van Brigid. Nooit geweten dat je dat in je had.'

Ze glimlachte bescheiden. 'Je doet wat je kunt. Hoe gaat het hiermee?'

'Ik weet niet precies wat je wilt,' zei Kevin. 'Jullie zoeken naar beelden van een moord, hè? Maar die staan hier niet op.'

Dat zou ook te gemakkelijk zijn geweest, dacht Audrey. 'Wat staat er wel op?'

'Drie weken waarin je de maan achter de wolken langs ziet trekken. Lichten die aan- en uitgaan. Een paar herten. Auto's die over het pad komen aanrijden en weer vertrekken. De vader, de kinderen, noem maar op. Moet ik naar iets in het bijzonder zoeken?'

'Een moord zou niet gek zijn.'

'Sorry dat ik je moet teleurstellen.'

'Als de camera's die moord hebben geregistreerd, zit het daarin, hè?' Ze wees naar het kastje.

'Ja. Het is een Maxtor, een drive van honderdtwintig giga, verbonden met zestien camera's. Ingesteld om zeven komma vijf beeldjes per seconde op te nemen.'

'Kan er iets weg zijn?'

'Wat bedoel je?'

'Nou, gewist of zo.'

'Niet voor zover ik kan nagaan.'

'Is drie weken geen lange tijd voor een harde schijf van die grootte?'

Lenehan keek haar anders aan, met meer respect. 'Ja, dat is zo. Als dit ding in een vierentwintiguurswinkel zou opereren, zou het na drie dagen opnieuw beginnen. Maar het bevindt zich in een huis, en het heeft bewegingstechnologie, dus het verbruikt niet veel schijfruimte.'

'Je bedoelt, er beweegt iets, de detector signaleert dat en de camera's gaan aan?'

'Min of meer. Het gaat met software. Er zijn geen externe bewegingsdetectors. De software krijgt de beelden voortdurend binnen, en wanneer een bepaald aantal pixels verandert, worden de beelden echt opgenomen.'

'Hij begint opnieuw als de schijf vol is?'

'Ja. Wat het eerst is binnengekomen, gaat er het eerst weer af.'

'Kan het gedeelte waarin ik geïnteresseerd ben op die manier zijn gewist?'

'Je zei dat je geïnteresseerd was in de vroege ochtend van de zestiende, en die staat er helemaal op.'

'Ik ben geïnteresseerd in alles van de avond van de vijftiende tot een uur of vijf in de ochtend van de zestiende. Maar omdat het alarm om twee uur 's nachts afging, ben ik vooral geïnteresseerd in die tijd. Twee uur zeven, om precies te zijn. Een periode van elf minuten – de duur van het alarm.'

Kevin draaide zich met zijn metalen kruk om en keek naar het scherm. 'Sorry. Dat staat er net niet op. De opnamen beginnen op woensdag de zestiende. Drie uur achttien in de morgen.'

'Je bedoelt toch dinsdag de vijftiende? Toen is de apparatuur geïnstalleerd. In de loop van de middag van de vijftiende.'

'Dat kan wel wezen, maar de opnamen beginnen op woensdag de zestiende. Drie uur achttien in de morgen. Ongeveer een uur na de tijd waar jij je voor interesseert.'

'Dat snap ik niet.'

Hij draaide zich weer om. 'Ik kan je daar niet mee helpen.'

'Weet je zeker dat de beelden van die elf minuten niet gewoon gewist zijn?'

Kevin zweeg. 'Daar zijn geen tekenen van. Het begon om...'

'Kan iemand het hebben teruggedraaid?'

'Met de hand? Ja. Dat moet dan natuurlijk wel iemand zijn geweest die het systeem kende, die wist wat hij deed.'

Eddie Rinaldi, dacht ze. 'Dan zouden die nieuwe opnamen over de oude heen zijn gegaan, over het deel waarvoor ik me interesseer?'

'Ja. De opnamen gaan eerst over het oudste deel heen.'

'Kun je ze weer oproepen?'

'Je bedoelt, het wissen ongedaan maken? Misschien kan iemand dat. Dat gaat wat verder dan wat ik kan. Het staatslab misschien?'

'Dan zouden we minstens zes maanden moeten wachten.'

'Minstens. En het is niet zeker dat ze het kunnen. Ik weet niet eens of het mogelijk is.'

'Kevin, denk je dat het de moeite waard is om er nog eens naar te kijken?'

'Wat bedoel je?'

'Kun je kijken of je nog iets kunt ontdekken? Bijvoorbeeld of je sporen kunt vinden. Iets waaruit blijkt dat er nieuwe opnamen over oude heen zijn gemaakt, of dat er iets is gewist of zo.'

Kevin bewoog zijn hoofd heen en weer. 'Dat zou vrij veel tijd kosten.'

'Maar je bent goed. En je bent snel.'

'En ik lig ook ver achter met mijn andere werk. Ik heb een hele berg videobeelden die ik voor Noyce en Johnson moet verwerken.'

'Die serie overvallen.'

'Ja. En er is een zaak van een winkel die is overvallen. Noyce wil dat ik naar twee dagen band kijk, op zoek naar iemand in een zwart Raiders-jasje met witte Nike Air-schoenen.'

'Lijkt me leuk.'

'Om scheel van te worden. Hij wil het...'

'... gisteren al hebben. O ja, ik ken Jack.'

'Ik bedoel, als je met Noyce wilt praten, hem wilt overhalen om jou te laten voorgaan in de rij, ga je je gang maar. Maar ik moet doen wat ze tegen me zeggen, weet je.'

## 65

De volgende morgen werd helemaal in beslag genomen door ingewikkeld, geestdodend papierwerk, en Nick was daar eigenlijk wel blij om. Het leidde hem af van de dingen die gebeurden, bevrijdde hem van zijn gepieker over de dingen die de politie in zijn huis kon hebben gevonden. En dat fragment van een patroonhuls had hem de afgelopen nacht uit de slaap gehouden. Hij had liggen woelen, ten prooi aan een gestage, pulserende spanning en zelfs regelrechte angst.

Er waren veel papieren van de juridische afdeling. Het ging over een eis die ze tegen Knoll, een van de grootste concurrenten van Stratton, wilden indienen. Stephanie Alstroms mensen zeiden dat Knoll een gepatenteerd Stratton-ontwerp voor een ergonomisch toetsenbordwerkblad had gekopieerd.

Stratton diende elk jaar tientallen van zulke klachten in; Knoll waarschijnlijk ook. Op die manier bleven de bedrijfsjuristen aan het werk. De juridische afdeling liep het water in de mond bij het vooruitzicht van een proces; Nick gaf de voorkeur aan arbitrage in een veel eerder stadium. Dat hield de kosten laag, en zelfs wanneer Stratton in het gelijk werd gesteld, zou Knoll al een manier hebben gevonden om de juridische problemen te omzeilen. Kwam het tot een proces, dan zou alle geheimhouding naar de maan zijn – je geheimen kwamen op straat te liggen en elke andere concurrent kon ze inpikken. En het zou dagvaardingen regenen; Stratton zou allerlei geheime ontwerpdocumenten moeten inleveren. Die kant moest het niet op. Bovendien was het Nicks ervaring dat de schadevergoeding die je kreeg toegekend niet veel meer voorstelde als je de juridische onkosten ervan aftrok. Hij schreef 'Arbitrage' op het bovenste papier.

Toen hij een uur op zijn thuishonk had gezeten en dat soort dingen had doorgenomen, deden Nicks schouders pijn. Zijn thuishonk voelde tegenwoordig niet erg huiselijk meer aan. Zijn blik viel op een van de familiefoto's. Laura, de kinderen, Barney. Twee weg, drie overgebleven, dacht hij. De vloek van het Huis Conover.

Hij herinnerde zich een citaat dat hij ergens had zien staan: *Mis-*

*schien is deze wereld de hel van een andere planeet.* Dat zou een heleboel consequenties hebben. Hij had de wereld van iemand anders tot een hel gemaakt, en iemand had zijn wereld tot een hel gemaakt. De logistiek van het menselijk leed.

Er kwam een bericht van Marjorie op zijn scherm, ook al zat ze nog geen drie meter van hem vandaan aan de andere kant van de scheidingswand. Ze wilde zijn concentratie niet verbreken – ze wist hoe kwetsbaar hij in dat opzicht was.

De gebruikelijke dingen voor de lunch van vandaag?

Ja. Nick wist het weer: de wekelijkse lunch met Scott. Dat was wel het laatste waar hij zin in had. Die man deed iets sinisters achter zijn rug om.

Hij zou een hartig woordje met Scott willen spreken, zou tegen hem willen zeggen dat hij moest opdonderen, terug naar McKinsey. Maar dat kon hij niet doen, nog niet. Pas wanneer hij precies wist wat er aan de hand was. En trouwens, hij had niet meer de bevoegdheid om Scott te ontslaan, als hij dat zou willen. En op dit moment wilde hij dat erg graag.

Hij typte:

Ja, goed.

Hij zag dat er een e-mail van Cassie was binnengekomen; dat zag hij aan de onderwerpregel.

Hij had haar zijn e-mailadres niet gegeven en nog niet eerder e-mail van haar gekregen. Na een korte aarzeling klikte hij erop.

Van: *ChakraGrrl@hotmail.com*
Aan: *Nconover@Strattoninc.com*
Onderwerp: Van Cassie
Nick – waar was mijn boodschappenjongen? Kun je vandaag komen lunchen? Kun je tussen halfeen en een uur komen? Ik zorg voor de broodjes.
C.

Hij voelde zich meteen beter en antwoordde vlug:

Ik kom

'Marge,' zei hij in de intercom. 'De plannen zijn veranderd. Wil je tegen Scott zeggen dat ik vandaag niet met hem kan lunchen?'

'Goed. Wil je dat ik een reden noem?'

Nick dacht even na. 'Nee.'

Op weg naar de lift kwam hij Scott tegen, die uit de herentoiletten kwam. 'Ik heb je boodschap gekregen,' zei Scott. 'Is alles in orde?'

'Ja, prima. Ik heb het alleen plotseling vreselijk druk.'

'Jij doet alles om niet over cijfers te hoeven praten,' zei Scott met een grijns.

'Zo is het,' zei Nick. Hij grijnsde terug en liep toen door naar de liften. Een verdieping lager stapten twee vrouwen van Salarisadministratie in. Ze glimlachten verlegen naar hem. Een van hen zei: 'Dag, meneer Conover.'

Hij zei: 'Dag, Wanda. Dag, Barb.' Ze keken allebei aangenaam verrast omdat hij hun naam kende. Nick vond het belangrijk dat hij de namen van zoveel mogelijk Stratton-medewerkers kende; hij wist hoe goed dat was voor het moreel. *En het worden er steeds minder*, dacht hij sarcastisch. *Dat maakt het gemakkelijker.*

Toen de lift op de tweede verdieping stopte, stapte Eddie in. 'Hé, de baas van het spul.'

Dat was vreselijk oneerbiedig, zeker in het bijzijn van andere personeelsleden. 'Eddie,' zei Nick.

'Ik had het gevoel dat je op weg was naar, eh, je "lunch",' zei Eddie. Het was verontrustend zoals hij dat woord 'lunch' uitsprak. *Weet hij waar ik heen ga? Hoe kan hij dat weten?* Toen herinnerde Nick zich dat hij Eddie had gevraagd Scotts e-mail te volgen. Misschien had Eddie dat als een gelegenheid gezien om ook naar Nicks e-mail te kijken. In dat geval zou het schandalig zijn – maar hoe kon hij Eddie tegenhouden? Per slot van rekening was hij de directeur Beveiliging.

Nick keek hem alleen maar ijzig aan. Hopelijk konden Wanda en Barb van Salarisadministratie dat niet zien.

'Ik loop met je mee naar je auto,' zei Eddie. Hij had een paraplu bij zich.

Nick knikte.

Ze liepen zwijgend met zijn tweeën door de grote hal, langs de waterval die een of andere feng-shuideskundige met alle geweld had willen installeren om 'de blokkade van een energiegevoel' bij de ingang op te heffen. Nick had dat klinkklare nonsens gevonden, maar hij was toch maar akkoord gegaan, zoals hij als kind ook altijd de voegen tussen de trottoirtegels had vermeden omdat hij in zijn bijgeloof had gedacht dat zijn moeder anders haar rug zou breken. Hoe dan ook, de waterval zag er goed uit, en daar ging het maar om.

Nick kon door de grote glazen deuren zien dat het regende. Dat verklaarde de paraplu, maar was Eddie van plan ergens te gaan lunchen of was hij Nick 'toevallig' in de lift tegengekomen – met opzet dus? Nick vroeg het zich af, maar zei niets. Hij dacht er ook over om Eddie te vragen naar wat rechercheur Rhimes hem had verteld – dat Eddie het politiekorps van Grand Rapids 'in staat van verdenking' had verlaten. Maar hij wist niet waarom ze hem dat had verteld. Probeerde ze een wig tussen de twee mannen te drijven? In dat geval pakte ze het handig aan. Als Eddie tegen hem had gelogen over de redenen waarom hij bij de politie vandaan was gegaan, waarover kon hij dan nog meer hebben gelogen?

Hij zou het Eddie vragen. Maar nu niet.

Buiten opende Eddie de grote paraplu en hield hem voor Nick omhoog. Toen ze een eindje van het gebouw vandaan waren, zei Eddie: 'Foxy Brown moet een beetje voorzichtig zijn.'

'Ik weet niet waar je het over hebt.'

'Kom op, man. Onze Cleopatra Jones. Het Scheba-schatje.'

'Ik heb haast, Eddie. Ik vond het leuk raadselspelletjes met je te spelen.'

Eddie pakte Nicks schouder vast. 'Die zwarte vrouwelijke rechercheur, man. Die ons te grazen probeert te nemen.' De regen trommelde hard op de paraplu. 'Die negerin die de pik op je heeft omdat je haar man de zak hebt gegeven,' zei hij fel. Hij sprak de woorden nadrukkelijk uit.

'Dat meen je niet.'

'Denk je dat ik grappen zou maken over zoiets? Over iets waardoor ze eigenlijk van de zaak af moet worden gehaald?'

'Wie is haar man?'

'Een of ander lulletje. Werkte op de fabrieksvloer als metaalbewerker. Waar het om gaat, is dat hij door Stratton ontslagen is en dat zijn vrouw het nu op je scalp heeft voorzien.' Hij schudde zijn hoofd. 'En dat is niet goed, vind ik.'

'Ze zou geen onderzoek naar ons moeten doen,' zei Nick. 'Dat is ongehoord.'

'Dat zeg ik. Dat kreng moet onbevoegd verklaard worden.'

'Hoe pakken we dat aan?'

'Laat dat maar aan mij over.' Zijn glimlach was bijna wreed. 'Intussen heb ik iets interessants ontdekt over die Scott van jou.'

Nick keek hem vragend aan.

'Je vroeg me zijn e-mail en zo te bekijken.'

'Wat heb je ontdekt?'

'Weet je wat Scott de afgelopen twee maanden zo ongeveer elk weekend doet?'

'Hamburgers op de barbecue leggen,' zei Nick. 'Ik ben zaterdag nog bij hem geweest.'

'Niet afgelopen zaterdag, maar bijna elk ander weekend. Hij vliegt naar Boston. Denk je dat hij op bezoek gaat bij zijn zieke tante Gertrude?'

'Hij krijgt Stratton-korting via de reisafdeling,' zei Nick.

Eddie knikte. 'Hij zal wel denken dat jij niet naar reiskosten kijkt – dat is niet jouw taak.'

'Ik leid een onderneming. Naar de bliksem, zouden sommigen zeggen.'

'En verder wordt er druk getelefoneerd tussen hem en die Todd Muldaur van Fairfield Equity Partners. Vast niet alleen voor de gezelligheid.'

'Enig idee waar ze het over hebben?'

'Nee, dat zijn alleen telefoongegevens. Voicemails kan ik hacken, maar Scotty weet hoe het hoort. Elke voicemail wordt gewist zodra hij hem heeft beluisterd. Toddy en hij e-mailen met elkaar, maar dat zijn dingen zoals je zou verwachten – je weet wel, de maandelijkse cijfers, dat soort shit. Scotty weet natuurlijk dat e-mail niet veilig is. Misschien gebruikt hij daarom encryptie als hij iets heeft wat hij niet aan de grote klok wil hangen.'

'Encryptie?'

'Ja. Mijn mensen hebben enkele tientallen versleutelde documenten onderschept die tussen Scotty en Toddy zijn uitgewisseld.'

Nick kon geen enkele reden bedenken waarom Scott versleutelde documenten zou verzenden of ontvangen. Maar ja, hij wist ook niet waarom Scott een geheime reis naar China zou maken.

'Waar gaan ze over?'

'Dat weten we nog niet, omdat ze versleuteld zijn. Maar mijn jongens zijn daar heel handig in. Ze kraken de codes wel. Zodra dat is gelukt, laat ik het je weten.'

'Goed.' Ze waren bij Nicks Suburban aangekomen en hij drukte op de afstandsbediening om hem van het slot te halen.

'Niet gek. Geniet van je...' Eddie schraapte zijn keel. '... van je lunch.'

'Zinspeel je nu op iets, Eddie?'

'Zonder paraplu of regenjas?' zei Eddie. 'Heb jij geen mooi uitzicht vanuit je kantoor? Je moet hebben gezien dat het regent.'

'Ik had het te druk met werken.'

'Nou, je kunt beter niet zonder bescherming naar buiten gaan,' zei Eddie met een knipoog. 'Niet waar jij heen gaat.'

En hij liep weg.

# 66

Toen hij bij Cassie aankwam, stortregende het. Hij parkeerde op haar pad, rende naar de voordeur, belde aan en stond daar nat te worden. Geen reactie; hij belde opnieuw.

Geen reactie. Hij belde een derde keer en keek op zijn horloge. Het was twintig voor een, dus hij was op tijd. Tussen halfeen en een uur, had ze gezegd. Natuurlijk kon dat verschillende dingen betekenen; misschien had ze gewild dat hij een exacte tijd noemde.

Drijfnat, huiverend van de koude regen, klopte hij op de deur en belde opnieuw. Hij zou andere kleren moeten aantrekken als hij op kantoor was; hij had daar reservekleding. Het was niet de bedoeling dat de president-directeur van Stratton als een verzopen kat door het hoofdkantoor liep.

Ten slotte draaide hij de knop om, en tot zijn verrassing ging de deur open. Hij ging naar binnen en riep: 'Cassie?'

Geen antwoord.

Hij liep de keuken in. 'Cassie, ik ben het. Nick. Ben je daar?'

Niets.

Hij ging de huiskamer in, maar daar was ze ook niet. Nu begon hij zich zorgen te maken. Ze maakte een kwetsbare indruk, en haar vader was net gestorven. Wie kon zeggen wat ze zichzelf zou aandoen?

'Cassie?' riep hij, nu luider. Ze was niet beneden. In de huiskamer was de zonwering dicht. Hij trok twee latjes opzij en keek naar buiten, maar daar was ze ook niet.

Nerveus ging hij naar boven. Hij riep haar naam weer. De bovenverdieping was nog donkerder en groezeliger dan de begane grond. Geen wonder dat ze hem niet boven wilde hebben. Twee deuren aan weerskanten van een korte gang, en twee aan de uiteinden. Geen van de deuren was dicht. Hij begon met de kamer aan het eind van de gang. Dat was een slaapkamer met niet veel meer dan een tweepersoonsbed en een kaptafel. Het bed was opgemaakt. De kamer zag eruit alsof hij niet werd gebruikt en rook ook zo, alsof er een tijdlang niemand was geweest. Hij nam aan dat het Andrew Stadlers kamer was. Hij ging naar de kamer aan het andere eind van de gang, met een slordig onopgemaakt bed, een spijkerbroek die binnenstebuiten op de vloer lag en de geur van patchoeli en sigaretten. Dat was natuurlijk Cassies kamer.

'Cassie,' riep hij opnieuw, terwijl hij een van de andere kamers probeerde. Die rook sterk naar verf, en al voor hij naar binnen ging, wist hij dat Cassie daar haar atelier had. En inderdaad stond er een halfvoltooid doek op een ezel. Het was een vreemd schilderij, een vrouw omringd door felle oranje en gele vegen. Andere schilderijen stonden tegen de muren, en ze leken allemaal een variatie op datzelfde bizarre beeld van die zwartharige jonge vrouw, naakt, haar mond verwrongen in een schreeuw. Het leek wel wat op dat beroemde schilderij van Edvard Munch, *De Schreeuw*. Op elk schilderij werd de vrouw omringd door concentrische gele en oranje vegen, als een zonsondergang, of misschien vuur. Het waren verontrustende schilderijen, maar ze was vrij goed, vond Nick, al wist hij niet veel van kunst. Hij vroeg zich af of hun berichten elkaar gekruist hadden.

Nou, ze was hier ook niet, en dat betekende dat er iets mis moest zijn, of anders hadden hun berichten elkaar misschien gekruist in de paar uur sinds hij zijn mailtje had verstuurd. Misschien was ze van gedachten veranderd, of moest ze plotseling ergens heen, en had ze hem gemaild om hem dat te vertellen en was dat mailtje niet aangekomen. Zulke dingen gebeurden.

Hij probeerde de laatste deur, maar dat was een badkamer. Hij moest dringend pissen en pakte toen een badhandoek om zijn overhemd en broek enigszins af te drogen. Hij hing de handdoek weer aan de stang en wierp, voordat hij wegging, een blik in het medicijnkastje met spiegeldeurtjes. Eigenlijk vond hij het maar niks dat hij aan het snuffelen was.

Afgezien van de gebruikelijke cosmetica en vrouwenproducten stonden er een paar bruine plastic medicijnflesjes met 'Zyprexa' en 'lithium' op het etiket. Hij wist dat lithium werd voorgeschreven aan manisch depressieven, maar hij wist niet waar dat andere middel voor was. Hij zag Andrew Stadlers naam op beide etiketten staan.

De medicijnen van haar vader, dacht hij. Die heeft ze nog niet weggegooid.

'Ze zijn niet allemaal van hem, weet je.'

Hij schrok zich wild van Cassies stem en kreeg meteen een kleur.

'Dat lithium – dat is van mij,' zei ze. 'Ik heb er de pest aan. Het maakt me dik en bezorgt me puistjes. Het is net of ik weer een tiener ben.' Ze wuifde met een ongeopend pakje sigaretten naar hem en hij wist meteen waar ze was geweest.

'Cassie... Jezus, het spijt me.' Hij deed niet eens alsof hij naar een pijnstiller zocht of zoiets. 'Ik schaam me diep. Ik wilde niet snuffelen. Ik bedoel, ik was aan het snuffelen, maar ik had dat niet moeten doen...'

'Zou je ook snuffelen om te kijken of het regent? Het is toch wel duidelijk. Als je iemand ontmoet die op de middelbare school de beste van de klas was, en die werd toegelaten op elke universiteit waar ze maar heen wilde – en ze heeft helemaal niets bereikt, nou, dan moet je je toch afvragen hoe dat komt. Waarom verdient ze geen topsalaris bij Corning of werkt ze niet aan signaaltransductie in het Alfred Einstein College of Medicine?'

'Luister, Cassie...'

Cassie bewoog haar wijsvinger in een kringetje over haar slaap. 'Je moet er maar van uitgaan dat dit meisje ze niet allemaal op een rijtje heeft.'

'Zo moet je niet praten.'

'Zou je je beter voelen als ik een witte jas aantrok en over catecholamineniveaus in de voorhersenen van de hypothalamus praatte? Als ik mijn wetenschappelijke scholing aan het werk zette? Is dat minder kwetsend? Het is niet informatiever.'

'Ik geloof niet dat je gek bent.'

'Zo gek als een deur,' zei Cassie, de stem van Forrest Gump imiterend.

'Kom nou, Cassie.'

'Laten we naar beneden gaan.'

Toen ze op de bobbelige bruine bank in de huiskamer zaten, vertelde Cassie verder: 'Volledige beurs voor de Carnegie Mellon. Ik wilde naar het MIT, maar mijn stiefvader wilde geen rooie cent aan me besteden, en zelfs met financiële hulp zou het nog een hele toer worden. Het eerste jaar was zwaar. Niet de studie zelf, maar de klasgenoten. Mijn dispuuthuis brandde in het eerste jaar af; de helft van de meisjes kwam om. Ik was er kapot van. Ik kwam hier terug en wilde mijn kamer niet meer uit. Ben nooit naar de universiteit teruggegaan.'

'Je was getraumatiseerd.'

'Ik raakte ook verslaafd aan cocaïne, valium en noem maar op. Natuurlijk deed ik aan zelfmedicatie. Het duurde een paar jaar voor ik erachter was dat ik een "bipolaire stoornis" had. Ik ben zes maanden opgenomen geweest voor depressiviteit. Maar de medicijnen die ze me voorschreven, werkten goed.'

'Een beter leven door de chemie.'

'Ja. Maar inmiddels was ik van het Pad afgedwaald.'

'Het Pad? Is dat iets religieus?'

'Het Pad, Nick. Het Pad. Jij ging naar de Michigan State University, studeerde bedrijfswetenschappen, kreeg een baan bij de allerbeste onderneming op het gebied van kantoormeubilair, en je had het min of meer voor elkaar, zolang je maar hard bleef werken en niet in je neus peuterde en niet te veel mensen tegen je in het harnas joeg.'

'Ik snap het. En jij...?'

'Ik raakte van het Pad af. Of ik verdwaalde. Misschien was ik in het bos en kwam er een hevige windvlaag die bladeren over mijn pad blies, zodat ik in de verkeerde richting ging. Misschien hebben de vogeltjes mijn spoor van broodkruimels opgegeten. Ik zeg niet dat ik geen doel in mijn leven heb. Misschien is het mijn doel dat ik alle andere mensen een waarschuwend verhaal te vertellen heb.'

'Ik geloof niet dat de wereld zo hard is,' zei Nick.

'Mensen als jij geloven dat nooit,' zei Cassie.

'Het is nooit te laat.'

Cassie kwam naar hem toe en drukte zich tegen zijn borst. 'Is het niet mooi om dat te denken?' mompelde ze.

## 67

Noyce liet Audrey bij zich komen en vroeg haar te gaan zitten.

'Ik ben gebeld door de directeur Beveiliging van Stratton,' zei hij.

'Die was vast niet erg blij.'

'Hij was woedend, Audrey. Het ging over hem en Conover.'

'Ik kan niet namens Roy spreken, maar ik weet dat mijn team zo voorzichtig is geweest als het maar kan. We hebben het huis niet overhoopgehaald.'

'Ik geloof niet dat Bugbee zo voorzichtig was.'

'Dat verbaast me niet. Ik deed mijn huiszoeking met toestemming van Conover. Roger had een huiszoekingsbevel.'

'En Roy is Roy. Maar luister.' Hij boog zich naar voren, plantte zijn ellebogen op een leeg stukje bureau en liet zijn kin op zijn handen rusten. 'Rinaldi zei iets wat we serieus moeten nemen.'

'Ze dreigen met juridische actie,' zei Audrey half voor de grap.

'Hij weet van Leon.'

'Van Leon.'

'Eigenlijk verbaast het me dat hij er zo lang over heeft gedaan. Maar blijkbaar deed hij onderzoek naar jou en toen kwam Leons naam boven tafel.'

'Je wist dat Leon bij Stratton is ontslagen. Dat heb ik niet voor je achtergehouden.'

'Natuurlijk niet. Maar ik heb daar niet zo goed rekening mee gehouden als ik had moeten doen. Eerlijk gezegd heb ik er niet bij stilgestaan.'

'Iedereen in deze stad heeft wel iemand in de familie die door Stratton is ontslagen.'

'Zo ongeveer.'

'Als je iedereen die een connectie met Stratton heeft van deze zaak afhaalt, hou je niemand over. Ik bedoel, technisch rechercheurs, laboranten...'

'We moeten hier erg voorzichtig mee zijn.'

'Jack, ik ben bij toeval op deze zaak gezet. Mijn naam stond bovenaan. Ik heb er niet om gevraagd.'

'Dat weet ik.'

'En toen ik hiermee begon, was er geen connectie met de Stratton Corporation.'

'Zeker, maar...'

'Laat me uitspreken. Leons werkloosheid heeft hier niets mee te maken. Ik volg gewoon de sporen. Het is geen heksenjacht. Dat weet je.'

'Ik weet het, Aud. Natuurlijk weet ik dat. Maar als het tot een proces komt, wil ik niet dat er iets in de weg zit. Als ik naar de officier van justitie ga, zegt hij dat hij jou er niet bij wil hebben – dit moet helemaal zuiver blijven. En dan heeft hij gelijk. Hij zal bang zijn dat jij Conover iets betaald wilt zetten.'

Ze ging rechtop zitten in de oncomfortabele stoel en keek haar baas recht in de ogen. 'Haal je me van de zaak af?'

Hij zuchtte. 'Ik haal je niet van de zaak af. Dat is het niet. Ik bedoel, misschien zou ik het moeten doen. Die beveiligingsman van Stratton eist het. Maar je bent nu eenmaal een van onze besten.'

'Dat is niet waar. Dat weet jij ook wel. Mijn oplossingspercentage zit ergens in de middenmoot.'

Hij lachte. 'Je bescheidenheid is verfrissend. Daar kan iedereen hier wel wat van gebruiken. Nee, je oplossingspercentage zou hoger kunnen zijn, maar evengoed heb je talent. Maar je gebruikt vaak een microscoop als je eigenlijk een verrekijker nodig hebt.'

'Pardon?'

'Je verspilt soms tijd door van heel dichtbij naar sporen te kijken die nergens heen leiden. Je gaat doodlopende straatjes in, zoekt in verkeerde hoeken, dat soort dingen. Ik denk dat je dat wel afleert als je meer ervaring krijgt. Hoe meer zaken je doet, des te beter wordt je instinct. Je ontdekt welke sporen de moeite waard zijn en welke niet.'

Ze knikte.

'Je weet dat ik je grootste fan ben.'

'Dat weet ik,' zei ze, en ze voelde voor die man opeens een genegenheid die in de buurt van liefde kwam. Misschien was het wel liefde.

'Op mijn aandringen heb je naar deze baan gesolliciteerd, en ik heb je erdoor gekregen. Je weet hoeveel moeite ik daarvoor heb moeten doen.'

Een onbeschaamde glimlach. Ze herinnerde zich hoeveel sollicitatiegesprekken ze had moeten voeren. Wanneer ze had gedacht dat ze het voor elkaar had, was er steeds weer iemand geweest die haar wilde ondervragen. Noyce had dat alles in goede banen geleid. 'De rassenkwestie,' zei ze.

'De vrouwenkwestie. Dat was het vooral. Maar weet je, veel mensen wachten erop dat je mislukt.'

'Zo zie ik het niet.'

'Ik wel, en geloof me, ik weet het. Veel mensen hier wachten tot je struikelt en op je bek gaat. En dat wil ik voorkomen.'

'Ik ook.'

'Om nog even op Leon terug te komen. Of je nu zegt dat het meespeelt of niet, we laten ons allemaal leiden door onbewuste vooroordelen. Beschermende instincten. Ik ken jou, en je hebt veel liefde in je hart, en je vindt het verschrikkelijk wat je man moet doormaken. Je vindt het verschrikkelijk dat hem iets wordt aangedaan.' Audrey wilde protesteren, maar Noyce zei: 'Laat me uitspreken. Nu is het mijn beurt, goed?'

'Goed.'

'Je hebt een woud van feiten, sporen en aanwijzingen. Je moet een pad door dat woud vinden. Ik bedoel, dat van dat hydroseed – dat is verdomd goed politiewerk.'

'Dank je.'

'Maar we weten niet wat het betekent, hè? Is Stadler bij het huis van Nicholas Conover geweest? Ja. Dat spreekt niemand tegen. Heeft hij over dat gras gekropen en kreeg hij aarde onder zijn nagels? Ja, dat ook. Maar wil dat zeggen dat Conover het heeft gedaan?'

'Het is een stukje van de puzzel.'

'Maar is het zo'n puzzel van vijfentwintig stukjes zoals kleine kinderen hebben? Of is het zo'n onmogelijke puzzel van duizend stukjes zoals mijn vrouw die graag doet? Daar gaat het om. Je hebt niet genoeg aan een gevoel en wat graszaad.'

'Het lichaam was te schoon,' zei ze. 'Het meeste sporenmateriaal was weggehaald door iemand die wist wat hij deed.'

'Misschien.'

'Rinaldi is vroeger rechercheur geweest. Hij deed moordzaken.'

'Je hoeft geen politieman te zijn om te weten dat je sporen moet verwijderen.'

'We hebben Conover op een leugen betrapt,' ging ze verder. 'Hij zei dat hij de hele nacht had geslapen, de nacht waarin Stadler werd vermoord. Maar om twee uur die nacht belde hij Rinaldi. Dat blijkt uit de telefoongegevens.'

'Ze vertellen verhalen die niet overeenkomen?'

'Nou, toen ik Conover ernaar vroeg, zei hij dat hij misschien in de war was geweest met de dagen, dat het misschien de nacht was geweest waarin zijn alarm afging. Hij heeft Rinaldi toen gebeld om het uit te zoeken, want Rinaldi's mensen hadden dat alarm geïnstalleerd.'

'Nou, misschien was hij inderdaad in de war met de dagen.'

'Het komt erop neer,' zei Audrey geërgerd, 'dat ze wisten dat Stadler de stalker was die Conover lastigviel. Hij heeft die hond doodgemaakt. En dan is hij opeens dood. Dat kan geen toeval zijn.'

'Zo te horen ben je vrij zeker van je zaak.'

'Het is mijn instinct.'

'Je instinct, Aud? Begrijp me nu niet verkeerd, maar je instinct is nog niet goed ontwikkeld.'

Ze knikte weer, hoopte dat haar ergernis niet op haar gezicht te lezen stond.

'Dat kogelfragment,' zei hij. 'Bij Conovers huis. Hoe zat dat?'

Ze aarzelde. 'We hebben geen kogelfragment gevonden.'

'Je hebt tegen Conover iets anders gezegd. Je zei tegen hem dat jullie een stukje metaal hadden gevonden. Je zei dat het een fragment van een projectiel was.' Dat had Rinaldi hem blijkbaar verteld. Hoe kon hij het anders weten?

'Dat heb ik niet gezegd.'

'Nee, maar je hebt het hem laten denken.'

'Ja,' gaf ze toe.

'Dat was nogal een stukje toneel wat je voor Conover opvoerde, nietwaar?' zei hij bedroefd. 'Het was allemaal bluf, bedoeld om Conover te laten instorten en bekennen. Heb ik gelijk of niet?'

Ze knikte, ernstig in verlegenheid gebracht. 'Ik ben vast niet de eerste rechercheur die het met bluf probeert.'

'Nee, dat ben je niet. Verre van dat. Ik heb ook mijn portie gedaan. Maar we hebben te maken met de president-directeur van de Stratton Corporation. Dat betekent dat we in de schijnwerpers staan. Alles wat je doet, alles wat wij doen, wordt kritisch gevolgd.'

'Dat weet ik. Maar als mijn beetje bluf hem dichter bij een bekentenis brengt, is het de moeite waard.'

Noyce zuchtte. 'Audrey. Goed, dus de crack die we op Stadlers lichaam vonden, was in werkelijkheid snoepgoed. We weten gewoon niet of de man bezwendeld werd of dat het allemaal doorgestoken kaart is. Maar als een schizofrene kerel midden in de nacht door het hondenhok loopt, is het toch niet zo vreemd dat hij wordt doodgeschoten?'

'Geen van de informanten wist er iets van.'

'Er gebeuren daar zoveel dingen. Onze informanten weten daar maar een klein beetje van.'

'Maar, baas...'

'Ik wil je niet vertellen hoe je het moet doen, maar voordat je de president-directeur en beveiligingsdirecteur van een grote onderneming – twee mannen die ontzaglijk veel te verliezen hebben – van de moord op een krankzinnige gaat beschuldigen, moet je er zeker van zijn dat je niet in de ban raakt van het mooie verhaal dat zoiets vormt. Jouw theorie is veel interessanter dan een drugsmoord, maar het gaat niet om de amusementswaarde. Het gaat om nuchter politiewerk. Begrepen?'

'Begrepen.'

'In je eigen belang. En in ons belang.'

'Ik begrijp het.'

'Ik kan je niet helpen als je me niet volledig op de hoogte houdt. Ik wil dat je me voortaan alles vertelt. Jij helpt mij; ik help jou. Ik wil niet dat je je vingers hieraan brandt.'

## 68

Eddie woonde in een klein complex van flatgebouwen; het heette Pebble Creek. Het was een jaar of vijf geleden gebouwd en bestond uit vier gebouwen van vijf verdiepingen – gebeitst hout, rode baksteen, grote ramen – aan een groot plein van gras en grind. Elk appartement had zijn eigen balkon met wit hekwerk, waar de bewoners dingen als klapstoelen en bomen in grote potten hadden neergezet. Neo-Prairie, had Nick die stijl horen noemen. De naam Pebble Creek was niet helemaal duidelijk. Er was nergens een kreek te bekennen, maar er waren genoeg kiezelstenen bij het parkeerterrein. Er waren gezellig ogende kantoorgebouwen in dezelfde bouwtrant – de kindertandarts van de Conovers zat in zoiets – maar sommige mensen zouden Pebble Creek een beetje te kantoorachtig vinden om er te willen wonen. Eddie dacht daar anders over.

'Treed binnen in mijn nederige stulp,' zei Eddie toen hij Nick binnenliet. Hij droeg een zwarte spijkerbroek en een grijs overhemd dat rafelig was van te veel rondjes in de droogmachine. 'Welkom in het neukdomein van Edward J. Rinaldi.'

Nick had Eddie nooit eerder thuis opgezocht, maar hij verbaasde zich niet over wat hij te zien kreeg. Veel glas, veel chroom. Blauwgrijze vloerbedekking. Zwartgelakt meubilair en dito drankkast, grote spiegels op de muur daarachter. De grootste dingen in de kamer waren twee grote platte Magnapan-luidsprekers in zilver; ze stonden als kamerschermen aan weerskanten van een zwarte bank. Alles paste min of meer bij elkaar. In de slaapkamer liet Eddie hem vol trots een gigantisch waterbed zien. Hij zei dat het zo vaak werd gebruikt dat hij de voering al drie keer had laten vervangen.

'En?' zei Eddie, toen hij met Nick naar het deel van zijn huiskamer liep dat hij ongetwijfeld zijn 'entertainmentcentrum' noemde, al had hij er misschien een kleurrijker naam voor.

'Nou,' zei Nick. 'Ik weet dat de "j" als laatste letter aan het alfabet werd toegevoegd.'

'Echt waar? Hoe konden ze zonder? Jajem. Jezus. Jeuk aan de pik. De grondslagen van de beschaving.' Eddie maakte de drankkast open en draaide de dop van een fles whisky. 'Om van J & B en Jameson's nog maar te zwijgen. Wat wil je?'

'Ik heb niets nodig,' zei Nick.

'Nee,' zei Eddie. Hij ging in een stoel met zilvergrijze imitatiesuède zitten en legde zijn voeten op de glazen salontafel, naast twee boeken met de titels *Zó wed je op paarden* en *Speel Poker als de Profs*. 'Misschien niet.'

'Waarom zeg je dat?' Nick zat op de andere bank van de hoek, die bekleed was met dezelfde imitatiesuède.

'Omdat ik iets voor je heb, Nicky. Ik dacht dat je best naar me toe wilde komen om naar een paar e-mails te kijken die ons vriendje Scotty een paar weken geleden heeft gewist. Hij zal wel hebben gedacht dat als je iets uitwist het weg is, voorgoed verdwenen. Blijkbaar weet hij niet dat alle e-mail in een archief op de server wordt opgeslagen. Wie is Martin Lai?'

'Martin Lai. Dat is onze regiomanager voor Asia Pacific, gevestigd in Hongkong. Belast met accounting. Je hebt vast nog nooit zo'n slaapverwekkende, dodelijk saaie vent ontmoet. Menselijke ether.'

'Nou, kijk hier eens naar.' Hij gaf Nick een paar papieren.

Aan: *SMcNally@Strattoninc.com*
Van: *MLai@Strattoninc.com*
Scott,
Kun je me bevestiging dat de overboeking van $10 miljoen vanmorgen van Stratton Asia Ventures LLC naar een naamloze nummerrekening in jouw opdracht is geschied? De SWIFT-code geeft aan dat het geld naar de Seng Fung Bank in Macau is gegaan. Hiermee zijn de activa van het fonds volledig verbruikt. Antwoord gauw, a.u.b.
Dank je,
Martin Lai,
Managing Director. Accounting
Stratton Inc. Hongkong.

En dan Scotts onmiddellijke antwoord:

Aan: *MLai@Strattoninc.com*
Van: *SMcNally@Strattoninc.com*
Dat is in orde. Het maakt deel uit van het gebruikelijke proces van repatriëring van fondsen om fiscale betalingen te ontwijken. Bedankt voor je oplettendheid, maar het is in orde.
– Scott.

Toen Nick opkeek, zei hij: 'Tien miljoen dollar? Waar is dat voor?'

'Ik weet het niet, maar ik denk dat onze Scotty een beetje roekeloos wordt. Het lijkt erop dat hij hoog spel speelt, hè?'

'Ja, daar lijkt het op.'

'Dat zou niets voor jou zijn.'

'Huh?'

'Jij bent helemaal niet roekeloos, hè?'

'Wat bedoel je daarmee?'

'Wat jij doet, man, is veel stommer dan wat Scott McNally in zijn schild voert. Maak daar een eind aan voordat het een eind aan jou maakt, kerel, anders gaan we allebei achter de tralies. En denk maar niet dat je mij voor alles kunt laten opdraaien.'

'Waar heb je het over?'

Eddie keek hem meedogenloos aan. 'Wil je eens uitleggen hoe je het verdomme in je hoofd kunt halen om te rampetampen met Stadlers dochter?'

Nick was een ogenblik sprakeloos. 'Bespioneer je mij, Eddie? Daardoor wist je waar ik die dag in de regen naartoe ging, hè? Je hebt niet het recht mijn e-mail of mijn telefoonlijnen af te tappen...'

'Je moet het zo zien. We zijn samen op reis, Nick. We moeten dezelfde afslagen nemen. Je moet op de maximumsnelheden letten, en op alle verkeersborden. En hier staat een bord met "verboden toegang". Begrijp je dat? Want het is erg belangrijk dat je dat begrijpt.' Eddie keek hem indringend aan. 'Besef je wel hoe ongelooflijk roekeloos je bent?'

'Het gaat je geen bliksem aan, Eddie.'

Eddie rekte zich uit, bracht zijn armen omhoog en legde zijn handen achter zijn hoofd. Onder zijn oksels was zijn grijze shirt zwart van de zweetvlekken. 'Kijk, daar vergis je je nu in, jongen. Het gaat mij een heleboel aan. Want als dit zo doorgaat, zitten we straks samen nummerborden te maken in de bak, en neem dit van mij aan: dat gaat niet gebeuren.'

'Je gaat te ver. Blijf bij haar vandaan.'

'Ik wou dat jij ook bij haar vandaan bleef. Als je tegen me zei dat je de plaatselijke padvinders in hun kont neukte, kon me dat geen moer schelen. Als je zei dat je een pillenlab in je kelder had, zou me dat aan m'n reet roesten. Maar dit gaat ons tweeën aan. Als je dat stuk neukwerk in je leven toelaat – om wat voor idiote redenen dan ook – breng je ons allebei in gevaar. Waar denk je verdomme dat ze op uit is?'

'Ik weet niet waar je het over hebt.'

'Nieuwsflits,' zei Eddie met gedempte stem. 'Je hebt haar ouweheer gemold.'

Het bloed trok uit Nicks gezicht weg. Hij zocht naar woorden, maar vond ze niet.

'Jij snapt het echt niet, hè? De politie denkt dat jij er misschien iets mee te maken had. Laten we zeggen dat die rechercheurs met haar gaan praten en iets van hun verdenkingen laten blijken. Ze laten zich iets ontglippen om te kijken of zij iets weet. En dat meisje denkt dat als ze dicht bij je komt – ik zit nu even te speculeren – dat ze dan misschien iets kan ontdekken. Wie weet wat? Misschien gaat het haar er niet echt om dat ze in je broek komt. Misschien wil ze in je hoofd.'

'Dat is onzin. Ik geloof het niet,' zei Nick. Het was of zijn ingewanden zich tot een hard balletje samentrokken.

Die keer bij Town Grounds.

*God, iemand die je gezin zoiets aandeed.*

*Ik zou hem willen vermoorden.*

'Geloof het nou maar,' zei Eddie. 'Hou nou maar rekening met die mogelijkheid.' Hij dronk zijn glas leeg en ademde alcoholische lucht uit. 'Misschien red je daarmee je hachje.'

'Ik wil hier niet naar luisteren,' zei Nick met een vuurrood gezicht. Hij stond op, liep naar de deur, maar bleef halverwege staan en draaide zich om. 'Weet je, Eddie, jij verkeert nou niet bepaald in een positie om over roekeloosheid te preken.'

Eddie keek hem uitdagend aan, met een lelijke grijns op zijn gezicht.

Nick ging verder: 'Volgens mij heb jij me nooit helemaal verteld waarom je bij de politie van Grand Rapids bent weggegaan.'

Eddies ogen vernauwden zich tot spleetjes. 'Ik heb je al verteld over die onzinnige aanklacht.'

'Je hebt me niet verteld dat ze je eruit gemieterd hebben omdat je diefstal had gepleegd.'

'O, jezus. Dat lijkt me nou net iets wat die vrouwelijke smeris je heeft verteld. Ga je haar geloven of mij?'

Nick drukte zijn lippen op elkaar. 'Ik weet het niet, Eddie. Zo langzamerhand begin ik haar te geloven.'

'Ja,' zei Eddie ijzig. 'Dat zou net wat voor jou zijn.'

'Je hebt niet gezegd dat het niet waar was.'

'Of ik de hand heb gelicht met voorschriften? Ja. Maar dat is alles. Je moet niet alles geloven wat je hoort. Mensen ouwehoeren zoveel.'

## 69

Audreys telefoon ging. Ze keek op de nummerherkenning om er zeker van te zijn dat het niet weer die arme mevrouw Dorsey was. Maar het netnummer was 616. Dat betekende Grand Rapids, en dus nam ze op.

Het was een vrouw van het forensisch lab van de staat Michigan. Ze stelde zich voor als Susan Calloway, vuurwapenspecialiste. Ze sprak zacht maar zelfverzekerd, met een droge stem, verstoken van warmte en persoonlijkheid. Ze noemde het zaaknummer waarover ze belde – het was de moord op Stadler – en zei: 'Ik bel omdat u ons, meen ik, vroeg of we de kogel in verband konden brengen met andere zaken, nietwaar?'

'Ja.'

'Nou, het schijnt dat we een warme hit in IBIS hebben gevonden.'

Audrey wist vrij veel van IBIS, het Integrated Ballistics Identification System. Ze wist dat het een gecomputeriseerde database van gearchiveerde digitale beelden van afgevuurde kogels en patroonhulzen was. De database stond in verbinding met forensische laboratoria van politie en FBI in het hele land. Het was te vergelijken met AFIS, de nationale database van vingerafdrukken, alleen ging het in dit geval om kogels en hulzen.

'Een warme hit?' zei Audrey. Die term had ze nog niet eerder gehoord.

'Ik bedoel een mogelijke hit,' zei de vrouw. Haar neutrale stem verried een zweem van ergernis. 'Ik zie veel overeenkomsten met een kogel die vijf of zes jaar geleden is gevonden in een zaak waarbij het vuurwapen verdwenen was. Zes jaar geleden, om precies te zijn.'

'Wat voor zaak?'

'De dossierklasse is 0900-01.'

Dat was de code van de staatspolitie van Michigan voor een moord. Dus het pistool dat was gebruikt om Stadler te doden was zes jaar eerder voor een moord in Grand Rapids gebruikt. Dat zou veelbetekenend kunnen zijn; het zou ook bijna niets kunnen betekenen. Op de zwarte markt gingen pistolen van hand tot hand.

'O ja? Wat weten we over die zaak?'

'Jammer genoeg niet veel, rechercheur. Ik heb alleen het zaaknummer van het politiekorps in kwestie, en daar hebt u niet veel aan. Maar ik heb daar al heen gebeld en ze gevraagd de kogel in kwestie naar me toe te brengen, dan kan ik ze vergelijken.'

'Dank u.'

'En dan de vraag die u waarschijnlijk nu gaat stellen: hoe lang gaat het duren? Het antwoord is: zodra ik de kogel van de politie van Grand Rapids heb gekregen.'

'Nou, dat wilde ik niet vragen,' zei Audrey. Ze dacht: alleen omdat het haar zou ergeren als ik het vroeg. Als je geen macht over die vuurwapendeskundigen had, kon je maar beter poeslief zijn. 'Maar ik stel de informatie op prijs.'

Interessant, dacht ze. Heel interessant.

Ze liep door de centrale rechercheruimte naar de technische recherche, waar Kevin Lenehan met zijn armen over elkaar naar voren gebogen zat. Op een televisiemonitor waren vage, schimmige beelden te zien, en boven in het scherm versprongen cijfers.

Ze legde haar hand op zijn schouder, en hij schrok wakker.

'Hé,' zei ze. 'Straks ontgaat die vent met de Nike Air-schoenen en het Raiders-jasje je nog.'

'Ik haat mijn leven,' zei hij.

'Jij bent te goed voor dit soort werk,' zei ze.

'Zeg dat maar tegen mijn baas.'

'Waar is ze?'

'Zwangerschapsverlof. Noyce is tegenwoordig mijn baas. Was jij niet goede maatjes met hem?'

'Zo zou ik het niet willen stellen. Kevin, luister. Kun je nog eens naar mijn recorder kijken? Ik bedoel, onofficieel en buiten de boeken en zo?'

'Wanneer? In mijn onafzienbare vrije tijd?'

'Dan sta ik bij je in het krijt.'

'Met alle respect, dat werkt niet bij mij.'

'Of misschien uit de goedheid van je hart?'

'Daar is niet veel goedheid te vinden.'

'Kevin.'

Hij knipperde met zijn ogen. 'Laten we eens, zuiver hypothetisch, stellen dat ik tien minuten koffiepauze had en dat ik besloot om op de grote witte walvis te gaan jagen, omdat dat een obsessie voor me is. Waar zou ik dan naar moeten zoeken?'

## 70

'Ik heb net Fairfield geprobeerd,' zei Marge door de intercom, 'maar Todds secretaresse zei dat hij vandaag niet op kantoor is. Ik heb een boodschap achtergelaten.'

'Kun je zijn mobieltje proberen? Je hebt toch zijn nummer?'

'Natuurlijk.'

Natuurlijk had ze dat. Ze raakte nooit een telefoonnummer of adres kwijt, kon binnen enkele seconden feilloos een naam uit haar administratie vissen. God, wat was ze goed.

Er zat een zekere etiquette in het voeren van telefoongesprekken, en daar hield ze zich aan. Als ze naar Todds kantoor belde en hij was er, dan gaf ze de lijn aan Nick door voordat Todd opnam. Zo werkte dat. Nick had altijd een hekel gehad aan die telefonische crisisdiplomatie: iemands secretaresse belde Marge, werd doorverbonden met Nick, en dan zei die secretaresse: 'Meneer Smith voor u', en dan zei Nick: 'Goed, dank u,' en dan kwam meneer Smith aan de lijn, alsof hij het te druk had om zelfs maar een paar seconden onder de knop te zitten. Het was vernederend. Nick had zijn eigen manier bedacht om dat alles te omzeilen. Hij had Marge opdracht gegeven tegen de secretaresse te zeggen: 'Wilt u meneer Smith op de lijn zetten, dan verbind ik hem door met meneer Conover.' Meestal werkte dat. En wanneer Marge voor hem belde, stond het hem tegen om het spel van meneer Smith te spelen. Todd nam natuurlijk zelf zijn mobieltje op – wie deed dat niet? – en dus toetste Nick het nummer zelf in.

Todd nam meteen op.

'Todd, met Nick Conover.'

'O, hé, man.' Geen achtergrondgeluid. Nick vroeg zich af of Todd niet toch gewoon in zijn kantoor zat.

'Todd, er gebeuren hier rare dingen. We moeten praten.'

'Hé, daar ben ik voor.' Alsof hij een psychiater of zoiets was.

'Twee gigantische orders zijn niet doorgegaan omdat de contractpartners ieder afzonderlijk hadden gehoord dat we van plan zijn de hele productie naar China over te brengen.'

'Ja?'

'Schuilt daar enige waarheid in?'

'Ik ben niet verantwoordelijk voor roddelverhalen, Nick.'

'Natuurlijk niet. Maar ik vraag je nu zonder omhaal – van man tot man – of het waar is.' Van man tot pad, dacht hij. Van man tot wezel. 'Of jullie die mogelijkheid onderzoeken.'

'Nou, je weet hoe ik erover denk. Dat heb ik je laten weten. Ik denk dat we onze winstmarges aantasten door met die oude fabrieken in Michigan te blijven werken, alsof het 1959 is of zoiets. De wereld is veranderd. We leven in een mondiale economie.'

'Ja,' zei Nick. 'Dat hebben we allemaal al besproken, en ik heb al duidelijk gemaakt dat op de dag dat Stratton zijn eigen producten niet meer maakt, we geen Stratton meer zijn. Ik zal niet degene zijn die onze fabrieken sluit.'

'Ik heb je gehoord,' zei Todd geërgerd.

'Ik heb al het halve personeel ontslagen, zoals jullie me vroegen. Dat was het pijnlijkste wat ik ooit heb gedaan. Maar om van Stratton een soort virtuele onderneming te maken, een klein verkoopkantoor terwijl alle productie op dertienduizend kilometer afstand plaatsvindt – dat gebeurt niet zolang ik de leiding heb.'

'Ik heb je gehoord,' zei Todd opnieuw. 'Waar bel je voor?'

'Laat me de vraag herhalen, want ik geloof niet dat ik je antwoord heb gehoord. Zit er enige waarheid in die verhalen dat jullie onderhandelingen voeren om onze productie naar het buitenland te verplaatsen, Todd?'

'Nee,' zei hij vlug.

'Zelfs geen verkennende besprekingen?'

'Nee.'

Nick wist verder niets te zeggen. Of Todd sprak de waarheid, of hij loog, en als hij zo schaamteloos wilde liegen, nou, wat kon Nick er dan nog aan doen? Hij zou het e-mailverkeer tussen Todd en Scott ter sprake kunnen brengen, de versleutelde berichten – maar dan zou Todd weten dat hij zijn mededirecteur door zijn beveiligingschef in de gaten liet houden. Dat was een van de weinige manieren waarop hij iets over de lopende gebeurtenissen te weten kwam, en dat wilde hij niet afsluiten.

'Misschien kun je mij dan uitleggen waarom je Scott voor een geheime missie naar China liet gaan, alsof hij verdomme Henry Kissinger is. Zonder mij ook maar iets te vertellen.'

Enkele seconden van stilte. 'Dat is nieuw voor mij,' zei Todd ten slotte. 'Vraag het hem zelf.'

'Scott zei dat hij naar China ging om de mogelijkheden te onderzoeken. Deed hij dat niet voor jou? Want als hij het voor jou deed, moet je iets begrijpen. Zo werken we hier niet, Todd.'

'Hij rapporteert niet aan mij, Nick.'

'Precies. Ik wil niet worden ondermijnd.'

'Dat wil ik ook niet.'

'Mijn baan is al moeilijk genoeg zonder dat ik me hoef af te vragen of mijn financieel directeur geheime reizen met Cathay Pacific naar het Verre Oosten maakt.'

Todd grinnikte beleefd. 'Het is een moeilijke baan die veel van je vergt.' Plotseling veranderde het timbre van zijn stem, alsof hem net iets te binnen was geschoten. 'Ik weet dat je gezin een moeilijke tijd achter de rug heeft, met de dood van je vrouw en zo. Als je meer tijd met je kinderen wilt doorbrengen, hebben we daar begrip voor. Je zou er een tijdje tussenuit kunnen gaan. Een beetje vakantie zou je goed doen.'

'Het gaat goed met me, Todd,' zei Nick. *Zo gemakkelijk gaat dat niet, Todd.* 'Elke dag naar mijn werk – dat houdt me op de been.'

'Blij dat te horen,' zei Todd. 'Blij dat te horen.'

## 71

Bugbee werkte Cheetos uit een automaatzakje naar binnen. Zijn vingers – waarvan Audrey had gezien dat ze meestal smetteloos waren, de nagels netjes bijgeknipt – waren oranje gevlekt.

'Dat zou heel goed kunnen,' zei hij met zijn mond vol Cheetos. 'Rinaldi die een pistool opdeed in Grand Rapids toen hij daar woonde.'

'Of hier. Die wapens blijven niet op één plek.'

'Misschien. Waar zou hij het hebben weggegooid?'

'Er zijn een miljoen mogelijkheden.' Ze had honger en hij bood haar niets aan, de lul.

'Ik weet niet meer welke arme stumpers de vuilcontainer hebben doorzocht, maar in elk geval hebben ze niets gevonden.'

'Er moeten honderden van die vuilcontainers in de stad zijn,' merkte Audrey op. 'En dan is er de vuilstortplaats. En rioolputjes, en het meer en de vijvers en de rivieren. We vinden dat pistool nooit.'

'Triest maar waar,' zei Bugbee. Hij verkreukelde het lege zakje en gooide de prop naar de metalen afvalbak die tegen de muur stond, maar de prop ontvouwde zich in de lucht en viel op de vloer. 'Shit.'

'Heb je gelegenheid gehad om met het beveiligingsbedrijf te praten?'

Hij knikte. 'Fenwick Alarm zit hier in de buurt. Ik weet niet wat ze doen – ze installeren, maar niet in dit geval. Ze kijken niet eens naar de beelden. Dat doet een firma die Central Michigan Monitoring heet, in de buurt van Lansing. Daar bewaren ze alle elektronische gegevens.'

'En?'

'Nul komma nul. Dat bevestigt wat we al weten. Op die woensdagmorgen werd ergens een alarm aan de rand van Conovers terrein geactiveerd. Het alarm duurde elf minuten. Nou en? Je hebt de harde schijf – daarop zou te zien moeten zijn wat de camera's hebben opgenomen, nietwaar?'

Ze legde uit wat ze van Conovers digitale videosysteem wist. 'Ik heb Lenehan gevraagd er nog eens naar te kijken. Maar hij moet van Noyce allerlei andere dingen doen, en die hebben voorrang.'

'Waarom verrast dit me niet?'

'Over camera's gesproken: een van ons zou moeten kijken welke beelden van die nacht ze bij Fenwicke Estates hebben.'

Bugbee schudde zijn hoofd. 'Heb ik al gedaan. Ze gebruiken een centrale monitorpost in de stad. Niets bijzonders – Stadler klimt over de omheining, en verder niets.'

'Jammer.'

'Ik stel voor ze aan de leugendetector te zetten. Allebei die klootzakken.'

'Dat is lastig. Misschien is het daar nog te vroeg voor. Misschien kunnen we beter wachten tot we meer hebben. Dat zal Noyce zeggen.'

'Noyce kan me wat. Dit is onze zaak, niet de zijne. Voel je zijn hete adem niet in je nek?'

'Een beetje.'
'Blijkbaar heeft hij het gevoel dat er iets groots op komst is.'
Ze wist niet hoeveel ze kon zeggen. 'Ik denk eerder dat hij vooral niet wil dat wij een fout maken.'
'Een fout maken? Alsof we groentjes zijn?'
Audrey haalde haar schouders op. 'Het is een belangrijke zaak.'
'Je meent het,' zei Bugbee met een scheve grijns.
Audrey keek hem met een zuur glimlachje aan en draaide zich om. Ze wilde naar haar eigen werkplek teruggaan.
'Dat van dat fragment van een kogel of huls of zo...' zei Bugbee.
Ze draaide zich om. 'Wat voor huls?'
'Die bluf.'
'Ja?'
'Niet slecht,' zei Bugbee.

## 72

Nick was meer dan moe. Al dat gedoe met Todd en Scott, al die dingen die hij niet begreep: het putte hem uit. En dan ook nog Eddie met zijn waarschuwingen over Cassie: maak daar een eind aan voordat het een eind aan jou maakt. En: waar denk je dat ze op uit is? Zou er iets waar zijn van wat Eddie zei?
Was het mogelijk, vroeg hij zich af, dat hij er onbewust naar strééfde om ontmaskerd te worden?
Het ergste was nog dat fragment van een patroonhuls dat de politie op zijn gazon had gevonden. Dat was zo verschrikkelijk dat hij de gedachte niet kon verdragen.
Hij was er altijd trots op geweest dat hij tegen grotere druk bestand was dan de meeste anderen. Misschien kwam dat door de ijshockeytraining, waar je leerde de rust in jezelf te vinden en daar in moeilijke situaties op terug te vallen. Hij raakte vroeger nooit in paniek. Laura, die altijd gespannen was geweest, had dat niet begrepen. Ze had gedacht dat hij onverschillig was, dat de dingen niet tot hem doordrongen. En hij had alleen maar zijn schouders opgehaald en nuchter geantwoord: 'Wat heeft het voor zin om in paniek te raken? Dat helpt niet.'
Maar sinds de moord was alles veranderd. Zijn pantser was gebarsten of poreus geworden. Of misschien had alle stress van de afgelopen weken zich opgehoopt; misschien hadden de zorgen zich zo

hoog op zijn schouders opgestapeld dat zijn spieren trilden en in een kramp raakten. Hij kon nu elk moment in elkaar zakken.

Maar dat kon hij niet doen. Nog niet.

Want wat het ook was wat Todd en Scott in hun schild voerden – al die manoeuvres, die geheime reizen, die telefoongesprekken en die versleutelde e-mails – het had een lont in hem aangestoken die vonkte en knetterde.

*Je zou er een tijdje tussenuit kunnen gaan. Een beetje vakantie zou je goed doen.*

Alsof Todd zich ook maar een seconde druk zou maken om zijn emotionele welzijn.

Todd wilde dat hij vrij nam, niet dat hij ontslag nam. Dat was interessant. Als Todd en de jongens van Fairfield van hem af wilden, hadden ze hem al lang geleden ontslagen. Waarom hadden ze dat niet gedaan? Had dat echt te maken met de vertrekpremie van vijf miljoen dollar die ze hem moesten betalen als ze hem zonder gegronde reden ontsloegen? Met al die miljarden die Fairfield in beheer had?

Hij typte iets in om de ondernemingsgids op zijn scherm te krijgen, en klikte op MARTIN LAI. Er verscheen een foto – een flegmatisch type met een vlezig gezicht – met daaronder de namen van zijn directe ondergeschikten, zijn e-mailadres en zijn telefoonnummer.

Nick keek op zijn horloge. Er was dertien uur tijdverschil met Hongkong. Hier bij hem was het halftien 's morgens, dus daar was het halfelf 's avonds. Hij pakte de telefoon en toetste Martin Lais privénummer in. Het toestel ging een tijdje over, en toen hoorde hij een ingesproken boodschap in het Chinees, gevolgd door enkele plichtmatige woorden in Engels met een zwaar accent. 'Martin,' zei hij. 'Met Nick Conover. Ik moet je dringend spreken.' Hij sprak de gebruikelijke serie telefoonnummers in.

Toen sprak hij in de intercom en vroeg Marge om Martin Lais mobiele nummer te zoeken, dat niet op het intranet van Stratton stond. Een minuut later verscheen er een lang nummer op zijn scherm.

Hij belde het, kreeg weer een ingesproken tekst en liet dezelfde boodschap achter. Hij keek in Lais Meeting Maker, zijn online-agenda, en de man bleek geen afspraken buiten het Stratton-kantoor in Hongkong te hebben.

Hij hoorde het Todd weer zeggen: *Je zou er een tijdje tussenuit kunnen gaan. Een beetje vakantie zou je goed doen.*

Wat voerden Todd Muldaur en Fairfield Equity toch in hun schild? Wie zou dat weten?

Het antwoord kwam zo snel bij hem op dat hij zich afvroeg waarom hij er niet eerder aan had gedacht. Een 'neef' in de familie Fairfield: die zou het weten.

Hij maakte zijn middelste bureaula open en vond een beduimeld kaartje met KENDALL RESTAURANT GROUP en daaronder RONNIE KENDALL, DIRECTEUR.

Ronnie Kendall was een gewiekste ondernemer, scherpzinnig en vechtlustig en met een vet Texaans accent. Hij was de Kendall Restaurant Group begonnen met een kleine Texaans/Mexicaanse eettent in Dallas en had daar een bloeiende restaurantketen en uiteindelijk een welvarende holding company van gemaakt. Vooral een keten van tex-mex-restaurants was populair in het zuidwesten van het land, maar zijn concern bezat ook een kaastaartketen, een gegrilde-kipketen die het niet zo goed deed, een smakeloze keten van Japanse restaurants waar de koks als samoerais gekleed gingen en je eten aan je tafel voorsneden, en een 'nostalgische' bar-en-grillketen die bekendstond om zijn kleine ribbetjes en gigantische ijskoude margarita's. Tien jaar geleden had hij alles aan Willard Osgood verkocht.

Nick had hem op een congres in Tokio ontmoet, en ze hadden meteen goed met elkaar kunnen opschieten. Ronnie Kendall bleek een grote ijshockeyliefhebber te zijn die zelfs Nicks sportcarrière op de Michigan State University had gevolgd. Nick had bekend dat hij in de Japanse restaurantketen van Kendalls concern had gegeten en dat hij er niet veel aan had gevonden, en Kendall had meteen gezegd: 'Meen je dat nou? Elke keer dat ik daar kom, krijg ik diarree. Ik eet daar nooit, maar de mensen zijn er gek op. Kun je nagaan.'

Nick werd een tijdje onder de knop gezet voordat Ronnie Kendall opnam. Ronnie klonk zo uitbundig als altijd en praatte een kilometer per minuut. Nick beging de fout om te vragen hoe het met de zaken ging, en Ronnie begon aan een opgewonden monoloog over de expansie van de gegrilde-kipketen in Georgia en South Carolina, en liet daar om de een of andere reden een tirade tegen de light-rage op volgen. 'Man, ben ik blij dat die bevlieging voorbij is! We werden er gek van! De caloriearme kaastaart liep niet, en de caloriearme margarita's – vergeet het maar! En toen we net een contract met ons nieuwe boegbeeld hadden getekend' – hij noemde de naam van een beroemde footballer – 'en we zelfs een stel spotjes van vijftien en dertig seconden hadden opgenomen, werd hij opeens opgepakt voor verkrachting!'

'Ronnie,' onderbrak Nick hem ten slotte. 'Hoe goed ken je Todd Muldaur?'

Ronnie praatte in één ruk door. 'Ik heb de pest aan die gladjanus en dat is helemaal wederzijds. Maar ik blijf uit zijn vaarwater, en hij uit het mijne. Hij en die vriendjes van hem probeerden zich met mijn zaken te bemoeien. Dat werd zo erg dat ik Willard zelf belde. Ik zei tegen hem dat hij die poedeltjes van hem een wurgketting moest omdoen of dat ik anders zou vertrekken. Ik was te oud en te rijk voor die onzin. Willard zal Todd er wel van langs hebben gegeven, want ik had daarna niet veel last meer van hem. Natuurlijk had hij zijn handen vol aan het chipfiasco.'

'Het chipfiasco?'

'Zo noem je die dingen toch? Microchips of zo? Halfgeleiders, ja?'

'Ja?'

'Je leest de *Wall Street Journal* toch wel? De zeepbel van de halfgeleiderindustrie, al die investeerders die gek waren op chips, en toen spatte de zeepbel plotseling uiteen?' Hij praatte maar door. 'Wat was dat goed, al die kerels die op de fles gingen!'

'Wacht even, Ronnie. Heeft Fairfield Equity Partners te veel in microchips geïnvesteerd?'

'Niet heel Fairfield, alleen de fondsen die door onze vriend Todd worden beheerd. Hij gokte enorm op die chips. Zette al zijn chips op chips, vat je hem?'

Nick lachte niet met Ronnie mee. 'Ik dacht dat er grenzen waren aan de hoeveelheid geld die ze in één particuliere sector mogen steken.'

'Todd is een arrogante kerel. Dat weet je toch? Dat ruik je aan hem. Toen de halfgeleideraandelen begonnen te dalen, dacht hij een stel van die bedrijven goedkoop op de kop te kunnen tikken. Op die manier wilde hij een vette winst maken. Nou, dat is hem lelijk opgebroken. Zijn fondsen zitten aan de grond. Willard Osgood moet wel zowat uit zijn vel springen. Als Todds fondsen instorten, gaat het hele moederschip ook naar de haaien.'

'Echt waar?'

'Ik denk dat Todd Muldaur heel blij met jou mag zijn. Ik weet dat Stratton het moeilijk heeft, maar jullie zijn tenminste solvent. Vergeleken met sommige van zijn andere investeringen zijn jullie een melkkoe. Hij kan met jullie naar de beurs gaan en dan grof geld verdienen. Natuurlijk gaat daar tijd in zitten, en misschien heeft hij niet meer zoveel tijd.'

'Dat zou minstens een jaar kosten.'

'Minstens. Hoezo, willen ze jullie loslaten?'

'Nee. Daar heb ik niets over gehoord.'

'Nou, Fairfield moet een manier vinden om aan liquide middelen te komen. En gauw ook.'

'Je bedoelt dat ze geld nodig hebben.'

'Zo is het.'

'Ja, nou, ze voeren wel iets in hun schild,' zei Nick. 'Ze zetten alles op alles om kosten te besparen.'

'Vergeet dat maar. Je weet wat ik altijd zeg: als je huis in brand staat, ga je geen garageverkoop houden.'

'Huh?'

'Ik bedoel dat Todd zo diep in de stront zit dat hij waarschijnlijk alleen nog maar snel geld wil binnenhalen. Hij wil Stratton in zijn geheel verkopen om zijn hachje te redden. Als ik jou was, zou ik Todd heel goed in de gaten houden.'

Zodra hij ophing, kwam er een ander telefoontje binnen, ditmaal van Eddie.

'De kleine vergaderkamer op jouw verdieping,' zei Eddie zonder inleiding. 'Nu meteen.'

## 73

Sinds hun felle confrontatie in Eddies flat was hun toch al niet zo hartelijke relatie nog ijziger geworden. Eddie maakte niet zoveel grappen meer. Hij ontweek Nicks blik. Hij maakte vaak de indruk dat hij kwaad was.

Maar toen hij de vergaderkamer binnenkwam, keek hij alsof hij een geheim had en popelde om het met Nick te delen. Die blik had Nick een hele tijd niet in Eddies ogen gezien.

Eddie deed de deur van de kamer dicht en zei: 'Dat stukje van die patroonhuls?'

Nicks stem bleef in zijn keel steken. Hij kon geen woord uitbrengen.

'Dat is gelul,' zei Eddie.

'Wat?'

'De politie heeft nooit een fragment van een patroonhuls op je gazon gevonden.'

'Weet je dat zeker?'

'Absoluut.'

'Wat was het dan?'

'Het was gelul. Een truc om je onder druk te zetten. Ze hebben helemaal geen stukje metaal gevonden.'

'Ze logen?'

'Misschien ben jij niet de aangewezen persoon om daarover te klagen, Nick,'

'Weet je dat zeker? Hoe kun je dat zeker weten?'

'Dat heb ik je gezegd. Ik heb bronnen. Het is een truc. Dat snap je toch wel?'

Nick haalde zijn schouders op. 'Ik weet het niet.'

'Kom op, man. Weet je nog dat we in de finale tegen Hillsdale speelden, in ons laatste jaar, en dat je toen die geweldige schijnbeweging bij de blauwe lijn maakte, voordat je een knaller achter Mallory schoot en voor een verlenging zorgde?'

'Ja, dat weet ik nog,' zei Nick. 'Ik weet ook nog dat we toen verloren hebben.'

## 74

Nick zette zijn aktetas in de hal neer. De vloer van antiek, opnieuw verzaagd grenenhout – het eiken parket dat daar had gelegen had Laura's goedkeuring niet kunnen wegdragen – glansde in het donkergele licht dat van de kroonlijsten aan het plafond kwam. Onwillekeurig verwachtte hij het klik klik klik van Barneys hondennagels op de vloer te horen, het rinkelen van zijn halsband, en toen dat blije geluid uitbleef, stemde dat hem droevig.

Het was bijna acht uur. De bespreking met de commissie voor marketingstrategie was bijna twee uur uitgelopen; hij had in een pauze naar huis gebeld en Marta gevraagd eten klaar te maken voor de kinderen. Ze had gezegd dat Julia bij haar vriendin Jessica was. Lucas zou dus de enige zijn.

Hij hoorde stemmen vanboven komen. Had Lucas iemand bij zich? Nick ging de trap op en het vage stemmengeluid ging over in een gesprek.

Het was Cassies stem, besefte hij verrast. Cassie en Lucas. Wat deed ze hier? De trap was stevig gebouwd, zonder gepiep en gekraak als in het vorige huis, of het huis waarin hij was opgegroeid. Ze hadden hem niet naar boven horen komen. Zijn huid prikte toen hij op de overloop bleef staan luisteren. Voor de verandering stond Lucas' deur open.

'Dit hoort bij natuurkunde thuis,' hoorde hij Lucas klagen. 'Waarom zou een dichter weten hoe er een eind aan de wereld komt?'

'Denk je dat het gedicht daarover gaat? Dat er een eind aan de wereld komt?' Cassies hese stem.

Hij was opgelucht. Cassie hielp Lucas met zijn huiswerk. Dat was alles.

'Vuur of ijs. Zo zal de wereld eindigen. Dat zegt hij.'

'Verlangen en haat,' zei Cassie. 'Het menselijk hart kan smelten, en het kan bevriezen. Denk niet aan de ruimte buiten de aarde. Denk aan de ruimte daarbinnen. Denk niet aan de wereld. Denk aan jouw wereld. Frost kan een ongelooflijk duistere dichter zijn, maar hij is ook een dichter van de intimiteit. Nou, wat zegt hij hier?'

'De grens tussen liefde en haat is smal.'

'Maar liefde en verlangen zijn niet hetzelfde, hè? Er is de liefde binnen het gezin, maar dat noemen we geen verlangen. Want van verlangen spreek je bij afwezigheid, nietwaar? Naar iets verlangen is iets willen, en je wilt altijd datgene wat je niet hebt.'

'Misschien.'

'Denk aan Silas in het vorige gedicht dat ze je opgaven. Hij staat op het punt om te sterven en hij komt thuis.'

'Alleen is het niet zijn huis.'

'In dat gedicht zegt Warren: "Thuis is de plaats waar ze je moeten binnenlaten als je erheen moet gaan." Een van de beroemdste regels die Frost ooit heeft geschreven. Is dat liefde of verlangen? Hoe komt er een eind aan zijn wereld?'

Nick, die zich geneerde omdat hij stond te luisteren, liep enkele passen in de richting van zijn slaapkamer. Cassies stem zakte af tot een zangerig gemurmel. Ze vroeg iets, en Lucas' puberbariton klonk ongeduldig hard. 'Sommigen zeggen dit, anderen zeggen dat. Dan denk ik: neem nou een besluit.'

Nick bleef weer staan luisteren.

'Die Frost is retecool,' zei Lucas. 'Dat gedicht is net een stroom. Maar hij begint met vuur.'

'Veel dingen beginnen met vuur, Luke. Het gaat erom hoe ze eindigen.'

Nick vroeg zich af of hij naar hen toe moest gaan. Vroeger zou hij niet hebben geaarzeld, maar Lucas was veranderd. Het was goed wat daar gebeurde, maar waarschijnlijk was het ook kwetsbaar. Lucas wilde niet meer dat Nick hem met zijn huiswerk hielp, en nu hij in de vijfde klas zat, had hij ook niet veel meer aan Nick. Maar Cassie had op de een of andere manier kans gezien met hem in gesprek te komen, en ze wist er alles van – ze was een natuurtalent. De beste van de klas.

Ten slotte liep Nick langs Lucas' kamer om hen te laten weten dat hij thuis was. Hij liep door naar zijn eigen slaapkamer. Trok zijn kleren uit, poetste zijn tanden, nam een snelle douche. Toen hij de gang weer op kwam, zat Lucas alleen in zijn kamer achter de computer te werken.

'Hé, Luke,' zei hij.

Lucas keek zonder zijn gebruikelijke norse blik naar hem op.

Nick wilde hem vragen of Cassie hem had geholpen en dat hij blij was dat Lucas zich op zijn huiswerk concentreerde. Maar hij hield zich in. Misschien vond Lucas zo'n opmerking te opdringerig. 'Waar is Cassie?' vroeg hij.

Lucas haalde zijn schouders op. 'Beneden, denk ik.'

Hij ging naar beneden om Cassie te zoeken, maar ze was niet in de huiskamer of de keuken, niet op een van de gebruikelijke plaatsen. Hij riep haar naam, maar er kwam geen antwoord.

Nou, ze heeft het recht om in mijn huis rond te snuffelen, dacht hij. Per slot van rekening heeft ze mij bij haar medicijnkastje betrapt.

Maar dat zou ze toch niet doen?

Hij liep door de keuken naar de achtergang, deed de albasten lamp aan en liep door naar zijn studeerkamer.

Daar zou ze vast niet zijn.

Zoals bijna altijd was de deur van zijn studeerkamer open en brandde er licht. Cassie zat achter zijn bureau.

Zijn hart bonkte. Hij liep vlugger en omdat de vloerbedekking zijn voetstappen dempte, was hij niet te horen. Niet dat hij van plan was haar te besluipen.

De bureauladen stonden een beetje open, zag hij.

Allemaal, behalve de onderste, die hij op slot had. Ze stonden maar een beetje open, alsof ze haastig waren geopend en gesloten.

En hij wist dat hij dat niet had gedaan. Hij gebruikte die bureauladen bijna nooit, en als hij ze gebruikte, deed hij ze altijd helemaal dicht, want anders zag het bureau er zo slordig uit.

Ze zat in zijn zwarte leren Symbiosis-stoel en schreef op een geel schrijfblok.

'Cassie.'

Ze schrok en slaakte een gilletje. 'O! Doe dat nooit meer!' Ze legde haar hand over haar borsten.

'Sorry,' zei hij.

'O... god, ik was in mijn eigen wereld. Nee, ik moet me verontschuldigen. Ik zou hier niet moeten zijn. Maar ja, ik ben iemand die zich niet zo aan grenzen stoort.'

'Het geeft niet.' Hij probeerde het te laten klinken alsof hij het meende.

Ze zag blijkbaar meteen dat de laden een beetje open waren blijven staan en duwde ze helemaal dicht. 'Ik zocht naar een pen en iets om op te schrijven,' zei ze. 'Ik hoop dat je het niet erg vindt.'

'Nee,' zei hij. 'Het geeft niet.'

'Ik had een idee, en ik moest dat meteen opschrijven. Dat heb ik wel vaker.'

'Een idee?'

'Gewoon... gewoon iets wat ik wil schrijven. Op een dag, als ik alles voor elkaar heb.'

'Een roman of een verhaal?'

'O nee. Niet iets wat verzonnen is. Er zijn al te veel verzinsels in mijn leven. Ik hoop dat je het niet erg vindt dat ik vanavond ben gekomen. Ik heb gebeld, weet je, maar Marta zei dat je op je werk was, en Lucas en ik raakten aan de praat, en hij zei dat hij niet wijs kon worden uit een gedicht. Toevallig was dat een van de gedichten waar ik iets van weet. En dus...'

'Hé,' zei Nick. 'Je doet Gods werk. Ik ben bang dat ik jullie stoorde toen ik thuiskwam.'

'Hij gaat nu de eerste alinea's van zijn poëzieopstel schrijven. Kijken waar het heen gaat.'

'Je kunt goed met hem overweg,' zei Nick. *Je bent geweldig*, dacht hij.

Misschien was dat alles. Ze was naar het huis gekomen om Lucas met een gedicht van Robert Frost te helpen.

'Heb je ooit lesgegeven?'

'Dat heb ik je verteld,' zei Cassie. 'Ik heb zo ongeveer alles gedaan.' Het licht van de speldenknopjes in het plafond viel op haar haar en liet het fonkelen. Ze zag er nog steeds als een verschoppeling uit, maar haar huid was niet meer zo doorschijnend. Ze leek gezonder. De wallen onder haar ogen waren weg. '"Hij denkt dat hij, als hij hem dat kan leren, misschien iets goeds kan zijn voor iemand op de wereld."'

'Huh?'

Cassie schudde haar hoofd. 'Dat is maar een regel uit "Death of a Hired Man". Een gedicht over thuis. Over familie.'

'En de ware betekenis van Kerstmis?'

'Jullie Conovers!' zei ze. 'Wat moet ik toch met jullie?'

'Ik heb wel een paar ideeën,' zei Nick, en hij probeerde te grijnzen. 'God, jij bent goed in alles, hè?'

'En dat zeg jij? Het alfamannetje? De man die alles kan?'

'Was dat maar waar. Van alle president-directeuren in het land ben ik misschien wel het slechtst in wiskunde.'

'Is er een sport die je niet beheerst?'

Hij dacht even na. 'Ik heb nooit leren paardrijden.'

'Hoefijzergooien?'

'Dat is geen sport.'

'Boogschieten wel.'
'Daar ben ik vrij goed in.'
'Schieten?'
Hij werd dood vanbinnen. Na een fractie van een seconde schudde hij even met zijn hoofd en keek perplex. Een seconde lang had hij een wazige blik in zijn ogen.
'Je weet wel,' zei ze. 'Schijfschieten of hoe ze het ook noemen. Op de schietbaan.'
'Nee,' zei hij. Hij hoorde de opzettelijke nonchalance in zijn stem alsof hij op grote afstand was. Hij liet zich in een Windsor-stoel met rieten zitting zakken die altijd splinters in zijn achterste dreigde te steken. Toen ze verhuisden, had Laura zijn favoriete oude leren clubfauteuil verbannen. Een stoel uit een studentenhuis, had ze hem genoemd. Hij wreef over zijn ogen om de angst te verdrijven. 'Sorry, ik was even van de kaart. Lange dag gehad.'
'Wil je erover praten?'
'Nu niet. Sorry. Ik bedoel, dank je, maar een andere keer. Ik praat liever over iets anders dan mijn werk.'
'Kan ik avondeten voor je maken?'
'Je kookt?'
'Nee,' gaf ze met een lachje toe. 'Je hebt al een van mijn drie specialiteiten gehad. Maar Marta heeft vast wel iets voor je klaargezet in die spookkeuken van je.'
'Spookkeuken?'
'Ja. Toen ik hier aankwam, was je aannemer er ook, en die heeft me er alles over verteld.'
'Bijvoorbeeld waarom zijn mensen er een eeuwigheid over doen om een aanrecht neer te zetten?'
'Je kunt het ze niet kwalijk nemen. Je maakt ze gek, zegt hij. Hij kan geen handtekeningen krijgen wanneer hij ze nodig heeft. Dat soort dingen.'
'Ik moet te veel beslissingen nemen. Daar heb ik geen tijd voor. En ik wil niet dat het verkeerd gaat.'
'Wat bedoel je met "verkeerd"?'
Nick zweeg even. 'Laura wist erg precies wat ze wilde.'
'En jij wilt dat alles zo wordt als zij wilde. Het moet een soort monument voor haar worden.'
'Hang nou niet de psychiater uit.'
'Maar misschien ben je ook bang om het af te maken, want als het voorbij is, is er ook iets anders voorbij.'
'Cassie, kunnen we van onderwerp veranderen?'
'Het is dus net als met Penelope in de *Odyssee*. Overdag weeft ze

aan een kleed, en 's nachts haalt ze het weer uit. Op die manier komt het nooit af. Ze houdt daarmee de vrijers op een afstand en doet eer aan de vertrokken Odysseus.'

'Ik weet niet eens waar je het over hebt.' Nick haalde diep adem.

'Volgens mij wel.'

'Alleen is het nu zover dat ik die verrekte keuken echt klaar wil hebben. Het was haar grote project, en ja, zolang het nog aan de gang was, was het of ze nog aan het werk was. Dat is eigenlijk absurd, maar evengoed. Maar weet je, ik wil nu alleen nog maar dat die plastic afdekking verdwijnt, en ik wil de vuilcontainer weg hebben, en de wagens van de aannemer, al die dingen. Ik wil dat dit een echt huis wordt. Geen bouwproject. Niet iets wat in wording is. Gewoon een huis waar de Conovers wonen.' Een korte stilte. 'De Conovers die er nog zijn.'

'Ik begrijp het,' zei ze. 'Nou, waarom ga je niet ergens met me uit eten?' Ze glimlachte vaag. 'Samen uit.'

## 75

Ze liepen hand in hand over het parkeerterrein van het Grand Fenwick Hotel. Het was een koele, wolkeloze avond en de sterren twinkelden. Toen ze de luifel naderden, bleef Cassie even staan en keek naar boven.

'Weet je, toen ik zes of zeven was, zei mijn beste vriendin, Marcy Stroup, tegen me dat elke ster in werkelijkheid de ziel was van iemand die was doodgegaan.'

Nick kreunde.

'Ik geloofde het ook niet. Toen hoorden we op school dat elke ster een bal van vuur is en dat sommige sterren waarschijnlijk hun eigen zonnestelsel hebben. Ik weet nog dat ze ons ook leerden dat sterren sterven, dat in enkele duizendsten van een seconde de kern van een ster bezwijkt en de hele ster uit elkaar vliegt – een grote supernova, gevolgd door niets. En ik huilde. Daar in mijn schoolbank in de zesde klas. Gek, hè? Die avond praatte ik er met mijn vader over, en hij zei dat het in het universum nu eenmaal zo gaat. Dat mensen doodgaan, en sterren ook – ze moeten wel, om ruimte te maken voor nieuwe.'

'Huh.'

'Papa zei dat als er nooit iemand stierf er op de planeet geen ruimte meer zou zijn voor de baby's die geboren werden. Hij zei dat als er nooit een eind aan iets kwam, er nooit iets kon beginnen. Hij zei dat het in de ruimte ook zo was – dat er soms een eind aan een wereld moest komen opdat nieuwe werelden geboren konden worden.' Ze gaf een kneepje in zijn hand. 'Kom, ik heb honger.'

In de hal van het Grand Fenwick Hotel lag vloerbedekking die ouderwets Engels aandeed, en er stonden veel grote leren meubelen in 'conversatiekuilen', alsof er tien huiskamers naast elkaar waren gezet. Fluwelen koorden op stangen scheidden het restaurant van de hal. Op het menu stonden favorieten uit de jaren vijftig, zoals canard à l'orange en saumon hollandaise, maar vooral ook steaks voor gasten van de oude school die de namen van de verschillende soorten nog kenden: Delmonico, Porterhouse, Kansas City Strip. Het rook naar sigaren, en niet zulke dure: de rook was in alles doorgedrongen, als dressing in een salade.

'Ze hebben vis,' zei Nick verontschuldigend, toen ze naar een hoektafel werden geleid.

'Waarom zeg je dat? Denk je dat meisjes geen rood vlees eten?'

'Dat is waar ook – jij wel. Zolang het maar niet echt rood is.'

'Precies.'

Cassie bestelde een goed doorbakken ribsteak, Nick een sirloin medium rare. Ze bestelden allebei ook salade.

Toen Nick zijn salade had opgegeten, keek hij Cassie aan. 'Herstoring. Ik bestel altijd een salade. Maar ik besef net iets: ik houd helemaal niet zo van salade.'

'Niet bepaald de oplossing van het laatste theorema van Fermat,' zei Cassie, 'maar we kunnen ermee leven. Je houdt niet van salade. Zo is het ook met thee.'

'Ja. Ik drink thee. Laura zette het en ik dronk het. Dat is net zoiets. Ik bestel salade. Maar weet je, ik heb nooit van thee gehouden, en ik heb nooit van salade gehouden.'

'Dat besef je nu pas.'

'Ja. Het was altijd al zo, maar ik was me er gewoon niet van bewust. Het is ook zo met... Chinees eten. Ik houd er niet echt van. Ik heb er geen hekel aan. Ik heb er gewoon geen speciale voorkeur voor.'

'Nu je toch bezig bent: wat nog meer?'

'Wat nog meer? Goed. Aubergines. Wie heeft ooit bedacht dat aubergines eetbaar zijn? Niet-giftig, oké. Maar is alles wat niet-giftig is ook voedsel? Als ik een holbewoner was, en ik was niet uitgehongerd, en ik nam een hap van een aubergine, gekookt of niet, dan zou ik niet zeggen: goh, een nieuwe smaaksensatie – ik heb een soort voedsel ontdekt. Ik zou zeggen: nou, daar ga je beslist niet dood van. Daar hoef je je pijlpunt niet in te dopen. Het is net zoiets als – weet ik veel – esdoornbladeren. Waarschijnlijk kun je ze wel eten, maar zou je dat doen?'

Cassie keek hem aan.

'Jij klaagde dat ik een vreemde voor mezelf was,' zei Nick, en hij plukte peinzend aan het tafellaken.

'Dat bedoelde ik niet zo.'

'Je moet ergens beginnen.'

Ze lachte. Hij voelde haar hand op zijn dij onder het tafellaken. Ze streelde hem met genegenheid, niet seksueel. 'Vergeet die aubergines nou maar. Geef jezelf wat eer: jij weet wat het belangrijkste voor je is. Dat weet niet iedereen. Je kinderen. Je gezin. Ze zijn alles voor je, nietwaar?'

Nick knikte. Er bleef een brok droefheid in zijn keel steken. 'Toen ik ijshockeyde, kon ik mezelf ervan overtuigen dat hoe harder ik werkte, hoe harder ik trainde, hoe harder ik speelde, des te beter ik het zou doen. Dat was waar, of waar genoeg. Het geldt voor veel dingen. Als je harder werkt, gaat het beter met je. Bij ijshockey zeggen ze altijd dat je met heel je hart moet spelen – je moet alles geven. Maar dat geldt niet voor een gezin. Het geldt niet voor het vaderschap. Hoe meer ik mijn best doe om tot Lucas door te dringen, des te meer verzet hij zich tegen me. Jij kunt door dat krachtenveld heen komen. Ik niet.'

'Dat komt doordat je altijd met hem in discussie gaat, Nick. Je probeert altijd je standpunt duidelijk te maken, en hij wil dat niet horen.'

'Als ik hem naar me zie kijken, denk ik wel eens dat het hem niet kan schelen of ik levend of dood ben.'

'Zo is het helemaal niet. Heeft Lucas ooit met jou over Laura's dood gepraat?'

'Nooit. Wij Conover-mannen doen niet aan gevoelens.' Nick keek in het donkere restaurant om zich heen en zag tot zijn verbazing Scott McNally op een paar tafels afstand zitten. Hun blikken kruisten elkaar, en Scott wuifde. Hij was in het gezelschap van een lange, slungelige man met een smal gezicht en een vooruitstekende kin. Nick zag dat Scott nogal gejaagd tegen zijn tafelgenoot praatte en gebaren in zijn richting maakte. Het leek wel of Scott zich afvroeg of hij pas bij het dessert naar hen toe zou komen of het nu meteen zou afwerken. Blijkbaar besloot hij tot het laatste, want de twee mannen stonden op en kwamen naar Nicks tafel toe.

'Dat ik jou hier zie!' zei Scott, terwijl hij Nick op zijn schouder klopte. 'Ik had geen idee dat dit een van jouw vaste stekken was.'

'Dat is het ook niet,' zei Nick. 'Scott, dit is mijn vriendin Cassie.'

'Aangenaam kennis te maken, Cassie,' zei Scott. 'En dit is Randall Enright.' Hij zweeg even. 'Randall helpt me met de juridische aspecten van financiële herstructurering. Saaie, technische dingen. Natuurlijk tenzij je mij bent, want in dat geval is het net *Conan the Barbarian* met spreadsheets.'

'Aangenaam kennis te maken, Randall,' zei Nick.

'Insgelijks,' zei de lange man vriendelijk. De knopen van zijn jasje waren los en hij stopte zijn bril in zijn borstzakje voordat hij hun een hand gaf.

'Laten we dat contract met de Fisher Group analyseren?' vroeg Nick.

'Ik weet niet of we dat moeten overhaasten,' zei Scott.

'Hoe eerder, hoe beter, zou ik zeggen.'

'Nou...' zei Scott. Hij wendde zijn ogen af en speelde met een haarlok boven zijn linkeroor. 'Jij bent de baas.'

'Veel plezier in Fenwick,' zei Cassie tegen de advocaat. 'Wanneer gaat u naar Chicago terug?'

De lange man wisselde een blik met Scott. 'Morgen pas,' zei hij.

'Smakelijk eten,' zei Nick, een hint dat ze weg moesten gaan.

Even later kwamen er zware witte borden met hun steaks, die elk vergezeld werden door een schep gepureerde spinazie en een aardappel. Nick keek Cassie aan. 'Hoe wist je dat hij naar Chicago terugging?'

'Het Hart, Schaffner & Marx-etiket aan de binnenkant van zijn jasje. Het voor de hand liggende feit dat hij wel een belangrijke figuur moet zijn, als hij een werkdiner heeft met jouw financieel directeur.' Ze zag hem vragend kijken en zei: 'Hij stopte zijn bril weg omdat het een leesbril was. En ze hadden hun menu's nog niet gekregen. Het is duidelijk een werkdiner.'

'O.'

'En Scott had eigenlijk geen zin om hem voor te stellen. Hij deed het strategisch, maar hij heeft voor dit restaurant gekozen om dezelfde reden als jij. Omdat het een heel goede gelegenheid is waar je niet verwacht dat je iemand tegenkomt die je kent.'

Nick grijnsde. Hij kon het niet ontkennen.

'En dan die opmerking dat jij de baas bent. Woorden vol rancune. Zo'n frase gaat altijd vergezeld van een sterretje. En dat betekent: "Voorlopig nog."'

'Nu ben je een beetje melodramatisch. Zou je niet te veel aan het interpreteren zijn?'

'Zou jij niet blind zijn voor dingen die je pal voor je ziet?'

'Daar zit misschien wat in,' gaf Nick toe. Hij vertelde haar over Scotts geheime reis naar China, en hoe hij die had proberen te camoufleren met een leugen over een vakantieranch in Arizona.

'Zie je wel?' zei ze schouderophalend. 'Hij belazert je.'

'Daar lijkt het wel op.'

'Maar je mag hem graag, nietwaar?'

'Ja. Of misschien kan ik beter zeggen: ik mocht hem graag. Hij is grappig, en hij is fenomenaal met cijfers. We zijn vrienden.'

'Dat is jouw probleem – dat maakt je blind. Ondanks je zogenaamde "vriendschap" met Scott heeft hij je een dolkstoot in de rug toegediend, nietwaar?'

'Ja.'

'Hij is niet bang voor jou.'

'Zou hij dat moeten zijn?'

'Jazeker. Hij moet bang voor jou zijn, niet voor hoe-heet-hij-ookweer, die Yale-man uit Boston.'

'Todd Muldaur. Todd heeft het in werkelijkheid voor het zeggen, en Scott weet dat. Ik verbaas me nogal over hem. Ik heb hem hier binnengehaald. Ik zou een zekere mate van loyaliteit verwachten.'

'Jij bent een probleem voor Scott. Een verkeersdrempel. Een obstakel. Hij vindt dat jij een deel van het probleem bent, niet een deel van de oplossing. Bij hem komt Scott Incorporated op de eerste plaats.'

'Ik weet niet of je daar gelijk in hebt – hij is niet hebzuchtig of materialistisch.'

'Mensen als Scott McNally gaat het er niet om dat ze iets opbouwen, een zekere mate van comfort bereiken. Je zei dat hij de overhemden is blijven dragen die hij als student ook al droeg.'

'Het gaat hem dus niet precies om geld. Dat begrijp ik.'

'Mis. Je begrijpt het niet. Hij is een type. Mensen als hij genieten niet van de dingen die voor geld te koop zijn. Ze kicken niet op zeldzame wijnen of Lamborghini's. Tegelijk zijn ze ongelooflijk competitief ingesteld. En dat is het juist. Met geld houden ze de score bij.'

Nick dacht aan Michael Milken, Sam Walton en die andere eenvoudig gebleven miljardairs. Ze woonden in gewone huizen en waren er helemaal op gefixeerd dat hun Dagobert Duck-kluizen elke dag weer een beetje voller waren dan de vorige dag. Hij had eens gehoord dat de vrekkige miljardair Warren Buffett nog in hetzelfde nieuwbouwhuis in Omaha woonde dat hij in 1958 voor dertigduizend dollar had gekocht. Hij dacht aan Scotts onopvallende huis en aan al het geld dat Scott had. Misschien had ze gelijk.

'Scott McNally wil deze ronde winnen, want dan kan hij aan het spel met grote inzetten deelnemen,' ging Cassie verder.

'Leren ze je dit na de lotushouding of daarvoor?'

'Goed, laat me je dan iets vragen. Wat denk je dat Scott McNally wil worden als hij groot is?'

'Wat bedoel je?'

'Wil hij stoelen en archiefkasten verkopen, of wil hij financieel directeur bij Fairfield Partners worden? Wat is meer zijn stijl?'

'Ik begrijp het.'

'In dat geval moet je je afvragen: voor wie werkt hij echt?'

Nick keek haar met een scheef glimlachje aan.

Ze stond op. 'Ik ben zo terug.'

Nick zag haar naar de damestoiletten gaan en keek bewonderend naar de ronding van haar achterste. Ze bleef daar niet lang. Op de terugweg liep ze langs Scotts tafel en bleef daar even staan. Ze zei iets tegen de advocaat en ging toen even naast hem zitten. Ze lachte; blijkbaar had hij iets grappigs gezegd. Even later zag hij de advocaat haar iets geven. Cassie lachte weer, stond op en kwam naar haar plaats terug.

'Wat was dat?' vroeg Nick.

Cassie gaf hem het kaartje van de advocaat. 'Ga nu maar na wie hij is.'

'Dat was snel werk.' Nick keek naar het kaartje en las: 'Abbotsford Gruendig.'

'Ik help alleen maar een handje,' zei Cassie.

'Trouwens, ik ben niet zo blind,' zei Nick. 'Ik zie jou. Ik kan je heel goed zien, en wat ik zie, bevalt me.'

'Maar zoals ik al zei: we zien dingen niet zoals ze zijn. We zien dingen zoals *wíj* zijn.'

'Geldt dat ook voor jou?'

'Het geldt voor ons allemaal. We liegen tegen onszelf, want dat is de enige manier om ons overal doorheen te slaan. Maar op een gegeven moment krijgen de leugens er genoeg van en werken ze niet meer mee.'

'Wat bedoel je daarmee?'

Cassie keek hem kalm en onderzoekend aan. 'Vertel me de waarheid, Nick. Wat is de echte reden waarom de politie in je huis was?'

# 76

Een ogenblik wist hij niet wat hij moest zeggen.

Hij had haar niet verteld dat de politie zijn huis en tuin had doorzocht, en het was vreemd dat hij zo'n belangrijke gebeurtenis had verzwegen. Vooral omdat de zaak in verband stond met haar vader. Lucas en Julia wisten dat de politie naar sporen van Andrew Stadler had gezocht. Ze wisten alleen niet de echte reden daarvoor.

'Lucas heeft het je verteld,' zei Nick neutraal. Hij probeerde zijn hartslag en ademhaling kalm te houden. Hij nam een hap steak, al had hij eigenlijk geen trek meer.

'Hij vond het opwindend.'

'Ja, nou, hij schijnt het allemaal wel grappig te vinden. Cassie, ik had je erover moeten vertellen, maar ik wist dat het je van streek zou maken. Ik wilde niet over je vader...'

'Ik begrijp het,' zei ze. 'Ik begrijp het. En ik stel het op prijs.' Ze speelde met een lepel. 'Denken ze echt dat mijn vader de stalker was?'

'Het is maar één mogelijkheid,' zei Nick. 'Ik denk dat ze nog in het duister tasten.' Hij slikte. 'Waarschijnlijk vragen ze zich zelfs af of ik er iets mee te maken had.' Die laatste woorden kwamen er snel uit, niet zoals hij ze zelf in zijn hoofd hoorde.

'Met zijn dood,' zei Cassie voorzichtig.

Nick bromde.

'En is het mogelijk dat je er iets mee te maken had?'

Nick kon niet meteen iets zeggen. Hij keek haar niet aan, kon dat niet. 'Wat bedoel je?'

Ze legde de lepel zorgvuldig naast het mes. 'Als je dacht dat hij misschien al die gekke dingen deed, kun je op de een of andere manier tussenbeide zijn gekomen. Misschien heb je hem geholpen hulp te zoeken.' Ze zweeg even. 'Maar ja, dat zijn de vragen die ik mezelf ook stel. Waarom heb ik er niet voor gezorgd dat hij hulp zocht? Waarom ben ik niet tussenbeide gekomen? Ik vraag me steeds weer af of ik iets had kunnen doen wat de dingen had kunnen veranderen. Stratton schijnt een geweldig programma voor hulp bij psychische problemen te hebben, maar plotseling kwam hij daar niet meer voor in aanmerking – dat is een echte Catch-22-situatie, hè? Vanwege psychische problemen neem je ontslag en daarmee verlies je dan je recht op behandeling van je psychische problemen. Dat is niet goed.'

Behoedzaam: 'Het is niet goed.'

'En vanwege die beslissingen – beslissingen die jij en god mag weten hoeveel andere mensen hebben genomen – is mijn papa dood.' Cassie huilde nu. De tranen liepen over beide wangen.

'Cassie,' zei Nick. Hij pakte haar hand vast en zweeg. Haar hand lag bleek en klein in de zijne. Toen kwam er een gedachte bij hem op, en het was of hij ijs had ingeslikt. Zijn hand, de hand waarmee hij haar probeerde te troosten, was de hand die het pistool had vastgehouden.

'Maar weet je wat?' zei Cassie haperend. 'Toen ik het nieuws kreeg over... je weet wel...'

'Ik weet het.'

'Het was of ik tegen een muur was opgelopen. Maar, Nick, ik voelde ook iets anders. Ik voelde me opgelucht. Begrijp je dat?'

'Opgelucht.' Verdoofd herhaalde hij het woord.

'Al die keren dat hij werd opgenomen, al die keren dat hij terugviel, al die ellende die hij had doorstaan. Pijn die niet fysiek is maar daardoor niet minder echt. Hij hield niet van de plaats waar hij was – de wereld waarin hij meer en meer moest leven. Het was niet jouw wereld of mijn wereld, het was zijn wereld, Nick, en het was daar koud en griezelig.'

'Het moet een hel zijn geweest voor jullie beiden.'

'En op een dag verdween hij. Opeens was hij dood. Vermoord – doodgeschoten, god mag weten waarom. Maar het was bijna een daad van genade. Denk jij ooit dat dingen om een reden gebeuren?'

'Ik denk dat sommige dingen om een reden gebeuren,' zei Nick langzaam. 'Maar niet alles. Ik denk niet dat Laura om een bepaalde reden is gestorven. Het gebeurde gewoon. Met haar. Met ons. Als een piano die gewoon uit de lucht komt vallen en je verplettert.'

'Alles kan gebeuren, bedoel je.' Cassie streek de tranen van haar gezicht weg. 'Maar dat is nooit het hele verhaal. Iets gebeurt, en het verandert je leven, en wat doe je dan? Ga je gewoon door alsof er niets gebeurd is? Of zie je het onder ogen?'

'Ik kies voor optie A.'

'Ja. Dat zie ik.' Cassie maakte haar piekerige haar met haar hand in de war. 'Er is een parabel van Schopenhauer. Het heet "Die Stachelschweine" – de stekelvarkens. Je hebt van die stekelvarkens, en het is winter, en dus kruipen ze voor de warmte tegen elkaar aan – maar als ze te dichtbij komen, doen ze elkaar natuurlijk pijn.'

'Oei, een allegorie,' zei Nick.

'Inderdaad. Te ver van elkaar vandaan, en ze vriezen dood. Te dichtbij, en ze bloeden. Zo zijn wij allemaal. Het geldt ook voor jou en Lucas.'

'Ja, nou, hij is inderdaad een stekelvarken.'

'Dat moet ik jullie Conover-mannen nageven,' zei Cassie. 'Jullie hebben net zo'n goede verdediging als een middeleeuws kasteel. Jullie hebben een slotgracht, kokende olie boven de poort, een burchttoren. "Kom maar op", hè? Ik hoop dat je provisiekast vol is.'

'Goed, schat. Omdat je de dingen zoveel duidelijker ziet dan ik, wil ik je iets vragen. In hoeverre denk je dat ik me zorgen moet maken om mijn zoon?'

'Nou, een beetje. Hij rookt wiet, zoals je weet. Waarschijnlijk is hij een paar keer per dag high. Dat kan je concentratievermogen aantasten.'

'Een paar keer per dag? Weet je dat zeker?'

'O, alsjeblieft. Hij heeft twee flesjes Visine op zijn kastje. Hij heeft Febreze-spray in zijn kast.'

Nick keek haar nietszeggend aan.

'Textielverfrisser. Je spuit het op je kleren om de geur van het spul weg te krijgen. En dan heeft hij die leeggehaalde Dutch Master-sigaren in zijn prullenbak. Om een extra dikke joint te maken. Allemaal elementaire hasjkunde.'

'Jezus,' zei Nick. 'Hij is nog maar zestien.'

'En hij wordt zeventien. En dan achttien. En dat wordt ook moeilijk.'

'Een jaar geleden zou je hem niet hebben herkend. Er was niets met hem aan de hand en hij was een populaire sportman.'

'Net als zijn pa.'

'Mijn moeder ging niet dood toen ik vijftien was.'

'Het wordt nog erger als je er niet over kunt praten.'

'Hij is een kind. Hij heeft er moeite mee om over zulke dingen te praten.'

Cassie keek hem aan.

'Wat is er?'

'Ik had het niet over Lucas,' zei ze kalm. 'Ik had het over jou.'

Hij haalde diep adem. 'Je houdt van vergelijkingen? Dan heb ik er ook een. Ken je die van die tekenfilmcoyote die altijd over de rand van de afgrond rent?'

'Ja, Nick. Wile E. Coyote. Een schoolvoorbeeld voor de president-directeur van Acme Industries, vond ik altijd.'

'En dan hangt hij midden in de lucht, maar zijn benen rennen door en hij komt goed vooruit. Maar dan kijkt hij naar beneden en valt hij recht omlaag. Moraal van het verhaal? Nooit omlaag kijken!'

'Prachtig,' zei Cassie, haar stem zo scherp als toverhazelaar. 'Prachtig.' Haar ogen flikkerden. 'Is het je ooit opgevallen dat Lucas je niet eens kan aankijken? En jij kunt hem amper aankijken. Hoe komt dat?'

'Als je weer met die stekelvarkens komt aanzetten, ben ik vertrokken.'

'Hij heeft zijn moeder verloren en hij heeft een wanhopige behoefte aan een band met zijn vader. Maar jij bent er niet, en als je er bent, ben je er toch niet. Je bent niet bepaald verbaal expressief, hè? Hij heeft het nodig dat je hem helpt, maar dat kun je niet – je weet niet hoe dat moet. En hoe geïsoleerder hij zich voelt, des te meer keert hij zich tegen jou, en des te kwader word jij.'

'De leunstoelpsychologe,' zei Nick. 'Weer een van die fantasierijke "diagnoses" van jou. Maar het is geen slecht giswerk.'

'Nee,' zei ze. 'Het is geen giswerk. Hij heeft het me min of meer zelf verteld.'

'Heeft hij het je verteld? Dat kan ik me niet voorstellen.'

'Hij was stoned, Nick. Hij was stoned, en hij huilde en toen kwam het eruit.'

'Was hij stoned? Waar jij bij was?'

'Hij stak een lekkere dikke joint op,' zei Cassie met een vaag glimlachje. 'We deelden hem. En we hadden een lang gesprek. Je had hem moeten horen. Hij heeft veel aan zijn hoofd. Veel dingen die hij jou niet kan vertellen. Veel dingen die je zou moeten horen.'

'Heb jij marihuana gerookt met mijn zoon?'

'Ja.'

'Dat is enorm onverantwoordelijk. Hoe kon je dat doen?'

'Goh, pap, nu ontgaat je het totaalbeeld.'

'Lucas heeft een probleem met die troep. Je zou hem moeten helpen. Niet stimuleren, verdomme nog aan toe. Hij kijkt tegen je op!'

'Ik heb tegen hem gezegd dat hij moet stoppen met wiet, in elk geval als hij de volgende dag naar school moet. Ik denk dat hij dat gaat doen.'

'Verdomme nog aan toe! Jij hebt geen idee, hè? Het kan me niet schelen wat voor een rotjeugd je hebt gehad. Je hebt te maken met mijn zoon. Een zestienjarige jongen met een drugsprobleem. Welk gedeelte kun je niet snappen?'

'Nick, voorzichtig,' zei ze met een lage, hese stem. Haar gezicht brandde dieprood, maar de uitdrukking bleef merkwaardig strak, als een stenen masker. 'We hadden een erg openhartig en eerlijk gesprek, Luke en ik. Hij heeft me van alles verteld.' Nu keek ze hem nadrukkelijk aan.

Nick werd innerlijk verscheurd door woede en angst. Hij wilde haar verwijten wat ze had gedaan – high worden met Lucas –

en tegelijk was hij bang voor wat ze van Lucas kon hebben gehoord.

Lucas die misschien – of misschien niet – schoten had gehoord in die nacht.

Die misschien – of misschien niet – zijn vader en Eddie had horen praten over wat er die nacht werkelijk was gebeurd.

'Wat bijvoorbeeld?' kon hij uitbrengen.

'Allerlei dingen,' fluisterde ze onheilspellend.

Nick deed zijn ogen dicht en wachtte tot zijn hart ophield met bonzen. Toen hij ze weer opendeed, was ze weg.

## 77

Audreys e-mailicoontje stuiterde in het beeldscherm, en ze zag dat het Kevin Lenehan was, de elektronica-expert.

Ze ging meteen naar hem toe, rende bijna.

'Wat denk je dat het beste restaurant in de stad is?' zei Kevin.

'Weet ik niet. Het Terra misschien? Ik ben daar nooit geweest.'

'Wat zou je zeggen van Taco Gordito?'

'Waarom vraag je dat?'

'Omdat jij me op een diner moet trakteren. Ik heb je verteld dat de opnamen op dit apparaat om 3:18 uur op de ochtend van woensdag de zestiende zijn begonnen, nietwaar? Net na de tijd waarin jij zo geïnteresseerd was?'

'Wat heb je ontdekt?'

'De harde schijf is in twee secties verdeeld. De ene sectie is bestemd voor digitale beelden, de andere voor de software die het ding bestuurt.' Hij zette zijn computermonitor aan, werkte met de muis en klikte op iets. 'Het is trouwens een erg mooi systeem. Het werkt met internet.'

'Wat bedoel je?'

'De eigenaar kon op zijn kantoor zien wat zijn camera's registreerden.'

'Wat leid je daaruit af?'

'Niets. Ik zeg het alleen maar. Goed, kijk hier eens naar.'

'Dat zegt mij niets. Het is een lange lijst cijfers.'

'Geen techneut, hè? Je man moet de video voor je programmeren?'

'Hij kan het ook niet.'

'Ik evenmin. Niemand kan dat. Nou, kijk. Dit is het log van alle opgeslagen inhoud.'

'Is dat de vijftiende?'

'Ja. Dit log vertelt ons dat de opnamen op dinsdag de vijftiende zijn begonnen, om vier minuten over twaalf 's middags. Niet vijftien uur later.'

'Dus je hebt meer videobeelden gevonden?'

'Was dat maar waar. Nee, je begrijpt me niet goed. Iemand moet de sectie van de harde schijf waar de opnamen op staan opnieuw hebben geformatteerd en daarna het hele apparaat opnieuw hebben opgestart, zodat het leek of het ding pas om drie uur zoveel in de ochtend van woensdag is begonnen. Maar het log vertelt ons dat het systeem al vijftien uur eerder in werking was gesteld. Volgens het log gaat de opgeslagen inhoud terug tot ongeveer twaalf uur 's middags die dag. Maar als je op de bestanden klikt, krijg je "bestand niet gevonden".'

'Gewist?'

'Precies.'

Audrey keek naar het scherm. 'Weet je dit zeker?'

'Of ik zeker weet dat het apparaat de vorige dag om twaalf uur 's middags opnamen begon te maken? Ja, helemaal zeker.'

'Nee. Zeker dat je die opnamen niet kunt terughalen.'

'Die zijn foetsie.'

'Dat is jammer.

'Hé, je kijkt teleurgesteld. Ik dacht dat je het geweldig zou vinden. Je kunt nu bewijzen dat een deel van de videobeelden is gewist.'

'Heb je als kind ooit het boek *Gelukkig* gelezen?'

'Mijn moeder plantte me altijd voor de televisie neer. Alles wat ik over het leven heb geleerd, komt uit soapseries. Daarom ben ik alleenstaand.'

'Ik moet het wel duizend keer hebben gelezen. Er komt een jongen in voor, een zekere Ned, en die wordt uitgenodigd op een verrassingsfeest, maar helaas is dat een feest op duizend kilometer afstand. Gelukkig leent een vriend hem een vliegtuig, maar helaas ontploft de motor.'

'Ai. Ik vind het altijd zo erg als dat gebeurt.'

'Gelukkig is er een parachute in het vliegtuig.'

'Maar helaas heeft hij afschuwelijke brandwonden op negentig procent van zijn lichaam en kan hij zijn parachute niet openmaken? Kijk eens hoe mijn geest werkt.'

'Zo is het met deze zaak ook. Gelukkig... Helaas...'

'Dat is een vrij goede beschrijving van mijn seksleven,' zei Kevin.

'Gelukkig gaat het meisje met Kevin naar huis. Helaas blijkt ze een radicale feministische lesbienne te zijn die alleen maar wil dat hij haar leert Photoshop te gebruiken.'

'Dank je, Kevin.' Audrey stond op van de kruk. 'Ik trakteer op een lunch bij Taco Gordito.'

'Diner,' zei Kevin op besliste toon. 'Dat is de afspraak.'

## 78

Toen Nick het parkeerterrein opreed, een halfuur later dan op andere ochtenden, ging zijn mobiele telefoon.

Het was Victoria Zander, de directeur Werkplekonderzoek. Ze belde vanuit Milaan. 'Nick,' zei ze 'Ik ben op de *Salone Internazionale del Mobile* in Milaan, en ik ben zo geschrokken dat ik bijna niet kan praten.'

'Goed, Victoria, haal diep adem en vertel me dan wat er is.'

'Wil je me alsjeblieft uitleggen wat er met Dashboard aan de hand is?'

Dashboard was een van de grote nieuwe projecten die Victoria ontwikkelde – een systeem van flexibele, modulaire glazen scheidingswanden – erg stijlvol, prachtig ontworpen en iets waar Victoria lyrisch van werd. Nick werd er om zakelijke redenen lyrisch van: er was niets vergelijkbaars op de markt, en het zou vast en zeker een groot succes worden.

'Wat bedoel je, "wat is er aan de hand"?'

'Na al die tijd, al dat geld dat we erin hebben gestoken, en... Het is gewoon absurd! "Alle grote kapitaaluitgaven opgeschort" – wat bedoel je daarmee? En zonder de beleefdheid om me dat van tevoren te vertellen?'

'Victoria...'

'Ik zie niet hoe ik voor Stratton kan blijven werken. Echt niet. Weet je, die lui van Herman Miller zitten al twee jaar achter me aan, en eerlijk gezegd denk ik dat ik daar veel beter...'

'Victoria, wacht nou even. Wil je even luisteren? Nou, wie heeft je verteld dat we Dashboard in de ijskast zetten?'

'Jullie! Ik kreeg het mailtje van Scott.'

*Welk mailtje?* vroeg Nick bijna, maar in plaats daarvan zei hij: 'Victoria, er is ergens een fout gemaakt. Ik bel je meteen terug.'

Hij verbrak de verbinding, gooide de deur van zijn auto dicht en ging op zoek naar Scott.

'Hij is er niet, Nick,' zei Gloria. 'Hij had een afspraak.'

'Een afspraak waar?' wilde Nick weten.

Ze aarzelde. 'Dat heeft hij niet gezegd.'

'Wil je hem op zijn mobieltje bellen? Nu meteen.'

Gloria aarzelde weer. 'Sorry, Nick, maar zijn mobieltje werkt niet in de fabriek. Daar is hij.'

'De fabriek? Welke?'

'De stoelenfabriek. Hij... nou, hij geeft iemand een rondleiding.'

Voor zover Nick wist, was Scott misschien nog maar twee keer in de fabrieken geweest. 'Wie?'

'Nick, ik... alsjeblieft.'

'Hij heeft je gevraagd niets te zeggen.'

Gloria deed haar ogen dicht en knikte. 'Ik vind het erg vervelend. Ik verkeer in een moeilijke positie.'

*Moeilijke positie? Ik ben verdomme de president-directeur*, dacht hij.

'Maak je maar geen zorgen,' zei hij vriendelijk.

Nick was in bijna drie maanden niet in de stoelenfabriek geweest. Er was een tijd geweest dat hij er elke maand kwam, soms vaker, gewoon om te kijken hoe het ging, vragen te stellen, naar klachten te luisteren, te kijken hoeveel voorraad er was. Hij keek ook op de kwaliteitsborden van elke afdeling, vooral om het goede voorbeeld te geven: als hij op de kwaliteitskaarten lette, zou de directeur van de fabriek dat ook doen, en ook iedereen onder hem.

Hij bezocht de fabriek zoals de ouwe Devries dat altijd deed, alleen noemden ze het toen geen *gemba*-bezoeken, zoals nu. Die term was geïntroduceerd door Scott, samen met *kaizen* en een heleboel andere Japanse woorden die Nick zich niet kon herinneren en die hem in de oren klonken als soorten sushi.

Na de ontslagen was het geen pretje meer om door de fabrieken te lopen. Als hij daar was, voelde hij de vijandigheid. Het was hem en alle anderen niet ontgaan dat ouwe Devries de taak had gehad om fabrieken te bouwen, en hij om ze te slopen.

Maar hij wist dat hij het waarschijnlijk weer zou gaan doen, zowel hier als in het andere fabriekscomplex, zo'n vijftien kilometer verderop. Hij zou weer met zijn maandelijkse bezoeken beginnen, nam hij zich voor.

Als hij de kans kreeg.

Als de fabrieken er nog waren.

Hij zag het grote witte bord op de voorkant van het rode gebouw, het bord met DAGEN SINDS LAATSTE ONGELUK, met daarnaast een zwart led-paneel met de rode digitale cijfers 322. Iemand had ONGELUK doorgestreept en er met een dikke zwarte viltstift ONTSLAGEN overheen gekrabbeld.

Hij ging door de ingang voor bezoekers naar binnen en rook de oude vertrouwde geur van lassen en solderen, van heet metaal. Hij dacht meteen weer aan die keren dat hij zijn vader op diens werk had bezocht, aan warme zomers toen hij nog op school zat en studeerde en in de vakantie aan de lopende band werkte. Het dikke meisje dat aan het gehavende oude bureau zat en veiligheidsbrillen uitdeelde, bezoekers begroette en de telefoon opnam, schrok toen ze hem zag. 'Goedemorgen, meneer Conover.'

'Morgen, Beth.' Beth-en-iets-Italiaans. Hij tekende het register en zag dat Scott ongeveer tien minuten eerder had getekend, samen met iemand wiens handtekening onleesbaar was.

'Allemachtig, u en meneer McNally binnen een uur. Is er iets aan de hand wat ik moet weten?'

'Nee. Ik ben op zoek naar meneer McNally. Enig idee waar hij is?'

'Nee, meneer. Maar hij had een bezoeker bij zich.'

'Heb je de naam van die andere man verstaan?'

'Nee, meneer.' Ze keek beschaamd, alsof ze haar werk niet had gedaan. Maar Nick kon het haar niet kwalijk nemen dat ze de papieren van de gast van de financieel directeur niet al te zorgvuldig had bekeken.

'Zei Scott waar ze heen gingen?'

'Nee, meneer. Zo te horen gaf meneer McNally een rondleiding.'

'Leidt Brad ze rond?' Brad Kennedy was de fabrieksdirecteur. Hij leidde alleen vips rond.

'Nee, meneer. Zal ik Brad voor u bellen?'

'Dat hoeft niet, Beth.' Hij zette een duffe veiligheidsbril op.

Hij was vergeten hoe lawaaierig de fabriek was. Honderdduizend vierkante meter kletterend, stampend, daverend metaal. Toen hij op de grote fabrieksruimte kwam en zich aan de 'groene mijl' hield, zoals dat heette – de groen geverfde rand waarbuiten je geen gevaar liep van de Hi-Lo-vorkheftrucks die met roekeloze snelheid door de gangpaden denderden – voelde hij dat de vloer schudde. Dat betekende dat de pers van duizend ton, die de onderkant van het besturingspaneel van de Symbiosis-stoel perste, in werking was. Het was verbazingwekkend: die pers van duizend ton stond helemaal aan de andere kant van de fabrieksruimte, en toch kon je hem voelen.

Hier in de fabriek voelde hij zich trots. Dit was het echte hart van Stratton – niet het opzichtige hoofdkantoor met zijn cubicles van zilverraster en zijn flatscreenmonitors en alle achterbakse intriges. De hartslag van de onderneming was dat regelmatige stampen van dat monster van duizend ton, dat trillingen door je wervelkolom joeg als je door de fabriek liep. Hier stonden nog van die oeroude, gevaarlijke, hydraulische machines die staal van twee centimeter dik konden buigen, precies dezelfde machines waaraan zijn vader had gestaan, ziedende monsters die je je hand konden kosten als je niet uitkeek. Zijn vader had inderdaad een keer het topje van zijn ringvinger aan dat oude groene werkpaard verloren; dat had hem eerder beschaamd dan woedend gemaakt, want hij wist dat het zijn eigen schuld was. Hij moest het gevoel hebben gehad dat die machine na al die jaren van nauwe samenwerking teleurgesteld in hem was.

Terwijl hij daar liep, keek hij uit naar Scott, en hoe langer hij naar hem zocht, des te groter werd zijn woede. Het idee dat Scott, die voor hem werkte, die hij in dienst had genomen, het lef had om projecten op te schorten, financieringen te blokkeren, van leverancier te veranderen zonder met hem te overleggen – dat was je reinste insubordinatie.

Er werkten vijfhonderd mensen in deze fabriek. Ze maakten stoelen voor de in Armani-broeken gehulde achterwerken van investeringsbankiers en fondsbeheerders, de in Prada gehulde billen van artdirectors.

Hij vond het altijd indrukwekkend dat de fabrieksvloer zo goed schoon werd gehouden. Je zag nergens olievlekken en elke afdeling was goed aangegeven met hangende borden. Elke afdeling had haar eigen veiligheidsbord: groen voor een veilige dag, geel voor een dag met licht letsel, rood voor een verwonding die in het ziekenhuis moest worden behandeld. Het is maar goed dat we thuis niet zo'n bord hebben hangen, dacht hij grimmig. Wat was de kleur van de dood?

Hij was op zoek naar twee mannen in pakken. Die moesten niet zo moeilijk te vinden zijn, hier tussen de mannen (en een paar vrouwen) in spijkerbroek en T-shirt en met een helm op.

Nu en dan flitste er een bericht op de televisiemonitoren, een gestage stroom propaganda om het moreel op peil te houden. DE FAMILIE STRATTON GEEFT OM JOUW FAMILIE – PRAAT MET JE VOORZIENINGENADVISEUR. En: DE VOLGENDE INSPECTEUR IS ONZE KLANT. En toen: STRATTON GROET JIM VEENSTRA – FABRIEK FENWICK – vijfentwintig jaar in dienst.

Uit een radio daverde 'Shadows' van Fleetwood Mac. Die muziek kwam uit de afdeling waar de Symbiosis-stoelen werden geassembleerd. Nick had het assemblageproces overgenomen van Ford en min of meer opgedrongen aan de werkers, die er bezwaar tegen maakten dat ze nog dommer werk moesten doen. Ze mochten graag in hun eentje de hele stoel bouwen, en wie kon hun dat kwalijk nemen? Ze hielden van het oude stukloon. Tegenwoordig werd er elke vierenvijftig seconden een stoel geassembleerd; een lamp doorliep een cyclus van groen naar oranje en rood, een teken voor de werkers dat hij af moest zijn. De fabriek produceerde tienduizend Symbiosis-stoelen per week.

Hij liep vlug langs de wasmachine die de olie van de afdekkingen van de stoelbesturingen spoelde en ze in een oranje bevoorradingskuip liet kletteren. Hij ging onwillekeurig wat langzamer lopen om naar een robotachtige machine te kijken, een recente aanwinst die rechte stangen opnam, vijf perfecte bochten maakte en het geheel afknipte – dat alles in twaalf seconden. Bij de pers die buizen van tweeënhalve meter lange stalen rollen maakte voor de stapelstoelen zat een man met groene doppen in zijn oren te slapen. Blijkbaar had hij pauze.

De chef van de fabrieksvloer, Tommy Pratt, zag hem, zwaaide naar hem en kwam vlug naar hem toe. Nick kon de man niet beleefd ontwijken.

'Hé! Meneer Conover!' Tommy Pratt was een kleine man die eruitzag als een compacte versie van een grotere man: alles aan hem leek samengedrukt. Zelfs zijn haar was dicht, een helm van strakke bruine krullen. 'Ik heb u hier een tijdje niet gezien.'

'Ik kon niet wegblijven,' zei Nick. Hij moest zijn stem verheffen om in het lawaai verstaanbaar te zijn. 'Heb je Scott McNally gezien?'

Pratt knikte en wees naar het andere eind van de vloer.

'Dank je,' schreeuwde Nick terug. Hij wees met zijn kin naar een oranje bak die hoog beladen was met zwarte stoelwieltjes. Een ongewone aanblik – Scotts nieuwe voorraadbeheersysteem zorgde ervoor dat ze nooit een grote voorraad hadden. In de religie van Slank Management was een te grote voorraad een doodzonde. 'Wat is dat?' vroeg hij.

'Nou, meneer Conover... We hebben een probleem gehad met, nou, met een op de twee partijen van die wieltjes. U weet wel, het zijn gekochte onderdelen...'

'O ja? Dat is voor het eerst. Ik zal iemand naar Lenny bij Peerless laten bellen... Nee, ik bel Lenny zelf.' Peerless in St. Joseph, Michigan, maakte al een eeuwigheid stoelwieltjes voor Stratton. Nick kon zich vaag herinneren dat hij een paar telefoonberichten van Lenny Block had gekregen, de president-directeur van Peerless. 'Eh, nee, meneer,' zei Pratt. 'We zijn vorige maand overgeschakeld op een andere leverancier. Een Chinees bedrijf, geloof ik.'

'Huh?'

'Weet u wat zo lastig is, meneer? Als we een slechte partij van Peerless kregen, wat trouwens bijna nooit gebeurde, stuurde die ons gewoon meteen een nieuwe partij. Nu hebben we met containerschepen te maken, en die doen er een eeuwigheid over.'

'Wie is op een andere leverancier overgestapt?'

'Nou, ik geloof dat Brad zei dat Ted Hollander het wilde. Brad heeft zich verzet, maar weet u, het kwam van hogerhand, en we besparen nu kosten en zo.'

Ted Hollander was directeur Controle en Inkoop, een van Scott McNally's directe ondergeschikten. Nick zette zijn kaken op elkaar.

'Ik kom daar nog op terug,' zei hij met zakelijke hartelijkheid. 'Als ik tegen de jongens zeg dat ze de kosten in de hand moeten houden, gaan sommigen een beetje te ver.' Nick maakte aanstalten om door te lopen, maar Pratt tikte tegen zijn elleboog. 'Eh, meneer Conover, nog één ding. Ik hoop dat ik u hier niet wegjaag... U moet niet denken dat we hier alleen maar ons beklag bij u doen, weet u.'

'Wat is er?'

'Die verrekte Slear-lijn. We hebben hem vanmorgen al twee keer moeten stopzetten. Het is een bottleneck. Het houdt de rest op.'

'Die lijn is ouder dan ik.'

'Dat is het nou juist. De onderhoudsmonteur zegt steeds weer tegen ons dat we hem moeten vervangen. Ik weet dat het veel geld kost, maar ik denk dat we geen keus hebben.'

'Ik vertrouw op je oordeel,' zei Nick zonder omhaal.

Pratt keek hem vragend aan; hij had een discussie verwacht. 'Ik klaag niet. Ik zeg alleen dat we het niet veel langer kunnen uitstellen.'

'Je weet ongetwijfeld wat je doet.'

'We hebben erom gevraagd, maar ons verzoek werd afgewezen,' zei Pratt. 'Uw mensen zeiden dat het geen gunstig moment was. Ze zeiden iets over opschorting van grote kapitaaluitgaven.'

'Wat bedoel je, "mijn mensen"?'

'We hebben dat verzoek vorige maand ingediend. Het antwoord kwam een week of twee geleden van Hollander.'

'Er is geen opschorting van grote uitgaven, begrepen? We werken voor de lange termijn.' Nick schudde zijn hoofd. 'Sommige mensen worden een beetje te ijverig. Neem me niet kwalijk.'

Twee mannen in pakken en met veiligheidsbrillen op liepen door de 'supermarkt', het gedeelte waar onderdelen langs gangpaden lagen opgeslagen. Ze liepen vlug, en een van hen – Scott – wees met zijn hand naar iets toen ze de fabrieksruimte verlieten. Nick vroeg zich af wat hij tegen de andere man zei, die hij van de vorige avond herkende.

De advocaat uit Chicago die Scott zogenaamd adviseerde over herstructureringen. De man die nu onopvallend, bijna heimelijk, een rondleiding door de fabriek kreeg van Scott, die in meer dan een jaar niet in de fabriek was geweest.

Een financieel directeur had natuurlijk geen enkele reden om de ronde te doen door een van de fabrieken van Stratton. Nick dacht erover hen in te halen, maar hij zag daarvan af.

Het was nergens voor nodig dat hij zich weer over iets liet voorliegen.

## 79

Er was geen e-mail van Cassie. Niet dat hij dat had verwacht, maar hij had er min of meer op gehoopt. Hij besefte dat hij zich bij haar moest verontschuldigen, en dus typte hij:

Waar is mijn egeltje gebleven?
N.

Toen trok hij zijn flatscreenmonitor naar zich toe, opende zijn browser en ging naar Google. Hij keek op het kaartje waaraan Cassie hem de vorige avond had geholpen, en typte Randall Enrights naam in, en ook de naam van zijn advocatenkantoor.

Abbotsford Gruendig had kantoren in onder andere Londen, Chicago, Los Angeles, Tokio en Hongkong. 'Met meer dan tweeduizend advocaten in vijfentwintig kantoren over de hele wereld verleent Abbotsford Gruendig wereldwijd diensten aan nationale en multinationale ondernemingen, instituten en overheden,' pochte de homepage van de firma.

Hij typte Randall Enrights naam in. Die verscheen in een lijst van namen op een pagina met de kop FUSIES & ACQUISITIES, met nog meer reclamepraat:

> Onze ondernemingsspecialisten zijn experts op het gebied van F&A en concentreren zich op transacties die zich over verschillende jurisdicties uitstrekken. Ze kunnen adviseren over vergunningen en voorschriften en bieden plaatselijke juridische diensten in meer dan twintig jurisdicties. Tot onze cliënten behoren grote ondernemingen op de terreinen van telecommunicatie, defensie en productie.

Blabla. Nog meer juridisch koeterwaals.

Maar hij wist nu wel dat Scott echt niet bezig was zich over nieuwe voorschriften voor financiële rapportage te laten voorlichten.

Hij voerde iets heel anders in zijn schild.

Stephanie Alstrom, hoofd van de juridische afdeling van Stratton, droeg een marineblauw pakje, een witte blouse en een zware gouden halsketting die waarschijnlijk tot doel had haar meer gezag te laten uitstralen. In plaats daarvan leek ze door dat halssnoer en de bijpassende oorhangers juist kleiner en nietiger dan ze al was. Haar grijze haar was kortgeknipt, ze had diepe lijnen bij haar mond en wallen onder haar ogen. Ze was in de vijftig, maar leek twintig jaar ouder. Misschien kreeg je dat als je tientallen jaren bedrijfsjurist was.

'Ga zitten,' zei Nick. 'Bedankt dat je bent gekomen.'

'Geen dank.' Ze keek zorgelijk, maar ja, zo keek ze altijd. 'Je wilt iets over Abbotsford Gruendig weten?'

Nick knikte.

'Ik weet niet precies wat je wilt weten, maar het is een groot internationaal advocatenkantoor met vestigingen over de hele wereld. Een fusie van een traditionele Britse firma en een Duitse firma.'

'En die Randall Enright?'

'Gespecialiseerd in fusies en overnames. Spreekt vloeiend Chinees. Een van de kopstukken. Kenner van Chinees recht. Heeft jarenlang op hun kantoor in Hongkong gewerkt, tot zijn vrouw met alle geweld naar Amerika terug wilde. Mag ik vragen waarom je plotseling zoveel belangstelling voor hem hebt?'

'Die naam dook ergens op. Dat is alles. Nou, wat weet je van Stratton Asia Ventures?'

Er kwamen rimpels in haar voorhoofd. 'Niet veel. Een dochteronderneming die door Scott is opgezet. Hij heeft dat buiten mijn afdeling om gedaan.'

'Is dat ongewoon?'

'We bekijken allerlei contracten, maar we vragen er niet om en eisen ze niet op. Ik denk dat hij plaatselijk advies heeft ingewonnen in Hongkong.'

'Wil je hier eens naar kijken?' Nick gaf haar de e-mail van Scott aan Martin Lai in Hongkong, het mailtje dat Scott had geprobeerd te wissen.

'Tien miljoen dollar overgemaakt naar een rekening in Macau,' zei Nick terwijl ze ernaar keek. 'Wat zegt dat je?'

Ze keek Nick aan en sloeg toen vlug haar ogen neer. 'Ik weet niet wat je me vraagt.'

'Kun je omstandigheden bedenken waarin er tien miljoen dollar wordt overgemaakt naar een nummerrekening in Macau?'

Ze kreeg een kleur. 'Ik wil niemand belasteren. Ik wil er echt niet naar raden.'

'Toch vraag ik je dat, Steph.'

'Dit blijft tussen jou en mij?'

'Alsjeblieft. Niemand krijgt het te horen.'

Na een korte aarzeling zei ze: 'Er zijn twee dingen mogelijk. In Macau kun je geld witwassen. De Chinese leiders hebben geheime rekeningen bij de banken daar, zoals afgezette dictators uit de derde wereld gebruikmaken van de Caymaneilanden.'

'Interessant. Denk jij wat ik denk?'

Ze voelde zich duidelijk niet op haar gemak. 'Verduistering... of omkoping. Maar dat is alleen maar speculatie van mijn kant, Nick.'

'Dat begrijp ik.'

'En je mag het aan niemand doorvertellen.'

'Jij bent bang voor Scott, hè?'

Stephanie sloeg haar ogen neer. Haar blik ging schichtig heen en weer en ze zei niets.

'Hij werkt voor mij,' zei Nick.

'Op papier wel, ja,' zei ze.

'Pardon?' Haar opmerking kwam bij Nick aan als een stomp in zijn middenrif. Het was of de lucht uit zijn longen werd gepompt.

'Volgens het organisatieschema staat hij onder jou, Nick,' zei ze vlug. 'Dat is het enige wat ik bedoel.'

# 80

'Ik heb iets voor je,' zei Eddie door de telefoon.

'Ik zie je over tien minuten in de kleine vergaderkamer op mijn verdieping.'

Eddie aarzelde. 'Zeg, waarom kom je niet naar mijn kantoor?'

'Waarom?'

'Misschien heb ik er genoeg van om steeds met de lift naar boven te gaan.'

Het enige wat erger was dan zo'n idioot, kinderachtig spelletje, vond Nick, was eraan meedoen. 'Goed,' zei hij kortaf, en hij hing op.

'Weet je hoeveel e-mail Scotty de wereld in stuurt?' zei Eddie, achteroverleunend in zijn stoel. Het was een nieuwe stoel, zag Nick, uit een strikt gelimiteerde serie eersteklas Symbiosis-stoelen, bekleed met boterzacht Gucci-leer. 'Hij braakt mailtjes uit of het niks is.'

'Sorry dat ik je aan het werk heb gezet,' zei Nick. Hij zag ook dat Eddie een nieuwe computer had, met de grootste flatscreenmonitor die hij ooit had gezien.

'Ten eerste is die kerel verslaafd aan Levitra. Hij krijgt het via internet. Misschien wil hij niet dat zijn huisarts het weet – hij woont in een klein plaatsje.'

'Eigenlijk kan dat me niet schelen.'

'Hij koopt ook seksvideo's. Zoals *Hoe wordt u een betere minnaar? Verbeter uw prestaties. Seks voor het leven.*'

'Kom op nou,' zei Nick. 'Dat moet hij zelf weten, en ik wil er niet over horen. Ik interesseer me alleen voor onze zaken.'

'Onze zaken,' zei Eddie. Hij ging rechtop zitten, pakte een dikke bruine map en liet hem met een plof voor Nick neervallen. 'Dit heeft alles met onze zaken te maken. Weet jij ook maar een greintje van Cassie Stadler af?'

'Krijgen we dat weer?' snauwde Nick. 'Jij blijft met je snufferd uit mijn e-mails of...'

Eddie keek Nick plotseling recht in de ogen. 'Of wat?'

Nick schudde zijn hoofd en zei niets.

'Zo is het. We zijn een Siamese tweeling geworden, kerel. Ik heb een baangarantie, weet je nog wel?'

Nicks hart roffelde, en hij beet op zijn onderlip.

'Nou,' zei Eddie een beetje zangerig. 'Ik lees die verrekte e-mail van jou niet. Dat hoef ik niet. Je vergeet dat ik op mijn computer naar je huis kan kijken.'

'Naar mijn húís kijken?' Nick schudde zijn hoofd. 'Huh?'

Eddie haalde zijn schouders op. 'Je bewakingscamera's sturen hun beelden via internet naar de server hier. Dat weet je. Ik kan zien wie er komen en gaan. En ik zie dat stuk heel vaak komen en gaan.'

'Je hebt geen toestemming om mij te bespioneren. Is dat duidelijk?'

'Een paar weken geleden smeekte je me om hulp. Op een dag, binnenkort, ben je me dankbaar. Weet je dat die meid acht maanden in een inrichting heeft gezeten?'

'Ja,' zei Nick. 'En het waren maar zes maanden, en het was geen "inrichting". Ze was opgenomen omdat ze depressief was. Vriendinnen van haar waren om het leven gekomen. Nou en?'

'Weet je dat er de afgelopen zes jaar geen verzekeringspremies voor dat mokkel zijn afgedragen? Dat betekent dat ze geen baan heeft. Vind je dat niet vreemd?'

'Ik neem haar niet in dienst als directeur Personeelszaken. Ik neem haar helemaal niet in dienst. Ze is yogalerares geweest. Hoeveel yogaleraressen zouden regelmatig premies afdragen?'

'Ik ben nog niet klaar. Luister: "Cassie" is niet eens haar echte naam.'

Nick fronste zijn wenkbrauwen.

Eddie glimlachte. 'Helen. Ze heet Helen Stadler. Cassie – dat staat niet op haar geboorteakte. Haar naam is nooit officieel veranderd. Ze heeft hem gewoon verzonnen.'

'Nou en? Wat wil je daarmee zeggen?'

'Ik heb een bepaald gevoel bij haar,' zei Eddie. 'Er klopt iets niet aan haar. We hebben het hier al over gehad, maar laat me het nog een keer zeggen: het kan me niet schelen hoe lekker het is. Het is het risico niet waard.'

'Ik heb je alleen maar gevraagd uit te zoeken wat Scott McNally in zijn schild voert.'

Na enkele seconden van doffe stilte gaf Eddie een andere map aan Nick.

'Al die versleutelde documenten die mijn mensen hebben gevonden?'

'Ja?'

'Mijn mensen hebben ze allemaal gekraakt. Het is in feite maar één document, een stel verschillende versies. Het ging heen en weer tussen Scotty en een advocaat in Chicago.'

'Randall Enright.'

Eddie hield zijn hoofd schuin. 'Dat klopt.'

'Wat is het?'

'Al sla je me dood. Juristerij.'

Nick begon in de documenten te bladeren. In veel gevallen stond er CONCEPT en TER BEOORDELING. De papieren waren dicht beschreven met juridisch jargon, doorspekt met cijfers, het duivelsgebroed van een advocaat en een boekhouder.

'Misschien verkoopt hij bedrijfsgeheimen,' zei Eddie.

Nick schudde zijn hoofd. 'Niet Scott. Nee. Hij verkoopt geen bedrijfsgeheimen.'

'Nee?'

'Nee,' zei Nick, die weer in ademnood kwam. 'Hij verkoopt het bedrijf.'

## 81

'Waarom vertrouw je me?' zei Stephanie Alstrom. Ze zaten in een van de kleinere vergaderkamers op haar verdieping. Er was verdomme geen privacy in dit bedrijf, besefte Nick. Iedereen wist wie met wie praatte; iedereen kon meeluisteren.

'Wat bedoel je?'

'Je hebt Scott ook zelf in dienst genomen, en die geeft je nu een dolkstoot in de rug.'

'Instinct, denk ik. Hoezo, werk jij me ook tegen?'

'Nee.' Ze glimlachte. Nick had haar glimlach nooit eerder gezien en vond dat er vreemde rimpels in haar gezicht kwamen. 'Ik zou me gevleid moeten voelen.'

'Nou,' zei Nick. 'Mijn instinct heeft me wel vaker in de steek gelaten. Maar je kunt niet iedereen wantrouwen.'

'Daar zit wat in.' Ze zette een bril met halve glazen op. 'Dus je weet wat je hier hebt, hè?'

'Een koopcontract,' zei Nick. Hij had in de loop van zijn carrière honderden van zulke contracten bekeken, en hoewel lang niet alle juridische termen hem duidelijk waren, had hij geleerd zich een weg door de struiken te hakken om de essentiële punten bloot te leggen. 'Fairfield Equity Partners verkoopt ons aan Pacific Rim Investors, een firma in Hongkong.'

Stephanie schudde langzaam haar hoofd. 'Dat pik ik hier niet uit op. Het is vreemd. Ten eerste zie ik nergens een lijst van de fabrieken, vestigingen, activa en personeelsleden. Als ze van plan zijn daar iets van te behouden, zouden ze een lijst hebben. En in de afdeling

Verklaringen en Garanties staat dat de koper opdraait voor alle kosten, aansprakelijkheden, enzovoorts, die verbonden zijn aan het sluiten van Amerikaanse vestigingen of het ontslaan van alle personeelsleden. Het is dus vrij duidelijk. Pacific Rim koopt alleen Strattons naam. En doet al het andere weg.'

Nick staarde haar aan. 'Ze hebben onze fabrieken niet nodig. Ze hebben er genoeg in Shenzhen. Maar al dat geld voor een naam?'

'Stratton betekent klasse. Een degelijke oude Amerikaanse naam die gelijk staat aan stijl en soliditeit. En ze krijgen ook onze distributiekanalen. Stel je voor – je maakt het daar voor een fractie van de prijs, zet er een naamplaatje van Stratton op en verkoopt het voor grof geld. Geen enkele Amerikaanse firma zou het zo voordelig kunnen doen.'

'Wie zijn dat, die Pacific Rim Investors?'

'Geen idee, maar dat kan ik voor je uitzoeken. Het ziet ernaar uit dat Randall Enright helemaal niet voor Fairfield werkte. Hij trad op namens de koper. Pacific Rim.'

Nick knikte. Nu begreep hij waarom Scott de fabriek aan Enright had laten zien. Enright was in Fenwick om besprekingen te voeren namens een Hongkongse firma die zelf niet op bezoek kon komen omdat ze alles erg stil wilden houden.

'Het minste wat ze konden doen, is het jou vertellen,' zei ze.

'Ze wisten dat ik woedend zou zijn.'

'Daarom hebben ze Scott natuurlijk ook in de raad van bestuur gezet. Aziaten willen altijd met de absolute top te maken hebben. Als Todd Muldaur dacht dat het zou helpen als hij jou ontsloeg, had hij dat al gedaan.'

'Precies.'

'Het schrikt potentiële kopers af wanneer vlak voor een overname de president-directeur wordt ontslagen. Dan gaan alle voelsprieten uit. Daar komt nog bij dat jij veel van de essentiële relaties onderhoudt. Het was slimmer om je hermetisch van alles af te sluiten. En dat hebben ze gedaan.'

'Vroeger dacht ik dat Todd Muldaur een idioot was, maar nu weet ik beter. Hij is gewoon een klootzak. Kun je me uitleggen wat die nevenovereenkomst inhoudt?'

Ze trok de hoeken van haar kleine mondje omlaag. 'Zoiets heb ik nog nooit gezien. Het is een extraatje om de deal aantrekkelijker te maken. Voor zover ik kan nagaan, is het een manier om de transactie te versnellen, dus om alles snel in zijn werk te laten gaan. Maar dat is niet meer dan een vermoeden. Misschien kun je gaan praten met iemand die het weet.'

‘Wie dan? Ik ken niemand die dat soort dingen begrijpt. Behalve Scott dan.’

‘Hij is goed, maar hij is niet de enige,’ zei Stephanie. ‘Heb je nog contact met Hutch?’

## 82

Nick begon ertegenop te zien om in het openbaar te verschijnen.

Met ‘in het openbaar’ bedoelde hij niet dat hij naar zijn werk ging, al kostte het hem vrij veel moeite om zijn houding van Nick Conover, president-directeur, aan te nemen, zelfverzekerd en vriendelijk en hartelijk, terwijl hij tegelijk het gevoel had dat zijn poriën een giftige angst uitwasemden. Maar of hij nu naar een ouderbijeenkomst op school ging, of naar een winkel, of met een cliënt naar een restaurant, het werd steeds moeilijker voor hem om zijn masker op te houden.

Wat ooit alleen maar onaangenaam, zelfs pijnlijk was geweest – mensen tegenkomen die door zijn bedrijf waren ontslagen, beleefde maar gespannen woorden met hen wisselen, zich in het algemeen een paria in de stad voelen – was nu bijna ondraaglijk. Waar hij ook ging, wie hij ook tegenkwam, hij had een gevoel alsof er een neonbord om zijn hals hing, met opzichtige oranje buizen die het woord MOORDENAAR lieten flikkeren.

Zo ook die avond, toen hij naar Julia’s pianovoorstelling ging. Het optreden waar ze zo lang tegenop had gezien. Het was in een van de oude gehoorzalen van de stad, Aftermath Hall, een naar schimmel ruikend gebouw uit de jaren dertig. Op een podium van blank hout stond een Steinway-vleugel. Het doek was van rood fluweel, evenals de stoelen in de zaal, met hun oncomfortabele houten rugleuningen.

De kinderen renden in hun jasje met das of hun jurk door de hal, voortgestuwd door hun nervositeit. Hij zag twee kleine zwarte jongens met colbert en das, met hun oudere zus in een witte jurk en een strik: ongewoon in Fenwick, waar niet veel zwarten waren.

Hij schrok toen hij Laura’s zuster daar zag. Abby was een paar jaar ouder dan Laura en had ook twee kinderen. Haar man had een geërfd vermogen en geen persoonlijkheid. Hij beweerde dat hij romanschrijver was, maar meestal deed hij niet meer dan tennissen en golf spelen. Abby had dezelfde heldere blauwe ogen als Laura, en dezelfde zwanenhals. Maar in plaats van Laura's strakke krullen had ze sluik en glanzend bruin haar dat tot op haar schouders viel. Ze was terughoudender, had een vorstelijker houding, was moeilijker te benaderen. Nick mocht haar niet erg. Dat was waarschijnlijk wederzijds.

'Hé,' zei hij, en hij tikte tegen haar elleboog. 'Leuk dat je bent gekomen. Julia zal daar erg blij mee zijn.'

'Het was aardig van Julia om me te bellen.'

'Heeft ze dat gedaan?'

'Je klinkt verrast. Heb jij het niet tegen haar gezegd?'

'Ik kan niet zeggen dat ze iets moet doen, dat weet je. Hoe gaat het thuis?'

'Prima. Gaat het goed met de kinderen?'

Hij haalde zijn schouders op. 'Soms wel, soms niet. Ze missen je erg.'

'O ja? Maar jij niet.' Toen verzachtte ze haar woorden een beetje met een glimlach die niet erg oprecht leek.

'Kom nou. We missen je allemaal. Waarom zien we je niet meer?'

'O,' fluisterde ze, 'het is idioot.'

'Wat bedoel je?'

Ze knipperde onbehaaglijk met haar ogen. Ten slotte zei ze: 'Hoor eens, Nick, ik heb het er moeilijk mee. Sinds...'

'Hé, het geeft niet,' merkte Nick vlug op. 'Ik bedoel alleen dat je welkom bent.'

'Nee, Nick.' Abby boog haar hoofd en dempte haar stem. Er glansde iets slechts in haar ogen. 'Het is alleen... Elke keer dat ik je zie...' Ze sloeg haar ogen neer en keek hem toen weer aan. 'Elke keer als ik je zie, word ik misselijk.'

Nick had een gevoel alsof iemand tegen zijn keel had geschopt.

Kleine kinderen, grote kinderen renden voorbij, netjes aangekleed, onrustig van plankenkoorts. Iemand speelde een stukje ingewikkelde muziek op de Steinway. Het klonk alsof een echte pianist in Carnegie Hall optrad.

Laura's naakte lichaam op de verrijdbare tafel na het balsemen, Nick die huilde en snikte terwijl hij haar aankleedde, iets waarvoor hij met enige moeite toestemming van de begrafenisondernemer had gekregen. Nick die niet naar haar wasachtige gezicht kon kijken, een plausibele imitatie van haar ooit zo glanzende huid, de hals en wang waar hij zich zo vaak tegenaan had gedrukt.

'Denk je dat het ongeluk mijn schuld was?'

'Het heeft echt geen zin om erover te praten,' zei ze met neergeslagen ogen. 'Waar is Julia?'

'Die zal wel wachten tot ze aan de beurt is om te spelen.' Nick voelde een hand op zijn schouder, draaide zich om en zag tot zijn grote verbazing Cassie staan. Hij voelde zich meteen veel beter.

Ze stond op haar tenen en kuste hem vlug op zijn lippen.

'Cass... Jezus, ik had geen idee...'

'Ik zou dit voor geen geld willen missen.'

'Heeft Julia jou ook bevolen te komen?'

'Ze heeft me erover verteld. Dat is iets anders. Ik zou zeggen dat een piano-optreden van een dochter een familieverplichting is, nietwaar?'

'Ik... Nou.'

'Kom op, ik ben bijna familie. En verder ben ik een groot liefhebber van klassieke pianomuziek. Wist je dat niet van me?'

'Waarom twijfel ik daaraan?'

Ze bracht haar lippen bij zijn oor en fluisterde: 'Ik moet me bij je verontschuldigen.' Haar warme adem maakte hem opgewonden.

Toen was ze weg voordat Nick de kans kreeg haar voor te stellen.

'Wie is je nieuwe vriendin?' Abby's stem, abrupt en scherp en broos tegelijk, met een ondertoon van spot.

Nick verstijfde. 'Ze heet... Cassie. Ik bedoel, ze is...'

Ze was wat? Geen vriendin? Alleen maar een scharreltje? O ja, ze is de dochter van de man die ik heb vermoord, is dat geen grappig toeval? Zeg dat maar tegen je man Craig, die zogenaamde schrijver. Heeft hij meteen iets om over te schrijven.

'Ze is mooi.' Abby's opgetrokken wenkbrauwen en neergeslagen oogleden drukten een en al minachting uit.

Hij knikte. Hij voelde zich beslist niet op zijn gemak.

'Maar ze lijkt me niet bepaald het type voor Nick Conover. Is ze een... kunstenares of zoiets?'

'Ze schildert wat. Geeft yogalessen.'

'Blij dat je weer met vrouwen omgaat.' Abby had niet onoprechter kunnen klinken.

'Ja, nou...'

'Hé, het is toch al een jaar geleden?' zei ze opgewekt, met iets kouds en hards in haar stem. 'Je mag met vrouwen omgaan.' Ze glimlachte triomfantelijk, nam niet eens de moeite om haar gevoelens te verbergen.

Nick wist niet wat hij moest zeggen.

LaTonya was op een of andere arme stumper aan het inpraten toen Audrey dichterbij kwam. Ze bewoog haar wijsvinger heen en weer en haar lange koraalkleurige nagels – een zelfplakkend Frans manicuresetje dat ze Audrey ook had willen aanpraten – leken net gevaarlijke instrumenten. Ze was gekleed in een avocadokleurig lang gewaad met grote oorringen. 'Dat klopt,' zei ze. 'Met die online-enquêtes kan ik gemakkelijk honderdvijftig dollar per uur verdienen. Ik zit thuis in mijn pyjama en krijg betaald voor het uitspreken van mijn meningen!'

Toen ze Audrey zag, straalde ze meteen. 'En ik dacht dat je moest werken,' zei ze. Ze drukte Audrey tegen haar immense boezem.

'Ga me niet vertellen dat Leon er ook is.' LaTonya was haar verkooppraatje blijkbaar vergeten. Haar slachtoffer maakte zich snel uit de voeten.

'Ik weet niet waar Leon is,' bekende Audrey. 'Hij was niet thuis toen ik daar was.'

'Mm hm,' bromde LaTonya veelbetekenend. 'Het enige waarvan ik zeker weet dat hij het niet doet, is werken.'

'Weet jij iets wat je me niet vertelt?' zei Audrey, die haar wanhoop niet goed meer kon verbergen.

'Over Leon? Denk je dat hij mij ooit iets vertelt?'

'LaTonya, zusje,' zei Audrey, en ze kwam dichter bij haar. 'Ik maak me zorgen om hem.'

'Jij piekert te veel over die man. Hij is het niet waard.'

'Dat bedoel ik niet. Hij... Nou, hij is te veel weg.'

'Wees daar maar dankbaar voor.'

'We... we hebben al een hele tijd nauwelijks een privéleven met elkaar,' dwong Audrey zichzelf te zeggen.

LaTonya schudde haar hoofd. 'Ik geloof niet dat ik de walgelijke bijzonderheden over mijn broer wil horen.'

'Nee, ik... Er is iets aan de hand, LaTonya. Je begrijpt toch wel wat ik bedoel?'

'Is hij nog meer gaan drinken?'

'Nee, dat is het niet, geloof ik. Hij is alleen veel weg.'

'Denk je soms dat die schoft je bedriegt?'

De tranen sprongen in Audreys ogen. Ze drukte haar lippen op elkaar en knikte.

'Wil je dat ik met hem ga praten? Ik snij zijn ballen eraf.'

'Ik regel het zelf wel, LaTonya.'

'Je kunt me altijd bellen. Die luie schoft weet niet hoe goed hij het met jou getroffen heeft.'

# 83

Audreys hart brak toen Nicholas Conovers dochter de eerste prelude uit het 'Wohltemperiertes Klavier' speelde. Dat kwam niet door het matige spel van het meisje – een aantal noten ging mis, haar techniek was niet erg verfijnd en ze speelde nogal mechanisch. Camille had bijna de show gestolen met de wals van Brahms. Ze had perfect en met heel haar hart gespeeld, zodat Audrey zwol van trots. Nee, haar hart brak om wat er met Julia Conover zou gebeuren. Dat kleine meisje, zo slecht op haar gemak in haar jurk, had haar moeder verloren, iets wat een kind nooit zou mogen overkomen. En nu stond ze op het punt haar vader ook te verliezen.

Over een paar dagen zou haar vader op beschuldiging van moord worden gearresteerd. Daarna zou ze haar enige overgebleven ouder alleen zien wanneer ze hem onder toezicht in het huis van bewaring mocht bezoeken. Haar vader zou een oranje overall dragen en achter een kogelvrije ruit zitten. Haar hele leven zou overhoop worden gegooid door een moordproces, met alle publiciteit van dien; ze zou steeds weer gemene roddelverhalen te horen krijgen, ze zou zichzelf in slaap huilen, en wie zou haar 's avonds instoppen? Een betaalde oppas? Het was te afschuwelijk om eraan te denken.

En dan zou haar vader naar de gevangenis worden gestuurd. Dat mooie meisje, dat als pianiste niet veel voorstelde, maar dat liefheid en naïviteit uitstraalde – haar leven zou nooit meer hetzelfde zijn. Andrew Stadler mocht dan het slachtoffer van moord zijn geweest, dit kleine meisje was ook een slachtoffer, en dat gaf Audrey een droevig, onheilspellend gevoel.

Toen de pianolerares, mevrouw Guarini, het publiek voor zijn komst bedankte en iedereen uitnodigde voor een hapje en een drankje, draaide Audrey zich om en zag ze Nicholas Conover.

Hij hield een videocamera omhoog. Naast hem zat een mooie jonge vrouw, en naast haar zat Conovers knappe zoon, Lucas. Plotseling herkende Audrey de vrouw, die op dat moment haar hand op Conovers nek legde en hem streelde.

Het was Cassie Stadler.

Andrew Stadlers dochter.

Allerlei gedachten wervelden door haar hoofd. Ze wist niet wat ze hiervan moest denken.

Nicholas Conover die een verhouding had met de dochter van de man die hij had vermoord.

Ze had een gevoel alsof er opeens een hele rij deuren was opengevlogen.

## 84

Het moest ervan komen, want ze kwamen ongeveer tegelijk op kantoor aan.

Nick en Scott waren elkaar zorgvuldig uit de weg gegaan. Zelfs wanneer ze allebei op dezelfde bijeenkomst waren, hadden ze zich naar buiten toe hartelijk gedragen, maar praatten ze niet meer met elkaar, noch vooraf noch na afloop.

Maar nu konden ze elkaar moeilijk ontwijken. Nick stond bij de liften te wachten, en Scott kwam aanlopen.

Nick was de eerste die iets zei: 'Goeiemorgen, Scott.'

'Goeiemorgen, Nick.'

Een lange stilte.

Gelukkig kwam er iemand anders bij hen staan, een vrouw die op de debiteurenadministratie werkte. Ze begroette Scott, die haar baas was, en zei toen verlegen 'hallo' in Nicks richting.

Ze gingen met zijn drieën in stilte naar boven en keken naar de verspringende cijfers. De vrouw stapte op de tweede verdieping uit.

Nick keek Scott aan.'Dus je bent druk bezig geweest,' zei hij. Het kwam er feller uit dan zijn bedoeling was.

Scott haalde zijn schouders op. 'Zoals gebruikelijk.'

'Is het ook gebruikelijk om nieuwe projecten zoals Dashboard af te kappen?'

Een korte stilte, en toen: 'Ik heb dat zelf ter tafel gebracht.'

'Ik wist niet dat productontwikkeling in jouw functieomschrijving zat.'

Scott keek een ogenblik onzeker, alsof hij overwoog de vraag te ontwijken, maar zei toen: 'Alle uitgaven van die omvang gaan mij iets aan.'

De lift maakte een ping-geluid toen ze op de directieverdieping aankwamen.

'Nou,' zei Scott met zichtbare opluchting. 'We spreken elkaar nog wel.'

Nick stak zijn hand naar het paneel van de lift uit en drukte op de alarmknop. De deuren wilden meteen niet meer open en er ging ook een alarm af dat ergens ver weg in de liftschacht te horen was.

‘Wat...’

‘Aan wiens kant sta je, Scott?’ vroeg Nick met wrede kalmte, en hij dreef Scott in de hoek van de lift. ‘Dacht je dat ik niet weet wat er aan de hand is?’

Nick verwachtte de gebruikelijke ontwijkende grappen. Scotts gezicht liep paars aan, zijn ogen puilden uit hun kassen, maar Nick zag woede op zijn gezicht, geen angst.

*Hij is niet bang voor jou*, had Cassie gezegd.

‘Er zijn geen kanten, Nick. Het is niet een kwestie van wij of zij.’

‘Ik wil dat je goed naar me luistert. Jij zet geen projecten stop, brengt dat niet eens “ter tafel”, verandert niet van leverancier en brengt in het algemeen geen enkele verandering aan zonder mij eerst te raadplegen. Is dat duidelijk?’

‘Zo simpel ligt het niet,’ antwoordde Scott rustig. Er kwam een tic in zijn linkeroog. ‘Ik neem de hele dag beslissingen...’

Het liftalarm bleef rinkelen.

Nick sprak nu bijna fluisterend. ‘Voor wie denk je dat je werkt? Elke beslissing die je neemt, elk bevel dat je geeft, alles wat niet binnen het terrein van jouw verantwoordelijkheid valt, wordt herroepen – door mij. Desnoods publiekelijk. Want weet je, Scott, je werkt voor mij, of je dat nu leuk vindt of niet. Je werkt niet voor Todd Muldaur, niet voor Willard Osgood, maar voor mij. Begrepen?’

Scott keek hem aan, zijn linkeroog waanzinnig knipperend. Ten slotte zei hij: ‘De echte vraag is: voor wie denk jij dat je werkt? We werken allebei voor onze belanghebbenden. Het ligt vrij simpel. Het is jouw probleem dat je dat nooit echt hebt begrepen. Je hebt het over de leiding van deze onderneming alsof die jouw eigendom is. Maar ik heb nieuws voor je. Jij bent geen eigenaar van dit bedrijf, en ik ook niet. Denk je dat je een beter mens bent dan ik omdat je tranen in je ogen had toen we mensen ontsloegen? Je hebt het over de “Stratton-familie”, maar weet je, Nick, het is geen familie. Het is een onderneming. Je kunt je van je beste kant laten zien aan de Wall Street-analisten, maar dat je er zo goed uitziet, maakt je nog geen superheld.’

‘Zo is het genoeg, Scott.’

‘Fairfield heeft je de autosleutels gegeven, Nick. Ze hebben je niet de auto gegeven.’

Nick haalde diep adem. ‘Er is maar één bestuurder.’

De tic in Scotts oog werd nu nog sneller. Nick zag een adertje pulseren op zijn slaap. ‘Voor het geval je het nog niet in de gaten had: er zijn hier dingen veranderd,’ zei Scott. ‘Je kunt me niet ontslaan.’ Hij probeerde bij de alarmknop te komen om de liftdeuren open te krijgen. Maar Nick draaide zich snel opzij om Scotts hand te blokkeren.

'Je hebt gelijk,' zei hij. 'Ik kan je niet ontslaan. Maar laat één ding duidelijk zijn: zolang ik hier ben, voer jij geen besprekingen over de verkoop van deze onderneming.'

Scott keek hem aan; er gleed een vaag glimlachje over zijn gezicht. Enkele seconden gingen zo voorbij. Het enige geluid was het rinkelen van het liftalarm. 'Goed,' zei hij ijzig. 'Jij bent de baas.' Maar zijn toon herinnerde Nick aan iets wat Cassie had gezegd: Scott die net niet het woord 'voorlopig' uitsprak.

# 85

Geschokt ging hij naar zijn bureau terug en nam zijn e-mail door. Nog meer Nigerianen die hun geplunderde miljoenen met hem wilden delen. Nog meer aanbiedingen van pijnstillers, geldleningen, extra centimeters.

Hij belde Henry Hutchens en sprak met hem af voor koffie of een vroege lunch de volgende dag. Toen probeerde hij Martin Lai thuis in Hongkong, waar het ongeveer negen uur 's avonds was.

Ditmaal nam Martin Lai op. 'O... Meneer Conover, ja, dank u, dank u,' zei hij, een en al zenuwen. 'Het spijt me heel erg dat ik u niet heb teruggebeld – ik was op reis.'

Nick wist dat het niet waar was. Had Lai, verrast omdat hij een telefoontje van de president-directeur kreeg, contact opgenomen met Scott, die had gezegd dat hij niet moest antwoorden? 'Martin, ik heb je hulp nodig voor iets belangrijks.'

'Ja. Natuurlijk.'

'Wat kun je me vertellen over een overboeking van tien miljoen dollar van Stratton Asia Ventures naar een nummerrekening in Macau?'

'Daar weet ik niets van,' antwoordde Lai te vlug.

'Je bedoelt dat je niet weet waarom die overboeking is gedaan?'

'Nee, ik hoor er nu voor het eerst van.'

Hij verdoezelde de zaak. Scott had blijkbaar met hem gepraat.

'Martin, ik ben op deze financiële onregelmatigheid attent gemaakt, en ik maak me er grote zorgen over. Ik wilde jou vragen of je iets wist, voordat Controle aan een formeel onderzoek begint.'

'Nee,' zei Lai. 'Ik heb er nooit eerder van gehoord.'

Toen hij naar het computerscherm keek, hoorde hij Marjories stem door de intercom, en tegelijk verscheen er een bericht op zijn scherm.

'Nick,' zei ze. 'Het is de school weer.'

Nick kreunde.

Het bericht was van Stephanie Alstrom:

Nick – info voor je – gauw praten?

'Is het Sundquist weer?' zei hij tegen Marjorie, en intussen typte hij:

kom nu maar me toe.

'Ik ben bang van wel,' zei Marjorie. 'En deze keer... Nou, het klonk heel ernstig.'

'O, god,' zei hij. 'Kun je me doorverbinden?'

Stephanie Alstrom stapte net uit de lift toen Nick daar in wilde stappen. Hij gaf met een gebaar te kennen dat ze in de lift moest blijven, en zodra de deuren dicht waren zei hij: 'Ik heb haast. Iets persoonlijks. Wat heb je, Steph?'

'Pacific Rim Investors,' zei ze. 'Dat is blijkbaar een consortium waarvan de stille vennoot – hun anonieme suikeroom – een onderdeel van het Volksbevrijdingsleger is: de Chinese strijdkrachten.'

'Waarom zou het Chinese leger Stratton willen kopen?'

'Heel simpel: kapitalisme. Ze hebben duizenden buitenlandse ondernemingen opgekocht, meestal via lege vennootschappen om zich politieke repercussies te besparen. Ik vraag me af of Willard Osgood het weet. Die is nog rechtser dan Attila de Hun.'

'Dat vraag ik me ook af,' zei Nick. 'En er is geen grotere aartsconservatief dan Dorothy Devries. En reken maar dat die geen idee heeft.'

## 86

'Nick, ik weet dat je het uitermate druk hebt,' zei Jerome Sundquist, terwijl hij hem langs de ingelijste foto's van multiculturele tenniskampioenen leidde. 'Maar als iemand zich bij jou zou moeten verontschuldigen, is het je zoon.' Hij sprak luid genoeg om voor Lucas verstaanbaar te zijn.

Lucas zat in een van de stoelen met camelkleurige bekleding. Hij zat met ingetrokken schouders en leek erg klein. Hij droeg een grijs T-shirt onder een geruit overhemd en een trainingsbroek die een ritssluiting boven de knie had, zodat je er een korte broek van kon maken – niet dat Lucas dat ooit deed.

Hij keek niet op toen Nick binnenkwam.

Nick stond daar in zijn regenjas – ditmaal was hij op slecht weer voorbereid geweest, hij had zelfs een paraplu gekocht – en zei: 'Je hebt het opnieuw gedaan, hè?'

Lucas gaf geen antwoord.

'Vertel het je vader, Lucas,' zei Sundquist terwijl hij achter zijn overdreven grote bureau ging zitten. Nick vroeg zich even af waarom mensen met de grootste bureaus en de grootste kantoren uiteindelijk vaak helemaal niet zo machtig waren.

Toen herinnerde hij zichzelf eraan dat Jerry Sundquist weliswaar alleen aan het hoofd stond van een middelbare school in een stadje in Michigan, maar dat hij op dit moment evenveel macht over het leven van de Conovers uitoefende als Willard Osgood.

Lucas keek de schooldirecteur met bloeddoorlopen ogen aan en sloeg zijn blik toen weer neer. Had hij gehuild?

'Nou, als hij niet de moed heeft om het je te vertellen, doe ik het maar,' zei Sundquist, achteroverleunend in zijn stoel. Die man geniet van dit moment, dacht Nick. 'Ik heb je gezegd dat als hij nog een keer op roken werd betrapt hij van school gestuurd zou worden.'

'Begrepen,' zei Nick.

'En ik meen je ook te hebben verteld dat als we drugs vonden we de politie zouden inlichten.'

'Drugs?'

'Het schoolbestuur heeft een paar jaar geleden unaniem besloten dat een student die op het terrein van de school marihuana gebruikt, verspreidt of zelfs maar bezit, wordt geschorst, gearresteerd en voor verwijdering van school wordt voorgedragen.'

'Gearresteerd,' zei Nick. Er ging een huivering door hem heen, alsof hij net in een vrieskast was gestapt. Lucas huilde niet. Hij was high.

'We stellen de autoriteiten in kennis en laten ze tot vervolging overgaan. En ik moet je zeggen dat ze hier in Michigan hard optreden tegen minderjarigen die in het bezit zijn van marihuana. De boete van tweeduizend dollar doet jou waarschijnlijk niet veel, Nick, maar ik heb rechters minderjarigen allerlei straffen zien opleggen, soms voorwaardelijk, maar soms ook onvoorwaardelijk, van vijfenveertig dagen of zelfs een jaar.'

'Jerry...'
'De wet van Michigan verplicht ons de plaatselijke politie in kennis te stellen, weet je dat? MCL 380.1308. We hebben geen keus.'
Nick knikte, legde zijn hand op zijn voorhoofd en probeerde zijn hoofdpijn weg te masseren. Allemachtig, dacht hij. Verwijdering van school? Er was tot zeventig kilometer in de omtrek geen andere middelbare school te vinden. En welke particuliere school zou Lucas accepteren, met zijn verleden? Hoe zou Laura dit hebben aangepakt? Ze was zoveel beter in moeilijke situaties dan hij. 'Jerry, we moeten praten. Jij en ik. Zonder Luke.'
Sundquist hoefde alleen maar zijn kin naar Lucas op te trekken, en de jongen stond al op alsof hij uit een kanon was geschoten. 'Wacht in de lerarenkamer,' zei hij tegen Lucas' rug.
'Sorry, Nick. Ik vind het verschrikkelijk dat ik dit moet doen.'
'Jerry.' Nick boog zich in zijn stoel naar voren. Een ogenblik was hij de draad van zijn eigen gedachten kwijt. Plotseling was hij geen vooraanstaande ouder meer, de president-directeur van de grootste onderneming in de stad. Hij was een scholier die de directeur om genade smeekte. 'Ik ben hier net zo kwaad om als jij. Misschien nog wel kwader. En we moeten hem laten weten dat het volslagen onaanvaardbaar is. Maar het is zijn eerste keer.'
'Op de een of andere manier betwijfel ik of dit de eerste keer is dat hij marihuana gebruikt,' zei Sundquist met een zijdelingse blik. 'Maar hoe dan ook, we hebben hier een zerotolerancebeleid. Onze mogelijkheden zijn beperkt.'
'Het is geen vuurwapen, en hij is niet de dealer. We hebben het over één marihuanasigaret, nietwaar?'
Sundquist knikte. 'Meer is er tegenwoordig niet voor nodig.'
'Jerry, je moet rekening houden met wat die jongen het afgelopen jaar heeft meegemaakt, met Laura's dood en zo.' Nick hoorde dat zijn stem een smekende ondertoon had, en hij schaamde zich daarvoor.
De schooldirecteur keek onbewogen. Hij keek zelfs bijna blij. Nick voelde dat hij woedend werd, maar hij wist dat woede in deze situatie de slechtste reactie was.
Nick haalde diep adem. 'Jerry, ik vraag je om genade. Als er iets is wat ik voor de school kan doen... Als er iets is wat Stratton kan doen...'
'Wil je het afkopen?' zei Sundquist venijnig.
'Natuurlijk niet,' zei Nick, al wisten beide mannen dat hij dat juist wel had gewild. Een extra grote korting op meubilair kon de school veel dollars per jaar besparen.

Sundquist deed zijn ogen dicht en schudde bedroefd met zijn hoofd. 'Dit is beneden jouw waardigheid, Nick. Wat voor les denk je dat het voor je zoon is als hij vanwege de positie van zijn vader een speciale behandeling krijgt?'

'Wat we bespreken, blijft onder ons,' zei Nick. Hij kon niet geloven dat hij de directeur van de school zojuist smeergeld had aangeboden. Kon hij nog dieper zinken? Omkoping – dat hoorde bij de wereld van Scott McNally en Todd Muldaur. Niet bij die van hem.

Jerome Sundquist keek hem nu met een nieuw gezicht aan, een gezicht vol teleurstelling en misschien zelfs minachting. 'Ik zal maar doen alsof ik dat niet heb gehoord, Nick. Maar vanwege de dood van Lucas' moeder ben ik bereid tot enige clementie. Ik moet de politie ervan in kennis stellen dat we bereid zijn het incident zelf af te handelen, en meestal laten ze dat dan aan ons over. Ik schors Lucas voor vijf dagen en verplicht hem tot crisistherapie in die dagen en de rest van het schooljaar. Maar de volgende keer ga ik regelrecht naar de politie.'

Nick stond op, liep naar Sundquists bureau en stak zijn hand uit. 'Dank je, Jerry,' zei hij. 'Ik denk dat het de juiste beslissing is, en ik stel het op prijs.'

Maar Sundquist wilde hem geen hand geven.

Tien minuten later liepen Nick en Lucas samen door de glazen deuren van de school naar buiten. Het regende nu hard – daar was het de tijd van het jaar voor – en Nick hield zijn paraplu omhoog voor Lucas, die er niet onder wilde lopen en gewoon door de regen banjerde, zijn hoofd omhoog alsof hij juist graag drijfnat wilde worden.

Lucas aarzelde even voordat hij op de voorbank ging zitten. Misschien overwoog hij het op een lopen te zetten. Toen ze over het parkeerterrein reden en op Grandview Avenue kwamen, heerste er een elektrisch geladen stilte in de auto.

Lucas was niet high meer. Hij was low, en hij was stil, maar het was geen neutrale stilte. Het was een uitdagende stilte, als die van een krijgsgevangene die vastbesloten is om niets dan zijn naam, rang en legernummer te noemen.

Nicks eigen stilte was de stilte van iemand die veel te zeggen had maar bang was voor wat er zou gebeuren als hij ging praten.

Lucas' hand gleed naar de radioknop en hij zette een alternatief rockstation aan, keihard.

Nick zette hem meteen uit. 'Ben je nu trots op jezelf?'

Lucas zei niets en keek alleen maar strak naar de ruitenwissers, die in een slaapverwekkend ritme heen en weer gingen.

'Weet je wat? Dit zou het hart van je moeder hebben gebroken. Je mag blij zijn dat ze dit niet hoeft mee te maken.'

Nog meer stilte. Ditmaal wachtte Nick op een antwoord. Hij wilde net verdergaan toen Lucas met een doffe stem zei: 'Daar heb jij voor gezorgd.'

'Wat bedoel je daar nou weer mee?'

Lucas zei niets.

'Wat wil je daar nou weer mee zeggen?' Nick merkte dat hij schreeuwde. Hij zag druppeltjes van zijn speeksel op de voorruit. Hij reed naar de kant van de weg, trapte abrupt op de rem en keek Lucas aan.

'Wat denk je?' zei Lucas met een diepe, bevende stem, zonder hem aan te kijken.

Nick keek hem ongelovig aan. 'Wat probeer je te zeggen?' fluisterde hij zo kalm als hij maar enigszins kon.

'Vergeet het maar,' zei Lucas, en hij maakte een wegwerpgebaar met zijn linkerhand.

'Wat probeer je te zeggen?'

'Ik zou het niet weten, pa. Ik was er niet bij.'

'Wat is er in je gevaren, Lucas?' De ruitenwissers tikten heen en weer, heen en weer, en hij hoorde het regelmatige klikken van de richtingaanwijzer, die niet uit was gegaan. Hij stak zijn hand uit en zette dat geklik af. De regen stroomde nu over de ruiten van de auto, waardoor het leek of ze in een verschrikkelijke storm in een schuilhut zaten, maar toch was het geen veilige plaats. 'Hoor eens, Luke, je hebt mama niet meer. Je hebt alleen mij. Je wou dat het anders was. Ik ook. Maar we moeten het beste van deze slechte situatie maken.'

'Die situatie is er niet door mij gekomen.'

'Die situatie is er niet "door iemand" gekomen,' zei Nick.

'Jij hebt mama vermoord,' zei Lucas, zo zacht dat Nick er eerst niet zeker van was dat hij die woorden echt had uitgesproken.

Nick had een gevoel alsof iemand zijn hart had vastgegrepen en erin kneep. 'Ik kan dit nu niet aan. Ik kan jou niet aan.'

*Jullie Conover-mannen. Net zo'n goede verdediging als een middeleeuws kasteel.*

'Mij best.'

'Nee,' zei Nick. 'Nee. Streep dat door.' Hij haalde diep adem, alsof hij zojuist een sprintje van achthonderd meter had getrokken. 'Luister naar me. Wat er die nacht met je moeder is gebeurd – daar hebben we nooit over gepraat...'

'Nee, pa.' Lucas' stem beefde, maar hij sprak nadrukkelijk. 'Daar praten we nooit over. Je verwijst ernaar. Je praat er niet over. Dat is de regel van het huis. We praten er niet over. Jij niet. Jij vertelt wat een mislukkeling ik ben. Daar praat jij over.'

De ruiten begonnen te beslaan. Nick deed zijn ogen dicht. 'Over je moeder. Er gaat geen dag voorbij of ik vraag me af of ik iets had kunnen doen – wat dan ook – wat enig verschil zou hebben gemaakt.'

'Je hebt nooit gezegd...' Lucas' ogen waren nat en zijn stem klonk gesmoord.

'Die vrachtwagen kwam uit het niets aanzetten,' begon Nick, maar toen zweeg hij. Het was te pijnlijk. 'Luke, wat gebeurd is, is gebeurd. En het ging niet om mij en het ging niet om jou.'

Lucas zweeg een ogenblik. 'Die verdomde zwemwedstrijd.'

'Lucas, je moet niet naar een verklaring zoeken. Je moet niet proberen lijntjes tussen de stippen te trekken, alsof er een soort logica in zit. Het is gewoon gebeurd.'

'Ik ben niet naar haar toe geweest.' Lucas' woorden klonken onduidelijk. Nick wist niet of dat van de marihuana of van de emotie kwam en dat kon hem ook niet schelen. 'In het ziekenhuis. Na afloop.'

'Ze lag in coma. Ze was al weg, Luke.'

'Misschien had ze me kunnen horen.' Zijn stem was ijl geworden.

'Ze wist dat je van haar hield, Luke. Daar hoefde ze niet aan herinnerd te worden. Trouwens, ze wilde vast niet dat jij je haar zo herinnerde. Ze zou het niet erg hebben gevonden dat je er niet was. Ze zou blij zijn geweest. Dat geloof ik echt. Jij voelde haar altijd erg goed aan. Alsof er een radiofrequentie was die alleen jullie tweeën konden horen. Weet je wat, Luke? Jij was misschien de enige van ons die deed wat ze zou hebben gewild.'

Lucas begroef zijn gezicht in zijn handen. Toen hij weer sprak, klonk zijn stem alsof hij van ver weg kwam. 'Waarom haat je me zo erg? Omdat ik op haar lijk en jij dat niet aankunt?'

'Lucas,' zei Nick. Hij was vastbesloten zich niet te laten gaan. 'Ik wil dat je naar me luistert. Je moet dit horen.' Hij kneep zijn ogen stijf dicht. 'Niets in mijn leven is waardevoller voor mij dan jij.' Zijn stem was schor en hij kreeg de woorden er met moeite uit, maar het lukte hem. 'Ik hou meer van jou dan van mijn eigen leven.'

Hij sloeg zijn armen om zijn zoon heen, die eerst verstijfde en tegenspartelde, maar toen plotseling zijn armen om Nick heen sloeg en zich tegen hem aan drukte, zoals hij deed toen hij nog een klein jongetje was.

Er gingen krampbewegingen van verdriet door Nick heen. Hij stootte zijn adem in schokken uit, en het duurde even voor hij besefte dat Lucas niet de enige was die huilde.

# 87

De telefoon ging, en Audrey nam op zonder erbij na te denken.

'Spreek ik met rechercheur Rhimes?' Een vriendelijke vrouwenstem, de woorden langzaam en zorgvuldig.

Ze zuchtte geluidloos. 'Ja,' zei Audrey, hoewel ze sterk in de verleiding kwam om te zeggen: 'Nee, rechercheur Rhimes is op vakantie.'

'Rechercheur, met Ethel Dorsey.'

'Ja, mevrouw Dorsey,' zei ze met een vriendelijker stem. 'Hoe gaat het met u?'

'Het gaat zo goed als te verwachten was, nu mijn Tyrone er niet meer is en zo. Maar ik dank de Heer dat ik nog mijn drie geweldige zoons heb.'

'Er is zoveel wat we niet kunnen begrijpen, mevrouw Dorsey,' zei Audrey. 'Maar de Schrift zegt dat die zaaien in tranen zullen oogsten met liederen van vreugde.'

'Ik weet dat Hij onze tranen verzamelt en ze allemaal in zijn fles doet.'

'Dat doet Hij. Dat doet Hij.'

'God is goed.'

'Altijd,' zei Audrey automatisch.

'Rechercheur, het spijt me dat ik u stoor, maar ik vroeg me af of u wat verder bent gekomen met de zaak van mijn Tyrone.'

'Nee, het spijt me. Nog niets. Maar we blijven eraan werken.' Ze schaamde zich voor de leugen.

'Alstublieft, geeft u het niet op, rechercheur.'

'Natuurlijk niet, mevrouw Dorsey.' Ze had de afgelopen weken amper aan de zaak gedacht. Ze was blij dat mevrouw Dorsey naar een andere kerk ging, in een andere stad.

'Ik weet dat u uw best doet.'

'Ja.'

'Moge de Heer u sterkte geven, rechercheur.'

'U ook, mevrouw Dorsey. U ook.'

Toen ze ophing, was ze vervuld van verdriet. Ze schaamde zich diep. De telefoon ging bijna meteen opnieuw.

Het was Susan Calloway, de vrouw met de nuchtere stem van het staatslab in Grand Rapids. De vuurwapenspecialiste die aan de IBIS-database werkte. Ze klonk een beetje anders, en Audrey besefte dat ze opwinding hoorde, maar dan wel de gedempte, ingetogen opwinding die bij die vrouw paste.

'Nou, ik denk dat we iets voor u hebben,' zei de vrouw.
'U hebt een overeenkomst gevonden.'
'Het spijt me dat het zo lang heeft geduurd...
'O, helemaal niet...'
'Maar de politie van Grand Rapids nam de tijd. Ik bedoel, ik vroeg hun alleen maar of ze de kogels uit Bewaring wilden halen en ze naar Fuller wilden rijden, een afstandje van zeventien blokken. Je zou denken dat ik om een mensenoffer vroeg of zoiets.'
Audrey grinnikte beleefd. 'Maar u hebt een overeenkomst,' drong ze aan.
De laborante klonk nu bijna uitbundig. 'Natuurlijk, al was er wel het probleem dat het niemands zaak meer is. Het was zes jaar geleden, en beide rechercheurs zijn weg, heb ik gehoord. Er is altijd een excuus.'
'Vertel mij wat.' Audrey lachte.
'Hoe dan ook, de kogels die ze hierheen brachten, kwamen overeen met de kogels in uw zaak. Het zijn Rainiers met een koperen mantel, dus de munitie is verschillend. Maar de groefsporen zijn identiek.'
'Dus het is een positieve overeenkomst.'
'Ja, dat is het.'
'Het wapen...?'
'Dat kan ik niet met absolute zekerheid zeggen. Maar ik zou zeggen dat het best eens een Smith & Wesson 9mm zou kunnen zijn. Maar dat kunt u niet als bewijs gebruiken.' De vrouw las het rapportnummer van de politie van Grand Rapids voor.
'Dus in Grand Rapids moeten ze alle informatie hebben die ik nodig heb,' zei Audrey.
'Nou, ik weet niet veel meer dan wat ik u al heb verteld. Beide rechercheurs hebben het korps verlaten, zoals ik al zei.'
'Evengoed zou het me helpen als ik hun namen had.'
'Nou, als dat alles is, kan ik ze u wel geven. In elk geval de naam van de rechercheur die het materiaal in bewaring gaf. Die staat hier in een vakje.' De laborante zweeg, en Audrey wilde net op de naam aandringen, toen de vrouw weer sprak, en Audrey had het meteen ijskoud.
'Hier staat dat het materiaal in bewaring is gegeven door een rechercheur Edward J. Rinaldi,' zei de laborante. 'Maar ze zeggen dat hij niet meer bij het korps werkt, dus waarschijnlijk hebt u daar niet veel aan. Dat is jammer.'

DEEL VIJF

# GEEN SCHUILPLAATS

# 88

Mulligans – zonder apostrof – was een restaurant aan Bainbridge Road in Fenwick, Het was befaamd om zijn bolognesesaus, het onderwerp van een vergeeld ingelijst artikel in de *Fenwick Free Press* dat je aan de muur zag hangen zodra je binnenkwam. De kop was typerend voor de oubollige stijl van de krant: 'Een pittig onderwerp.' Naar dit restaurant ging Nick als student om drie uur 's nachts, na de feesten van het derde en vierde jaar. Frank Mulligan was er allang niet meer. Het restaurant was nu eigendom van iemand die een paar jaar vóór Nick en Eddie op de middelbare school had gezeten, Johnny Frechette, die in Iowa drie jaar gevangen had gezeten voor drugssmokkel.

Nick was er in geen jaren geweest, en hij merkte dat het restaurant een wat muffe indruk maakte. De formicatafels hadden een vaag patroon van een tafellaken, maar dat was wit uitgesleten op de plekken waar mokken en borden overheen waren geschoven. Ze serveerden nu het ontbijt, en het rook naar koffie en ahornstroop en spek, dat alles vermengd tot één aroma: Eau du Diner.

Blijkbaar kende Eddie de serveersters hier. Waarschijnlijk kwam hij hier vaak ontbijten. Ze zaten in een hoek, een eind van het raam vandaan. Afgezien van een paar mensen die aan het buffet zaten te eten, was er niemand.

'Je ziet er belabberd uit,' zei Eddie.

'Dank je,' zei Nick geërgerd. 'Jij ook.'

'Nou, je zult dit niet graag horen.'

Nick hield zijn adem in. 'Wat is er?'

'Ze hebben het pistool geïdentificeerd.'

Het bloed trok uit Nicks gezicht weg. 'Je zei dat je het had weggegooid.'

'Dat had ik ook.'

'Hoe kan het dan?'

Ze zwegen even, want een overgeparfumeerde serveerster kwam met een kan en liet koffie in hun dikke witte mokken klotsen.

'Ze hebben tegenwoordig allemaal vernuftige ballistische shit,' zei Eddie.

'Ik begrijp niet wat je zegt.' Nick nam een haastige slok zwarte koffie en brandde zijn tong. Misschien wilde hij niet begrijpen waar Eddie heen wilde.

'Ze hebben de kogels met het pistool in verband gebracht.'

'Ze hebben de kogels met wát?' Nick merkte dat zijn stem een beetje te hard was, en hij dempte hem meteen. 'Er is toch geen pistool? Je zei dat het weg was!'

'Nou, blijkbaar hebben ze geen pistool meer nodig.' Eddie trok twee kuipjes koffiemelk open en liet ze leeglopen in zijn mok. Hij roerde tot de koffie een onappetijtelijke grauwe kleur had. 'Ze hebben alleen kogels nodig. Dat komt door die grote nieuwe computerdatabase, ik ben vergeten hoe hij heet. Ze moeten de kogels uit Stadlers lichaam in verband hebben gebracht met de kogels van de plaats delict waar ik het wapen jaren geleden heb opgepikt – hoe moet ik dat nou weten? Mijn bron trad niet in details.'

'Wie is je bron?'

Eddie hield zijn hoofd opzij. 'Vergeet het maar.'

'Je weet dit zeker? Voor honderd procent zeker?'

'Het is een feit. Accepteer het nou maar.'

'Jezus, Eddie, je zei dat alles in orde was!' Nicks stem sloeg over. 'Je zei dat het pistool niet op jouw naam stond. Je... je zei dat je het op een plaats delict had opgeraapt en dat het niet te achterhalen was.'

Eddies anders zo zelfverzekerde houding had plaatsgemaakt voor een bleek, zweterig onbehagen. Dat was een erg slecht teken. 'Dat dacht ik ook,' zei Eddie. 'Soms loopt de shit uit de hand, jongen.'

'Ik kan dit niet geloven,' zei Nick met schorre stem. 'Ik kan dit verdomme niet geloven. Wat doen we nu?'

Eddie zette zijn koffiemok neer en keek Nick ijskoud aan. 'We doen helemaal niets. We zeggen niets, geven niets toe, zeggen geen woord. Snap je dat?'

'Maar als ze... als ze weten dat het pistool dat ik heb gebruikt het wapen was dat jij meenam van...'

'Dan proberen ze de dingen met elkaar in verband te brengen, maar ze hebben geen zekerheid. Misschien kunnen ze bewijzen dat de munitie waarmee Stadler is gedood uit dat pistool afkomstig was, maar ze kunnen niet bewijzen dat ik het heb meegenomen. Ze hebben alleen maar aanwijzingen, geen bewijzen. Ze hebben niks gevonden toen ze je huis doorzochten – dat deden ze alleen maar om je bang te maken. Ze hebben geen getuigen, het forensisch onderzoek heeft maar weinig opgeleverd, en nu weten ze iets van het pistool, maar uiteindelijk hebben ze niets concreets. Dus nu kunnen ze je alleen maar onder druk zetten om te praten. Daarom vertel ik je erover. Ik wil dat je voorbereid bent. Ik wil niet dat ze er onverhoeds mee bij je komen aanzetten en dat je dan bezwijkt. Je moet keihard zijn.' Eddie nam een slokje koffie zonder zijn blik van Nick weg te nemen.

'Kunnen ze ons niet gewoon arresteren? Misschien hebben ze het niet nodig dat we praten.'

'Nee. Als we geen van beiden iets zeggen, arresteren ze ons niet.'

'Jij zou toch niets zeggen, hè?' fluisterde Nick. 'Jij zou toch niets zeggen?'

Eddie glimlachte vaag, en er ging een huivering door Nick heen. Eddie had iets van een sociopaat, iets doods in zijn ogen. 'Nu begin je het te begrijpen,' zei hij. 'Weet je, Nick, uiteindelijk interesseren ze zich helemaal niet voor mij. Ik ben maar een beveiligingsmannetje, een kereltje van niks. Jij bent de president-directeur aan wie iedereen in de stad een hekel heeft. Ze hebben er geen belang bij om mijn miezerige gewei aan de muur te hangen. Jij bent de grote bok waarop ze jagen. Jij bent de twaalfender, ja?'

Nick knikte langzaam. De kamer draaide traag om hem heen.

'Het gaat alleen maar mis als je gaat praten,' zei Eddie. 'Misschien wil je het op een akkoordje gooien met de politie. Misschien wil je je eigen deal met ze maken – gunstig voor jou, slecht voor mij. Dat zou een grote, grote fout zijn, Nick. Want ik zal ervan horen. Als je zelfs maar een eerste verkennend gesprek met die types hebt, hoor ik het binnen seconden, Nick. Reken daar maar op. Geloof me, ik sta voortdurend in contact met die lui. En mijn advocaat zit dan zo snel bij de officier van justitie dat je hele kop ervan duizelt, met een aanbod waar ze gretig gebruik van maken.'

'Je... advocaat?' zei Nick haperend.

'Nick, je moet goed begrijpen waar ze mij op kunnen pakken. Dat heet "belemmering van de rechtsgang" en het stelt niet veel voor. Mensen zonder strafblad krijgen misschien zes maanden, als ze al de bak in gaan – maar ik niet. Niet als ik het hele verhaal vertel, als ik naar waarheid een getuigenverklaring afleg voor de jury van onderzoek en op het proces zelf. Want dan krijgen ze namelijk een moordenaar. En wat levert het mij op? Dat ik vrijkom. Zelfs geen voorwaardelijke straf. Zeker weten, Nick.'

'Maar dat zou jij toch niet doen?' zei Nick. Hij hoorde zijn eigen stem, en die leek van erg ver weg te komen. 'Dat zou je toch nooit doen?'

'Alleen als jij de spelregels verandert, jongen. Alleen als jij praat. Al moet ik zeggen dat ik dit meteen al had moeten doen. Ik weet niet waarom ik die nacht naar je toe kwam om je te helpen. Dat deed ik blijkbaar uit de goedheid van mijn hart. Een oude maat helpen die diep in de shit zat. Ik had moeten zeggen, sorry, mij niet gezien, amigo, en gewoon in bed moeten blijven. Kijk nu eens wat ik ermee opschiet dat ik zo'n aardige jongen was. Op zijn minst had ik je al lang geleden moeten verlinken. Ik had een deal kunnen maken. Ik weet niet waarom ik dat niet heb gedaan. Nou ja, gebeurd is gebeurd, maar laat dit kristalhelder zijn: ik ga hier niet de bak voor in. Als jij een deal probeert te maken, als je praat, ga ik op dat moment doen wat in mijn eigen belang is.'

Nick kon zijn ademhaling niet onder controle krijgen. 'Ik ga niet praten,' zei hij.

Eddie wierp hem een zijdelingse blik toe, en hij glimlachte alsof hij hiervan genoot. 'Je hoeft alleen maar jezelf onder controle te houden, Nick, dan overkomt ons niets. Je moet je bek houden, niet in paniek raken, en we komen dit wel te boven.'

De serveerster kwam met haar glazen kan terug. 'Nog meer koffie?' zei ze.

Eddie en Nick zeiden eerst niets, en toen zei Nick langzaam, zonder haar aan te kijken: 'Het is wel goed zo.'

'Zo is het,' zei Eddie. 'Het is goed zo. We redden ons wel.'

## 89

Voor zover Nick kon nagaan, werd er op de Fenwick Racquet Club niet veel getennist. Maar voor Henry Hutchens – Hutch, zoals hij altijd werd genoemd – was de club duidelijk een tweede thuis geworden. Hutch was Strattons financiële topman geweest in de tijd dat die functie nog eenvoudig 'controller' heette. Hij had de ouwe Devries een kwarteeuw gediend, en toen Nick het overnam, had hij geholpen de financiële verklaringen voor de verkoop aan Fairfield op te stellen. En daarbij had hij goed werk geleverd. Zijn houding was altijd beleefd, misschien een beetje formeel. En toen Nick naar zijn kantoor was gekomen – daar sprak hij met hem, in Hutch' kantoor, niet in het zijne – en hem vertelde dat Fairfield hem, Hutch, door een van hun eigen mensen wilde vervangen, had hij met geen woord geprotesteerd.

Nick had hem de waarheid over Fairfield verteld. Toch wisten ze allebei dat als Nick voet bij stuk had gehouden Fairfield zou hebben ingebonden. Nick had dat niet gedaan. Hutch was een erg bekwame controller van de oude school, maar Fairfield zat boordevol eersteklas financiële deskundigen, die je alles konden vertellen over de voordelen van kostprijsberekening op basis van activiteiten en boekhoudsystemen op grond van economische waardetoevoeging. Ze zagen Hutch als iemand uit een andere tijd; hij gebruikte geen woorden als 'strategisch'. Bij Scott McNally voelden de mensen van Fairfield zich op hun gemak, en hij kon Nick helpen Stratton op een hoger niveau te brengen. *Het volgende niveau* – er was een tijd geweest dat Nick niet genoeg kon krijgen van die frase; nu had dat cliché de stank van het ontbijt van gisteren.

'Lang geleden dat we iets met elkaar dronken,' zei Hutch toen Nick bij hem aan een tafel in het clubhuis kwam zitten. Hij pakte een glas martini op en glimlachte scheef, maar hij kwam niet overeind. 'Hou je me gezelschap?'

Hutch had het soort rode gelaatskleur dat op een afstand voor een teken van goede gezondheid kon worden aangezien. Van dichtbij kon Nick de door alcohol aangetaste haarvaten zien. Zelfs zijn zweet leek een dranklucht te hebben.

'Het is een beetje vroeg voor mij,' zei Nick. Jezus, het was nog ochtend.

'Natuurlijk,' zei Hutch. 'Jij bent een man met een baan. Met een kantoor waar je heen kunt. En veel werknemers die van je afhankelijk zijn.' Hij dronk de laatste druppels uit zijn glas en gaf de kelner een teken dat hij er nog een wilde.

'Voorlopig wel.'

Hutch vouwde zijn handen samen. 'Je zult het trouwens niet makkelijk hebben. Ontslagen – iedereen heeft het over de ontslagen! Ze moeten in Boston wel zitten te juichen. Te bedenken dat mijn nederige persoontje de eerste was van zovelen die voor de bijl gingen! Eigenlijk is het een eer.'

Nick verbleekte. 'De onderneming heeft veel aan jou te danken, Hutch. Persoonlijk ben ik je altijd dankbaar geweest.'

'O, alsjeblieft. Het is niet eenieder vergund het touw aan zijn eigen beul te verkopen.' Er werd weer een glas voor hem neergezet. 'Dank je, Vinnie,' mompelde Hutch. De kelner, een man van in de zestig wiens verplichte rode vlinderstrik om zijn dikke nek spande, knikte vriendelijk.

'Doet u mij maar een tomatensap,' zei Nick tegen hem.

'Jij hebt veel mensen verrast, weet je,' ging Hutch verder. Hij stopte de cocktailolijf in zijn mond en kauwde peinzend. 'Ik moet op krachten blijven,' zei hij met een knipoog.

'Het is hard geweest voor iedereen. Er zijn veel goede mensen getroffen. Daar ben ik me heel goed van bewust.'

'Je begrijpt me verkeerd,' zei Hutch. 'Ik had het niet over de ontslagen. Ik bedoelde dat niet iedereen dacht dat je de capaciteiten had voor een president-directeur. Een goede manager, dat wel. Maar niet helemaal geschikt voor de hoogste baan.'

'Nou.' Nick keek om zich heen, naar de natuurstenen haard, de witte tafelkleden, de vloerbedekking met een rood patroon. 'Ik denk dat ouwe Devries...'

'Het had niets met Milton te maken,' zei Hutch op scherpe toon. 'Als hij had gewild, had Milton je waarnemend president-directeur kunnen maken, of algemeen directeur. De tweede man. Dat is gebruikelijk voor kroonprinsen in een bedrijf. Maar dat heeft hij niet gedaan.'

'Dat is zo.' Nick moest zijn best doen om niet te protesteren.

'Hij was gek op je. Dat waren we allemaal. Maar als het onderwerp ter sprake kwam, nou...' Hutch tuurde in de waterige diepten van zijn cocktail. 'Milton vond je een beetje onervaren. Je wilde te veel de populaire jongen uithangen, zei hij, en daardoor kon je geen echte leider zijn.' Hij keek op. 'Hij dacht dat je geen killer-instinct had. Dat is nog eens ironisch.'

Nicks gezicht voelde verhit aan. 'Omdat je zo'n kenner van ironie bent, zul je dit ook kunnen waarderen.' Hij maakte de ritssluiting van de zwarte leren map open en gaf Hutch het contract dat Eddie uit Scotts e-mail had gehaald.

'Wat is dit?'

'Vertel jij me dat maar.' *Als je niet te dronken bent om het te kunnen volgen*, dacht Nick.

Hutch pakte zijn leesbril, bolle glazen in een metalen montuur, en bladerde in het document. Een paar keer tikte hij op het papier en liet een droog grinniklachje horen. 'Nou, nou,' zei hij ten slotte. 'Ik neem aan dat dit niet jouw meesterwerk is.'

'Nee. Niet van mij.'

'Milton! Waart gij maar in leven op dit uur: Stratton heeft u van node.' Hutch stopte zijn leesbril weg en maakte *tsk*-geluiden. 'Pacific Rim Investors,' zei hij. En toen: 'Ik kan die naam niet eens uitspreken – is dat Maleis? Grote goden.' Hij keek met benevelde ogen op. 'Dat was dus onze ideale fusiepartner. Het ziet ernaar uit dat je ridders te paard alleen uit Boston zijn komen aanrijden om Stratton aan onze Chinese broeders te verkopen.'

Nick vertelde wat Stephanie Alstrom hem had verteld: dat het Chinese leger de echte eigenaar was.

'O, dat is helemaal mooi,' zei Hutch opgewekt. 'Wat een schitterend verhaal. Al is het tegenwoordig niet meer zo sportief om de communisten op die manier te belazeren, hè?'

'Te belazeren?'

'Als deze balansen authentiek zijn, doet Stratton het fantastisch goed. Maar ik heb het vermoeden dat ze zo nep zijn als een appel van glas.'

*Lipstick op een varken*, dacht Nick.

'Als ik toegang tot jullie nieuwste winst- en verliesrekeningen had, en als ik niet straalbezopen was, en als het me echt iets kon schelen, zou ik je precies kunnen vertellen wat dit document inhoudt, zo duidelijk dat zelfs jij het zou kunnen begrijpen.' Hij nam een slok uit zijn glas. 'Maar zoals ik er nu aan toe ben, kan ik je vertellen dat iemand buiten de lijntjes heeft gekleurd. Je zet bijvoorbeeld je reserves naast de verliezen van je laatste winstgevende jaar en compenseert daarmee de nieuwe rode cijfers. Dat is "koektrommelboekhouden", en toen de Cendant Corporation daarop werd betrapt, moesten ze een schadevergoeding van drie miljard dollar betalen. Het is niet netjes om met je transitorische passiva te knoeien.'

'Wat schieten ze ermee op?' zei Nick. 'Zodra de nieuwe eigenaren het doorhebben, slaan ze Fairfield met een proces om de oren.'

'Ah, maar weet je, dat is nu juist het mooie, mijn jongen. Ze kunnen niet procederen.'

'Waarom niet?'

'Er is hier een slim beding opgenomen om een gerechtelijke procedure te voorkomen.' Hutch tikte op het papier. 'Als de transactie eenmaal tot stand is gekomen, mag er niet worden geprocedeerd over hierin opgenomen verklaringen en garanties, blabla.'

'Waarom zouden de kopers daar in godsnaam mee akkoord gaan?'

'Het antwoord lijkt me wel duidelijk.' Hutch keek weer op. 'Het staat in de nevenovereenkomst. Die garandeert een betaling van zeven cijfers voor de komma aan iemand, ongetwijfeld een Chinese regeringsfunctionaris met de macht om de acquisitie er snel doorheen te jassen.'

'Omkoping.'

'Dat is een onaardig woord, jongen. De Chinezen hebben de geweldige traditie dat ze elkaar rode enveloppen met *hongbao* – geluksgeld – geven om hun nieuwe jaar goed te beginnen.'

'Tien miljoen dollar is een hoop geluksgeld voor één persoon.'

'Ja. Maar als je daarmee zo'n grote transactie zonder eindeloos gesteggel door de Chinese bureaucratie kunt krijgen – nou, dan is het een koopje, nietwaar?'

'Het is een beetje vroeg voor het Chinese nieuwjaar, hè?'

'Nu snap je het. Tenzij je een andere reden kunt bedenken waarom Stratton hem zijn geld via een nummerrekening in Macau geeft.

Ik wed dat het vandaar meteen wordt overgeboekt naar een andere rekening bij de Bank of Commerce van Labuan.'

'Labuan?'

'Labuan is een eiland voor de kust van Maleisië. Een vlekje zand met een gigantisch banksysteem, gericht op het buitenland. Vergeleken met de bankiers van Labuan zijn de Zwitsers praatziek. Het is de plek waar de Chinese machthebbers hun gestolen geld het liefst naartoe brengen.'

'Daar had ik geen idee van.'

'Daar rekenden ze natuurlijk op. Brave jongens en meisjes weten niets van Labuan. En ze maken al helemaal geen gebruik van de banken daar.'

'Jezus,' zei Nick. 'Hoeveel mensen zijn hierbij betrokken?'

'Dat is niet te zeggen, al hoeven er maar twee mensen voor te tekenen. Een directielid van ons – dat zal dan je charmante jonge financieel directeur zijn – en een directielid van Fairfield. Het komt allemaal een beetje goedkoop over, maar die twee jongemannen hebben natuurlijk haast. Tegenwoordig hebben veel mensen haast. Weet je zeker dat je niets met me wilt drinken?'

'Ik wacht nog op mijn tomatensap,' zei Nick. 'Dat duurt wel verrekte lang.'

'O ja,' zei Hutch met gedempte stem. 'Daar had ik aan moeten denken. Die komt waarschijnlijk niet, met Vinnie als kelner. Je bent vast wel gewend aan dat soort dingen.'

'Wat bedoel je?'

Hutch keek naar de kelner en haalde zijn schouders op. 'Je hebt zijn broer ontslagen.'

## 90

Audrey kreeg Bugbee op zijn mobiele telefoon te pakken in de Burger Shack, waar hij altijd graag ging lunchen. Hij kon haar bijna niet verstaan. Op de achtergrond hoorde ze een kakofonie van gelach, kletterende borden en slechte popmuziek.

'Wanneer kom je terug?' zei ze een paar keer.

'Ik ben lunchen.'

'Dat hoor ik. Maar dit is belangrijk.'

'Wat is er?'

'Je kunt beter hierheen komen.'

'Ik zei dat het kan wachten.'
'Nee, dat kan het niet,' zei ze.
'Ik ben in de Burger Shack en daar ben ik nog...'
'Ik kom daarheen.' Ze hing op voordat hij kon protesteren.

Bugbee was eerst kwaad omdat zijn lunch met de jongens – drie geuniformeerde agenten van ongeveer zijn leeftijd – werd onderbroken, maar hij was daar snel overheen.

Hij excuseerde zich, en Audrey en hij gingen naar een vrije tafel.

'Bingo,' zei hij toen Audrey hem had verteld dat de wapens overeenkwamen. 'We hebben ze te pakken.'

'Het is nog niet rond,' zei ze. 'Het is geen concreet bewijs.'

Hij keek haar fel aan. Er zat een grote ketchupvlek op zijn afzichtelijke das, maar dat kwam die das alleen maar ten goede. 'Waar wacht je nou op – Nick Conovers dagboek met een speciale notitie over die avond, waarin hij schrijft dat hij die kerel koud heeft gemaakt, samen met Eddie?'

'We trekken nu lijnen tussen stippen, maar misschien vindt de officier van justitie dat niet goed.'

'Wat voor stippen, verdomme?' spuwde hij uit.

Ze dacht er even over hem te vragen niet zulke grove taal uit te slaan, maar dit was daar niet het moment voor. 'Dit wijst erop dat Eddie Rinaldi en Nick Conover erachter zaten.'

'Alsof ik dat nog niet weet...'

'Wil je nou even je klep houden?' Het was prachtig om Bugbees verbijsterde gezicht te zien. 'Het pistool dat is gebruikt om Stadler dood te schieten, is ook gebruikt in een zaak waarbij geen wapen is gevonden, een zaak waaraan Eddie Rinaldi zes jaar geleden heeft gewerkt. Maar is daarmee bewezen dat Rinaldi het pistool in Grand Rapids in zijn zak heeft gestoken? De bewijsvoering zit vol gaten.'

'O ja? Volgens mij niet, en volgens jou ook niet.'

'Met alleen onze mening kunnen we de officier van justitie niet overtuigen. Zeker niet omdat het een moordzaak is en het om de president-directeur van een gigantische onderneming en een van zijn naaste medewerkers gaat.'

'Weet je, als we ons vriendje Eddie aan een leugendetector zetten, slaat hij wel door.'

'Hij kan dat weigeren.'

'Geloof me, als hij bedreigd wordt met een aanklacht wegens moord, met levenslang zonder mogelijkheid van vervroegde vrijlating, weigert hij heus niet.' Hij leunde achterover, genietend van dit moment. 'Dit is prachtig. O ja, dit is prachtig.' Hij glimlachte, en ze besefte dat ze hem voor het eerst echt zag glimlachen van plezier. Die glimlach was onnatuurlijk en paste niet bij zijn gezicht, een verstoring van de normale gang van zaken. In zijn wangen kwamen diepe vouwen, als in gesteven textiel.

'Conover doet echt geen leugendetectortest,' zei Audrey. 'Laten we wel wezen, we weten nog steeds niet wie van die twee de schutter was,' zei Audrey.

'Kom op. We beschuldigen ze allebei van moord, en dan zoeken we later wel uit hoe het precies zat. Degene die het eerst naar het loket komt, krijgt de deal. Zo werkt dat.'

'Ik betwijfel of we zelfs maar zover komen. Het is de vraag of we een arrestatiebevel van een officier van justitie los kunnen krijgen.'

'Dan ga je gewoon naar een andere officier. Kom op. Je weet hoe dat werkt.'

'Noyce houdt daar helemaal niet van.'

'Noyce kan me wat. Dit is onze zaak. Niet de zijne.'

'Evengoed,' zei ze. 'Ik weet het niet. Ik wil dit niet verknoeien.'

Bugbee telde het op zijn linkerhand af, te beginnen met de duim. 'We hebben die bodemmonsters die overeenkomen, we hebben die gewiste bewakingsband, we hebben Conovers alarm dat om twee uur 's nachts afging, gevolgd door een wanhopig telefoontje, we hebben onze schizofreen die de verdachte al een hele tijd belaagde, en nu weten we ook waar het pistool vandaan kwam.' Hij hield zijn vijf vingers triomfantelijk omhoog. 'Wat wil je nog meer? Ik zeg, we gaan ervoor.'

'Ik wil dit eerst met Noyce opnemen.'

'Wil je naar papa toe rennen?' Hij schudde zijn hoofd. 'Ben je er al achter dat Noyce niet onze vriend is?'

'Waarom zeg je dat?'

'Ga nou na. Hoe dichter we bij de president-directeur van Stratton komen, des te meer werkt Noyce ons tegen. Hij wil niet dat we de grote baas aanpakken. Het zou me niet verbazen als hij door Stratton wordt omgekocht.'

'Kom nou.'

'Ik meen het. Het lijkt er sterk op dat die kerel aan hun kant staat.'

'Met zo'n grote zaak moet hij voorzichtig zijn.'

'Dit gaat veel verder. Toen ik Rinaldi's flat volkomen onverwachts doorzocht, waren er plotseling twee wapens uit zijn rek verdwenen. Hij had vast een tip gekregen.'

'Of misschien heeft hij ze weggegooid nadat Stadler door hem of Conover was doodgeschoten,' zei Audrey. 'Of Conover belde hem, zei dat Conovers huis zou worden doorzocht, en toen ging Eddie vliegensvlug naar huis om zich van het bewijsmateriaal te ontdoen.'

'Ja, dat is allemaal mogelijk. In theorie. Maar heb je niet gemerkt dat Noyce jou het leven zuur probeert te maken door je steeds andere dingen te doen te geven, zodat je geen tijd hebt om dit goed te doen? Audrey, ik vertrouw die kerel niet.'

'Hij is mijn vriend, Roy,' zei ze zachtjes.

'O ja?' zei Bugbee. 'Daar zou ik maar niet zo zeker van zijn.'

Ze gaf geen antwoord.

## 91

Dorothy Devries' villa aan Michigan Avenue in East Fenwick leek niet helemaal zo groot als Nick zich hem herinnerde, maar misschien was hij nog donkerder geworden. De gevelspitsen en dakkapellen waren nog net niet luguber genoeg voor de familie Addams van die televisieserie. Binnen waren de houten vloeren chocoladebruin gebeitst en voor een deel bedekt met bloedrode oosterse tapijten. Het meubilair was van donker mahoniehout of bedekt met donker damast. Ze hield de gordijnen dicht; ze had eens tegen hem gezegd dat zonlicht de bekleding kon laten verschieten. De maangloed van haar bleke huid was het lichtste in het huis.

'Zei je dat je thee wilde?' vroeg ze, en ze keek hem met half dichtgeknepen ogen aan. Ze zat bijna roerloos in een Queen Anne-stoel met bordeauxrode bekleding. Er hing een kroonluchter boven hen, maar die bleef nadrukkelijk uit.

'Nee, dank je,' zei hij.

'Maar ik heb je onderbroken,' zei ze. 'Ga verder.'

'Nou, ik heb al in het kort beschreven hoe het is. Jij en ik hebben er hard aan gewerkt om Stratton aan Fairfield te verkopen, en dat deden we omdat we de nalatenschap van je vader wilden beschermen. En van je man.'

'Nalatenschap,' herhaalde ze. In het halfduister kon hij niet goed zien of haar jurk antracietgrijs of marineblauw was. 'Dat is een mooi woord.'

'En een grote prestatie,' zei hij. Zo te zien keek ze nu opgewekter. 'Harold Stratton riep een bedrijf in het leven dat net zo goed was – of beter was – dan alle andere bedrijven in zijn branche, en hij deed dat hier in Fenwick. En daarna heeft je man Fenwick op de kaart van het Amerikaanse bedrijfsleven gezet.' Dorothy had een fraai uitgevoerde biografie van haar man Milton laten schrijven. Het boek was in eigen beheer uitgegeven en ze had veel exemplaren uitgedeeld. Nick wist dat ook de meest overdreven loftuitingen over de historische betekenis van haar vader altijd aan haar besteed waren. 'Dus het vooruitzicht dat Stratton wordt ingepakt en naar China gestuurd – nou, ik denk dat hij diep geschokt zou zijn. Dat weet ik wel zeker. Het is niet goed. Het is niet goed voor Fenwick, en het is niet goed voor Stratton.'

Mevrouw Devries knipperde met haar ogen. 'Maar je hebt een reden om me dit alles te vertellen.'

'Eh, ja.'

'Ik ben een en al oor, Nicholas.' Ze gebruikte zijn volledige voornaam, alsof hij een student was, en een beetje te jong voor alle drie lettergrepen.

'Je bent mede-eigenares van de onderneming. Je zit in de raad van bestuur. Ik dacht dat als ik je steun kon krijgen we de zaak aan de anderen konden voorleggen. Anders zouden ze misschien het gevoel hebben dat ik alleen maar mijn eigen baan wil redden. Want deze transactie... Nou, eerlijk gezegd zou het een ramp zijn. De Chinezen zijn niet geïnteresseerd in onze fabrieken. Die hebben ze zelf al. Ze halen Stratton helemaal leeg, verpatsen de machines en ontslaan de overgebleven werknemers.'

'Dat klinkt wel erg onheilspellend.'

'Het is een onheilspellende situatie.'

'Nou, je hebt gevoel voor dramatiek. Dit is geen kritiek. Maar je bent hier ook niet gekomen om met me te overleggen, hè?'

'Toch wel.'

'Want je hebt me niet naar mijn mening gevraagd. Je hebt alleen je eigen mening gegeven.'

'Ik wilde je alleen op de hoogte stellen,' zei Nick verbaasd. 'En horen wat je ervan vond.' Een korte stilte. 'Ik wil graag je... hulp en raad.'

Een flets glimlachje. 'O ja?' zei ze.

Nick keek haar aan, en de huid van zijn gezicht prikte. *Had ze die dingen al geweten voordat ik hier kwam?*

'Ik vind het een beetje schokkend om je iets te horen bepleiten wat gebaseerd is op sentiment, niet op dollars en gezond verstand. Want weet je, je hebt me niet om hulp of raad gevraagd toen je de Stratton Ultra-lijn besloot stop te zetten. Dat was natuurlijk een dierbaar onderdeel van de nalatenschap van mijn man.' Zachtjes voegde ze eraan toe: 'Mooi woord.'

Nick zei niets.

'En je vroeg me ook niet om hulp of raad toen je vijfduizend werknemers ontsloeg en daarmee de naam van Stratton door het slijk haalde,' ging ze verder. 'En dat nadat Milton er zo hard aan had gewerkt om die naam symbool te laten staan voor alles wat goed was aan Fenwick. Dat maakt ook deel uit van zijn nalatenschap, Nicholas.'

'Dorothy, je hebt voor die ontslagen gestemd.'

'O, alsof ik die trein nog tot stilstand kon brengen! Maar alsjeblieft, begrijp me niet verkeerd. Ik klaag niet. We hebben het bedrijf verkocht. Het is bijna helemaal van Fairfield Partners. En dus moeten we dit alles puur zakelijk benaderen.'

'Met alle respect, Dorothy, zit het je niet dwars dat Stratton eigendom wordt van... van de Chinese regering? Communistisch China?'

Dorothy Devries keek hem kil aan. 'Alsjeblieft. En dat zeg jij? Zaken zijn zaken. Mijn familie heeft veel geld verdiend toen we het bedrijf aan Fairfield verkochten, en we gaan nog een beetje meer verdienen als het naar dat consortium gaat.'

'Maar in godsnaam...?' Hij zag iets op haar gezicht. 'Jij wist er alles al van, nietwaar?'

Ze weigerde antwoord te geven. 'Nicholas, of je het nu gelooft of niet, ik heb je Miltons baan niet gegeven om je het bedrijf te laten ontmantelen. Toch heb je dat gedaan. Je hebt het naar de bliksem geholpen met al die onzin van het Kantoor van de Toekomst. Wat echt en solide was, heb je weggedaan, en vervangen door verguldsel en papier-maché. Milton zou diep geschokt zijn geweest. Al kan ik moeilijk over jou oordelen zonder over mijzelf te oordelen, hè? Ik ben degene die je de sleutels van het hoekkantoor heeft gegeven.'

'Ja,' zei Nick ten slotte. 'En waarom heb je dat gedaan?'

Dorothy zweeg een tijdje. 'Zoals je je misschien wel kunt voorstellen,' zei ze met een strak glimlachje, 'heb ik me dat ook vaak afgevraagd.'

## 92

Audrey had beloofd dat ze Noyce op de hoogte zou houden. Strikt genomen kon ze ook rechtstreeks naar de officier van justitie gaan en om een arrestatiebevel voor Conover en Rinaldi vragen, dus zonder Noyce daar zelfs maar iets over te vertellen. Dat wist ze. Maar het was niet goed om hem erbuiten te houden. Het was niet meer dan beleefd dat ze het met Noyce opnam. Ze had hem over het pistool verteld zodra ze hoorde dat het met dat wapen in Grand Rapids overeenkwam, en ze had geen enkele reden om hem nu in onwetendheid te laten. Hij zou woedend zijn, en erger nog, hij zou zich gekwetst voelen, en dat wilde ze niet.

Toen ze Noyces kantoor binnenkwam, klonk daar zachte muziek. Audrey herkende 'Mood Indigo' van Duke Ellington, een trompetsolo.

'Is dat Louis?' vroeg ze.

Noyce knikte peinzend. 'Ellington en Armstrong hebben dit in één keer opgenomen. Ongelooflijk.'

'Zeg dat wel.'

'De Duke was er geweldig goed in om te componeren als hij een deadline moest halen, weet je. Op de avond voor een opnamedag wacht hij tot zijn moeder klaar is met eten koken, en dan gaat hij naar zijn piano en rammelt daar in een kwartier tijd een nummer uit dat hij "Dreamy Blues" noemt. De volgende avond speelt zijn band het op de radio, een uitzending vanuit de Cotton Club. Later geeft hij het stuk een andere naam, "Mood Indigo".' Noyce schudde zijn hoofd, wachtte tot er een eind aan het nummer kwam en zette toen de cd-speler uit. 'Wat kan ik voor je doen?'

'Ik denk dat we genoeg hebben om Conover en Rinaldi te arresteren.'

Noyces ogen gingen wijd open toen ze dat zei, maar hij kneep ze even snel bijna dicht. 'Audrey, laat me je op een ijsje trakteren.'

'Ik doe mijn best om geen...'

'Nou, dan kun je toekijken. Ik denk aan een van die aardbeienblizzards in de Dairy Queen.'

Noyce stortte zich op een enorm bord met zacht vanille-ijs vol siroopachtige aardbeien, terwijl Audrey haar best deed om haar blik af te wenden, want het zag er te goed uit en ze had een zwakke wil als het op toetjes aankwam, vooral halverwege de middag.

'Je moet oppassen dat je niet wordt aangeklaagd voor een onrechtmatige arrestatie, Audrey,' zei hij, met een aardbeienveeg bij zijn mondhoek. 'Je beseft toch wel met wie je te maken hebt?'

'Denk je dat Nicholas Conover zo machtig is?'

'Hij is rijk en machtig, maar wat nog belangrijker is: hij werkt voor een holding company in Boston, en die mensen willen hun investering beschermen. En als dat betekent dat ze tegen het politiekorps van het stadje Fenwick moeten procederen, dan hebben ze daar de middelen voor. Dat betekent dat ze tegen jou gaan procederen. En tegen ons.'

'Het kan ook andersom werken,' merkte ze op. Haar maag knorde, en er liep steeds speeksel in haar mond. 'Misschien schrikt die holding company zich een ongeluk als een president-directeur van moord wordt beschuldigd. Misschien ontslaan ze hem gewoon.'

Noyce keek niet op van zijn ijs. 'Wil je dat risico nemen?'

'Als ik er oprecht van overtuigd ben dat Conover en Rinaldi bij een moord betrokken zijn, en als ik een officier van justitie achter me krijg, hoe kan het dan een onrechtmatige arrestatie zijn?'

'Het betekent alleen maar dat er nog meer van ons in de puree raken. Trouwens, geen officier van justitie zal een arrestatiebevel uitschrijven als hij er niet zeker van is dat hij de zaak kan winnen. En ik ben bang dat de bewijsvoering nog niet veel voorstelt.'

'Maar kijk dan naar wat we hebben, Jack...'

Hij keek op. 'Ja, laten we daar eens naar kijken, Aud. Wat is je meest belastende aanwijzing? Het pistool? Dus Rinaldi deed een zaak in Grand Rapids, en hetzelfde pistool duikt hier op.'

'Dat is geen toeval. Rinaldi had in het politiekorps de reputatie dat hij in de fout ging.'

'Daar moet je mee oppassen. Dat heb je alleen van horen zeggen. Bij de politie wordt altijd geroddeld. Iedereen probeert een ander een hak te zetten; dat zou jij toch moeten weten.' Hij zuchtte. 'Dat accepteert niemand. Als je wilt beweren dat hij dat pistool heeft ingepikt, goed... maar je kunt het niet bewijzen.'

'Nee, maar...'

'Kijk er eens naar door de ogen van een advocaat. Hetzelfde pistool dat in Grand Rapids is gebruikt, is hier opgedoken? Nou, denk je dat het de eerste keer is dat een pistool eerst in Grand Rapids en daarna hier wordt gebruikt? Waar denk je dat onze drugsdealers hun wapens vandaan halen? Flint, Lansing, Detroit, Grand Rapids. Ze moeten toch érgens vandaan komen?'

Audrey zweeg. Ze zag hem het zachte ijs eten en erop letten dat er een beetje aardbei op elke lepel ijs kwam.

'De kans is veel groter,' ging Noyce verder, 'dat een of andere klootzak uit Fenwick een wapen van een klootzak uit Grand Rapids heeft gekocht. Neem me mijn taalgebruik niet kwalijk, Audrey.'

'Maar dat vloeibare graszaad... die bodemmonsters die overeenkwamen...'

'Vind je dat niet een erg dun draadje om een moord aan op te hangen?'

Ze werd steeds wanhopiger. 'Dat telefoontje waarover Conover loog...'

'Nogmaals, misschien had hij zich echt in de dagen vergist, Audrey. Ik speel nu even voor advocaat van de duivel, goed?'

'Maar Conovers eigen beveiligingssysteem... De videobeelden van die nacht zijn gewist. Dat kunnen we bewijzen.'

'Kun je bewijzen dat ze gewist zijn of dat ermee is geknoeid? Dat is nogal een verschil.'

Noyce had blijkbaar met Kevin Lenehan gepraat. 'Daar zit wat in,' gaf ze toe.

'Dan is er nog het feit dat jij en Bugbee bij Conovers buren langs zijn geweest en niemand van hen die nacht een schot heeft gehoord.'

'Jack, weet je hoever de huizen in Fenwicke Estates uit elkaar staan? En een 9mm maakt ook niet zoveel lawaai.'

'Audrey. Je hebt geen bloed, geen wapen, geen voetafdrukken, geen getuigen. Wat heb je dan wel?'

'Motief en gelegenheid. Een stalker die geweld heeft gebruikt en een wapenvergunning bezat, en die de president-directeur van Stratton belaagde...'

'Voor zover we weten was hij ongewapend.'

'Als Stadler ongewapend was, is dat juist ongunstig voor Conover.'

'En je hebt me zelf verteld dat die man nooit eerder voor geweldpleging is veroordeeld. "Zo mak als een lammetje", waren dat niet de woorden die je gebruikte? Audrey, luister. Als je concrete bewijzen tegen die kerels had, zou niemand daar blijer mee zijn dan ik. Ik zou ze graag te grazen nemen voor die moord. Maar ik wil niet dat we het verknoeien. Ik wil niet dat we half werk leveren.'

'Ik weet dat de bewijsvoering goed is,' zei ze.

'Weet je wat jij bent? Diep in je hart ben je een optimist.'

'Dat zou ik niet weten.'

'Iedereen die zoveel van God houdt als jij, moet wel een optimist zijn. Maar weet je, de trieste waarheid is als volgt. Hoe langer je dit werk doet, des te moeilijker het is om optimist te blijven. Getuigen trekken hun verklaring in; schuldigen komen vrij; zaken worden niet opgelost. Pessimisme, cynisme – dat kan niet uitblijven. Audrey, heb ik je ooit verteld over die zaak die ik had toen ik net begon? Een vrouw werd in haar huiskamer in haar hoofd geschoten. Haar man was een onbetrouwbaar type. We betrapten hem steeds weer op leugens over zijn alibi, dat hij steeds veranderde. Hoe meer we ons in hem verdiepten, des te meer raakten we ervan overtuigd dat hij de moordenaar was.'

'En hij was het niet,' zei ze geërgerd.

'Weet je waarom hij steeds over zijn alibi loog? Het bleek dat hij op het moment van de moord in bed had gelegen met zijn schoonzus. Die kerel wilde niet toegeven dat hij zijn vrouw had bedrogen, ook niet toen hem een aanklacht wegens moord boven het hoofd hing. Hij bezweek pas kort voordat het proces zou beginnen, de rotzak. En weet je waardoor zijn vrouw was gedood? Een verdwaalde kogel door haar open raam, een straatgevecht dat uit de hand was gelopen. Ze had gewoon pech gehad. Of misschien krijg je dat als je in een slechte buurt woont. Maar wat ons zo duidelijk leek, bleek helemaal niet waar te zijn toen we ons erin verdiepten.'

'Ik begrijp het, Jack,' zei ze. Ze zag hem zijn bord leegmaken. Zo te zien deed het hem goed dat zijn laatste lepel evenveel ijs als aardbei bevatte. 'Maar we hebben ons er al in verdiept.'

'Een krankzinnige wordt in een vuilcontainer in het hondenhok gevonden, met nepcrack bij zich – sorry, maar je moet er in eerste instantie van uitgaan dat het een crackmoord was. En dus niet dat het een president-directeur was, die zoveel te verliezen heeft. Je kent het oude gezegde: als je in Texas naderende hoefslagen hoort, denk je niet dat het zebra's zijn. Dan moet je ervan uitgaan dat het paarden zijn. En ik denk dat jij nu achter een zebra aan zit.'

'Dat is niet...'

'O, ik weet dat het veel interessanter is om een zebra te zien dan een paard, maar je moet altijd kijken naar wat waarschijnlijker is. Want uiteindelijk is je tijd beperkt. Wie is die vrouw die jou elke week belt?'

'Ethel Dorsey?'

'Tyrone is haar zoon, en hij is waarschijnlijk omgekomen bij een drugsdeal, nietwaar? Hoeveel tijd heb je in die zaak gestoken?'

'Ik ben er de laatste tijd niet aan toe gekomen.'

'Nee. En als ik jou een beetje ken, heb je vast het gevoel dat je Ethel Dorsey hebt laten vallen.'

'Ik...' Ze aarzelde.

'Je bent goed, en je hebt het in je om erg goed te worden. Je kunt echt iets betekenen. Maar bedenk eens hoeveel andere gevallen om je aandacht schreeuwen. Er zit maar een beperkt aantal uren in een dag, hè?'

'Ik begrijp het.' Ze was geschokt. Het was logisch wat hij zei.

'Er is een andere zaak waaraan ik je wil laten werken. Niet in plaats van deze zaak, maar ernaast. Een zaak die je een grote kans geeft om te schitteren, denk ik. In plaats van verzand te raken in die hondenhokmoord. Jensen heeft maandag het proces van de Hernandez-roof, maar hij gaat op vakantie en ik wil graag dat jij het doet.'

'Is Phelps niet de nummer twee daarvoor? Ik heb alleen maar het follow-up-gesprek gedaan.'

'Phelps is op persoonlijk verlof. Ik heb je hiervoor nodig. En de officier van justitie wil op vrijdag een vooroverleg.'

'Vrijdag? Dat is... dat is over twee dagen!'

'Je kunt het. Ik weet dat je het kunt.'

Ze was geschrokken en van de wijs. 'Weet je,' zei ze met een klein stemmetje. 'Dat ziet er goed uit, wat jij had. Hoe heet het precies?'

## 93

Marta kwam met een vaatdoek in haar natte handen naar de hal. Ze had natuurlijk de twee piepjes van het alarmsysteem gehoord toen hij de deur openmaakte. Ergens op de achtergrond was een meisjesachtig gelach te horen.

'Is er iets mis?' vroeg Nick haar.

Marta schudde haar hoofd. 'Niets aan de hand,' zei ze hooghartig. Haar toon suggereerde het tegenovergestelde.

'Is het Luke?'

Marta schudde haar hoofd. 'Mevrouw Stadler heeft zichzelf uitgenodigd.'

'O,' zei Nick. 'Dat is goed.'

Marta haalde ongelukkig haar schouders op. Ze vond het helemaal niet goed.

'Is er dan een probleem?' vroeg Nick. Waarom deed ze zo moeilijk?

'Het is tegenwoordig moeilijk bij te houden wie er tot de familie behoren en wie niet.'

Dat was een uitnodiging voor een pittig gesprek; Nick deed er het zwijgen toe.

In de huiskamer trof hij Cassie aan. Ze droeg een oversized Stratton-T-shirt en een zwarte spijkerbroek, en ze zat daar met Julia, die een outfit droeg die Nick niet eerder had gezien, een trainingspak van turquoise velours. Op haar achterste stond het woord 'Juicy'.

Hij bleef in de deuropening staan kijken zonder dat ze hem zagen.

'Er is niets vies aan,' zei Cassie.

'Vieze kussens!' zei Julia op een malle manier. 'Vieze kussens!'
'Als je ouder wordt, verandert je lichaam. Je vindt jongens niet zo walgelijk meer. Je lichaam wordt meer iets van jezelf. Iedereen maakt dat stadium door. Het is zo natuurlijk als geroosterde muesli.'
Julia giechelde daarom. Ze was nerveus en tegelijk blij. 'Ik hou niet van geroosterde muesli,' zei ze.
'Je moet vooral niet denken dat je er niet over kunt praten. Je moet niet het gevoel hebben dat het iets vreemds is, iets waarvoor je je moet schamen. Tieten zijn niet het einde van de wereld. Puistjes daarentegen...'
Weer dat gegiechel, minder nerveus en blijer.
Ze hadden het Gesprek. Hij voelde zich opgelucht, en tegelijk was hij jaloers op de onderlinge vertrouwelijkheid van Cassie en Julia. Hij had tegen Cassie gezegd dat hij ertegen opzag om dat gesprek over meisjesdingen met zijn dochter te hebben: als hij het deed, zouden ze zich waarschijnlijk allebei diep hebben gegeneerd. Marta was ondanks haar strakke spijkerbroek te preuts en gesloten om over seks te praten. En ze had Nick laten weten dat ze het beslist niet haar taak achtte om met Julia een gesprek over dingen als ongesteldheid te hebben.
Cassie daarentegen praatte erover alsof het allemaal niets voorstelde, en daardoor stelde het op de een of andere manier ook echt minder voor. Met haar diepe, nuchtere stem wist ze het zo te brengen dat het allemaal heel alledaags en eigenlijk wel prettig was. Tenminste, zo prettig als het kon zijn voor een giechelend meisje van tien.
'Veel dingen veranderen, veel dingen niet,' zei Cassie nu tegen Julia. 'Vergeet niet, wat er ook met je gebeurt, je blijft altijd papa's kleine meisje.'
Nick schraapte zijn keel en zei tegen Julia: 'Hé, schatje.'
'Papa!' Ze stond op en liet zich door hem omhelzen.
'Waar is je broer?'
'Die is boven aan het werk.'
'Blij dat te horen. En waar heb je die outfit vandaan?'
'Die heb ik van Cassie gekregen.'
'O ja?' Een trainingspak van velours? Je kon zelfs haar buik zien. Allemachtig, ze was tien jaar oud.
Cassie keek hem bedeesd aan en haalde haar schouders op. 'Alle vijfdeklassers vinden mij hun modegoeroe,' zei ze.

Toen Julia naar haar kamer was gegaan, haalde Nick zijn schouders op en keek hij Cassie aan. 'Nog bedankt. Ik neem aan dat je over meisjesdingen met haar praatte. Daar zou haar ouweheer grote moeite mee hebben.'

'Ze is zo lief, Nick. Ze moet vooral goed beseffen dat je altijd haar papa zult blijven en altijd van haar zult houden.'

'Blijf je eten?'

'Ik kan niet,' zei ze.

'Plannen?'

'Nee. Ik... Je weet wat ze over gasten en vis zeggen. Ze gaan stinken na... ik ben vergeten hoeveel dagen.'

'Denk je dat Julia jou als een gast beschouwt? Of Luke?'

Ze kon haar glimlach niet verbergen. 'Je begrijpt het toch wel?'

'Blijf. En ik wil ook graag met je praten over wat er op mijn werk gebeurt.'

'Daarvoor ben je aan het juiste adres,' zei ze. 'De verstandskies van Fenwick.'

Hij vertelde haar over zijn gesprek met Dorothy Devries.

'Nou, zij heeft het niet meer voor het zeggen,' zei Cassie. 'Je zei dat Todd Muldaur nu de baas is.'

'Dat is het probleem.'

'De vraag die ik altijd stel, is: wie is je papa?'

'Ja. Dat is net een vraag voor jou.'

'Nou, wie is Todd Muldaurs papa?'

Hij haalde zijn schouders op. 'Willard Osgood is de baas van Fairfield Partners. Maar het lijkt erop dat ze hem daar niet veel te zien krijgen.'

'Willard Osgood – de man met de dikke brillenglazen en de joviale beleggingsadviezen? Ik heb dat artikel in *Fortune* gelezen dat je me liet zien. Hij is degene met wie je moet gaan praten.'

'Waarvoor? Ik zie daar het nut niet van in.'

'Je moet het zeggen als ik me vergis, maar ziet Osgood zichzelf niet als een vaderfiguur? Wat jij me beschrijft, lijkt me niet zijn stijl.'

'Dat is waar,' zei Nick. 'Maar de tijden veranderen. De toekomst is waarschijnlijk aan Todd Muldaur.'

'Weet je, dat begrijp ik niet goed. Ze doen alles zo stiekem – heus niet alleen om het voor jou verborgen te houden. Zou het kunnen dat ze het ook voor papa geheim proberen te houden?'

'Oei. Daar had ik niet aan gedacht.'

'Maar het is toch mogelijk?'

'Ja, het is mogelijk.'

'Dus misschien doe je er goed aan om meteen naar Osgood te gaan.'

'En als je je vergist? Als hij nu eens precies weet wat er gebeurt?'

'Zoveel keus heb je niet meer. De echte vraag is: als ik nu eens gelijk heb?'

## 94

Audreys e-mailicoontje stuiterde op en neer. Het was een bericht van Kevin Lehehan van de technische recherche. Ze opende het meteen en ging toen bijna hardlopend naar hem toe.

'Driemaal raden,' zei hij.

'Je hebt ze. De videobeelden.'

'Nee. Die zijn voorgoed weg. Dat heb ik je verteld.'

'Wat dan?'

'Dit is cool. Ik zag die code hier. Die stuurt op gezette tijden een back-up naar een FTP-server.'

'Kun je dat uitleggen?'

'Ja. Bepaalde gegevens die worden opgeslagen, bijvoorbeeld de inputs van alarminstallaties of bewegingsdetectors, worden automatisch naar een FTP-server gestuurd. Die server gebruikt het IP-adres dat hierin is voorgeprogrammeerd.'

'Kevin,' zei ze een beetje geërgerd. 'Nu heb je het nog niet uitgelegd.'

'Die elf minuten video die je zoekt? Waarvan we dachten dat ze voorgoed waren uitgewist? Nou, die zijn hier in dit kastje inderdaad uitgewist. Maar ze zijn ook via internet naar Strattons LAN gestuurd – sorry, de computers van het bedrijf. Er is een back-up bij Stratton. Is dat duidelijk genoeg?'

Audrey glimlachte. 'Kun je van hieruit in de computers van Stratton komen – via internet of zo?'

'Als ik zo goed was, zou ik dan een baan als deze hebben?'

Ze haalde haar schouders op.

'Maar als jij me Stratton binnen krijgt, weet ik waar ik moet zoeken.'

## 95

Het was een uur rijden naar het internationaal vliegveld Gerald R. Ford en daarna vijf uur vliegen naar het vliegveld van Boston, de luchthaven Logan, waar net zoveel mensen leken te zijn als in heel Fenwick. Nick kwam langs een Legal Seafoods-restaurant, een W.H. Smith-boekwinkel en een Brookstone-noviteitenwinkel voordat hij de lift naar Grondtransport bereikte. Tussen een groepje particuliere chauffeurs zag hij een man met een olijfbruine huid, gekleed in een blauwe blazer en een grijze broek, die een kaart met NICHOLAS CONVER omhooghield. Dat kwam er dicht genoeg bij.

Fairfield Partners was de hoofdhuurder van een immens gebouw van glas en graniet aan Federal Street in het hart van Boston. Willard Osgoods kantoor bevond zich op de zesendertigste en zevenendertigste verdieping. Op de receptie overheersten duifgrijs fluweel en tropische houtsoorten, en Nick verwachtte dat hij tijd genoeg zou krijgen om alle details te bestuderen, want het zou wel even duren voordat hij bij de Grote Man werd toegelaten. Maar tot zijn verbazing zei de rossig blonde receptioniste dat hij meteen naar binnen kon gaan. Nick vroeg zich af of hij te laat was, maar volgens zijn horloge was hij eerder een paar minuten te vroeg.

Toen hij door de glazen deur liep, werd Nick opgewacht door een andere blonde vrouw, die een bril met een rood plastic montuur droeg. 'Meneer Conover,' zei ze. 'Goede vlucht gehad?'

'Jazeker,' zei Nick.

'Kan ik u iets brengen? Water, frisdrank, koffie?'

'Ik heb niets nodig,' zei Nick, die grote passen moest nemen om haar bij te houden.

'Het is jammer dat Todd op reis is. Hij zou u graag gedag hebben gezegd als hij wist dat u kwam.'

Ongetwijfeld, dacht Nick. 'Nou, misschien doet u er goed aan om even met meneer Osgood te overleggen voordat u Todd of iemand anders vertelt dat ik hier ben geweest.'

'Ja,' zei ze vlug. 'Natuurlijk.'

Het kantoor van Fairfield Partners was enorm hoog en had een glazen wand: van twee verdiepingen was een vide gemaakt. Aan de wanden hingen ingelijste tijdschriftomslagen waarop Willard Osgood te zien was – met een vishengel op het omslag van *Field & Stream*, in een blauw pak met gele das op dat van *Forbes*. Osgoods brede, bebrilde gezicht en de tevreden en toch bezorgde uitdrukking daarop waren altijd hetzelfde, alsof het hoofd op andere modellen was gePhotoshopt.

Ten slotte wees ze naar een geelbruine leren bank in wat er als een enorme wachtruimte uitzag, en zei: 'Gaat u zitten. Ik laat u hier achter.'

Nick keek om zich heen, zag het grote glazen bureau en allerlei vistrofeeën aan de wand. Pas na een tijdje kreeg hij in de gaten dat dit Willard Osgoods eigen kantoor was. Hij keek uit de ramen aan weerskanten en zag de haven van Boston in de verte, met daarachter een paar kleine eilandjes.

Even later kwam Willard Osgood zelf binnen: het brede, verweerde gezicht, de brillenglazen als bodems van colaflesjes – het leek wel of hij uit die tijdschriftomslagen was geknipt. Nick stond op en besefte dat Osgood zo'n vijf centimeter groter was dan hij.

'Nick Conover,' zei Osgood met een bulderende stem, en hij gaf hem een vriendschappelijke klap op zijn schouder. 'Ik hoop dat je hebt gezien wat voor stoel ik achter mijn bureau heb staan.' Hij wees naar de Stratton Symbiosis-stoel.

Nick grijnsde. 'Hij beviel je zo goed dat je het hele bedrijf kocht.'

Osgood trok zijn borstelige wenkbrauwen op. 'Heb ik daar goed aan gedaan?'

'Ik hoop dat de stoel je nog steeds bevalt. Het is nog steeds een goed bedrijf.'

'Wat doe jij dan hier in Boston?'

'Ik wil je vragen me te helpen een probleem op te lossen.'

Osgood keek tegelijk verbaasd en geamuseerd. 'Laat me die Stratton-stoel gebruiken,' zei hij na enkele ogenblikken, en hij liep naar zijn bureau. Nick ging tegenover hem zitten. 'Ik kan altijd beter denken als ik zit.'

Nick begon meteen. 'Als ik het me goed herinner heb je, toen je in Fenwick was, tegen ons gezegd dat je een bedrijf vaak het liefst eeuwig vasthield.'

'Aha,' zei Osgood, die het blijkbaar begreep. Hij knipperde een paar keer met zijn ogen, vouwde zijn handen op zijn bureau en schraapte zijn keel. 'Nick, ik heb je vast ook wel mijn regel nummer één verteld: nooit geld verliezen.'

Osgood wist dat Todd de onderneming verkocht, besefte Nick nu. Dus misschien had Cassie het mis. Maar wist hij alles? 'Die les is Todd Muldaur blijkbaar vergeten, als hij hem al ooit heeft geleerd,' zei hij.

'Todd heeft een moeilijk jaar achter de rug,' zei Osgood meteen. Hij klonk een beetje geërgerd. 'Maar daar zijn heel goede verklaringen voor.'

'Ja, nou, "een verklaring is geen excuus", zoals je ook graag mag zeggen.'

Osgood glimlachte en legde daarmee een schitterende rij porseleinkronen bloot. 'Ik zie dat het evangelie zich verspreidt.'

'Toch vraag ik me af of een van die verklaringen soms inhoudt dat er niemand op de winkel past. Want daar zinspeelt Todd op. Hij zegt dat je niet veel meer op kantoor bent. Dat je je tegenwoordig misschien meer voor vliegvissen interesseert dan voor winstmarges.'

Osgoods glimlach drong bijna tot zijn ogen door. 'Ik hoop dat je dat niet gelooft.'

'Ik weet niet wat ik moet denken.'

'Mijn luitenants bedoelen daar natuurlijk mee dat mijn tijd voorbij is. Dat willen ze graag denken, want het betekent dat hun tijd is aangebroken.' Osgood leunde in zijn stoel achterover, maar natuurlijk wilde de ergonomische Stratton Symbiosis-stoel hem niet helemaal naar achteren laten kantelen, zoals oudere stoelen zouden doen. 'Ik zal je een verhaal vertellen, maar je mag het niet doorvertellen, begrepen?'

Nick knikte.

'Een paar jaar geleden ging ik met Todd naar Islamorada, Florida, voor de jaarlijkse trek van de tarpon. Natuurlijk verscheen hij met zijn gloednieuwe Sage-hengel en zijn Abel-spoel, en hij droeg een leren riem met een gratenvis op de gesp.' Hij bulderde even van het lachen. 'Het ontbrak hem niet aan zelfvertrouwen. Hij zei dat hij veel aan vliegvissen had gedaan bij een duur hotel in Alaska, het soort gelegenheid met gourmetmaaltijden en een sauna en een gids die alles voor je doet behalve je reet afvegen. En dus liet ik hem in de boeg staan en zag ik hem urenlang zijn lijn uitgooien. Die arme kerel gooide hem telkens weer uit, werd steeds gefrustreerder, zijn lijn ging steeds weer verkeerd, en de vliegen kwamen tegen zijn achterste aan.' Hij knipperde een paar keer met zijn ogen. 'Ten slotte vond ik dat ik genoeg lol had gehad. Ik stond op en nam dertig meter lijn. Zodra ik een school vissen zag naderen, liet ik de vlieg gaan. De vissen hapten toe en twee meter tarpon ging de lucht in. Kun je me nog volgen? Eén school vissen – één poging – één worp – en één vis de boot in.'

'Goed,' zei Nick, die het een mooi verhaal vond maar zich afvroeg wat het betekende.

'Volgens mij wist Todd niet dat je het met dure apparatuur en een mooie Ex Officio-broek niet redt. Het gaat om ervaring. Je moet het gewoon keer op keer doen. Er zijn jaren van oefenen voor nodig. Daar kan niets tegen op.'

'Hoe maak je tarpon klaar?'

'O, nee, nee, je moet hem niet eten. Dat is het mooie. Je gooit hem terug. Het gaat alleen om het gevecht.'

'Huh,' zei Nick. 'Het lijkt me geen sport voor mij.'

'Als ik het goed begrijp, gaat het bij ijshockey ook om het gevecht. En dan heb je op het eind niet eens een vis in je handen.'

'Zo kun je het ook bekijken.'

'Maar je hebt wel gelijk. Todd heeft fouten gemaakt. Hij heeft een paar keer misgegokt.'

'Ik denk dat de term "paniekvoetbal" meer op zijn plaats is.'

Osgood vond het niet grappig. 'Ik weet heel goed wat er gebeurt,' zei hij korzelig.

'O ja? Dat vraag ik me af.' Nick boog zich naar hem toe, haalde een map uit zijn tas en schoof hem over het bureau. Osgood maakte hem open, schoof zijn bril naar zijn voorhoofd en bekeek de papieren. Het viel Nick op dat de horizontale lijnen in Osgoods voorhoofd recht en regelmatig waren, alsof ze met een liniaal waren getrokken.

Osgood keek even op. 'Ik wou dat hij het niet op deze manier had gedaan.'

'Welke manier?'

'Jou erbuiten houden. Zo doe ik het niet graag. Ik speel graag open kaart. Nu begrijp ik waarom je met me komt praten. En waarom je zo van streek bent.'

'O, nee,' zei Nick vlug. 'Ik begrijp heel goed waarom hij mij erbuiten hield. Hij wist dat ik sterk gekant was... ben... tegen een verkoop als deze. Ik had niet de macht om het tegen te houden, maar waarschijnlijk was hij bang dat ik stennis zou maken en het misschien zelfs in de openbaarheid zou brengen. Daarom deed hij het liever buiten mij om. Tegen de tijd dat ik erachter zou komen, zou het een voldongen feit zijn. Dan zou het te laat zijn.'

'Zoiets. Maar zoals ik al zei: het is niet mijn manier om de dingen te doen.'

'Todd had een snelle geldinjectie nodig om na al zijn mislukte speculaties met halfgeleiders de firma te redden. En een beursgang duurt een eeuwigheid. Ik snap het.'

'Ik heb tegen Todd gezegd dat jij niet onredelijk bent, Nick. Hij had je op de hoogte moeten stellen.'

'Misschien had hij jou ook op de hoogte moeten stellen. Hij had je bijvoorbeeld kunnen vertellen wie de peetmoeder achter Pacific Rim Investors in werkelijkheid is. Al ging hij er waarschijnlijk van uit dat jij, met je politieke overtuigingen, niet wilde horen waar het geld vandaan komt.' Nick zweeg even. 'Het Volksbevrijdingsleger.'

Osgood knipperde met zijn ogen.

'Dat is het Chinese leger,' legde Nick uit. 'Het leger van communistisch China.'

'Ik weet wat dat is,' zei Osgood kortaf. 'Als ik mijn huiswerk niet had gedaan, zou ik niet zover gekomen zijn.'

'Je wist dit,' zei Nick.

'Allemachtig, natuurlijk wist ik het. Er is niets illegaals aan, mijn vriend.'

'Het Chinese leger,' herhaalde Nick. Hij hoopte dat die term de oude conservatief wakker zou schudden.

'O, kom nou, het gaat om kantoormeubilair. Niet om Patriot-raketten of kernwapens of zoiets. Bureaus en stoelen en archiefkasten. Je kunt niet beweren dat we onze vijanden het touw verkopen waarmee ze ons gaan ophangen.'

'Maar heb je ook naar de cijfers over Stratton gekeken die Todd aan Pacific Rim Investors heeft voorgelegd?'

Osgood schoof de map van zich af. 'Ik doe niet aan micromanagement. Ik kijk niet over de schouders van mijn mededirecteuren. Nick, we hebben het allebei druk...'

'Misschien zou je dat moeten doen. Want weet je, de balans die Todd hun heeft voorgelegd, was bedrog. Opgesteld door mijn financieel directeur, Scott McNally, die weet hoe je lipstick op een varken moet smeren.'

Weer die blinkende porseleinkronen in zijn mond. 'Nick, misschien ben je een beetje te lang in het Middenwesten geweest, maar zo'n houding van James Stewart in een film als *Mr. Smith Goes to Washington* werkt hier niet.'

'Ik heb het niet over moraliteit, Willard. Ik heb het over illegaliteit.'

Osgood maakte een geërgerd gebaar in Nicks richting. 'Er zijn allerlei manieren om de boekhouding te doen. Trouwens, we hebben een clausule tegen processen achteraf, zelfs wanneer de koper spijt krijgt.'

'Daar weet je ook van,' zei Nick met doffe stem.

Osgoods blik boorde zich dwars door hem heen. 'Conover, als je probeert alles te achterhalen, verspil je jouw tijd en de mijne. Het paard is de stal uit. De tijd van klagen is voorbij. Wel, zijn we nu klaar?' Osgood stond op en drukte op een knop van zijn intercom. 'Rosemary, wil je meneer Conover even uitlaten?'

Maar Nick bleef op zijn stoel zitten. 'Ik ben nog niet klaar,' zei hij.

# 96

De directeur Informatietechnologie van de Stratton Corporation leek geen computertype, vond Audrey. Het was een lange, gezette vrouw die Carly Lindgren heette en die haar mooie en erg lange kastanjebruine haar had opgestoken. Ze droeg een marineblauw pakje, een olijfgroene zijden blouse, een gevlochten gouden halssnoer en bijpassende oorhangers.

Audrey had maar één telefoontje hoeven plegen om een afspraak met mevrouw Lindgren te krijgen. Ze had haar alleen verteld dat het 'een politiezaak' betrof. Maar zodra Audrey het huiszoekingsbevel had laten zien, zag ze dat mevrouw Lindgren steigerde als een in het nauw gedreven tijgerin. Ze bestudeerde het bevel alsof ze naar fouten zocht, al wisten maar erg weinig mensen waar ze naar moesten zoeken, en trouwens, het stuk was zorgvuldig opgesteld. De termen waarin het was gesteld, waren zo ruim als Audrey van de officier van justitie gedaan had kunnen krijgen, al was ze eigenlijk alleen maar op zoek naar eventuele videobeelden die van Nicholas Conovers beveiligingssysteem afkomstig waren en in het Stratton-netwerk waren opgeslagen.

Mevrouw Lindgren liet Audrey en Kevin Lenehan in een wachtkamer zitten, terwijl ze een serie paniekerige telefoongesprekken voerde met haar superieuren – de directeur Informatie en de directeur Technologie. Audrey kon niet goed bijhouden wie het allemaal waren, maar in feite kon mevrouw Lindgren helemaal niets beginnen.

Na een minuut of twintig kreeg Kevin een stoel en een computer in een lege kamer. Audrey kon alleen maar toekijken. Ze keek om zich heen en zag een blauwe poster met witte letters. Het ging over 'De Stratton-Familie' en het was een soort *mission statement*. De stoelen waarin ze zaten, waren erg comfortabel; ze zag dat het Stratton-stoelen waren. Zoiets hadden ze bij Ernstige Delicten niet. Kevin stopte een cd in de computer en installeerde een programma. Hij legde haar uit dat het de viewer-software was die hij had gedownload van de website van de firma die de digitale videorecorder in Conovers huis had gemaakt. Met dat programma konden ze de videobeelden bekijken en opslaan.

'Weet je waar je moet zoeken?' vroeg Audrey zorgelijk.

'Het zat in de settings van de videorecorder,' antwoordde Kevin. 'De map waarnaar geschreven werd, de datum en de tijd en zo. Geen probleem.'

Audrey voelde een lichte opwinding, die ze probeerde te temperen door nuchter te redeneren. Ze was er zeker van dat de moord op Andrew Stadler op die elf minuten camerabeelden zou staan. Als er hier al een back-up was.

Hoe vaak kon je in je politiecarrière hopen dat je op zo'n stukje bewijsmateriaal stuitte? Digitale beelden van een moord die werd gepleegd? Het was bijna te veel om te hopen. Ze wilde het niet hopen, want de teleurstelling zou verschrikkelijk zijn.

'Kan ik u helpen, rechercheur?'

Ze keek op, zag Eddie Rinaldi in de deuropening staan en voelde dat er een schokje door haar hart ging. Vanaf de plaats waar zij zat leek Rinaldi groot en breed en sterk. Hij droeg een donkere blazer en een zwart shirt zonder boord. Hij glimlachte, en zijn ogen schitterden kwaadaardig.

'Meneer Rinaldi,' zei ze. Zelfs wanneer ze met moordverdachten sprak, bleef ze beleefd, maar ze weigerde hartelijk te doen tegen die man. Hij had iets wat ze niet kon uitstaan. Misschien was het zijn hooghartigheid, zijn arrogantie. Ze had het gevoel dat hij genoot van de spelletjes die hij met haar speelde.

'Dus u hebt een huiszoekingsbevel voor het netwerk van de onderneming?'

'U mag het zelf bekijken.'

'Nee, nee, nee. Alle puntjes staan vast wel op de i. U gaat altijd grondig te werk. Dat kan ik merken.'

'Dank u.'

'Misschien is "grondig" een te beleefd woord. Is het misschien een obsessie van u? Blijkbaar zit u nog steeds achter de beveiligingsbeelden van mijn baas aan.'

'O, we hebben de recorder al in bewaring.' Ze zou hem kunnen vertellen dat ze wisten dat de opnamen gewist waren, alleen om zijn reactie te zien, maar daarmee zou ze hem informatie verstrekken die hij niet mocht hebben.

'Bijna,' mompelde Kevin.

Rinaldi keek Kevin nieuwsgierig aan, alsof hij hem nu pas opmerkte. Toen keek hij Audrey weer aan. De uitdrukking op zijn gezicht was volkomen blasé.

'Ik begrijp nog steeds niet wat u hoopt te vinden,' zei Rinaldi.

'Ik heb het gevoel dat u het weet,' zei Audrey.

'U hebt gelijk. Ik weet het.'

'O?'

'Ja. Een paar beelden van een ouwe gek die midden in de nacht over het gazon van mijn baas strompelt. Maar wat schiet u daar nou eigenlijk mee op?'

Audrey boog zich naar de computer waaraan Kevin werkte. Hij hield de monitor naar Audrey toe. Ze tuurde ernaar, zag geen beeld, maar zag toen de woorden *hier ook gewist* op een document op het scherm.

'Uitstekend.' Audrey knikte. 'Goed werk.' Ze stak haar hand naar het toetsenbord uit en typte de woorden *speel mee*. Toen zei ze: 'Erg mooi, Kevin. Kun je het nog wat scherper krijgen?'

'Ja hoor,' zei hij, 'geen probleem. Ik heb geweldige digitale *imaging-firmware*. Daarmee kun je de bewegingsartefacten elimineren en de *dot crawl* reduceren. Een kamfilter moet de chrominantie van de luminantie scheiden. Een beetje lijnverdubbeling en wat *de-interlacing*, en we hebben een mooi helder beeld. Helemaal geen probleem.'

Kevin typte nog wat meer in, en het document verdween voordat Rinaldi naar de monitor kon lopen om zelf te kijken.

Maar dat was het nou juist. Eddie Rinaldi bleef gewoon op zijn plaats staan. Hij nam niet de moeite om naar de monitor te kijken. Zo te zien was hij volkomen ongeïnteresseerd.

Nee, zo was het niet, besefte Audrey.

Hij was volkomen zeker van zichzelf. Hij wist al wat Kevin zojuist ook had ontdekt: de back-upbeelden waren op de LAN van Stratton gewist, zoals ze ook gewist waren in de recorder van Conovers beveiligingsinstallatie.

En die zelfverzekerdheid had hem verraden.

## 97

Nick voelde dat zijn handen een beetje trilden. Hij legde ze in zijn schoot, opdat Osgood het niet zou zien. 'Willard, begrijp me niet verkeerd. Ik heb er geen belang bij om je in de maling te nemen. Ik zou liever met je samenwerken. Jij wilt de fondsen redden die Todd beheert, en ik wil de onderneming redden. We willen allebei geld verdienen.'

Osgood schoof zijn bril weer op zijn plaats en keek Nick ijzig aan. Hij stond nog steeds achter zijn bureau en bromde nu iets.

'Ik ken je weliswaar niet zo goed,' zei Nick, 'maar ik weet dat je geen gokker bent.' Nick zag dat de blonde vrouw met de rode bril de kamer was binnengekomen om hem weg te leiden. Ze bleef op de achtergrond op instructies staan wachten. Hij dempte zijn stem opdat de vrouw hem niet kon verstaan. 'Toen Scott McNally en Todd Muldaur tien miljoen dollar aan smeergeld naar een Chinese regeringsfunctionaris sluisden om er zeker van te zijn dat de transactie doorging, zijn ze volgens mij over een streep gegaan waar jij niet overheen zou willen gaan.'

'Waar heb je het over?' Osgood legde zijn handen plat op het glas van zijn bureau en boog zich intimiderend naar voren.

'Daarmee zetten ze je hele firma op het spel. Zoiets lekt altijd uit. En dan loopt je hele firma gevaar.' Nick spreidde zijn armen. 'Dit alles. Alles wat je in je hele leven hebt opgebouwd. En ik vraag me af of je echt wel zo'n enorm risico wilt nemen, als er ook een andere manier is om je doel te bereiken.'

'Rosemary,' blafte Osgood. 'Wil je ons alleen laten? We praten nog een paar minuten met elkaar.' Toen zijn secretaresse weg was, ging hij weer zitten. 'Waar heb je het over? Smeergeld?'

'Stratton Asia Ventures,' zei Nick.

'Daar weet ik niets van.'

Sprak hij de waarheid? Of was hij alleen maar voorzichtig? 'Het ligt allemaal vlak voor je – de laatste twee pagina's van die map. Hoe denk je dat Todd die transactie in een maand voor elkaar kon krijgen terwijl zoiets anders een jaar duurt? Je kunt het provisie of commissie of smeergeld noemen, maar hoe je het ook noemt, het is in flagrante strijd met de wet, met de Foreign Corrupt Practices Act. En zulke juridische problemen kun jij je niet veroorloven.'

Aan de manier waarop Osgood de map naar zich toe trok, kon Nick zien dat dit echt nieuws was voor de man. Osgood schoof zijn bril weer naar zijn voorhoofd en boog zich over de papieren.

Enkele minuten later keek hij weer op. Hij had een kleur, voor zover dat op zijn gelooide gezicht mogelijk was. Hij keek alsof hij door de bliksem was getroffen. 'Jezus,' zei hij. 'Zo te zien was jij niet de enige die erbuiten werd gehouden.'

'Ik had het gevoel dat Todd je niet alles vertelde,' zei Nick.

'Dit is stom. Dat is het.'

'Een kat in het nauw maakt rare sprongen. Eerlijk gezegd staat het me enorm tegen. Mijn onderneming is veel meer waard dan wat Pacific Rim Investors ervoor betaalt. Het is helemaal niet nodig dat ze iemand smeergeld geven.'

'Verdomme,' zei Osgood.

'Je mag dan geweldig goed tarpon kunnen vangen, Willard, maar ik denk dat we hier met slangen te maken hebben.'

Osgoods woede laaide langzaam op. 'Daarmee is mijn Yale-jongen te ver gegaan.'

'Hij zal wel hebben gedacht dat er niemand op de winkel paste...'

Osgood ontblootte zijn parelwitte kronen. Het leek eerder grauwen dan glimlachen. 'Van tijd tot tijd denkt iemand dat hij de oude man te slim af kan zijn. Misschien lezen sommige mensen te veel artikelen in *Parade* over mij. Maar ze krijgen altijd hun trekken thuis.'

Nick zag hoe angstaanjagend Willard Osgood kon zijn als het nietszeggende masker wegviel: een waarlijk formidabele tegenstander.

'Veel mensen hebben jou ook onderschat,' zei Osgood. 'Ikzelf misschien ook. Nou: heb je ideeën?'

## 98

'Papa!' Julia rende naar Nick toe zodra hij het huis binnenkwam. 'Je bent terug!'

'Ik ben terug.' Hij zette zijn kledingtas neer, tilde haar op en voelde een lichte steek van pijn in zijn onderrug. Au. Hij kon haar niet meer optillen alsof ze een klein kind was. 'Hoe gaat het met mijn schatje?'

'Goed.' Julia zei nooit iets anders. Het ging altijd goed met haar. Het ging altijd goed op school. Alles ging goed.

'Waar is je broer?'

Ze haalde haar schouders op. 'In zijn kamer, denk ik. Weet je dat Marta een paar uur geleden naar Barbados is vertrokken? Ze zei dat ze haar familie ging opzoeken.'

'Dat weet ik. Ik vond dat ze een tijdje vrij moest nemen. Haar trip naar Barbados is een cadeau van ons allemaal. Waar is Cassie?' Cassie was meteen bereid geweest om op de kinderen te komen passen.

'Ze is hier. Ze was me net yoga aan het leren.'

'Waar is ze?'

'In je studeerkamer, denk ik.'

Nick aarzelde even. Dat weer. Maar er was daar niets te vinden. Hij moest niet altijd zo achterdochtig zijn.

'Ze heeft een verrassing voor je,' zei Julia met een ondeugend glimlachje, haar grote bruine ogen wijd open. 'Maar ik mag niet zeggen wat het is.'

'Mag ik raden?'

'Nee.'

'Niet één keer raden?'
'Nee!' zei ze bestraffend. 'Het is een verrassing!'
'Goed. Niet zeggen. Maar ik heb een verrassing voor jou.'
'Wat dan?'
'Wat zou je ervan zeggen om naar Hawaï te gaan?'
'Wat? Je meent het!'
'Ja, ik meen het. We gaan morgenavond weg.'
'Hoe moet het dan met school?'
'Ik praat wel een paar vrije dagen voor jou en Luke los.'
'Hawaï! Niet te geloven! Maui?'
'Maui.'
'Dezelfde plaats als de vorige keer?'
'Ja. Ik kon zelfs precies dezelfde villa aan het strand huren.'

Julia sloeg haar armen om hem heen en drukte zich tegen hem aan. 'Ik wil weer gaan snorkelen,' zei ze, 'en ik neem die hoela-lessen, en ik wil een *lei* maken, en deze keer wil ik leren windsurfen. Ik ben nu toch oud genoeg?'

'Natuurlijk ben je oud genoeg.' De vorige keer had ze het van Laura niet mogen proberen.

'Luke zei tegen me dat hij het me zou leren. Ga jij weer duiken?'
'Ik denk dat ik vergeten ben hoe het moet.'
'En surfen? Mag ik ook leren surfen?'
Nick lachte. 'Heb je wel tijd voor al die lessen?'

'Weet je nog dat ik die gekko in onze kamer vond, die z'n staart kwijt was? O, het is zo geweldig!'

Nick wilde via de keuken naar zijn studeerkamer lopen, de kortste weg, maar hij bleef in de deuropening staan.

In plaats van de gebruikelijke plastic afdekkingen hing er nu een soort papieren barrière omlaag. Hij keek nog eens wat beter. Er was pakpapier over de deuropening geplakt, van vloer tot plafond en van deurpost tot deurpost. Een breed blauw lint liep kruiselings omlaag, als een strik om een cadeau. Op het papier, zag hij, zaten overal kleine afbeeldingen van Superman, met wapperende cape.

'Al lijk je op dit moment meer op Clark Kent.' Cassies stem. Haar armen gleden om zijn middel; ze kuste zijn nek.

'Wat is dit?'

Hij draaide zich om, omhelsde haar en drukte een dikke kus op haar mond.

'Dat zie je vanzelf. Hoe ging het in Boston?'
'Laten we zeggen dat je instinct het bij het rechte eind had.'
Cassie knikte. Ze had weer wallen onder haar ogen. Ze zag er

moe uit. 'Nou, je krijgt alles weer op het goede spoor. Je zult het zien. Het is nog niet te laat.'

'We zullen zien. Mag ik mijn cadeau openmaken?'

Ze boog haar hoofd en hield haar hand met de palm omhoog: na u.

Nick stompte door de geschenkverpakking heen. De keuken baadde in het licht; alle lampen waren aan. Het keukeneiland met granieten blad was perfect, precies zoals Laura het ooit voor hem had uitgetekend.

'Jezus,' zei Nick. Hij ging langzaam naar binnen en nam alles vol ontzag in zich op. Hij streek met zijn hand over het werkblad van het eiland. Het blad stak uit, zodat ze er met het hele gezin aan konden zitten. Precies zoals Laura had gewild.

Hij voelde de rand. 'Rond van boven?'

'Halfrond van boven.'

Hij keek Cassie aan en zag haar tevreden glimlachje. 'Hoe heb je dit voor elkaar gekregen?'

'Ik heb het niet zelf gedaan, Nick. Ik bedoel, misschien heb ik het technisch inzicht van mijn vader geërfd, maar zo goed ben ik niet. Ik ben er wel goed in om te krijgen wat ik wil.' Ze haalde bescheiden haar schouders op. 'Ze hadden eigenlijk maar één hele dag werk nodig. Maar ik moest erom smeken dat ze hierheen kwamen om het te doen en om het in die ene dag af te maken.'

'Mijn god, jij kunt wonderen doen,' zei Nick.

'Ik mag alleen graag afmaken waar ik aan begonnen ben. Dat is alles. Of waar je vrouw aan begonnen is.' Ze dacht even na en zei toen met een klein stemmetje: 'Nick, zul je ooit over haar dood kunnen praten?'

Hij deed zijn ogen even dicht voordat hij sprak. Toen deed hij ze weer open en haalde diep adem. 'Ik kan het proberen. Lucas had een zwemwedstrijd. Het was halfacht, maar het was donker, weet je. De eerste week van december. Dan is het vroeg donker. We reden naar Stratford, want de wedstrijd was in de middelbare school daar. We waren op de Stratford-Hillsdale Road. Vrachtwagenchauffeurs gebruiken die weg soms om op de snelweg te komen.'

Nick deed zijn ogen weer dicht. Hij zat weer in de auto op die donkere avond, een nachtmerrie die zich alleen in dromen had herhaald, en dan nog fragmentarisch en in de verkeerde volgorde. Hij sprak met een diepe, doffe stem. 'Er kwam ons een truck met oplegger tegemoet, en de man die achter het stuur zat, had een paar biertjes gedronken, en het wegdek was glad. Laura reed – ze reed niet graag in het donker, maar ik had haar dat gevraagd, want ik moest wat mensen bellen met mijn mobieltje. Net wat voor mij – altijd aan het werk. We kibbelden over iets, en Laura wond zich op, en ze lette niet goed op de weg. Ze zag de vrachtwagen pas op onze rijbaan komen, over de dubbele gele streep heen, toen het te laat was. Ze... Ze probeerde het stuur om te gooien, maar deed dat niet op tijd. De truck ramde ons.'

Hij deed zijn ogen open. 'Weet je wat zo gek is? Het leek helemaal niet of we zo hard geraakt waren,' ging Nick verder. 'Het leek niet op zo'n verschrikkelijke botsing in films, wanneer alles zwart wordt. Het was een harde dreun, zoals je zou verwachten wanneer je tegen iemands bumper op knalt. Een hol geknars. Ik kreeg er geen whiplash van. Raakte niet bewusteloos. Niets van dat alles. Ik keek Laura aan en ik riep: "Hoe kon die kerel dat doen?" En ze zei niets. En ik zag dat de voorruit aan haar kant een spinnenweb van barsten was. En ze had korrels glas op haar voorhoofd. Er glinsterde iets in haar haar. Maar er was geen bloed, of bijna niet. Misschien een paar vlekjes. Ze zag er goed uit. Alsof ze in slaap was gevallen.'

'Je kon er niets aan doen,' fluisterde Cassie.

Alleen doordat zijn gezichtsveld wazig was, wist Nick dat hij tranen in zijn ogen had. 'Nou, er waren honderden dingen die ik had kunnen doen. In al die gevallen zou Laura nog in leven zijn. Weet je, toen we die avond van huis gingen, stond Laura op het punt om iemand te bellen, en ik zei dat ze moest ophangen. Ik zei dat we door haar te laat zouden komen. Ik zei dat het belachelijk was dat ze een kwartier bezig was geweest zich op te maken en parfum op te doen, alleen voor een zwemwedstrijd, verdomme. Ik zei dat we deze ene keer niet te laat zouden komen. Ik zei dat ik goede plaatsen op de tribune wilde, dan kon ik tenminste zien wat er gebeurde. Nou, weet je, als ze dat telefoongesprek had gevoerd, zouden we dat ongeluk niet hebben gehad. Als ik niet zo'n haast had gehad, zouden we zijn aangekomen. En het was niet echt nodig dat ik die avond die vervloekte telefoongesprekken voerde in de auto. Die hadden best tot de volgende morgen kunnen wachten. Ik had kunnen rijden – want, ja, ik reed beter, dat wisten we allebei, zij had een hekel aan rijden. Ik had geen ruzie met haar moeten maken toen ze achter het stuur zat. O, en dan is er nog iets. Zij wilde de Suburban nemen. Ik zei dat het altijd lastig was dat ding te parkeren. Ik stond erop dat we de sedan namen. Als we de Suburban hadden genomen, zou ze de botsing misschien hebben overleefd. En dit is nog maar het begin van een lange, lange lijst. Ik had allerlei dingen anders kunnen doen. In de weken na haar dood werd ik de grootste expert op dat gebied ter wereld. Ik had ze allemaal gerangschikt in mijn hoofd zitten. Ken je die quiz op de televisie, *Jeopardy*? "Dank je, Alex, ik neem Fatale Ongelukken voor honderd dollar."'

Cassie zag bleek, streek met haar vingers door haar haar. Nick vroeg zich af of ze zelfs naar hem luisterde. 'Intracerebrale bloeding,' ging hij verder. 'Ze is de volgende dag in het ziekenhuis gestorven.'

'Je bent een goed mens.'

'Nee,' zei Nick. 'Maar ik wou dat ik dat was.'

'Je geeft zoveel.'

'Jij weet het niet, Cassie. Begrijp je? Jij weet niet wat ik heb genomen, wat ik heb gedaan. Je weet niet...'

'Je geeft mij een familie.'

*En ik heb de jouwe weggenomen.* Hij keek haar een hele tijd aan en vond het nu belachelijk dat hij haar van geheime bedoelingen had verdacht en bang was geweest dat ze probeerde uit te zoeken wat er met haar vader was gebeurd.

Maar ja, blijkbaar was hij niet zo goed in het beoordelen van mensen, besefte hij. Hij had Osgood op allerlei manieren verkeerd ingeschat, en hij had Scott verkeerd ingeschat. Todd Muldaur... Nou, hij had Todd van het begin af doorgehad, dus dat was niet zo'n verrassing. Eddie? Eigenlijk vond hij het ook niet zo verrassend dat Eddie het geen punt vond om de stoelpoten onder hem vandaan te schoppen.

Maar Cassie. Hij had niet geweten wat hij van haar moest denken, en misschien kende hij haar nog steeds niet zo goed. Misschien werd hij verblind door zijn enorme schuldgevoel en haar enorme verleidelijkheid. Ze was een beetje onevenwichtig; dat was duidelijk. Labiel, en je vader vermoord – dat was een gevaarlijke combinatie.

En hij vroeg zich af hoe ze zou reageren als hij haar alles vertelde.

Het maakte hem niet uit of Eddie het op een akkoordje zou gooien met de politie of niet. Hij zou die gladde Eddie aan zijn lot overlaten.

Als de kinderen en hij uit Hawaï terugkwamen, zou hij haar de waarheid vertellen. En dan zou hij rechercheur Rhimes de waarheid vertellen.

En dan zou hij worden gearresteerd; dat wist hij. Want of de officier van justitie nu vond dat het zelfverdediging was geweest of niet, hij had iemand gedood.

In Boston had hij na zijn gesprek met Willard Osgood een taxi naar Ropes & Gray genomen, een groot advocatenkantoor waar een vriend van hem als strafpleiter werkte. Een heel intelligente jongen die hij van de Michigan State University kende. Nick had hem verteld wat er gebeurd was, het hele verhaal.

De advocaat was natuurlijk geschrokken. Hij zei tegen Nick dat hij diep in de stront zat, daar viel niet aan te ontkomen. Hij zei dat Nick alleen maar kon hopen dat het als dood door schuld zou worden beschouwd, en dat hij, als hij heel veel geluk had, misschien maar een paar jaar gevangenisstraf zou krijgen. Maar het konden er ook meer worden – vijf, zeven, zelfs tien jaar, want er was ook nog het feit dat het lichaam verplaatst was en er dus met het sporenmateriaal was geknoeid. De advocaat zei dat als Nick ermee wilde doorgaan, hij een advocaat in Fenwick zou inschakelen en een verzoek zou indienen om de zaak *pro hoc vici* in Michigan voor de rechter te laten komen, wat dat ook mocht betekenen. Hij zou regelen dat Nick zichzelf aangaf, en hij zou proberen het met de officier van justitie in Fenwick op een akkoordje te gooien. En hij zei dat hij een groot voorschot zou vragen.

Maar het was niet zo belangrijk wat er met hem zou gebeuren. Wat zou er met zijn kinderen gebeuren? Zou tante Abby voor hen willen zorgen?

Dat was het allerergste, het enige wat hem echt bang maakte.

Maar hij wist dat hij het moest doen, hoe lang hij er ook over had gedaan om tot dat inzicht te komen. Het was net als in die droom die hij kortgeleden had gehad, die droom over het lichaam in de keldermuur dat zijn schuilplaats verried door rottingsvloeistoffen te laten wegsijpelen. Hij kon dat afschuwelijke geheim niet langer binnenhouden.

Daarom zou hij over een week of zo, na zijn laatste vakantie met de kinderen, Cassie de waarheid vertellen. Hij repeteerde al in zijn hoofd hoe hij dat zou doen.

'Wat is er?' zei ze.

'Ik heb veel nagedacht en ik heb beslissingen genomen.'

'Over het bedrijf?'

'Nee, dat niet. Onder andere over mijn leven.'

Ze keek hem zorgelijk aan. 'Is het slecht?'

'Nee,' zei hij hoofdschuddend.

'Is het slecht voor ons?'

'Nee. Het gaat ook niet echt over ons.'

'"Niet precies over ons" – wat bedoel je daar nou weer mee?'

'We praten erover als de tijd er rijp voor is. Nu nog niet.'

Ze legde haar hand op de zijne. Hij pakte hem zachtjes vast. Haar hand was klein en beefde, die van hem was groot en vast.

De hand die haar vader had gedood.

'Cass, we gaan morgen weg,' zei hij. 'We gaan een paar dagen naar Hawaï. Ik heb de tickets al.'

'Hawaï?'

'Maui. Daar ging Laura het liefst heen. Er is een groot vakantiecentrum dat Laura en ik hebben ontdekt voordat we kinderen kregen. We hadden onze eigen villa op het strand, met zijn eigen zwembad – niet dat je dat nodig had – en overal zag je de Stille Oceaan.'

'Lijkt me fantastisch.'

'Tot Laura's dood gingen we daar elk jaar met de kinderen heen. Onze grote uitspatting. Elke keer dezelfde villa; daar zorgde Laura voor. In mijn herinnering was het een tijd waarin we volkomen gelukkig waren, wij allemaal. Ik herinner me de laatste keer dat we daar waren. Laura en ik lagen in bed en ze keek me aan en ze zei dat ze een fixeermiddel op die hele dag zou willen spuiten om hem voor altijd vast te houden.'

'God, wat klinkt dat mooi, Nick.' Haar ogen lichtten op. Ze leek bijna sereen.

'Ik heb het reisbureau gebeld dat we toen ook gebruikten, en – het was een wonder – ze zeiden dat precies diezelfde villa beschikbaar was.'

'Weet je wel zeker dat je terug wilt naar een plaats die de kinderen zo nauw met Laura associëren? Misschien is het beter om naar een nieuwe plaats te gaan – je weet wel, nieuwe herinneringen creëren.'

'Misschien heb je gelijk. Ik weet dat het niet hetzelfde zal zijn. In sommige opzichten zal het droevig zijn. Maar het is een nieuw begin. Het is goed om daar als gezin heen te gaan, om weer bij elkaar te zijn. En we staan daar niet onder druk om te praten, of om "problemen" te bespreken, dat soort dingen. We gaan gewoon op het strand spelen en dingen doen en ananas eten. Het wordt niet hetzelfde, maar het wordt wel iets. En het wordt iets waaraan we allemaal terug kunnen denken als de dingen veranderen, want ze gaan veranderen.'

'De kinderen kunnen wel een week school missen, hè? Dat moet geen probleem zijn.'

'Ik heb al naar de school gebeld en gezegd dat ik Julia en Lucas een paar dagen van school houd. Ik heb onderweg zelfs al de tickets afgehaald van het vliegveld.' Hij haalde een envelop uit zijn borstzak, pakte de tickets eruit en hield ze omhoog, uitgewaaierd als een winnend stel speelkaarten.

Cassies glimlach verdween. 'Drie tickets.' Ze trok haar hand weg.

'Alleen het gezin. De kinderen en ik. Ik geloof niet dat we dat ooit hebben gedaan. We zijn nooit met zijn drieën een paar dagen ergens heen geweest.'

'Alleen het gezin. Alleen de familie,' herhaalde Cassie met een harde fluisterstem.

'Ik vind het belangrijk om weer contact te leggen met de kinderen. Ik bedoel, jij kunt beter met ze overweg dan ik, en dat is geweldig. Maar ik heb de rol die ik zelf moet spelen opgegeven – ik heb die taak min of meer aan jou gedelegeerd, alsof ik directeur van het gezin ben of zoiets, en dat is niet goed. Ik ben hun vader, of ik daar nu goed in ben of niet, en ik moet eraan werken dat we weer een gezin, een familie, worden.'

Cassies gezicht was veranderd. Het was merkwaardig strak, alsof elke spier in haar gezicht was samengetrokken.

'O, god, Cassie, wat vind ik dat erg,' zei Nick met een kleur. Hij schaamde zich opeens voor zijn eigen onnadenkendheid. 'Je weet hoeveel je voor ons betekent.'

Cassies oogleden fladderden, en hij kon de aderen in haar hals zien pulseren. Blijkbaar had ze grote moeite zich in te houden – of misschien om iets in te houden wat groter was dan zijzelf.

Hij glimlachte zuur. 'Luke en Julia – dat zijn mijn naaste medewerkers, weet je. En ik weet niet wanneer ik weer de kans krijg.'

'Alleen het gezin.' Het geluid van de ene zware steen die over de andere schraapte.

'Ik denk dat het ons goed zal doen.'

'Je wilt weg.'

'Precies.'

'Je wilt ontsnappen.' Het was alsof ze een spreuk opzei.

'Zo ongeveer.'

'Van mij.'

'Wat? Jezus, nee! Je vat dit verkeerd op. Het heeft niets te maken met...'

'Nee.' Ze schudde langzaam haar hoofd. 'Nee. Geen schuilplaats. Er is daar geen schuilplaats.'

De adrenaline golfde door Nicks aderen. 'Wat zei je?'

Er kwam een vreemde glimlach op haar gezicht. 'Spoot de stalker dat niet op de muren van het huis? Dat heeft Julia me verteld.'

'Ja,' zei Nick. 'Diezelfde woorden.'

'Ik kan het teken aan de wand lezen, Nick.'

'Kom op, Cassie, doe niet zo idioot.'

'Het is net het boek Daniël, nietwaar? De koning van Babylon geeft een groot liederlijk feest en plotseling ziet hij een mysterieuze hand verschijnen die iets vreemds, iets raadselachtigs op de muur schrijft. En de koning is doodsbang en roept de profeet Daniël, en die zegt tegen hem dat de boodschap betekent dat de dagen van de koning geteld zijn, dat Babylon geschiedenis is en dat hij gedood zal worden.' Haar ogen waren glazig.

'Hé, nu maak je me bang.'

Plotseling waren haar ogen weer helder, en ze keek hem aan. 'Misschien moet ik dankbaar zijn. Ik heb me in zoveel dingen vergist. Dat is vernederend. Het is vernederend om terechtgewezen te worden. Net als met de Stroups. Maar het is ook noodzakelijk. Luister, je moet doen wat je denkt dat het beste is. Wat het beste voor je gezin is. Niets is belangrijker dan dat.'

Nick stak zijn armen uit. 'Cassie, kom hier.'

'Ik denk dat ik beter kan weggaan,' zei ze. 'Ik denk dat ik genoeg heb gedaan. Vind je ook niet?'

'Cassie, alsjeblieft,' protesteerde Nick. 'Ik begrijp het niet.'

'Want ik kan veel meer doen.' Geluidloos liep ze de keuken uit. Haar stappen waren zo vloeiend dat het was of ze gleed. 'Ik kan veel meer doen.'

'We zullen praten, Cassie,' zei Nick. 'Als we terug zijn.'

Een laatste blik over haar schouders. 'Véél meer.'

## 99

Zondagmorgen vroeg, voor de kerk. Audrey zat met haar koffie en toast in de keuken, terwijl Leon sliep. Ze verdiepte zich in de rekeningen en vroeg zich af hoe ze het ooit zouden redden nu Leons werkloosheidsuitkering afliep. Onder normale omstandigheden betaalde ze elke maand haar hele creditcardtekort af, maar ze zou voortaan alleen het minimale bedrag kunnen betalen. Ze vroeg zich ook af of ze een beperkter kabelabonnement moesten nemen. Dat leek haar verstandig, maar Leon zou niet blij zijn als hij de sportzenders kwijtraakte.

Haar mobiele telefoon ging. Een 616-nummer: Grand Rapids.

Het was een zekere inspecteur Lawrence Pettigrew van de politie daar. De man van wie ze voor het eerst iets over Edward Rinaldi had gehoord. Ze had in de afgelopen dagen meermalen vergeefs naar hem gebeld en ze had er niet veel vertrouwen meer in gehad. Noyce wilde beslist niet dat ze in Grand Rapids naar Rinaldi informeerde, maar ze had geen keus.

'Wat kan ik voor u doen, rechercheur?' zei Pettigrew. 'De kinderen wachten tot ik pannenkoeken met ze ga eten, dus kunnen we dit vlug doen?'

De man was geen fan van Edward Rinaldi. Als ze weer naar Rinaldi vroeg, hoefde ze als het ware alleen maar op een knop te drukken en het vitriool spoot eruit. Maar eigenlijk kon ze niet verwachten dat hij de bijzonderheden nog wist van een niet al te belangrijke drugszaak van jaren geleden.

Hij wist er niets meer van. 'Rinaldi is weg. Opgeruimd staat netjes,' zei hij. 'Hij was niet bepaald een aanwinst voor het korps.'

'Is hij ontslagen?'

'Weggewerkt, kun je beter zeggen. Maar als ik u was, zou ik daar in Fenwick niet te veel lelijke dingen over Rinaldi zeggen.'

'Hij is directeur Beveiliging bij Stratton. Bedoelt u dat?'

'Ja, ja, maar daar heb ik het niet over. Zei u niet dat u van Ernstige Delicten was?'

'Ja.'

'Nou, als u alles over Eddie Rinaldi wilt weten, kunt u het aan Jack Noyce vragen. Aan de andere kant is het misschien ook beter van niet.'

'Ik geloof niet dat Noyce zoveel over Rinaldi weet.'

Pettigrew lachte abrupt en hard. 'Noyce kent hem door en door. Neem dat maar van mij aan. Toen ze hier werkten, waren ze een koppel. Jack was Eddies maat.'

Audreys hoofdhuid trok zich samen.

'Noyce?' zei ze ongelovig.

'Dief en diefjesmaat, zou je kunnen zeggen. Maar vat dit niet verkeerd op, rechercheur... Hoe was uw naam ook weer?'

'Rhimes.' Audrey huiverde.

'Zoals LeAnn Rimes, de zangeres?' En hij zong vals: "How do I live... without you?"'

'Anders gespeld, geloof ik.'

'Maar een geweldige vrouw, hoe je het ook spelt.'

'Dat schijnt zo, ja. Noyce... Noyce stond erom bekend dat hij corrupt was – bedoelt u dat?'

'Hé, Jack is niet zonder reden naar Siberië gestuurd, hè?'

'Siberië?'

'Met alle respect, maar hier in Grand Rapids beschouwen we Fenwick als Siberië.'

'Noyce is ook... weggewerkt?'

'Twee handen op één buik, die kerels. Ik heb geen idee wie het meest gestolen heeft, maar ik denk dat ze allebei hoge ogen gooien.

Het gaat beter als je een koppel vormt. Ze zagen elkaars praktijken door de vingers. Eddie zat meer in vuurwapens, en Jack in elektronica en stereo-installaties en zo, maar ze waren allebei gek op geld.'

'Ze waren allebei...' begon ze te zeggen, maar ze kon niet verder.

'O ja, en rechercheur LeAnn?'

'Audrey.' Ze was misselijk. Ze wilde een eind aan het gesprek maken, overgeven, een deken om zich heen slaan en weer gaan slapen.

'Audrey, ik heb liever niet dat je tegenover Noyce mijn naam noemt. Hij is iemand die alles overleeft, en hij wil vast geen oude koeien uit de sloot halen, als je begrijpt wat ik bedoel.'

Ze bedankte hem, verbrak de verbinding en deed toen precies wat ze had geweten dat ze zou doen. Ze rende naar de wc en braakte haar maaginhoud uit. Het zuur van de koffie brandde in haar keel. Toen waste ze haar gezicht. Op dat moment wilde ze eigenlijk alleen nog onder de oude blauwe deken op de bank in de huiskamer gaan liggen, maar het was tijd om naar de kerk te gaan.

## 100

De Eerste Abessijnse Kerk van het Nieuwe Verbond was ooit een imposant natuurstenen gebouw geweest, maar in de loop van de jaren geleidelijk in verval geraakt. De fluwelen bankkussens, die nodig vervangen moesten worden, waren op veel te veel plaatsen met isolatieband gerepareerd. Het was er altijd koud, 's zomers en 's winters; dat had iets met de natuurstenen muren en vloer te maken, plus het feit dat het een fortuin zou kosten om die spelonkachtige ruimte goed te verwarmen, en daarvoor ontbraken de middelen.

Er waren die ochtend niet veel kerkgangers, zoals op de meeste zondagen, met uitzondering van Pasen en Kerstmis. Er waren zelfs een paar blanke gezichten, een paar vaste bezoekers die hier vonden wat ze in de blanke kerken misten. LaTonya en haar gezin waren er niet, en dat was niet vreemd, want die kwamen maar een paar keer per jaar. Toen ze nog maar net getrouwd waren, ging Leon altijd met Audrey mee, maar op een gegeven moment had hij gezegd dat het niets voor hem was. Ze wist niet eens of hij die ochtend uitsliep of iets anders deed, wat dat dan ook mocht zijn.

Leon was een van de redenen waarom ze die dag zo somber gestemd was. En dan was Noyce er ook nog. Het nieuws had haar diep getroffen. Ze voelde zich bedrogen door die man, die haar vriend en mentor was geweest en zijn ware aard voor haar verborgen had gehouden. Het maakte haar misselijk.

Maar hoe diep die ontdekking haar ook had geschokt, ze voelde zich ook bevrijd. Ze had er geen moeite meer mee om hem te bedriegen, dingen achter zijn rug om te doen. Ze wist dat ze eigenlijk geen keus had. Of Jack Noyce nu door de Stratton Corporation werd omgekocht en bijzonderheden van het onderzoek naar zijn vroegere collega had doorgespeeld – of alleen maar gecompromitteerd was door wat Rinaldi van hem wist – hij had zijn best gedaan haar onderzoek te laten mislukken. Ze dacht weer aan de vele gesprekken die ze over deze zaak met hem had gehad, de adviezen die hij haar zo rijkelijk had gegeven. Hij had haar gewaarschuwd dat ze voorzichtig te werk moest gaan en tegen haar gezegd dat ze niet genoeg bewijzen had om Conover en Rinaldi te kunnen arresteren. En wie zou ooit weten wat hij nog meer had gedaan om de dingen te vertragen, haar te belemmeren? Welke middelen had hij stilletjes geblokkeerd? Hoe het ook zij, ze kon Noyce niet vertellen dat Bugbee en zij op het punt stonden een arrestatiebevel voor de president-directeur en beveiligingschef van Stratton aan te vragen. Noyce moest in het ongewisse blijven, anders zou hij Rinaldi een tip geven en alles doen wat in zijn macht lag om de arrestatie tegen te houden.

Maar hier in de kerk vond ze tenminste rust en gastvrijheid en liefde. Iedereen zei goedemorgen, zelfs mensen van wie ze de naam niet wist, hoffelijke heren en beleefde jongemannen en lieftallige jonge vrouwen en moeders met hun kinderen en vriendelijke oude dames met wit haar. Maxine Blake was helemaal in het wit gekleed. Ze droeg een sierlijke hoed. Die zag er een beetje uit als een omgekeerde emmer waar witte slierten uitkwamen die eromheen hingen als ringen om een planeet. Ze sloeg haar armen om Audrey heen en drukte haar tegen haar enorme boezem, zodat er een wolk van parfum en warmte en liefde vrijkwam. 'God is goed,' zei Maxine.

'Altijd,' antwoordde Audrey.

De dienst begon ruim twintig minuten te laat. 'De tijd van zwarte mensen,' werd er voor de grap gezegd. Het koor, gehuld in schitterend rood-met-witte gewaden, liep door het gangpad, klappend en zingend van 'It's a Highway to Heaven'. Het elektronische orgel viel in, gevolgd door de trompet en de trommel, en toen zong Audrey met bijna alle anderen mee. Ze had altijd in het koor willen zingen, maar haar stem was niet zo bijzonder – al was het haar opgevallen dat sommige vrouwen in het koor een ijle stem hadden en vaak vals zongen. Maar sommigen hadden een prachtige stem. De mannen zongen meestal met een diepe bas, maar de tenor zat er vaak naast.

Dominee Jamison begon zijn preek zoals hij altijd deed, namelijk door 'God is goed' te roepen, waarop iedereen antwoordde: 'Altijd.' Hij zei het opnieuw, en iedereen antwoordde opnieuw. Zijn preken waren altijd oprecht, meestal geïnspireerd, en duurden nooit te lang. Ze waren ook niet erg origineel. Audrey had gehoord dat hij ze van internet haalde, van baptistische websites met modellen en voorbeelden. Toen iemand hem een keer op zijn gebrek aan originaliteit wees, had dominee Jamison gezegd: 'Ik melk veel koeien, maar ik karn mijn eigen boter.' Audrey vond dat mooi gezegd.

Vandaag vertelde hij het verhaal van Jozua en de legers van Israël die de goede strijd streden. Ze vochten tegen vijf koningen van Kanaän om het Beloofde Land. Hij vertelde hoe de koningen Jozua in de kaart speelden door samen ten strijde te trekken. En dat het niet de Heer was die strijd leverde, maar Israël. De vijf koningen probeerden zich in een grot te verschuilen, maar Jozua gaf opdracht de grot af te sluiten. En toen de veldslag was gewonnen, haalde Jozua de koningen uit hun grot, uit hun schuilplaats, en vernederde hen door zijn prinsen opdracht te geven hun voet op de nek van de koningen te zetten. 'We kunnen ons niet schuilhouden voor God,' zei hij. 'Alleen in de hel kunnen we ons voor God verschuilen.'

Zoals zo vaak moest ze meteen aan Nicholas Conover denken, en aan de graffiti die meermalen met spuitverf op de binnenmuren van zijn huis was aangebracht. *Geen schuilplaats.*

Dat kon angstaanjagend zijn, en zo zou Conover het vast wel opvatten. Geen schuilplaats – waarvoor zou hij zich verschuilen? Voor een anonieme tegenstander, een stalker? Voor zijn schuld, zijn zonden?

Maar hier in de kerk was 'geen schuilplaats' bedoeld als een strenge, maar hoopvolle vermaning.

Met zijn meest gezwollen stem haalde hij Spreuken 28 aan: 'Die zijn overtredingen bedekt, zal niet voorspoedig zijn; maar die ze bekent en laat, zal barmhartigheid verkrijgen.'

En omdat alle preken van dominee Jamison bedoeld waren om iets te betekenen voor iedereen in de gemeente, dacht ze aan Nicholas Conover. De koning die zich schuilhield in zijn grot.

Maar er was geen schuilplaats. Andrew Stadler had gelijk gehad, nietwaar?

Dominee Jamison gaf een teken aan het koor, dat meteen een levendig 'No Hiding Place Down Here' inzette. De soliste was Mabel Darnell, een grote vrouw die zong en deinde als Aretha Franklin en Mahalia Jackson samen. De organist, Ike Robinson, zat vooraan, in het zicht, niet verborgen zoals organisten in veel andere kerken die ze had gezien. Hij liep tegen de tachtig, met wit haar en een donkere huid. Hij had expressieve ogen en een innemende glimlach, en droeg een wit pak. Audrey had altijd gevonden dat hij op Count Basie leek.

'Ik ging naar de rotsen om mijn gezicht te verbergen,' zong Mabel, in haar handen klappend. 'Maar de rotsen riepen: "Geen schuilplaats!"'

Count Basies dikke vingers bewogen zich snel over de toetsen. Ze syncopeerden en maakten swingende jazz, en de rest van het koor viel in bij *de rotsen* en *mijn gezicht* en *riepen* en *geen schuilplaats geen schuilplaats geen schuilplaats.*

En zodra het koor klaar was, terwijl de orgelklanken nog nagalmden, bulderde dominee Jamisons stem door de kerk: 'Mijn vrienden, niemand van ons kan zich voor de Heer verschuilen. "En de koningen der aarde en de groten en de oversten over duizend, en de rijken en de machtigen, en iedere slaaf en vrije..."' Zijn stem verhief zich gestaag, tot het geluidssysteem piepte van het rondzingen. '"... verborgen zich in de holen, en de rotsen der bergen."' Nu zakte zijn stem tot nadrukkelijk fluisteren af: '"En zij zeiden tot de bergen en tot de rotsen: Valt op ons en verbergt ons van het aangezicht Hem, die gezeten is op de troon, en voor de toorn van het Lam. Want de grote dag van hun toorn is gekomen en wie kan bestaan?"'

Hij zweeg even om de gemeente te laten weten dat zijn preek was afgelopen. Toen nodigde hij iedereen die dat wilde uit om naar het altaar te komen voor een persoonlijk gebed. Terwijl Ike Robinson, geen Count Basie meer, zachtjes speelde, kwamen ongeveer tien mensen uit de banken en knielden voor het altaarhek neer, en plotseling voelde Audrey zich geroepen om dat ook te doen, al had ze het sinds de dood van haar moeder niet meer gedaan. Ze ging erheen en knielde neer tussen Maxine Blake met haar enorme hoed vol saturnusringen en een andere vrouw, Sylvia-en-nog-iets, wier man kortgeleden aan de complicaties van een levertransplantatie was gestorven, zodat ze met vier kleine kinderen was achtergebleven.

Sylvia-en-nog-iets maakte een verschrikkelijk zware tijd door, en waar had Audrey nu eigenlijk over te klagen? Haar problemen waren klein, maar ze vervulden haar, zoals kleine problemen doen totdat er grote problemen komen die ze opzij duwen.

Ze wist dat ze zo kwaad op Leon was dat het een obsessie werd, en ze herinnerde zich de woorden uit Efeziërs 4:26: 'De zon mag niet over een opwelling van uw toorn ondergaan; en geeft de duivel geen voet.' En ze wist dat ze die woede los moest laten en eens en vooral de confrontatie met hem moest aangaan.

Ze wist dat de teleurstelling over Jack Noyce nooit zou weggaan, dat ze zich altijd gekwetst zou voelen, maar dat zou haar er niet van weerhouden om te doen wat goed was.

Ze dacht aan die arme kleine dochter van Nicholas Conover die achter de piano zat te zwoegen, dat mooie, hulpeloze gezichtje. Dat kleine meisje dat kortgeleden haar moeder had verloren en op het punt stond haar vader ook te verliezen.

En dat was vooral zo hartverscheurend: de wetenschap dat ze dat kleine meisje tot wees zou maken.

Ze huilde schokschouderend. De hete tranen liepen over haar wangen, en iemand wreef over haar schouder en troostte haar, en ze voelde liefde.

Buiten de kerk, in het sombere daglicht, pakte ze haar mobiele telefoon uit haar tasje en belde Roy Bugbee.

## 101

Een auto kwam diep grommend over het pad aanrijden.

Leon? Nee, zo klonk Leons auto niet. Die was de hort op. En dat nog wel op zondag. Er ging een golf van walging door haar heen. Haar besluit stond vast.

Ze trok de gordijnen van de voorkamer opzij. Het was Bugbee.

Die grijns van hem. 'Eindelijk de knoop doorgehakt, hè?'

Ze nodigde hem in de voorkamer uit, waar hij Leons stoel nam en Audrey tegenover hem op de bank ging zitten. Bugbees voet kwam tegen iets aan, en er rinkelden een paar bruine flesjes.

Hij keek omlaag. 'Aan de zuip, Aud? Wordt de druk je te groot?'

'Ik vind bier niet eens lekker,' zei ze gegeneerd. 'Nou, wat is er?'

'Eén complicatie.'

'O nee.'

'Een gunstige complicatie. Onze vriend Eddie laat Conover barsten.'

'Wat bedoel je precies?'

'Hij wil een deal maken.'

'Hoeveel heeft hij je verteld?'

'Helemaal niks. Alleen dat hij misschien interessante informatie voor ons heeft.'

'Hij moet eerst laten zien wat hij te koop heeft.'

'Hij wil eerst een deal. Ik wed dat hij de mededader is.'

Ze dacht even na. 'En als hij nu eens de schutter is, en niet Conover?'

'Dan zitten we helemaal goed. Als hij verklaart dat Conover medeplichtig was, hebben we ze allebei.'

'Hij weet dat die pistolen overeenkomen.' Weer een automotor. Zou dát Leon zijn?

'Heb jij het hem verteld? Ik niet.'

Ze schudde haar hoofd en vertelde hem over het telefoontje uit Grand Rapids.

'Die verrekte Noyce,' zei Bugbee. 'Heb ik het niet gezegd?'

'Wat heb je gezegd?'

'Ik mocht hem nooit.'

'Nee, omdat hij jou niet mag.'

'Oké. Maar dat bedoel ik niet. Rinaldi en hij weten iets over elkaar. Nu lijkt het erop dat wij iets over Noyce weten.'

'Ik speel dat spelletje niet mee,' zei Audrey op besliste toon.

'Jezus,' zei Bugbee. 'Moet je nou altijd de kerkganger uithangen, ook op een moment als dit?'

'Zal ik het eens zeggen in termen die jij begrijpt? Als jij open kaart tegen Noyce wilt spelen, heb ik daar geen moeite mee. Maar ik wed dat hij weet dat wij het weten.'

'Denk je dat?'

'Hij weet dat ik met Grand Rapids heb gepraat. Hij weet dat ik diep graaf. Maar goed, als jij later spelletjes met hem wilt spelen, kan me dat niet schelen. Ik ben diep geschokt, maar op dit moment wil ik alleen de zaak tot een goed eind brengen. Ik stel voor dat we hem negeren, achter zijn rug om werken, de papieren van de arrestatie zo laat mogelijk afwerken, zodat hij niet de kans krijgt om Rinaldi een tip te geven.'

Bugbee haalde zijn schouders op. Hij gaf zich gewonnen.

'En ik zal je nog wat anders vertellen. Ik wil geen deal maken met Rinaldi.'

'Dat moet wel,' protesteerde Bugbee. 'Via hem komen we binnen.'

'Zeg jij niet steeds dat onze bewijsvoering goed genoeg is? Waarom wil je het nu zo gauw opgeven?'

'Het is geen opgeven,' zei Bugbee.

'Nee, hè? Ik wil ze allebei beschuldigen van moord. Op die manier hebben we de maximale onderhandelingsruimte. We zoeken later wel uit hoe het precies zat.'

'Dus nu denk jij dat we de bewijsvoering rond hebben?'

'Zo ongeveer. Morgenvroeg ga ik weer met Stadlers psychiater praten.'

'Is het daar niet een beetje laat voor?'

'Helemaal niet. We kunnen de officier van justitie veel gemakkelijker overtuigen als die psychiater verklaart dat Stadler gestoord en zelfs gevaarlijk was. Als we dat voor elkaar hebben, krijgen we de arrestatiebevelen vast en zeker.'

'Ik dacht dat hij al had geweigerd met je te praten.'

'Ik geef het niet op.'

'Je kunt hem niet dwingen.'

'Nee, maar ik kan hem overhalen. Of ik kan het tenminste proberen.'

'Geloof jij het?'

'Wat?'

'Dat Stadler gevaarlijk was.'

'Ik weet niet wat ik moet geloven. Ik denk dat Conover en Rinaldi het geloofden. Als de psychiater wil meewerken, kunnen we een motief aantonen. Daar zal ook de gladste advocaat die Nick Conover kan vinden een hele kluif aan hebben. En dan hoeven we echt geen deal meer te maken met Eddie, nietwaar?'

'Je bedoelt dat je de dobbelsteen wilt laten rollen?'

'Soms moet je wel,' zei ze.

'Jij hoeft niet zo nodig Noyces ballen boven een kampvuurtje te roosteren, zoals ik dat wil, hè?'

Ze schudde haar hoofd. 'Ik ben niet kwaad. Ik ben...' Ze dacht even na. 'Ik ben teleurgesteld. Ik ben verdrietig.'

'Weet je wat, ik heb altijd gedacht dat jullie jezusfreaks het niet echt meenden. Maar ik denk nu dat je serieus goed wilt doen. Dat je echt goed wilt zijn. Dat is toch zo?'

Ze lachte. 'Het gaat er niet om dat je goed wilt zíjn, Roy. Je moet probéren goed te zijn. Denk je dat Jezus...' Ze zocht naar het woord. 'Dat Jezus een watje is? Nee. Hij was bikkelhard. Dat moest hij wel zijn.'

Bugbee glimlachte; er kwamen lijntjes bij zijn ogen. Ze probeerde iets van zijn gezicht af te lezen en wist niet zeker of ze een glimp van bewondering opving. 'Jezus die bikkelhard was. Die is goed.'

'Wanneer ben je voor het laatst naar de kerk geweest, Roy?'

'O, nee. Kom daar niet mee aanzetten. Laat één ding duidelijk zijn: dat gaat niet gebeuren.' Hij zweeg even. 'Trouwens, ik denk dat Jezus zijn handen vol heeft aan jouw eigen huishouden.'

Audrey voelde zich gekwetst. Ze zei niets.

'Sorry,' zei Bugbee even later. 'Dat had ik niet moeten zeggen.'

'Het geeft niet,' zei ze. 'Misschien heb je wel gelijk.'

## 102

Er hing kilte in de lucht, de aankondiging van de winter in deze herfstdagen. De hemel was staalgrijs en onheilspellend en dreigde met regen.

Maar in de huiskamer, waar Audrey zat te lezen, was het zo warm dat het bijna om te stikken was. Nadat Bugbee was vertrokken, had ze de haard aangemaakt, voor het eerst sinds de zomer. Het hout had meteen vlam gevat, en dat deed haar goed. De blokken knetterden nu zo hard dat ze van tijd tot tijd opschrok als ze bij een passage was blijven hangen die haar aandacht vasthield.

Ze opende de bijbel bij het boek Matteus en huilde om de man die haar vriend was geweest. Ze dacht ook aan Leon, aan het gesprek dat ze met hem moest hebben. Ze was nu meer dan ooit vastbesloten om op de een of andere manier boven haar woede en afkeuring uit te stijgen. Noyce en Leon; ze leken niet op elkaar, maar ze waren allebei zwak. Leon was een moedeloze man, maar ze hield van hem. Ze wist hoe snel ze geneigd was over anderen te oordelen. Misschien werd het tijd dat ze leerde vergeven. Dat zag ze in de gelijkenis van de onbarmhartige slaaf in het boek Matteus.

Een koning had veel geld tegoed van een van zijn slaven en wilde de slaaf en zijn gezin verkopen om aan het geld te komen. Maar toen de slaaf smeekte, kreeg zijn meester medelijden en schold hem zijn schuld kwijt. Niet lang daarna kwam de slaaf een andere slaaf van de koning tegen die hem wat geld schuldig was, en wat deed hij? Hij greep de man bij de keel en eiste betaling. De koning riep de ondankbare bij zich en zei: 'Slechte slaaf, al die schuld heb ik u kwijtgescholden, daar gij het mij dringend had gevraagd; had ook gij geen medelijden moeten hebben met uw medeslaaf, zoals ook ik medelijden had met u?'

Er werd een sleutel in het slot van de voordeur gestoken.

Leon. Terug van waar hij ook maar geweest was zonder het haar te vertellen.

'O, hé, Shorty,' zei hij toen hij binnenkwam. 'Je hebt de haard aangemaakt. Dat is mooi.'

Ze knikte. 'Jij was al vroeg op pad.'

'Er komt vast regen.'

'Waar ben je heen geweest, Leon?'

Hij wendde meteen zijn ogen af. 'Ik moet soms het huis uit. Dat is goed voor me.'

'Kom hier eens zitten. We moeten praten.'

'O nee,' zei hij. 'Dat zijn woorden die een man niet wil horen.' Maar hij ging toch in zijn favoriete stoel zitten, al voelde hij zich duidelijk niet op zijn gemak.

'Dit kan zo niet doorgaan,' zei ze.

Hij knikte.

'Nou?'

'Nou wat?' zei hij.

'Ik heb wat in de bijbel gelezen.'

'Dat zie ik. Het Oude of het Nieuwe Testament?'

'Hm?'

'Als ik het me goed herinner uit de tijd dat ik nog naar de kerk ging, is de God van het Oude Testament nogal streng.'

'We zijn geen van allen volmaakt, schat. En de bijbel vertelt ons ook dat Jezus weigerde een overspelige te veroordelen die op het punt stond gestenigd te worden.'

'Waar gaat dit heen?' zei Leon.

'Ga je me vertellen wat je in je schild voert?'

'Ah,' zei hij met een diep grinniklachje dat geleidelijk aanzwol. 'O, ja,' zei hij. Hij bulderde nu van het lachen. 'Heeft mijn zuster je rare ideeën aangepraat?'

'Ga je het nog uitleggen? Of wordt dit het laatste gesprek dat we ooit hebben?'

'O, Shorty,' zei Leon. Hij stond op en ging naast haar op de bank zitten, dicht tegen haar aan. Ze was verbaasd, maar ze ging niet dichter tegen hem aan zitten, bleef gewoon zitten, stijf en woedend en in verwarring. Er rolde een flesje onder de bank. Ze stak haar hand uit om het vast te pakken. Een bruin bierflesje. Ze hield het omhoog.

'Is het dit, of is het een vrouw?' zei ze.

Hij lachte, genoot hiervan, en dat maakte haar nog kwader. 'Vind je het grappig?' zei ze.

'Mooie detective ben jij,' zei hij ten slotte. 'Dat is alcoholvrij bier.'

'O ja,' zei ze gegeneerd.

'Ik heb in geen zeventien dagen iets gedronken. Is je dat niet opgevallen?'

'Is dat waar?'

'Vergeving is stap negen. Zover ben ik nog lang niet.'

'Stap negen.'

'De achtste stap houdt in dat ik een lijst maak van iedereen die ik ooit kwaad heb gedaan en met wie ik bereid ben dat goed te maken. Dat zou ik ook moeten doen. Je weet dat ik nooit goed in lijsten ben geweest.'

'Je... Waarom heb je me niet verteld dat je naar de AA ging?'

Nu was het zijn beurt om schaapachtig te kijken. 'Misschien wilde ik eerst zeker weten dat het me zou lukken.'

'O, schat,' zei ze, en de tranen sprongen in haar ogen. 'Ik ben zo trots op je.'

'Hé, Shorty, daar is het nog te vroeg voor. Ik ben nog niet eens voorbij stap drie.'

'Wat is dat?'

'Al sla je me dood,' zei Leon. Hij legde zijn grote eeltige hand op haar gezicht, streek haar tranen weg en boog zich naar haar toe om haar te kussen, en ditmaal kuste ze hem terug. Ze was bijna vergeten hoe het was om haar man te kussen, maar ze herinnerde het zich nu weer, en het was prettig.

Ze stonden tegelijk op en gingen naar de slaapkamer.

Buiten begon het te regenen, maar in hun bed was het warm.

De volgende morgen zou ze vroeg opstaan en de arrestatiebevelen voor Eddie Rinaldi en Nicholas Conover aanvragen.

## 103

Op weg naar de officier van justitie hoorde Audrey dat Noyce haar riep.

Hij stond in de deuropening van zijn kamer en maakte een gebaar dat ze moest binnenkomen.

Ze bleef maar even staan.

'Audrey,' zei hij met een vreemde ondertoon in zijn stem. 'We moeten praten.'

'Ik heb haast, Jack. Sorry.'

'Wat is er?'

'Dat... dat wil ik liever niet zeggen.'

Zijn wenkbrauwen gingen omhoog. 'Audrey?'

'Sorry, Jack. Neem me niet kwalijk.'

Hij stak zijn hand uit en legde hem op haar schouder. 'Audrey,' zei hij. 'Ik weet niet precies wat ze je over mij hebben verteld, maar...'

Hij wist het. Natuurlijk wist hij het. Ze keek hem strak aan. 'Ik luister,' zei ze.

Noyce haalde adem, kreeg een kleur en zei toen: 'Ach, wat. Ik wil jouw medelijden niet.' Hij draaide zich om en ging zijn kamer in. Ze liep vlug door.

Dokter Aaron Landis' eeuwige grijns was overgegaan in een ongelovige, norse uitdrukking. 'We hebben dit al besproken, rechercheur. U hebt me al gevraagd de geheimhouding inzake meneer Stadler te schenden. Als u soms denkt dat u me op andere gedachten kunt brengen door te blijven aandringen...'

'U weet vast wel wat de Principes van Medische Ethiek, gepubliceerd door de American Psychiatric Association, over geheimhouding zeggen.'

'O, alstublieft.'

'Het is u toegestaan om vertrouwelijke informatie over een patiënt te verstrekken als u onder juridische dwang staat.'

'Als ik het me goed herinner, is er sprake van "gepaste" juridische dwang. Hebt u een rechterlijk bevel?'

'Als dat verschil voor u maakt, kan ik er een krijgen. Maar ik doe dit verzoek niet als politievrouw, maar als mens.'

'Dat is blijkbaar niet hetzelfde.'

Ze ging daar niet op in. 'De ethiek geeft u het recht om een getuigenverklaring over Andrew Stadlers voorgeschiedenis af te leggen, vooral wanneer u ons wilt helpen zijn moordenaar voor het gerecht te brengen.'

Landis liet zijn oogleden zakken, alsof hij diep nadacht. 'Wat heeft het een met het ander te maken?'

'Nou, weet u, dokter Landis, we hebben Andrew Stadlers moordenaar gevonden.'

'En wie mag dat wel niet zijn?' Zijn koele toon, zorgvuldig afgewogen, kon zijn nieuwsgierigheid niet helemaal verhullen.

'Dat kan ik u pas vertellen wanneer hij in staat van beschuldiging wordt gesteld. Maar ik vraag u als getuige op te treden en te verklaren dat Andrew Stadler soms gewelddadig was.'

'Dat doe ik niet.'

'Begrijpt u wat er op het spel staat, dokter Landis?'

'Ik zal dat niet verklaren,' zei Landis.

'Als u weigert,' zei Audrey, 'ontloopt zijn moordenaar misschien zijn straf. Maakt dat geen verschil voor u?'

'U wilt me laten verklaren dat hij gewelddadige neigingen had, en dat ga ik niet doen. Dat kan ik niet doen. Ik kan niet zeggen wat u me wilt laten zeggen – omdat het niet waar is.'

'Wat bedoelt u?'

'Ik heb geen gewelddadige neigingen bij hem aangetroffen.'

'Waarom zegt u dat?'

'Ik heb u niets gezegd.'

'Pardon?'

'U hebt dit niet van mij.' Hij krabde over zijn kin. 'Andrew Stadler was een bedroefde, diep getroffen man. Een man die het erg moeilijk had. Maar hij was niet gewelddadig.'

'Dokter Landis, de man die hem doodde, stelde hem verantwoordelijk voor een bijzonder sadistische aanval, het afslachten van een hond, een huisdier. Sterker nog, hij zou meermalen vandalisme hebben gepleegd in het huis van de verdachte. Wij zijn ervan overtuigd dat deze man daarom Stadler heeft vermoord.'

Landis knikte en keek haar begrijpend aan. 'Ja,' zei hij. 'Dat zou wel logisch zijn.'

'Het "zou"?'

'Ja, als het waar was. Maar ik kan u met een vrij grote mate van zekerheid vertellen dat Andrew Stadler die dingen niet heeft gedaan.'

'Wacht eens even. De vorige keer dat we elkaar spraken, had u het over een patroon van plotselinge woedeaanvallen, korte psychotische episoden...'

'Ja. Ik beschreef een syndroom dat we een borderline-stoornis noemen.'

'Goed, maar u zei dat een schizofreen als Stadler die borderline-stoornis zou kunnen hebben.'

'Ja, dat heb ik meegemaakt. Maar ik had het niet over Andrew Stadler.'

'Over wie had u het dan wel, dokter?'

Hij aarzelde.

'Dokter, alstublieft!'

Tien minuten later rende Audrey buiten adem het County Medical-ziekenhuis uit, haar mobieltje tegen haar oor.

## 104

De buitengewone bestuursvergadering zou om twee uur 's middags beginnen, en om kwart voor twee waren de meeste genodigden in het langgerekte voorvertrek aanwezig. Scott was als eerste gekomen, en hij draaide er niet omheen. Hij had Nick de hele ochtend al met telefoonberichten bestookt, maar Nick had niet geantwoord. Marjorie had opdracht gekregen hem van Nicks thuishonk vandaan te houden.

'Laat me niet in het duister tasten, Nick,' zei Scott. Nick zag dat hij een gloednieuw overhemd droeg: wit, boord met smalle punten, zo te zien een Armani, heel wat anders dan de gerafelde Oxford-button-downs die hij anders altijd droeg. 'Kom op, Nick, ik kan mijn tekst niet lezen als ik geen script heb, hè?'

'Ik dacht dat we spontaan zouden overleggen.'

'Spontaan,' herhaalde Scott. 'Spontane verbranding. Spontane abortus. Spontaan aneurysma.' Hij schudde zijn hoofd. 'Ik hou niet van dat woord "spontaan".'

Nick hield zijn hoofd schuin. 'We proberen vandaag iets nieuws,' zei hij, opzettelijk raadselachtig.

'Ik wil alleen maar helpen, Nick.' Er zat een doffe blik in zijn afgetobde ogen.

'Daar reken ik op,' zei Nick. 'Wil je trouwens even een cola light voor me halen? Geen ijs als het al koud is.'

Scott keek alsof hij iets zeggen wilde, maar op dat moment sloeg Davis Eilers – kaki en wit poloshirt onder een blauwe blazer – zijn arm om Scotts schouder en leidde hem weg.

'Nou, waar is de agenda?' vroeg Todd Muldaur aan Nick, terwijl het voorvertrek vol begon te lopen. 'Dan, Davis en ik zijn samen met de zakenjet van Fairfield hierheen gevlogen, en weet je wat – we hebben geen van drieën een agenda.'

'O, er is wel een agenda,' zei Nick met een glimlachje. 'Alleen is die niet op schrift gesteld.'

'Daar heb ik nog nooit van gehoord. Een buitengewone bestuursvergadering, maar geen schriftelijke agenda?' Hij wisselde een blik met Dan Finegold. 'Ik hoop dat dit niet een van je paniekzetten is,' zei hij tegen Nick, met in zijn opvallend blauwe ogen een blik die tegelijk vriendelijk en zorgelijk bedoeld was.

Finegold gaf Nick een kneepje in zijn bovenarm. 'Langzaam maar gestaag, hè?'

'Hoe gaat het met de brouwerij?' vroeg Nick hem.

'Zou niet beter kunnen,' zei Finegold. 'Tenminste wat het brouwen betreft. Op de markt van de kleine bieren is het tegenwoordig erg druk.'

Nick dempte zijn stem. 'Weet je, ik heb liever Rolling Rock. Ik hou van bier waar ik doorheen kan kijken.' Hij keek om zich heen tot hij Scott McNally zag, die in een hoekje met Davis Eilers stond te praten. Nick hoefde hen niet te horen om te weten dat Eilers aan Scott vroeg wat er aan de hand was. Scotts reactie was duidelijk: hij haalde nerveus zijn schouders op en schudde zijn hoofd.

Todd pakte Nicks elleboog vast en sprak met een zachte, gespannen stem tegen hem. 'Nogal kort dag, vind je niet?'

'De voorzitter van de raad van bestuur heeft het recht om een buitengewone vergadering te beleggen,' zei Nick neutraal.

'Maar wat staat er nou op de agenda?'

Nick grinnikte, maar gaf geen antwoord. 'Gek is dat. Ik herinnerde me opeens wat je over schildpadden en schildpaddensoep zei.'

Todd haalde zijn schouders op. 'Dan en ik vonden het niet erg om onze andere afspraken af te zeggen, maar hé, er is vanavond een wedstrijd van de Yankees tegen de Red Sox. We moesten allebei onze kaartjes weggeven. Dus ik hoop dat het de moeite waard is, hè?'

'Absoluut. Reken maar. Maar we konden die goede koffie niet zo gauw krijgen. Je zult een paar dingen over het hoofd moeten zien.'

'Daar raken we aan gewend,' zei Todd, met een grijns die abrupt weer ophield. 'Ik hoop alleen dat je weet wat je doet.' Hij keek om en wisselde een blik met Scott.

Nick zag Dorothy Devries binnenkomen. Ze droeg een koningsblauw broekpak met grote knopen zoals ze op clownspakken zitten. Haar lippen zaten stijf op elkaar en ze frommelde met haar klauwachtige hand aan haar zilveren broche. Nick wuifde op afstand naar haar, een hartelijk gebaar dat ze met een ijzige glimlach beantwoordde.

Nick bleef handen geven en verwelkomende geluiden maken, totdat hij zag dat Eddie Rinaldi de kamer was binnengekomen. Eddie schuifelde met een geërgerde blik naar hem toe. 'Weet je wat? Dat rotalarm van je is net weer afgegaan.'

Nick kreunde. 'Ik kan niet... Kun jij het regelen?'

Eddie knikte. 'Gaslek.'

'Gaslek.'

'Alarmfirma gebeld, en ze belden terug en zeiden dat een "mevrouw Conover" tegen hen had gezegd dat ze het regelt, maar ik denk dat ik even moet gaan kijken. Tenzij je getrouwd bent zonder het mij te vertellen.'

Nick schudde peinzend met zijn hoofd. 'Marta is het land uit.'

'En je vriendin?'

'Die is er niet. Maar de kinderen moeten nu wel thuis zijn.'

Eddie legde zijn hand op Nicks schouder. 'Ik ga erheen. Een gaslek moet je serieus nemen.' Terwijl hij van Nick vandaan schuifelde, wierp hij een geamuseerde blik op de aanwezigen.

'Nou, zullen we dan maar gaan zitten?' zei Nick. Hij richtte die woorden tot Todd, maar sprak luid genoeg om ook voor de anderen verstaanbaar te zijn.

Een paar minuten later zaten ze allemaal aan de kolossale mahoniehouten tafel in de bestuurskamer. Scott speelde met zijn plasmascherm. Hij zette het nerveus omhoog en omlaag, als een kind met Transformer-speelgoed.

Nick ging niet op zijn gebruikelijke plaats aan het hoofd van de tafel zitten. Hij liet die stoel vrij en nam de plaats daarnaast. Hij knikte Stephanie Alstrom toe, die zoals altijd een beetje dor en onbehaaglijk keek. Ze had haar handen op een dikke map liggen.

'Ik wil beginnen met erg goed nieuws,' zei Nick. 'Atlas McKenzie is binnen. Ze hebben vanmorgen getekend.'

'Maar dat is geweldig, Nick,' zei Todd. 'Goed zo! Heb je ze zelf omgepraat?'

'Ik wou dat ik de eer kon opstrijken,' zei Nick. 'Willard Osgood moest zelf aan de telefoon komen.'

'Nee maar,' zei Todd koel. 'Dat is een ongewone tactiek.'

'Hij bood het zelf aan,' zei Nick. 'Ik hoefde hem niet onder druk te zetten.'

'O nee? Hij wil natuurlijk laten zien dat hij van tijd tot tijd een grote vis kan binnenhalen.' Todd keek tegelijk geamuseerd en neerbuigend. 'Zo maken ze ze niet meer.'

'Zeg dat wel.' Nick drukte op een knop van de intercom en sprak tegen Marjorie. 'Marjorie, ik denk dat we hier allemaal zover zijn. Wil je het onze bezoeker laten weten?' Hij keek op en ging verder. 'Wel, ik heb deze buitengewone bijeenkomst niet georganiseerd om over goed nieuws te snoeven. We hebben te maken met een stuk of wat ernstige kwesties die bepalend zijn voor de toekomst van deze onderneming.' Hij zweeg even. 'Sommige van jullie hebben er bij mij op aangedrongen nog eens goed naar de productiekosten te kijken. Ik heb me daartegen verzet, en misschien ben ik daarbij te ver gegaan. Met het oog op de toekomst hebben we besloten onze productie te diversifiëren. Stratton zal de productie van onze goedkope Stratton/Basics-lijnen uitbesteden. We zijn momenteel in onderhandeling met een aantal buitenlandse producenten, waaronder enkele goede kandidaten in China. Op die manier kunnen we concurrerend blijven op het wat prijs betreft gevoeligste deel van onze markt.'

Dorothy Devries grijnsde bijna. Todd en Scott keken verbaasd, alsof een trein een station verder was gegaan dan hun bestemming.

'We hebben een ander besluit genomen over onze lijnen die voor het bovenste marktsegment bestemd zijn. Die staan centraal in onze merkidentiteit,' ging Nick verder. 'Die zullen we hier in Fenwick blijven produceren.'

'Sorry dat ik je onderbreek,' zei Todd, en hij schraapte zijn keel. 'Maar als je het over "we" hebt, weet ik niet wie je daarmee bedoelt. Heb je het over je volledige directieteam? Want velen van ons vinden dat het te laat op de dag is voor halve maatregelen.'

'Daar ben ik me van bewust.' Met een luidere stem zei hij: 'Zoals sommigen van jullie weten en sommigen niet weten – en tot voor kort behoorde ik tot degenen die het niet wisten – hebben bepaalde personen namens Fairfield onderhandeld over verkoop van het Stratton-merk aan een consortium dat Pacific Rim Investors heet en dat eigendom is van een grote producent van kantoormeubilair in Shenzhen, Shenyang Industries.'

Nick wist niet of hij verbaasde reacties had verwacht, maar die kreeg hij niet. De aanwezigen schoven alleen met papieren en schraapten hun keel.

Todd keek hem zelfvoldaan aan. 'Mag ik iets zeggen?'

'Ga je gang,' zei Nick.

Todd draaide zich enigszins om en keek naar de andere leden van de raad van bestuur. 'Ten eerste wil ik me bij de president-directeur van deze onderneming verontschuldigen voor het feit dat we hem buiten de onderhandelingen hebben gehouden. Wij van Fairfield hebben lang en aandachtig naar de cijfers gekeken, en eerlijk gezegd zien we hierin een gelegenheid die we niet voorbij willen laten gaan. Stratton is in een crisisfase gekomen. Nick Conover – en ik stel zijn openhartigheid op prijs – heeft voortdurend heel goed duidelijk gemaakt dat hij bepaalde opties gewoon niet kan accepteren. Wel, we respecteren zijn opvattingen. En we hebben zeker ook respect voor het voortreffelijke werk dat hij voor de onderneming heeft verricht. Maar dit is een zaak waarin de directie niet het laatste woord kan hebben.' Een korte stilte. 'Ik kan een manager geen grotere lof toezwaaien dan wanneer ik zeg dat hij zijn werk met hartstocht doet.' Hij keek Nick weer aan. 'Dat geldt zeker voor jou, Nick. Maar wanneer een firma een kritiek buigpunt bereikt, moeten er harde beslissingen worden genomen – en daarbij is geen plaats voor hartstocht.'

Hij leunde in zijn zwarte Stratton-stoel achterover en zag er per seconde gladder uit. 'Dat heb je nu eenmaal als je in een crisissituatie verkeert,' zei hij. Hij deed nauwelijks nog moeite om zijn zelfvoldaanheid te camoufleren. 'Dat krijgt iedereen er bij McKinsey vanaf de eerste dag ingehamerd. Het Chinese woord voor "crisis" combineert de karakters van "gevaar" en "gelegenheid".'

'Ongetwijfeld,' zei Nick luchtig. 'En het Chinese woord voor "outsourcing" combineert de karakters van "verdwenen" en "banen".'

'We hebben veel aan je te danken,' zei Todd vanuit de hoogte. 'Denk niet dat we niet dankbaar zijn. Ik spreek vast wel namens iedereen als ik zeg dat we waardering hebben voor alles wat je aan Stratton hebt gegeven. Alleen wordt het nu tijd dat je een andere uitdaging zoekt.'

'Ik weet dat je graag namens iedereen spreekt. Maar misschien spreken sommigen van ons liever namens zichzelf.' Nick stond op en knikte naar de lange, bebrilde man die zojuist de kamer was binnengekomen.

Willard Osgood.

## 105

De centrale monitorpost voor Fenwicke Estates ontving ook beelden uit drie andere omheinde enclaves in en rond Fenwick: Safe Harbor, Whitewood Farms en Catamount Acres. Het was een laag, raamloos gebouw in een anoniem stadsdeel met kleine winkelcentra en fastfoodrestaurants. Het had ook een pakhuis kunnen zijn. Het werd omringd door een draadgazen omheining en had geen ander bord dan het huisnummer. Audrey wist dat ze om veiligheidsredenen anoniem wilden blijven. Aan de achterkant stonden twee grote dieselgeneratoren voor als de stroom uitviel.

Bij twijfel altijd een huiszoekingsbevel meenemen, was het motto. Je kon er niet op rekenen dat mensen meewerkten, zelfs niet in een noodgeval, en daarom had ze een huiszoekingsbevel aangevraagd en naar de centrale monitorpost laten faxen, ter attentie van de bedrijfsleider. Op het politiebureau hadden ze al die informatie in het archief.

De assistent-bedrijfsleider, Bryan Mundy, zat in een rolstoel en bleek zo behulpzaam te zijn als het maar kon. Hij was ook erg spraakzaam, en dat was ergerlijk. Ze knikte en glimlachte vriendelijk en hoopte in stilte dat hij zou opschieten. Ze deed of ze geïnteresseerd was, maar niet al te geïnteresseerd.

Toen hij haar door een labyrint van hokjes leidde, waar vooral vrouwen met koptelefoons achter computers zaten, manoeuvreerde hij behendig met zijn stoel. Hij pochte dat ze ook het brandalarm voor nogal wat bedrijven en woningen in de omgeving volgden. Hij vertelde dat ze via beveiligde internetprotocollen in verbinding stonden met de vele camera's en wachthuisjes. En dat ze de beelden van alle camera's live via een webbrowser konden zien. Toen hij door een ander gedeelte reed, waar andere mensen, vooral mannen, naar videobeelden op computermonitors keken, vertelde hij trots en tot in bijzonderheden over het digitale watermerk op de videobestanden. Dat watermerk waarborgde de echtheid, en ze gebruikten iets wat een MD5-algoritme heette om er zeker van te zijn dat de beelden niet waren veranderd.

Audrey begreep het niet, maar onthield dat Bryan Mundy een goede getuige zou zijn als het tot een proces kwam.

Hij vertelde haar dat hij ook over een baan bij de politie had gedacht, maar dat hij in de particuliere sector meer kon verdienen.

'Gebeurtenissen tot dertig dagen geleden zijn hier opgeslagen,' zei hij toen ze in een ander gedeelte kwamen, met allemaal grote rekken vol computerservers en opslagmedia. 'U hebt geluk. Alles wat nog ouder is, gaat naar de beveiligde opslag.'

Ze gaf hem de datum waarvan ze beelden wilde zien, en hij sloot een zwart kastje aan, waarbinnen zich een aantal harde schijven met back-ups van digitale videobeelden bevond. Hij vond voor haar het videobestand met beelden van tussen twaalf en zes uur op de dag dat de hond van de familie Conover was gedood. Ze had de datum en tijd bij de geüniformeerde afdeling opgevraagd. Hij liet haar zien hoe ze kon nagaan met welke camera de beelden waren opgenomen, maar ze zei dat ze niet wist naar welke camera ze zocht. Elke camera langs de grens van Fenwicke Estates waarvan de sensor in die uren beweging had gesignaleerd.

Iedereen, dacht ze, die Fenwicke Estates in- of uitgeglipt was in de tijd rondom het afslachten van Conovers hond.

'Veel belangstelling voor deze schijf, hè?' zei Bryan Mundy. 'Volgens het register is de beveiligingsdirecteur van de Stratton Corporation hier een tijdje geleden geweest om er videocaps van te maken.'

'Kunt u ook zien welke videobeelden hij heeft gekopieerd?'

Mundy schudde zijn hoofd en peuterde met een oranje houten tandenstoker in zijn kiezen. 'Hij zei dat hij voor Nicholas Conover werkte, de president-directeur van Stratton. Wilde weten of we ook videobeelden van het huis van Conover hadden, maar die hebben we niet. Conovers huis staat blijkbaar een heel eind van de omheining vandaan.'

Ze deed er niet lang over om een lange, stuntelige figuur in een flapperende jas te vinden. Die figuur droeg een bril met een zwaar montuur en liep, gadegeslagen door camera 17, naar de omheining toe.

'Die beelden wilde hij ook hebben, die beveiligingsdirecteur.'

Ja. Daardoor dachten Conover en hij dat het Stadler was die de hond had afgeslacht.

Maar aan de manier waarop Stadler zijn hals rekte en tuurde, aan zijn hele lichaamstaal, kon ze zien dat hij iemand volgde. Hij keek niet achter zich, was niet bang dat hij gevolgd werd. Het was duidelijk dat hij zelf iemand volgde.

Ze wist wie hij volgde. Dokter Landis' vermoedens waren verschrikkelijk plausibel.

'Kunt u dit langzaam terugspoelen?' vroeg ze.

'Hij kan eigenlijk niet terugspoelen,' zei hij, en hij smakte met zijn lippen om de tandenstoker.

'Hoe kan ik dan eerdere beelden bekijken?'

'Zo,' zei hij. Hij wees en dubbelklikte met de muis.

'Laten we, eh, vijftien minuten teruggaan en vanaf dat punt de beelden bekijken.'

'Weet u welke camera's u wilt?'

'Nee, jammer genoeg niet. Al die camera's in de vijftien minuten voordat die kerel verschijnt.'

Hij stelde het voor haar in en leunde achterover, terwijl zij de beelden bekeek. Zijn nieuwsgierigheid won het van zijn beleefdheid; hij zat daar te kijken alsof hij niets beters te doen had.

Gelukkig waren er niet veel beelden die ze moest bekijken, want de camera's gingen alleen aan als er iets bewoog.

Zeven minuten voordat Andrew Stadler over het hek van Fenwicke Estates klom, haastig alsof hij iemand achtervolgde, vond ze een andere figuur. Die was kleiner, droeg een leren jasje en bewoog zich lenig en doelbewust.

De woorden van dokter Landis: *Stadler slikte soms zijn medicijnen niet. Zijn vrouw kon niet met de man getrouwd blijven, zoals te begrijpen was, en ze gaf haar dochter op en haalde haar een paar jaar later van haar vader vandaan – een psychische wond waarvan het kind misschien zou zijn hersteld als het geen erfelijke aanleg had gehad.*

De figuur in het leren jasje naderde het hek en keek in de camera, bijna poserend. Glimlachend.

Het gezicht van de figuur was nu duidelijk te zien.

Cassie Stadler.

*Helen Stadler, had dokter Landis tegen Audrey gezegd.*

*Ergens in haar tienerjaren had ze haar naam in Cassie veranderd. Ze vond dat een interessantere naam. Misschien hield ze van de associatie met Cassandra, de Griekse heldin die profetische gaven had, al wilde niemand naar haar luisteren.*

Zij was degene geweest die herhaaldelijk bij Nicholas Conover had ingebroken om dreigende en onheilspellende graffiti te spuiten. Uit de tijdsaanduiding op de videobeelden werd nu duidelijk dat Cassie ook de hond van de Conovers had gedood.

Niet haar vader, die haar naar Conovers huis was gevolgd, zoals hij haar waarschijnlijk al vele malen eerder had gevolgd.

Omdat hij wist dat zijn dochter gestoord was.

Andrew Stadler wist dat Cassie die stoornis had. Hij had er opgewonden over gepraat met dokter Landis en zichzelf de schuld gegeven.

Met bevende vingers pakte ze haar mobiele telefoon en belde dokter Landis. Ze kreeg zijn antwoordapparaat en sprak na de pieptoon.

'Dokter Landis, met rechercheur Rhimes. Het is dringend en ik wil u graag meteen spreken.'

Dokter Landis nam de telefoon op.

'U hebt me verteld dat Helen Stadler geobsedeerd werd door het feit dat ze nooit familie had gehad,' zei Audrey zonder haar naam te noemen. 'Ze kon nooit bij een familie horen. Families sloten haar buiten.'

'Ja, ja,' onderbrak de psychiater haar. 'Wat is daarmee?'

'Dokter Landis, u had het over een gezin dat tegenover de Stadlers woonde, in de straat waar Cass – Helen – als kind altijd speelde. Een klein meisje dat ze als haar beste vriendin beschouwde – ze was daar altijd, totdat die mensen zich aan haar ergerden en haar wegstuurden?'

'Ja.' Dokter Landis' stem klonk ernstig.

'Andrew Stadler is jaren geleden ondervraagd in verband met een tragische brand bij hem in de straat. Bij die brand kwam een heel gezin, de Stroups, om het leven. Blijkbaar deed hij klusjes voor hen. Was dat...?'

'Ja. Andrew zei dat zijn dochter zijn technische talent van hem had geërfd, en hij had haar geleerd allerlei dingen te repareren. Toen die mensen tegen haar hadden gezegd dat ze niet meer moest komen, sloop ze op een nacht hun huis binnen, zette het gas open en streek op weg naar buiten een lucifer af.'

'Lieve help. Ze is nooit vervolgd.'

'Ik was er vrij zeker van dat het alleen maar een fantasie van Andrew was, een manifestatie van zijn paranoïde fixatie op zijn dochter. Trouwens, wie zou een meisje van twaalf verdenken? De autoriteiten dachten dat Andrew het was geweest, maar blijkbaar had hij een waterdicht alibi. Weet u, er is ook zoiets gebeurd op de Carnegie Mellon University, toen Helen daar eerstejaars was. Andrew heeft me verteld dat zijn dochter tot een dispuut behoorde en dat ze daardoor geobsedeerd werd. Ze zag het als een soort familie. Veel later, zei hij, hoorde hij over de vreselijke gasexplosie in het dispuuthuis, waardoor achttien studentes om het leven kwamen. Dat gebeurde in de nacht waarin Helen onverwachts van Pittsburgh naar huis kwam rijden. Ze was helemaal over haar toeren omdat een van haar dispuutgenotes iets had gezegd waardoor ze zich afgewezen voelde.'

'Ik... ik moet gaan, dokter,' zei ze, en ze maakte een eind aan het gesprek.

Bryan Mundy was in zijn rolstoel naar haar toe gereden en zwaaide naar haar. 'Over toeval gesproken,' zei hij. 'We hadden het net over het huis van de Conovers, en wat gebeurt er? We hebben net een alarmsignaal uit dat huis gekregen, tien of vijftien minuten geleden.'

'Een alarmsignaal?'

'Geen inbraak of zoiets. De gasdetector. Waarschijnlijk een gaslek. Maar we hebben gebeld en ze zei dat ze het onder controle had.'

'Ze?'

'Mevrouw Conover.'

'Er is geen mevrouw Conover,' zei Audrey. Haar hart bonkte.

Mundy haalde zijn schouders op. 'Zo maakte ze zich bekend,' zei hij, maar Audrey rende al naar de deur.

## 106

Todd sprong meteen overeind, gevolgd door Eilers en Finegold. Hun gezichten waren een en al gespannen hartelijkheid.

'Mag ik bij jullie komen zitten?' vroeg Osgood nors.

'Willard,' zei Todd. 'Ik had geen idee dat je zou komen.' Hij keek Nick aan. 'Zie je wel? De persoonlijke noot – sommige mensen blijven daar goed in.'

Osgood negeerde hem en ging op de lege stoel aan het hoofd van de tafel zitten.

'Het bedrijf wordt niet verkocht,' zei Nick. 'De verkoop is ongunstig voor Stratton en ook voor Fairfield. We hebben naar de cijfers gekeken – en met "we" bedoel ik Willard en mij – en zijn tot die weloverwogen conclusie gekomen.'

'Mag ik iets zeggen?' zei Todd.

'We hebben het hier over een pracht van een gelegenheid,' zei Scott. 'Zo'n gelegenheid krijgen we geen tweede keer.'

'Een gelegenheid?' vroeg Nick. 'Of een gevaar?' Hij zweeg even en keek Stephanie Alstrom aan. 'Stephanie, kun je er wat over zeggen? Ik weet dat ik je niet genoeg tijd heb gegeven om een Power-

Point-presentatie voor te bereiden, maar misschien kun je het op de ouderwetse manier doen.'

Stephanie Alstrom zocht tussen de aan elkaar geniete papieren in haar map en maakte er drie stapeltjes van. 'Dit zijn de strafrechtelijke bepalingen inzake de belangrijkste punten, te beginnen met federale statuten,' zei ze zo monotoon als ze kon. 'Er is de Wet op de Omkoping van Buitenlandse Functionarissen van 1999, deel 43, en de Internationale Wet op Omkoping en Eerlijke Concurrentie van 1998, en – lieve help – de provisies tegen fraude die in de effectenwetten zijn opgenomen, sectie 10(b) van de Wet op de Effectenhandel van 1934 en voorschrift 10b-5. En hoewel ik de jurisprudentie nog niet goed heb doorgelezen hebben we ook nog te maken met sectie 13(b)(5) van diezelfde wet en voorschrift 13b2-1.' Ze klonk steeds opgewondener. 'En natuurlijk ook de secties 13(a) en 13(b)(2)(A) van diezelfde wet, en de voorschriften 12b-20 en 13a. Maar er is ook...'

'Ik denk dat het wel duidelijk is,' zei Nick soepel.

'Ongeveer hetzelfde als wat Dino Panetta me in Boston vertelde,' bromde Osgood.

'Dat is belachelijk,' zei Todd. Het bloed kwam naar zijn hoofd terug. Te veel bloed. 'Dit zijn volslagen ongefundeerde aantijgingen, en ik betwist...'

'Todd?' Osgoods ruige gezicht keek hem dreigend aan. 'Het is nog tot daar aan toe dat je wilt gaan vliegvissen met je eigen geslachtsdelen als aas, maar je zet de firma niet op het spel. De afgelopen nacht vroeg ik me af waar ik in de fout ben gegaan. En vanmorgen had ik het antwoord. Ik ben niet in de fout gegaan, maar jij. Je negeerde het beleid van onze firma en gokte enorm op microchips, veel meer dan je had moeten doen, en als gevolg daarvan gaat de hele firma bijna bankroet. Toen dacht je dat je jezelf, en ons, kon redden door snel een bedrijf te verpatsen. Een smak geld binnenhalen, en wat dondert het hoe je eraan gekomen bent. Nou, niet op deze manier.' Hij sloeg op de tafel en benadrukte elk woord. 'Niet. Op. Deze. Manier.' Zijn ogen flikkerden achter zijn brillenglazen als flessenbodems. 'Want je hebt Fairfield Equity Partners in een mogelijk rampzalige juridische positie gebracht. We hadden de komende vijf jaar controleurs van de SEC op de stoep kunnen hebben. Die zouden al onze gegevens met een juweliersloep hebben doorgenomen. Je wilde een grote vis binnenhalen – en het kon je niet schelen of je daardoor met de boot op de rotsen liep.'

'Ik denk dat je het nu wat overdreven voorstelt,' zei Todd, flikflooiend. 'Fairfield verkeert niet in gevaar.'

'Ja, zo is het,' zei Osgood. 'Fairfield Equity Partners is volkomen veilig.'

'Goed,' zei Todd onzeker.

'Ja,' zei Osgood. 'Want de firma heeft verstandig gehandeld. We hebben laten zien dat we niets met die malversaties te maken hebben. Zodra het wangedrag onder onze aandacht kwam, hebben we onze betrekkingen met de opdrachtgevers verbroken – voormalige opdrachtgevers, beter gezegd, en hebben we alle mogelijke maatregelen tegen de boosdoeners genomen. Waaronder juridische maatregelen tegen Todd Erickson Muldaur. Jullie hebben in strijd gehandeld met de clausule over grof wangedrag in jullie overeenkomst met de firma. Zoals je weet, wil dat zeggen dat jullie aandeel aan de firma terugvalt.'

'Dat meen je niet,' zei Todd. Hij knipperde met zijn ogen alsof er een vuiltje achter een van zijn blauwe contactlenzen zat. 'Ik heb al mijn geld in Fairfield geïnvesteerd. Je kunt niet zomaar verklaren dat...'

'Je hebt dezelfde overeenkomst getekend als wij allemaal. En we doen nu een beroep op die clausule. Dat is de enige manier om de federale autoriteiten te laten weten dat het ons menens is. Je kunt bezwaar maken – zoals je vast wel zult doen. Maar ik denk dat de meeste topadvocaten een flink deel van hun honorarium als voorschot willen hebben. En we hebben al een afzonderlijke claim van honderdtien miljoen dollar wegens onrechtmatige daad ingediend tegen jou en je medeplichtige, McNally. We hebben de rechter verzocht de fondsen die we opeisen hangende de uitspraak in pand te nemen, en we hebben de indruk dat hij dat zal doen.'

Scotts gezicht leek op een gipsen dodenmasker. Hij trok mechanisch aan een haarlok bij zijn slaap. Terwijl Nick naar Osgood luisterde, keek hij onwillekeurig door het raam naar het verschroeide buffelgras. Het leek geen levenloos zwart tapijt meer, zag hij. Er was nieuw gras opgekomen. Er kwamen kleine groene sprietjes door het zwart heen.

'Dat is krankzinnig!' Todd sprak met een schelle, krakende stem, een koevoet die een lange spijker uittrekt. 'Dat kun je niet doen. Zo laat ik me niet behandelen, Willard. Ik heb recht op enig respect. Ik ben een volwaardig vennoot van Fairfield, al acht jaar. Ik ben geen... geen meerval die je zomaar weer in het water terug kunt gooien.'

Osgood keek Nick aan. 'Hij heeft gelijk. Je moet hem niet met een meerval verwarren. Weet je, de een is een aasvreter die door de viezigheid van de bodem woelt...'

'... en de ander is een vis,' zei Nick. 'Ik snap het. En dan nog iets.'

Hij keek de tafel rond. 'Nu de toekomst van Stratton is veiliggesteld, dien ik hierbij mijn ontslag in.'

Osgood keek hem stomverbaasd aan. 'Wat? O, jezus.'

'Ik krijg binnenkort te maken met een juridische... situatie... waarbij ik mijn onderneming niet wil betrekken.'

De mannen en vrouwen aan de bestuurstafel waren net zo verbaasd als Osgood. Stephanie Alstrom schudde haar hoofd.

Maar Nick stond op en schudde Osgood stevig de hand. 'Stratton heeft al genoeg doorgemaakt. Als we de bekendmaking doen, zeggen we dat de heer Conover ontslag heeft genomen "om meer tijd met zijn gezin te kunnen doorbrengen".' Hij knipoogde. 'Dat is nog waar ook. Nu, als jullie me willen excuseren...'

Hij stond op en liep zelfverzekerd de kamer uit, en voor het eerst in een hele tijd voelde hij een tastbare opluchting.

Marjorie huilde toen ze hem zijn ingelijste familiefoto's zag oppakken. Haar telefoon ging aan een stuk door, maar ze nam niet op.

'Ik begrijp het niet,' zei ze. 'Ik vind dat je me een verklaring schuldig bent.'

'Je hebt gelijk. Dat is zo.' Hij greep in de onderste la van zijn bureau en haalde er een stapeltje Post-it-briefjes in Laura's handschrift uit, met een elastiekje eromheen. 'Maar kun je eerst een doos voor me vinden?'

Ze draaide zich om en nam in het voorbijgaan de telefoon op. Enkele ogenblikken later keek Marge met een ernstig gezicht om de scheidingswand heen. 'Nick, er is een noodsituatie bij je thuis.'

'Eddie regelt dat.'

'Nou, weet je... Dat was een vrouw, Cathy of Cassie of zo. Ze belde vanuit je huis. Ik heb haar naam niet goed verstaan – ze sprak snel en klonk paniekerig. Ze zei dat je daar zo gauw mogelijk heen moet. Ik heb er geen goed gevoel bij.'

Nick liet de foto's op zijn bureau vallen en zette het op een lopen.

## 107

Op weg naar het parkeerterrein belde hij naar huis. Hij liet de telefoon overgaan.

Er werd niet opgenomen, en dat was vreemd. Cassie had net vanuit het huis gebeld – en wat deed ze daar eigenlijk? Bovendien moesten zijn kinderen nu allebei uit school terug zijn om op het laatste moment hun bagage te pakken. Ze verheugden zich op de reis. Zelfs Lucas, op zijn eigen norse manier, dacht Nick.

Maar de telefoon bleef overgaan en hij kreeg steeds weer de voicemail.

Lucas nam vaak de telefoon niet op – maar Julia altijd. Ze was gek op de telefoon. En Cassie – die had net gebeld. Vreemd.

Geen antwoord.

Lucas' mobiele nummer? Hij herinnerde zich dat nummer niet. Hij had te veel nummers in zijn hoofd en dit nummer belde hij niet zo vaak. Hij drukte op de groene toets van zijn telefoon om de laatste tien of meer gedraaide nummers op te roepen.

Daar was het, LUCAS MOBIEL. Had Marjorie dat ingeprogrammeerd? Waarschijnlijk wel. Hij drukte op de SEND-knop terwijl hij over het parkeerterrein rende. Een paar werknemers zwaaiden naar hem, maar hij had geen tijd voor beleefdheden.

*Kom op, verdomme, neem die telefoon nou op. Je weet wat ik heb gezegd. Als je je mobieltje niet opneemt, pak ik het af. Dat is de afspraak.*

Nadat het apparaatje een paar keer was overgegaan, hoorde hij de opgenomen stem van zijn zoon, een tienerstem. Het waren maar een paar woorden, maar ze zaten boordevol arrogantie.

*Hé, met Luke, wat is er? Spreek een boodschap in.*

Een pieptoon, en toen een vrouwenstem: *Spreekt u uw boodschap in na de toon. Toets één om een numerieke pagina te verzenden...*

Nick verbrak de verbinding. Zijn hart bonsde en dat kwam niet van het hardlopen. Hij graaide naar de sleutel met afstandsbediening van de Suburban en drukte erop om de deur open te maken. Op dat moment was hij ook al bij de auto aangekomen.

Terwijl hij bulderend het parkeerterrein verliet, probeerde hij Eddies mobiele nummer.

Er werd niet opgenomen.

'Ze is er niet,' zei Bugbee. Het signaal van zijn mobieltje begon weg te zakken... 'Patrouillewagens, maar geen Cassie Stadler in haar huis.'

'Ze is bij Conover,' zei Audrey. 'Gaslek.'

'Huh?'

'Ik ga daar nu heen. Jij ook. Meteen. Bel de brandweer.'

'Je weet dat ze daar is?'

'Ze nam de telefoon op toen de alarmfirma belde. Ga daarheen, Roy. Nu meteen.'

'Waarom?' zei Bugbee.

'Doe het nou maar. En breng assistentie mee.' Ze maakte een eind aan het gesprek om te voorkomen dat hij haar zou tegenspreken.

Een gaslek. De Stroups, haar buren toen ze twaalf was.

*Ze had op weg naar buiten een lucifer afgestreken.*

Haar dispuuthuis op de Carnegie Mellon University toen ze eerstejaars was.

*Achttien jonge vrouwen omgekomen.*

De families waartoe ze zo wanhopig graag wilde behoren. Die haar allemaal afwezen.

Toen belde Audrey naar Nicholas Conovers kantoor bij de Stratton Corporation, maar ze kreeg te horen dat hij er niet was.

Zeg tegen hem dat het dringend is, zei ze. Het is een kwestie van veiligheid. Zijn huis.

De stem van de secretaresse klonk opeens milder. 'Hij is op weg daarheen, rechercheur.'

De alarmfirma?

Nick wist niet eens meer de naam.

Een gaslek? Hij probeerde zich voor te stellen wat er aan de hand kon zijn – er ging iets mis in het huis, de kinderen roken gas, misschien waren ze slim en renden ze het huis uit en werd de vaste telefoon daarom niet opgenomen – maar hoe zat het dan met Lucas' mobieltje?

Misschien had hij het in de haast binnen laten liggen. Ja, dat zou het zijn.

Maar Eddie?

De man had zowat een mobieltje in zijn oor laten implanteren. Waarom nam hij ook niet op?

Over twaalf minuten kon hij bij de ingang van Fenwicke Estates zijn. Vooropgesteld dat hij geluk had met de stoplichten. Hij gaf gas, maar ging toen weer wat langzamer rijden. Hij zorgde dat hij niet meer dan tien kilometer boven de maximumsnelheid kwam. Reed hij te hard, dan kon een overijverige agent hem aan de kant zetten en nog meer vertragen, ook al zei Nick dat het een noodsituatie was. Hij zou om Nicks rijbewijs en autopapieren vragen, en zodra hij de naam op die papieren zag, zou hij misschien gaan tijdrekken.

Nick reed het hele eind als het ware door een mentale tunnel van concentratie. Hij was zich amper bewust van het verkeer om hem heen en dacht alleen aan het huis. Hij drukte steeds weer op de REDIAL-knop om Eddies mobieltje te bellen, maar er werd niet opgenomen.

Opgelucht stopte hij voor het poorthuis. Er stonden daar geen wagens van nooddiensten, geen brandweerauto's en zo, dus waarschijnlijk was er niet veel aan de hand.

Een gaslek was natuurlijk niet hetzelfde als brand.

Zouden de kinderen, Eddie en Cassie allemaal zijn bedwelmd door het gas en konden ze daarom de telefoon niet opnemen? Hij wist niet of aardgas bedwelmend was.

'Hallo, meneer Conover,' zei Jorge achter de kogelvrije ruit.

'Noodgeval, Jorge,' riep Nick.

'Uw beveiligingschef, meneer Rinaldi, is hier ook al langsgekomen.'

'Hoelang geleden?'

'Even in het register kij...'

'Laat maar. Maak het hek open, Jorge.

'Het gaat open, meneer Conover.'

En dat deed het, ijzig traag. Centimeter voor centimeter.

'Kun je het niet versnellen?' zei Nick.

Jorge glimlachte verontschuldigend en haalde zijn schouders op. 'U kent dit hek. Het is niet anders. En uw vriendin is ook voorbijgekomen.'

'Mijn vriendin?'

'Mevrouw Stadler? Die is ook voorbijgekomen. Een uur geleden, denk ik.'

Hadden de kinderen Cassie gebeld? vroeg hij zich af. Waarom hadden ze hem niet gebeld? Ze wisten hoe ze hem konden bereiken. Voelden ze zich bij Cassie meer op hun gemak?

'Verdomme,' schreeuwde Nick. 'Haal dat rotding sneller omhoog.'

'Dat kan ik niet, meneer Conover. Het spijt me.'

Nick trapte op het gas en de Suburban sprong naar voren en raakte de massief ijzeren staven van het hek. Hij hoorde geknars van metaal en wist dat het niet het hek was. Zelfs die verrekte Suburban is van blik en verkreukelt als een prop aluminiumfolie. Uitdeukwerk. Verdomme.

Het hek trok zich er niets van aan en bleef in zijn statige tempo opengaan, arrogant en op zijn dooie akkertje.

Jorges ogen gingen wijd open. Ten slotte was het hek net ver genoeg open, dacht Nick. Hij gaf weer gas en metaal krijste langs metaal toen de auto langs het hek schraapte. Maar hij kwam erdoor, al ging het maar net.

Op een bord stond MAXIMUMSNELHEID 30.

Niks mee te maken.

Geen brandweerwagens in de straat of bij het huis. Ook geen politieauto's.

Misschien was er niets aan de hand. Hij reageerde overdreven. Er was geen noodsituatie, geen gaslek. Het was vals alarm.

Nee. Dan zou er zijn opgenomen, een van al die keren dat hij had gebeld.

Een echt gaslek. Eddie kwam, haalde de kinderen uit het huis, en Cassie ook, redde ze allemaal, de Heer zij geprezen voor die verraderlijke schoft, een schoft maar míjn schoft, en misschien toch nog een echte vriend. Misschien moest hij zich bij Eddie verontschuldigen.

Eddies GTO stond op de oprijlaan, achter het busje. Cassies rode Volkswagen cabriolet stond er ook. Dat was vreemd. Cassie was gekomen, Eddie ook, beide auto's stonden er, het busje stond er ook. Dat betekende dat niemand de kinderen had weggereden, en dus waren de kinderen nog hier, en Eddie en Cassie ook, maar hoe zat dat?

Hij rende over het stenen pad naar het huis en zag dat alle ramen dicht waren. Het huis zat potdicht, alsof ze al op vakantie waren, en toen hij de voordeur naderde, rook hij een lucht van rotte eieren.

De gaslucht.

Het was echt. Het was ook sterk, als hij het hierbuiten kon ruiken. Erg sterk. De geurstof die ze aan gas toevoegden, opdat je het merkte als er een lek was.

De voordeur zat op slot, wat een beetje vreemd was als iedereen gewoon was weggerend, maar hij stond daar niet bij stil, want hij wilde absoluut naar binnen. Hij pakte zijn sleutelring en kreeg de deur open.

Binnen was het donker.

'Hallo?' riep hij. 'Is daar iemand?'

Geen reactie.

De lucht van rotte eieren was bijna bedwelmend. Het rook misschien meer naar stinkdier. Een muur van stank, scherp als een mes, om misselijk van te worden.

'Hallo?'

Zwakke geluiden. Gestommel? Boven? Hij kon het niet nagaan, alles in het huis was zo zwaar en massief. Hij ging naar de keuken, maar daar was ook niemand.

Stommelende geluiden in de verte, maar toen voetstappen dichtbij, en Cassie verscheen. Ze liep langzaam en zag er doodmoe uit, een wrak.

'Cass,' zei hij. 'Goddank, je bent er. Waar zijn de kinderen?'

Ze bleef dichterbij komen, een hand achter haar rug, langzaam, bijna aarzelend. Haar ogen waren slaperig, keken hem niet aan. Ze staarde in de verte.

'Cass?'

'Ja,' zei ze ten slotte. 'Godzijdank dat ik er ben.' Dof, zonder gevoel.

Hij hoorde ergens een schel mechanisch gepiep. Wat was dat nou weer?

'Waar is iedereen?'

'Ze zijn veilig,' zei ze, maar haar stem klonk niet goed, alsof ze het niet zeker wist.

'Waar is Eddie?'

Een korte stilte. 'Hij is... ook veilig.' Ze sprak de woorden langzaam uit.

Hij kwam naar haar toe om haar te omhelzen, maar ze ging een stap terug en schudde haar hoofd.

'Nee,' zei ze.

'Cassie?'

Er ging al een trilling van angst door hem heen voordat hij er iets van begreep.

'Je moet hier weg. We moeten de ramen openzetten en de brandweer bellen. Jezus, dit is ongelooflijk gevaarlijk. Dat spul is verschrikkelijk brandbaar. Waar zijn Luke en Julia?'

Het piepen klonk nu sneller en scheller, en Nick besefte dat het een apparaatje op het aanrecht was dat hij al eerder had gezien, een geel kastje waar flexibele metalen slangen uit kwamen. Wat was het en wat deed het daar?

'Ik ben blij dat je bent thuisgekomen, Nick.' Haar ogen waren vlekkerig; het leken net zwarte gaten. Ze gingen schichtig heen en weer. 'Maar ik wist wel dat je zou komen. Papa beschermt zijn kinderen. Jij bent een goede papa. Niet als mijn papa. Die heeft me nooit beschermd.'

'Cassie,' zei hij. 'Wat is er? Je kijkt zo angstig.'

Ze knikte. 'Ik ben doodsbang.'

Hij voelde dat zijn huid koud werd en dat hij kippenvel kreeg. Hij zag het in haar ogen, diezelfde afwezige blik die hij al eerder had gezien, alsof ze ergens heen was waar niemand haar kon bereiken. 'Cassie,' zei hij op ferme toon, hol vanbinnen. 'Waar zijn mijn kinderen?'

'Ik ben doodsbang voor mezelf, Nick. En dat zou jij ook moeten zijn.'

Ze greep met haar linkerhand in de zak van haar denimshirt en haalde er een voorwerp uit dat hij als Lucas' zippo-aansteker herkende. Op de aansteker stond een afbeelding van een schedel waarover spinnen kropen, omringd door spinnenwebben, echt iets voor een blower. Ze trok de bovenkant met één hand weg, en legde haar duim op het vuursteenwieltje.

'Nee!' riep Nick. 'Wat doe je? Ben je gek?'

'Kom nou, Nick, je weet dat ik dat ben. Kun je het teken aan de wand niet lezen?' Ze begon zachtjes te zingen. 'O, ik rende naar de rots om mijn gezicht te verbergen, en de rots riep uit: "Geen schuilplaats."'

'Waar zijn ze, Cassie?'

Het elektronisch gepiep, dat nog steeds in toonhoogte toenam. Hij besefte waar hij dat gele kastje eerder had gezien: in de kelder, waar het was aangebracht door de onderhoudsmonteur van het gasbedrijf. Een gasdetector. Dat ding waarschuwde je voor gaslekken. Het piepte hoger en sneller naarmate de concentratie gas in de lucht toenam. Een ononderbroken geluid betekende dat er een gevaarlijke hoeveelheid gas in de lucht zat. Dan was er ontploffingsgevaar. Iemand had het apparaat uit de kelder naar boven gehaald, en hij wist nu wie.

'Ik zei toch dat ze veilig zijn?' zei ze met doffe stem, en haar andere hand, de hand die ze achter haar rug had gehouden, kwam nu naar voren. In die hand had ze het kolossale Henckels-vleesmes van koolstofstaal uit het messenrek in de keuken.

Zijn hart sloeg nu duizend kilometer per minuut. Allemachtig, ze is gek. God, help me.

'Cassie,' zei hij, en hij ging met gespreide armen naar haar toe om haar te omhelzen, maar ze bracht het mes omhoog en wees ermee naar hem, en met haar linkerhand hield ze de aansteker omhoog, de duim op het wieltje. 'Geen stap verder, Nick.'

Het gezicht van de bewaker verscheen achter het geharde glas van het poorthuis bij de ingang van Fenwicke Estates.

Zijn stem schetterde door de intercom. 'Ja?'

Ze liet haar politie-insigne zien. 'Politie. Noodgeval,' zei ze.

De bewaker keek er door de ruit naar en stelde meteen het hek in werking.

'Jezus, Cassie, alsjeblieft...'

'O, ik vind dit helemaal niet prettig,' zei ze, en op dat moment zag hij de rode streep op het lemmet van het mes. Het was nog nat.

# 108

Het hoge smeedijzeren hek begon open te gaan, maar langzaam, tergend langzaam. Ze trommelde met haar vingers op het stuur en zei ten slotte: 'Alstublieft, kan het niet sneller? Er is geen tijd te verliezen'

'Sorry, ik kan het niet versnellen,' zei de bewaker. 'Dit is zo snel als het kan. Sorry.'

'Leg dat mes neer, Cassie,' zei Nick, een en al kunstmatige kalmte, zijn stem zacht en paaiend.

'Als ik klaar ben met mijn werk, Nick. Ik ben erg moe. Ik wil het alleen maar afmaken. Er moet een eind aan komen.'

'Je werk,' zei Nick verdoofd. 'Alsjeblieft, Cassie. Wat heb je met ze gedaan?' De angst kwam als een vloedgolf in hem op.

*Alsjeblieft God nee niet de kinderen nee o Jezus Christus nee.*

'Wie?' zei ze.

*Nee alsjeblieft dat niet lieve God niet de kinderen.*

'Mijn... kinderen.'

'O, die zijn veilig, Nick. Zoals het in een familie hoort. Veilig. Beschermd.'

'Alsjeblieft, Cassie,' fluisterde hij met een brok in zijn keel, hete tranen in zijn ogen. 'Waar zijn mijn kinderen?'

'Veilig, Nick.'

'Cassie, alsjeblieft, vertel me dat ze...' Hij zweeg, kon niet zeggen 'in leven zijn', wilde die woorden niet eens in zijn hoofd hebben, want het tegenovergestelde was ondraaglijk.

Ze hield haar hoofd schuin. 'Hoor je ze niet bonken? Ze zitten veilig opgesloten in de kelder. Je kunt ze vast wel horen.'

En nu ze hem erop wees, hoorde hij inderdaad gebonk in de verte. De kelderdeur? Hij slaakte bijna een zucht van verlichting; zijn knieën knikten. Ze had ze opgesloten in de kelder. Ze waren daar in leven.

Waar het gas vandaan kwam.

'Waar is Eddie?' kon hij uitbrengen.

*O God alsjeblieft als Eddie daarbeneden is haalt hij ze eruit, hij vindt wel een manier, hij kan door een afgesloten deur heen, kan het slot forceren. Die vervloekte raamloze kelder. De ventilatieroosters zijn te klein om erdoorheen te klimmen. Maar hij bedenkt wel iets.*

Ze schudde haar hoofd. 'Hij is niet daarbeneden. Ik heb hem nooit vertrouwd.' Ze zwaaide met de aansteker. De schedel grijnsde hem toe.

'Niet doen, Cassie. We gaan er allemaal aan. Alsjeblieft, niet doen, Cassie.'

Ze bewoog de aansteker heen en weer, heen en weer, haar duim op het vuursteenwieltje. 'Ik heb hem niet gevraagd te komen. Ik zei tegen jou dat je moest komen. Eddie is geen familie.'

Hij keek koortsachtig in de keuken om zich heen, maar hield daarmee op toen hij iets op het gazon buiten de keukendeuren zag liggen. Door het glas van de deuren herkende hij Eddies lichaam.

Hij zag het bloed op de voorkant van Eddies lichtgekleurde overhemd.

De verwrongen houding. De onnatuurlijke stand van de ledematen.

Hij wist het, en het scheelde niet veel of hij schreeuwde het uit.

Audrey werd er razend van, zo langzaam ging dat hek open, bijna alsof het opzet was, alsof de bewoners van Fenwicke Estates nooit haast hadden, omdat haast ongepast was.

*Opschieten!* schreeuwde ze inwendig.

Ze greep het stuur vast en tikte op het gaspedaal.

*Sneller!*

Ze wist wat er ging gebeuren, wat die arme krankzinnige vrouw deed, zoals ze al eerder had gedaan. Op de een of andere manier was Cassie Stadler in het huis van de Conovers gekomen – nou ja, dat zou niet zo moeilijk zijn geweest. Conover en zij hadden een verhouding, en misschien had ze een sleutel. Blijkbaar was er iets gebeurd wat haar het gevoel gaf dat ze werd afgewezen en kwam ze nu in actie. Cassie Stadler had een borderline-stoornis, had dokter Landis gezegd, met een gevaarlijke psychotische component. Ze werd geobsedeerd door familie, wilde er zo graag bijhoren, en als ze werd afgewezen, liet ze zich helemaal leiden door een oplaaiende irrationele woede.

Cassie Stadler ging het huis van de Conovers in brand steken.

Audrey bad dat de kinderen niet thuis waren. Het was vroeg in de middag – misschien waren ze nog op school. Misschien was het huis leeg. Het ergste wat in dat geval kon gebeuren, was dat het huis in vlammen opging.

Misschien was er niemand thuis. Dat bad ze.

'Leg die aansteker neer, schat,' zei Nick met een zijdezachte stem en met alle genegenheid die hij in zijn stem kon leggen. 'Komt het door Maui? Omdat ik jou niet had uitgenodigd?'

Wat kon hem dat mes schelen? Hij kon haar aanvallen en het grijpen.

Die aansteker? Eén vonkje was genoeg. Dat kon per ongeluk gebeuren. Daar zou hij voorzichtig mee moeten zijn.

'Waarom zou je mij uitnodigen voor een familiereisje, Nick? Ik bedoel, het is toch alleen voor familie? Ik ben geen familie.'

Hij begreep het. Hij besefte dat hij haar niet kende, haar nooit had gekend, dat hij in haar alleen maar de dingen had gezien die hij wilde zien.

Ze had het toch met zoveel woorden gezegd? 'We zien dingen niet zoals ze zijn,' had ze een keer gezegd, een citaat van iemand. 'We zien dingen zoals *wíj* zijn.'

Maar hij wist genoeg van haar om te begrijpen wat ze nu zei.

Audrey rook het gas zodra ze uit de auto stapte.

Ze zag alle andere auto's op de oprijlaan staan. Twee daarvan waren van Nicholas Conover, de andere herkende ze niet. Niet Bugbees auto. Die zat helemaal aan de andere kant van de stad. Hij zou er wel even over doen. Ze hoopte dat hij er snel zou zijn, met zwaailicht en sirene.

Haar instinct gaf haar in dat ze niet naar de voordeur moest gaan. Op zulke momenten moest ze haar instinct volgen.

Ze haalde het pistool uit de schouderholster onder haar jasje en liep over het grote gazon, dat zo intens groen was. Ze zette koers naar de achterkant van het huis, waar ze ongemerkt naar binnen kon gaan.

Ze koos de rechterkant van het huis, want ze wist dat daar de keuken was. Toen ze om het huis heen liep, zag ze een silhouet in de keuken, een klein slank silhouet, en ze wist dat het Cassie Stadler was.

En toen zag ze het lichaam op het gazon liggen.

Ze rende diep voorovergebogen naar het lichaam toe.

Een bloederige massa. Lieve help. Het was Edward Rinaldi, en zo te zien was hij helemaal opengesneden.

Zijn ogen starend, zijn ene hand omgekruld bij zijn buik, de andere hand naar de keuken gestrekt. In zijn met bloed doorweekte beige shirt liepen messneden kriskras door elkaar.

De voorkant van zijn shirt was grotendeels donker van het bloed, dat een plas op het groene gazon had gevormd.

Ze knielde neer om zijn pols te voelen.

Ze wist het niet zeker.

Als hij een hartslag had, was die zo langzaam dat ze hem niet kon voelen. Misschien was er hartslag. Misschien niet.

Ze raakte zijn halsslagader aan en voelde niets, en ze wist zeker dat de man dood was.

Ze kon niets voor hem doen. Ze legde haar pistool neer, nam haar mobiele telefoon en kreeg Bugbee meteen te pakken.

'Bel de patholoog-anatoom,' zei ze. 'En het lijkentransport.'

Ze was zo bang als ze nooit eerder was geweest, en dat terwijl ze al heel wat gruwelijke dingen had meegemaakt. Ze stond op en rende naar de achterkant van het huis.

'God, ik dacht niet na,' zei Nick hoofdschuddend. 'Ik had zo'n haast om de kinderen de stad uit te krijgen, om op vakantie te gaan, dat ik daar helemaal niet aan heb gedacht. Ik heb het helemaal verknoeid.'

'Niet doen, Nick,' zei ze, maar hij zag iets in haar ogen opflikkeren. Misschien wilde ze hem graag geloven.

'Nee, serieus, ik bedoel, hoe zou het ooit een echte familievakantie kunnen zijn als jij er niet bij bent? Jij bent zo'n belangrijk lid van de familie geworden, schat. Als ik niet zo was afgeleid door alles wat er op mijn werk gebeurt, zou ik...'

'Niet doen, Nick,' zei ze een beetje luider, haar stem nog kribbig. 'Alsjeblieft.'

'We kunnen nog steeds een familie zijn, Cassie. Ik zou dat graag willen. Jij ook?'

Haar ogen glansden van de tranen. 'O, Nick, ik heb dit al vaker meegemaakt, weet je. Ik herken het patroon.'

'Het patroon?' Zijn hart bonkte, want hij zag dat de zwakke glinstering van de hoop in haar ogen verduisterde als het laatste oplichten van een dovend vuur.

'De eerste tekenen. Het is altijd hetzelfde. Ze nemen je op en geven je het gevoel dat je erbij hoort, en dan gebeurt er altijd iets. Er is een soort streep waar je nooit overheen komt. Een muur. Het is net als met de Stroups.'

'De Stroups?'

'Op een dag zeiden ze zomaar dat ik niet meer mocht komen, dat ik daar te vaak was. Er worden strepen getrokken. Zij zijn familie, ik niet. Misschien moet het ook zo zijn. Maar ik weet dat ik het niet nog een keer kan doormaken. Het is te veel.'

'Daar vergis je je in, schat,' zei Nick. 'Het is niet te laat. We kunnen nog steeds een familie zijn.'

'Soms moet er een eind aan een wereld komen. Opdat er nieuwe werelden kunnen ontstaan.'

Het elektronisch gepiep, ononderbroken, oorverdovend.

Audrey dacht er even over om door de keukendeuren naar binnen te gaan, maar zag daarvan af. Nee. Ze zou ongemerkt naar binnen moeten gaan. Ze rende naar de volgende tuindeuren, maar die zaten ook op slot. Was er geen kelderingang, een luik of zoiets?

Blijkbaar niet.

Ze ging op een sissend geluid aan de andere kant af, dicht bij het hek van het zwembad. Ze zag buizen – gasleidingen, besefte ze. Op de grond naast de buizen lagen metalen voorwerpen, en ook een bahcosleutel. Kleppen of zoiets. Ze waren weggehaald, en misschien was het sissend geluid daarom zo hard.

De gasleidingen moesten naar de kelder gaan, wist ze. Ze kwamen uit een rooster, een meter of zes van haar vandaan.

Ze rende naar het rooster, hield haar gezicht ertegenaan en werd misselijk van de vieze, metaalachtige stank van gas. 'Hallo?' riep ze.

'Hierbeneden! We zijn hierbeneden!' De stem van een tienerjongen. Conovers zoon.

'Wie ben je?' vroeg Audrey.

'Lucas. En mijn zus. Ze heeft ons hier opgesloten.'

'Wie?'

'Dat gekke wijf. Cassie.'

'Waar is je vader?'

'Weet ik niet... Hé, wil je ons helpen? We gaan hier verdomme dood!'

'Rustig blijven,' zei Audrey, al kostte het haar ook de grootste moeite om zich te beheersen. 'Luister, Lucas. Help me. Jij kunt me helpen, goed?'

'Wie ben je?'

'Ik ben rechercheur Rhimes. Luister. Hoe gaat het met je zus?'

'Ze is... Ze is bang. Allicht.'

'Julia, ja? Julia, kun je me horen?'

Een angstig stemmetje. 'Ja.'

'Krijg je genoeg zuurstof?'

'Wat?'

'Kom hier bij het rooster staan, schatje. Zorg dat je genoeg lucht vanbuiten krijgt. Het komt wel goed.'

'Goed,' zei het meisje.

'Nou, Lucas, is er daarbeneden een waakvlam?'

'Een waakvlam?'

'Is de combiketel daar ergens? Daar zit meestal een waakvlam op, en als de wolk gas daardoor in brand vliegt, gaat het hele huis in vlammen op. Je moet hem afzetten.'

'Er is geen waakvlam.' Zijn stem klonk zwak, ver weg. Blijkbaar ging hij kijken. 'Geen waakvlam. Die moet ze hebben uitgedaan omdat ze niet wilde dat het gas te snel ontplofte.'

Slimme jongen, dacht ze. 'Goed. Zit er een hoofdkraan op de gasleiding? Die zou op de muur moeten zitten, waar de buizen binnenkomen.'

'Dat zie ik.'

'Zie je de afsluiter?'

Voetstappen. 'Nee. Ik zie geen afsluiter.'

Ze zuchtte en probeerde na te denken. 'Zijn er buitendeuren open?'

'Ik... Ik weet het niet, hoe moet ik dat weten?' antwoordde de jongen.

'Ik denk dat ze allemaal op slot zitten. Is er buiten ergens een sleutel verstopt, onder een steen of zo?'

Ze hoorde gerinkel, en toen werd er een kleine stalen sleutelring door het rooster gestoken. 'Gebruik de mijne,' zei de jongen.

Er werd druk gebonkt in de kelder, een geruststellend geluid, want het betekende dat ze in leven waren. In de paar seconden van stilte hoorde Nick nu zachtjes de roepende stem van Lucas. Ze waren in leven. En ze wilden daar weg.

'Ik bel nu meteen naar Unitas,' zei Nick. 'Ik zorg dat jij in ons vliegtuig komt, wat het ook kost. First class, als je dat wilt, maar waarschijnlijk zit je liever bij ons in de businessclass.' Hij dacht: *niet de telefoon oppakken, zelfs niet om te doen alsof. De telefoon kon het gas tot explosie brengen.* Hij had ooit iets gelezen over een vrouw die een gaslek had en de telefoon oppakte om 911 te bellen, en toen had een vonk van het telefooncircuit het hele huis tot ontploffing gebracht. 'De kinderen zouden het geweldig vinden. Dat weet je toch, schat?'

'Alsjeblieft, Nick.' Ze speelde met haar aansteker, en in haar andere hand bungelde het mes bij haar zij.

Hij kon op haar afspringen, haar tegen de grond gooien, als hij dat zorgvuldig deed en het juiste moment koos.

'Ik ken je nu,' zei ze monotoon. 'Ik kijk dwars door je heen.'

Zachtjes, zachtjes draaide Audrey de sleutel in het slot van de achterdeur om en duwde toen de deur open.

Er klonk een toon. Het alarm.

Dat liet weten dat ze naar binnen kwam.

De stinkdierstank was hier bijna niet uit te houden.

Ze liep langzaam om zich te oriënteren. Ze kon zich de indeling van het huis niet goed herinneren, maar ze hoorde wel stemmen, een mannen- en een vrouwenstem, en ze wist welke kant ze op moest.

Had die gestoorde vrouw Conover gegijzeld? In dat geval had het alarmsignaal bij Audreys binnenkomst haar aandacht getrokken en zou ze misschien iets overijlds doen. De moersleutel, de gasleidingen – daaruit leidde Audrey af dat Cassie Stadler – die moest het zijn – de leidingen had opengedraaid om het huis met gas te vullen, zoals ze ook met andere huizen had gedaan.

Nu hoefde ze alleen nog een lucifer af te strijken en het hele huis ontplofte. Ze zou zelf om het leven komen, net als de kinderen in de kelder en Audrey ook. Maar waarom had ze het nog niet gedaan?

Audrey had daar nu een idee van.

Cassie Stadler vulde het huis met gas. Daar was ze al een tijdje mee bezig. Misschien wachtte ze alleen tot het hele huis was volgelopen. Dan had ze de hardst mogelijke knal.

Ja. Daar wachtte ze op.

De kinderen. Dat was het eerste. Ze moest ze bevrijden.

Ergens dicht bij haar werd op een deur gebonkt, en ze wist meteen waar ze heen moest gaan. Een deur op de gang. Ze hoorde de kinderen, of misschien was het Lucas, die bonkte en bonkte.

Snel draaide ze de sleutel om, met een harde klik die haar goeddeed. Ze trok de deur open en de jongen viel naar buiten, languit op de vloer.

'Sst,' fluisterde Audrey. 'Waar is je zus?'

'Hier,' zei Lucas, en het meisje kwam de kelder uit gerend, huilend, haar gezicht rood.

'Naar buiten!' fluisterde Audrey. 'Allebei.' Ze wees naar de open deur. 'Rennen!'

'Waar is papa?' riep Julia. 'Waar is hij?'

'Hij is veilig,' zei Audrey, die niet wist wat ze anders moest zeggen. Ze moest ze naar buiten hebben. 'Rennen!'

Julia ging meteen, opende de hordeur en rende over het gazon, maar Lucas kwam niet in beweging. Hij keek haar aan.

'Niet met dat pistool schieten,' zei hij. 'Dan ontploft de boel.'

'Dat weet ik,' zei ze.

'Wat was dat?' zei Cassie.

'Wat?'

'Dat geluid. Het alarm. Er is net iemand het huis binnengekomen.'

'Ik heb niks gehoord.'

Cassie draaide zich langzaam om, keek van de ene deur naar de andere, en keek ook steeds terug naar Nick om er zeker van te zijn dat hij niet op haar afkwam.

'Weet je,' zei ze, haar blik weer op hem gericht. 'Eigenlijk is het grappig, de verschillende manieren waarop ik over jou heb gedacht. Eerst zag ik jou als de verwoester van families. Je hebt het leven van mijn vader verwoest toen je hem ontsloeg, en dus moest ik je laten weten dat jij niet veiliger was dan ieder ander.'

'De graffiti.' Nu besefte Nick het. '"Geen schuilplaats."'

'Maar toen leerde ik je wat beter kennen en dacht ik dat ik me had vergist. Ik dacht dat je een goed mens was. Maar nu weet ik beter. Soms moet je op je eerste indrukken afgaan.'

'Leg die aansteker neer, Cassie. Je wilt dit niet doen. Laten we praten. Laten we de dingen uitpraten.'

'Weet je waardoor ik me liet misleiden? Toen ik zag wat een goede papa je was.'

'Alsjeblieft, Cassie.'

Achter haar was de deur naar de achtergang. Hij zag een kleine verandering in het licht, een schaduw. Een beweging.

Iemand die langzaam dichterbij kwam.

Nick was zo verstandig het oogcontact met Cassie niet te verbreken. Hij keek in haar roodomrande ogen, terwijl hij aan de rand van zijn gezichtsveld een vrouw langs de muur zag sluipen, naar de keuken toe.

Het was die vrouwelijke rechercheur. Audrey Rhimes.

*Niet het oogcontact verbreken.* Hij dwong zich om in Cassies wanhopige ogen te kijken, die peilloze poelen van angst en waanzin.

'Niet als mijn papa. Hij was bang voor me, hij volgde me overal, wilde me niet met rust laten, maar wat jij voor jouw kinderen deed, zou hij nooit voor mij doen.'

'Hij hield van je, Cassie. Dat weet je.' Zijn stem trilde een beetje.

*Hou je blik op Cassie gericht.*

Rechercheur Rhimes kwam uiterst langzaam dichterbij.

'Je was die nacht zo bang. Ik kon het zien vanaf de plek waar ik stond, in het bos. Ik hoorde het. Zoals je "staan blijven!" tegen hem zei, en: "Nog één stap en ik schiet!"' Ze schudde haar hoofd. 'Ik weet niet wat ze je over hem hebben verteld, maar ik kan het me wel voorstellen. Schizofreen, hè? Je dacht dat hij degene was die je hond had gedood. Je wist niet dat hij je alleen maar een briefje probeerde te geven om tegen je te zeggen dat hij onschuldig was. Je dacht dat hij een pistool trok. En dus deed je wat goed was, wat moedig was. Je haalde de trekker over en schoot hem neer. Je deed wat een papa moet doen. Je beschermde je gezin, je familie.'

*Jezus christus. Ik heb haar van haar vader beroofd en dat wist ze de hele tijd al. Dat wist ze al voordat we elkaar leerden kennen.*

*Ik nam haar familie weg, en nu gaat ze de mijne wegnemen.*

Er ging een vreselijke huivering door zijn lichaam.

Ze knikte en bracht haar linkerhand omhoog, de hand met de aansteker, en Nick kromp ineen, maar ze wreef alleen met haar linkeronderarm over haar neus, snuffelend. 'Ja, ik was er die avond bij, Nick. Ik was daar als eerste. Hij volgde me, volgde me altijd. Hij wist dat ik naar je huis toe ging. Ik heb je gezien, Nick.'

Vanuit zijn ooghoek zag hij rechercheur Rhimes langzaam dichterbij komen, steeds dichterbij, maar hij durfde zijn blik geen millimeter te verleggen.

'Hij bleef naar je toe komen, hè? En hoe vaak je ook tegen hem zei dat hij moest blijven staan, hij bleef komen, want hij begreep het niet.' Haar stem werd dieper, een spookachtige imitatie van die van haar vader: "Nooit... veilig! Nooit... veilig!" Ze schudde haar hoofd. 'Ik vergeet nooit de uitdrukking op je gezicht toen het gebeurd was. Ik heb nog nooit iemand gezien die zo bang was. En zo verdrietig.'

'Cassie, ik... God, het spijt me zo, ik weet niet wat ik anders kan zeggen. Ik ga me verantwoorden voor wat ik heb gedaan. Ik zal ervoor boeten.'

'Sorry? O, begrijp me niet verkeerd, ik ben niet kwaad. Je hoeft je niet te verontschuldigen. Het was mooi wat je deed. Je beschermde je gezin, je familie.'

'Cassie, alsjeblieft...'

'Natuurlijk moest je dat doen. O, dat weet ik maar al te goed. Begrijp me niet verkeerd. Ik ben dankbaar. Het was een bevrijding, weet je. Het bevrijdde me. Mijn vader zat in een gevangenis van zijn eigen geest, maar ik zat ook gevangen, tot jij me bevrijdde. En toen leerde ik jou kennen en zag ik wat een sterke man je was. Een goede man, dacht ik. Je had een vrouw nodig, en je kinderen hadden een moeder nodig, en dan konden we met zijn allen een gezin, een familie, zijn.'

'We kunnen nog steeds een familie worden.'

Ze schudde haar hoofd. Haar mes bungelde bij haar zij, en haar andere hand speelde met de aansteker. Een wrang glimlachje. 'Nee, Nick. Ik weet hoe die dingen gaan. Ik heb het keer op keer meegemaakt, en ik...' Haar stem sloeg over, haar gezicht werd klein en gerimpeld, en ze begon nu echt te huilen. 'Ik kan het gewoon niet nog een keer doormaken. Ik ben moe. Ik kan het niet nog een keer doen. Als de deuren eenmaal zijn dichtgesmeten, krijg je ze niet meer open. Het is nooit hetzelfde. Begrijp je dat?'

'Ik begrijp het,' zei Nick. Hij kwam dichterbij en keek haar vol meegevoel aan.

'Stop, Nick,' zei ze. Ze hield de aansteker waarschuwend omhoog en ging een stap terug. 'Niet dichterbij.'

'Dingen kunnen veranderen, Cassie. In gunstige zin.'

De tranen liepen nu uit haar vlekkerige ogen over haar gezicht. 'Nee,' zei ze. 'Het is tijd,' en Nick hoorde het raspen van haar duim over het vuursteenwieltje.

## 109

Terwijl Audrey voetje voor voetje naar de keuken ging, luisterde ze aandachtig. Ze kon alles horen wat die twee zeiden, en het was vreemd hoe weinig betekenis het had om plotseling uit Nicholas Conovers eigen mond bevestigd te krijgen dat hij schuldig was.

Ze dacht aan die passage uit Matteus, de gelijkenis van de onbarmhartige slaaf. Ze dacht aan het briefje dat ze op haar computermonitor had geplakt: 'Vergeet niet: wij werken voor God.'

Ze wist wat ze met Nicholas Conover moest doen. Het wapen waarmee Andrew Stadler was gedood, was jaren geleden gestolen door Eddie Rinaldi, die nu dood op het gazon lag.

Je kon een dode niet veroordelen.

Dat zou ze later wel regelen.

Maar nu moest ze Cassie Stadler tegenhouden.

Deze situatie paste in geen enkele van de patronen waarop ze vroeger getraind had. Ze schuifelde langs de muur en voelde de kou daarvan op haar wang. Ze pakte de gladde verf van het deurkozijn vast.

Wist Conover dat ze er was?

Ze dacht van wel.

Ze hoorde de ononderbroken schelle toon, en ze zag waar dat geluid vandaan kwam. Het was een gasdetector, die de concentratie gas in de lucht mat. Die ononderbroken toon betekende dat het gas in de lucht zijn optimale brandbaarheid had bereikt – ze was het percentage vergeten, maar ze wist dat het ergens in de buurt van de tien procent lag. Cassie Stadler wachtte tot de lucht in het huis de gevaarlijkste concentratie gas had bereikt, niet minder en niet meer.

Je moest altijd een paar stappen vooruitdenken, zei ze tegen zichzelf. Als ze Cassie besloop en het verrassingselement gebruikte om haar met blote handen te lijf te gaan, was er het risico dat de vrouw schrok en per ongeluk de aansteker zou laten vlammen.

Dat moest tot elke prijs vermeden worden.

Ze schoof langs het tafeltje in de gang en lette erop dat ze het niet aanstootte, niet de albasten lamp op de vloer liet vallen. Ten slotte ging ze de keuken binnen, en ze wist nog steeds niet wat ze moest doen.

Ze luisterde aandachtig en dacht diep na.

Bij de eerste poging gaf de vuursteen geen vonk. Cassie fronste haar wenkbrauwen; de tranen liepen over haar wangen.

De gasdetector piepte, en intussen zong ze zachtjes met haar mooie, melodieuze stem: 'O, de steen riep uit: nu brand ik ook – ik ga met jou naar de hemel.'

'Cassie, niet doen.'

'Dit was jouw beslissing. Jij hebt het laten gebeuren.'

'Ik maakte een fout.'

Ze keek boven Nicks schouder, want ze zag iets. 'Luke?' zei ze.

'Cassie,' zei Lucas, en hij liep door de keuken naar haar toe.

'Luke,' zei Nick. 'Ga hier weg.'

'Wat doe je hier, Luke?' zei Cassie. 'Jij en Julia moesten in de kelder blijven.'

Audrey Rhimes was op de een of andere manier door de achterdeur het huis binnengekomen. Toen was het alarm afgegaan. Ze had de kelder open gekregen en de kinderen eruit gelaten. Maar waar was Julia?

Lucas had blijkbaar de gang aan de achterkant van het huis genomen, door de huiskamer naar de andere deur van de keuken.

'Je hebt ons opgesloten,' zei Lucas. Hij ging naar haar toe en kwam naast haar staan. 'Ik weet dat het geen opzet van je was. Maar ik vond de reservesleutel.'

Wat deed hij toch? 'Luke, alsjeblieft,' zei Nick.

Maar Lucas negeerde zijn vader. 'Cassie,' zei hij, en hij legde zijn hand op haar schouder. 'Weet je nog, dat gedicht waar je me mee hielp – van die Robert Frost?' Hij glimlachte, warm en innemend.

Cassie haalde Lucas' hand niet van haar schouder weg, zag Nick. Ze draaide zich naar hem om en haar gezicht werd een klein beetje milder.

'Thuis is de plaats waar ze je moeten binnenlaten als je erheen moet gaan,' zei Cassie met holle stem.

Lucas knikte.

Hij keek Nick een fractie van een seconde aan.

Nick zag het.

Lucas negeerde hem helemaal niet. Hij gaf zijn vader een teken.

'Weet je nog wat je tegen me zei?' zei Lucas. Zijn stralende blauwe ogen keken diep in de hare. 'Niets is belangrijker dan familie. Daar ging het uiteindelijk allemaal om, zei hij. Dat maakt ons menselijk.'

'Lucas,' zei Cassie, en haar stem veranderde een beetje, en op dat moment dook Nick op haar af om haar tegen de vloer te gooien...

... maar Cassie draaide zich als een slang opzij, snel als een dier uit de jungle, een en al soepele armen en benen. Hij dreunde tegen haar aan, sloeg het mes uit haar hand, maar ze zag kans hem te ontwijken. Het mes kletterde op de vloertegels.

Ze sprong overeind en hield de aansteker omhoog, zodat beide mannen hem goed konden zien, en zei: 'Jullie Conover-mannen. Wat moet ik met jullie beginnen?' Ze trok een vreemde grimas. 'Ik denk dat het tijd is. We moeten nu gaan. Een wereld moet aan zijn eind komen.'

Een plotselinge beweging achter Cassie.

*Ik moet haar aandacht vasthouden.*

'Cassie,' zei Nick. 'Kijk me aan.'

Haar troebele ogen keken hem aan.

'Ik verschuil me niet meer, Cass. Kijk in mijn ogen en je kunt het zien. Ik verschuil me niet.'

Haar gezicht straalde, rood en glanzend, mooier dan Nick haar ooit eerder had meegemaakt. Ze was totaal veranderd. Er was een opvallende sereniteit over haar gezicht gekomen op het moment dat ze het vuursteenwieltje had bewogen.

En toen vloog er plotseling iets vanuit de achtergrond op haar af en trof haar op haar hoofd, de witte albasten lamp, en terwijl het gesteente haar schedel liet kraken, zakte Cassie met een *unnnh*-geluid op de vloer. De aansteker gleed onder de koelkast.

Er ontsnapte een akelig borrelend geluid aan haar lippen.

Er zaten strepen van zweet op Audrey Rhimes' gezicht. Ze keek naar de lamp die ze nog in haar hand had en was blijkbaar nog niet bekomen van wat ze zojuist had gedaan.

Nick keek verschrikt. Tegelijk met de sterke gaslucht bespeurde hij nu ook de vage geur van Cassies patchoeliparfum.

'Rennen!' schreeuwde ze. 'Naar buiten!'

'Waar is Julia?' zei Nick, terwijl hij naar de deur ging.

'Ergens buiten,' zei Lucas.

'Rennen!' schreeuwde Audrey. 'Alles, het kleinste vonkje, kan het gas laten ontploffen. We moeten allemaal naar buiten en het verder aan de brandweer overlaten. Nu!'

Lucas rende voor Nick uit, vloog tegen de hordeur op voordat hij hem openkreeg en hield hem toen open voor Audrey en zijn vader.

Julia stond op een flinke afstand naast de oprijlaan op het gazon.

Nick rende naar haar toe, greep haar vast, gooide haar over zijn schouder en rende door, op de voet gevolgd door Lucas en Audrey. Ze bleven allemaal aan de rand van het terrein staan, en op dat moment hoorde Nick het loeien van sirenes.

'Kijk!' zei Lucas, wijzend naar het huis, en Nick zag meteen wat hij bedoelde. Het was Cassie. Ze stond wankelend voor het raam naar hen te kijken, een sigaret in haar mondhoek.

'Nee!' schreeuwde Nick, maar hij wist dat ze hem niet kon horen en toch niet luisterde.

Er volgde een oogverblindende flits, en het volgende moment was er een gigantische vuurbal te zien.

De grond schudde, en het huis was bijna meteen geheel en al in vuur gehuld. Er ging een grote zuil van vonken en kolkende grijze rook de lucht in, en enkele seconden later sprongen de ruiten en kletterde het glas uit de buitendeuren. De deur- en raamkozijnen vlogen door de lucht en de vlammen bulderden nu uit alle openingen. Het vuur maakte de muren en schoorstenen zwart en wierp een akelig oranje schijnsel op de bewolkte hemel. Ze renden weg, en golven van hitte kwamen achter hen aan en schroeiden hun gezicht. Julia gilde, en Nick hield haar stevig vast. Ze renden de hele oprijlaan af.

Nick bleef pas staan toen ze bij de weg waren aangekomen, waar hij, buiten adem van het dragen van zijn dochter, moest stoppen. Hij draaide zich om naar het huis, maar zag alleen nog vuur en rook. De sirenes van de brandweer waren niet luider geworden, niet dichterbij gekomen. Nick wist dat de brandweer werd opgehouden door het veiligheidshek.

De brandweer zou nog maar weinig kunnen redden.

Hij hield Julia nog wat steviger vast en zei tegen Audrey Rhimes: 'Voordat ik mezelf aangeef om... me te verantwoorden... wil ik graag een korte vakantie houden met mijn kinderen. Een paar dagen met elkaar. Is dat mogelijk, denkt u?'

Rechercheur Rhimes keek hem aan. Ze keken elkaar diep in de ogen. Haar gezicht was onbewogen, ondoorgrondelijk.

Na wat een eindeloos lange stilte leek knikte ze. 'Dat is goed.'

Nick keek nog even naar de vuurzee en wilde haar toen bedanken, maar ze liep al over de oprijlaan naar de politieauto die voor het konvooi van brandweerwagens uit was gekomen. De blonde rechercheur zat achter het stuur.

Hij voelde dat iets zijn elleboog vastpakte, een bevende, krampachtige greep, en hij zag dat het Lucas was. Samen keken ze, verdoofd en sprakeloos, nog een paar minuten naar de hel van vuur. Hoewel het een grauwe, bewolkte middag was, laaide het vuur zo fel op dat het de hemel doforanje maakte, de kleur van een zonsopgang.

# EPILOOG

De eerste paar dagen deed Nick weinig anders dan slapen. Hij ging vroeg naar bed, stond laat op, deed dutjes op het strand.

Hun 'villa', zoals het vakantiecentrum het noemde, stond op Ka'anapali Beach. Je ging de deur uit en stond op het strand. 's Nachts hoorde je het kalmerende geluid van de golven die kwamen aanrollen. Lucas, die anders altijd lang bleef liggen, stond samen met Julia vroeg op om te zwemmen of te snorkelen. Hij leerde haar zelfs surfen. Als de kinderen tegen het eind van de ochtend naar de bungalow terugkwamen, was Nick net opgestaan en dronk hij zijn koffie op de *lanai*. Ze aten met elkaar, een laat ontbijt of vroege lunch, en daarna gingen de kinderen snorkelen op Pu'u Keka'a, een vulkanisch rif dat door de oude Hawaïanen vereerd werd als een heilige plaats waar de geesten van de doden uit deze wereld naar de volgende sprongen.

Hij praatte wat met de kinderen, maar bijna nooit over serieuze dingen. Ze hadden zo ongeveer al hun aardse bezittingen verloren, maar dat was blijkbaar nog niet goed tot hen doorgedrongen. Het was vreemd dat ze het nooit ter sprake brachten.

Enkele keren verzamelde hij de moed om met hen over de juridische nachtmerrie te praten die hen thuis te wachten stond: de grote kans dat het tot een proces zou komen en hij de gevangenis in zou gaan. Maar hij kon het niet, misschien wel om dezelfde reden waarom niemand van hen wilde praten over de dag waarop hun huis afbrandde. Hij wilde de vakantie niet bederven, deze laatste vakantie met elkaar voor vele jaren.

Het was of ze allemaal surften en zich door de volmaakte golf lieten meevoeren, en op dat moment was het niet erg dat er diep in het water grote, griezelige wezens met grote, scherpe tanden waren. Want de Conovers waren hierboven, in de zon, en blijkbaar wisten ze stilzwijgend dat je alleen boven kon blijven door niet te denken aan wat er beneden op de loer kon liggen.

En zo zwommen en snorkelden, surften en aten ze. Op de tweede dag sliep Nick te lang door op het strand en verbrandden zijn oren en voorhoofd.

Nick nam geen werk mee – hij had geen werk – en hij liet zijn mobiele telefoon uitgeschakeld op zijn nachtkastje liggen. Hij lag op het strand te lezen en te denken en te slapen, wriemelde met zijn tenen in het poederige grijze zand en keek naar het glinsteren van de zon op het water.

Op de derde dag zette hij eindelijk zijn mobiele telefoon weer aan. Er bleken tientallen berichten op te staan van vrienden en Stratton-collega's, die hadden gehoord of gelezen wat er met hun huis was gebeurd en zich ervan wilden vergewissen dat Nick en de kinderen ongedeerd waren. Nick luisterde ernaar, maar beantwoordde er niet een van.

Er was ook een bericht van zijn vroegere secretaresse, Marge Dykstra, die vertelde dat de krant van Fenwick een paar voorpaginaverhalen had gebracht over de poging van Fairfield Equity Partners om de Stratton Corporation aan China te verkopen, alle Amerikaanse activiteiten te staken en alle personeelsleden te ontslaan – totdat de overname werd verhinderd door 'ex-president-directeur Nicholas Conover', die onlangs ontslag had genomen 'om meer tijd met zijn gezin door te brengen'.

Het was de eerste goede pers die hij en Stratton in lange tijd hadden gekregen. Marge wees hem erop dat zijn naam voor het eerst in bijna drie jaar in een krantenkop had gestaan zonder dat het woord 'Beul' erop volgde.

Op de vierde dag lag Nick in een strandstoel op de *lanai*. Hij las een boek over D-Day waar hij al maanden doorheen probeerde te komen en dat hij nu beslist wilde uitlezen, toen hij in de verte zijn mobiele telefoon hoorde overgaan. Hij stond niet op.

Even later kwam Lucas met de telefoon in zijn hand uit de bungalow naar hem toe. 'Het is voor jou, pa.'

Nick keek op, legde zijn wijsvinger op de passage in het boek die hij aan het lezen was, en nam met tegenzin de telefoon over.

'Meneer Conover?'

Hij herkende de stem, en meteen trok zijn buik zich helemaal samen. 'Rechercheur Rhimes,' zei hij.

'Neemt u me niet kwalijk dat ik u in uw vakantie stoor.'

'Dat geeft niet.'

'Meneer Conover, dit telefoontje blijft onder ons. Is dat goed?'

'Ja.'

'Ik denk dat uw advocaat contact met het openbaar ministerie moet opnemen. Dat is bereid een akkoord met u te sluiten als u zich schuldig verklaart.'

'Pardon?'

'Als u bereid bent u schuldig te verklaren aan dood door schuld

– of misschien zelfs alleen aan poging tot belemmering van de rechtsgang – is de officier van justitie bereid alleen een voorwaardelijke straf te eisen.'

'Wat? Ik snap het niet.'

'Ik neem aan dat u de *Fenwick Free Press* niet hebt gelezen.'

'De bezorging is hier niet zo best.'

'Nou, meneer Conover, we weten allebei dat de officier van justitie een erg politiek dier is – nogmaals, dit blijft onder ons. Begrepen?'

'Ja, natuurlijk.'

'En blijkbaar is het klimaat hier veranderd. Het nieuws van wat u voor de onderneming hebt gedaan – nou, de officier van justitie heeft er niet veel vertrouwen in dat een jury u zal veroordelen. En dan is er nog de dood van een van onze hoofdverdachten, meneer Rinaldi. De officier van justitie voelt weinig voor een juryproces.' Ze zweeg even. 'Hallo? Hallo?'

'Ik ben er nog.'

'En... Nou, er stond vanmorgen weer een artikel in de krant. Daarin werden vragen gesteld over de manier waarop de politie de zaak-Andrew Stadler heeft aangepakt.'

'Zoals?'

'O, u weet er vast wel iets van. Dat de politie niets deed om de stalker tegen te houden die naar uw huis kwam, en dat ze geen onderzoek naar... haar deden. Het is duidelijk geworden dat als de politie niet zo nalatig was geweest, de situatie niet zo zou zijn geëscaleerd. Ik moest de officier van justitie laten weten dat mijn getuigenverklaring die nalatigheid nog meer in de openbaarheid zou brengen. En dat wil niemand in dit korps.'

Nick kon een hele tijd geen woord uitbrengen. Ten slotte zei hij: 'Ik... En wat vindt u van dit alles?'

'Het is niet aan mij om daar iets over te zeggen. U bedoelt, of ik vind dat er gerechtigheid geschiedt?'

'Zoiets, ja.'

'We weten allebei dat de beslissing van de officier van justitie om de meeste aanklachten in te trekken gemotiveerd wordt door politieke overwegingen. Maar gerechtigheid?' Audrey Rhimes zuchtte. 'Ik weet niet of er in deze zaak gerechtigheid kan geschieden, meneer Conover. Ik geloof zeker niet dat het de gerechtigheid zou dienen als uw kinderen nog meer moesten lijden. Maar dat is niet meer dan mijn persoonlijke mening.'

'Mag ik u bedanken?'

'U hoeft me nergens voor te bedanken, meneer Conover. Ik probeer alleen maar het goede te doen.' Ze zweeg een ogenblik. 'Maar misschien kunnen we in deze zaak niet het goede doen. Misschien gaat het er in dit geval om dat we proberen niet het verkeerde te doen.'

Nick legde de mobiele telefoon neer en keek een hele tijd naar het zonlicht dat op het blauwe water danste.

Een paar minuten later kwamen Lucas en Julia samen de bungalow uit. Ze zeiden dat ze een wandeling wilden maken naar het nabijgelegen oerwoud en de watervallen.

'Goed,' zei Nick. 'Maar luister, Luke, ik wil dat je goed op je zusje past.'

'Pa, ze is bijna elf,' zei Lucas. Zijn stem klonk nog dieper dan anders.

'Pa, ik ben geen kleuter meer,' zei Julia.

'Ik wil niet dat jullie iets stoms gaan doen, zoals van de watervallen af springen,' zei Nick.

'Breng me niet op ideeën,' zei Lucas.

'En blijf op het pad. Het schijnt hier en daar modderig en glibberig te zijn, dus wees voorzichtig.'

'Pa.' Lucas rolde met zijn ogen, en hij en zijn zusje sloegen het pad tussen de palmbomen in. Een paar seconden later draaide hij zich om. 'Hé, mag ik twintig dollar?'

'Waarvoor?'

'Misschien gaan we onderweg ergens iets eten.'

'Goed.' Nick haalde twee twintigjes uit zijn portefeuille en gaf ze aan Lucas.

Hij keek hen na. Ze waren allebei al gebronsd. Julia's krullende haar wapperde in de wind. Haar benen waren lang en veulenachtig; ze was geen meisje meer, maar ook geen vrouw. Lucas, die steeds langer en breder werd, droeg een surfersbroek die tot over zijn knieën reikte en een wit T-shirt, dat schitterde in de zon. In dat shirt zaten nog vouwen van de koffer.

Toen Nick de kinderen nakeek, draaide Lucas zich plotseling om. 'Pa?'

'Wat?'

Een meeuw krijste omdat hij een vis zag en dook op het water af.

Lucas keek hem even aan. 'Kom ook mee.'

# WOORD VAN DANK

Nee, de Stratton Corporation is geen nauwelijks verhulde versie van Steelcase of Herman Miller – zoals iedereen weet die daar werkt. Maar ik ben dank verschuldigd aan een aantal mensen op sleutelposities in die bedrijven, mensen die het verschil tussen fictie en realiteit kenden en goedvonden dat ik in hun kantoren en fabrieken rondsnuffelde en grove, provocatieve en irrelevant lijkende vragen stelde. Bij Steelcase Inc. in Grand Rapids, Michigan, heb ik onnoemelijk veel hulp gekregen van Debra Bailey, directeur Corporate Communications, en Jeanine Hill, publicrelationsmanager. Ik heb inmiddels veel bedrijven bezocht, maar ik heb nergens een pr-afdeling meegemaakt die zo open, oprecht, gastvrij en doodgewoon vriendelijk was. Deb Bailey gaf me ook de ultieme insiders-rondleiding door Grand Rapids, waardoor ik daar – bijna – wilde gaan wonen. Ik was vooral onder de indruk van de president en CEO van Steelcase, Jim Hackett, die alle tijd voor me had en me veel heeft verteld over de (persoonlijke en professionele) problemen die je hebt wanneer je voor de opgave staat een grote onderneming te moderniseren en door moeilijke tijden heen te loodsen. Frank Merlotti jr., president van Steelcase North America, vertelde me hoe het was om een gewone jongen te zijn die het tot de top van de grootste onderneming in zijn geboortestad bracht. Bij Herman Miller in Zeeland, Michigan, liet Bruce Buursma me op een fascinerende manier kennismaken met het prachtige hoofdkantoor van die onderneming. Rob Kirkbride van de *Grand Rapid Press* gaf me een interessant journalistiek beeld van die ondernemingen. Jammer genoeg kwam ik in geen van beide plaatsen iemand tegen die ook maar enige gelijkenis vertoonde met Scott McNally.

De meeste CEO's en financieel directeuren met wie ik in het kader van de research voor *Bedrijfsongeval* heb gepraat, willen graag anoniem blijven. Ze weten wie ze zijn, en ik dank hen voor de kostbare tijd die ze aan deze fictieve onderneming hebben willen besteden. Mijn vriend Bill Teuber, financieel directeur bij de EMC Corporation, heeft me op tal van manieren geholpen, onder andere door me uit te leggen wat een financieel directeur nu eigenlijk doet. Mijn Yale-jaargenoot Scott Schoen, senior managing director bij Thomas H.

Lee Partners in Boston, was zo goed tijd vrij te maken van erg belangrijke onderhandelingen en me te helpen een beeld te schetsen van de fictieve firma Fairfield Partners en zijn machinaties. Daar waren trouwens ook geen Todd Muldaurs.

Opnieuw was mijn oude vriend Giles McNamee, managing director van McNamee Lawrence & Co, een belangrijke, onaangeklaagde medeplichtige bij het uitdenken van creatieve, kwaadaardige financiële intriges. Ik stel zijn medeplichtigheid en behulpzaamheid op prijs. Mike Bingle van Silver Lake Partners heeft me enorm geholpen met het oplossen van allerlei lastige verhaalproblemen. (Ik dank Roger McNamee, die ons met elkaar in contact heeft gebracht.) Nell Minnow, oprichtster van de Corporate Library, maakte me duidelijk hoe raden van bestuur werken (of niet werken).

Ik ben ook grote dank verschuldigd aan mijn experts op het gebied van bedrijfsbeveiliging, van wie niemand ook maar enige gelijkenis vertoonde met Eddie Rinaldi. Ik noem George Campbell, voormalig veiligheidschef bij Fidelity Investments, en de briljante Jon Chorey, chief engineer bij Fidelity Security Services, Inc. Bob McCarthy van Dedicated Micros zette de finesses van digitale videobewakingssystemen voor me uiteen, evenals Jason Lefort van Skyway Security en vooral Tom Brigham van Brigham Scully. Ik dank ook Rick Boucher van Seaside Alarms in South Yarmouth, Massachusetts. Skip Brandon, voormalig deputy assistant director bij de FBI en medeoprichter van Smith Brandon, een internationale consultantsfirma op het gebied van beveiliging – een waardevolle bron, en vriend, sinds *Het uur nul* – gaf me fascinerende achtergrondinformatie over lege vennootschappen en het witwassen van geld. En opnieuw was advocaat Jay Shapiro van Katten Muchin Zavis Rosenman mijn belangrijkste bron wat strafrecht betreft. Als ik ooit in zulke moeilijkheden kom als Nick, neem ik meteen Jay in de arm.

Zelfs een gewoon moordonderzoek kan gecompliceerd zijn, maar doordat ik probeerde Audrey Rhimes' werk zo moeilijk mogelijk te maken, dreef ik mijn twee moordexperts bijna tot waanzin. Mijn diepste dank gaat uit naar Dean Garrison van de Forensic Services Unit van het Grand Rapids Police Department – auteur, vuurwapenspecialist en bijzonder grappige waarnemer van de zwakheden in het politiewerk – en rechercheur Kenneth Kooistra, een legendarische moordonderzoeker die kortgeleden zijn loopbaan bij de Major Case Unit van het GRPD beëindigde. Kooistra's verhalen zijn fascinerend en zijn behulpzaamheid is grenzeloos. Agent Ryan Larrison, vuurwapenonderzoeker van de Michigan State Police, legde me met veel geduld alle finesses uit van het Integrated Bullet Identification System. Ik dank ook Gene Gietzen van Forensic Consulting in Springfield, Missouri, George Schiro van het Acadiana Criminalistics Laboratory in New Iberia, Louisiana, brigadier Kathy Murphy van het Cambridge Police Department, en rechercheur Lisa Holmes van het Boston Police Department. Stanton Kessler, arts, was weer mijn voornaamste bron op het gebied van sectieprocedures en pathologie. Mike Hanzlick heeft me veel verteld over de gevaren van gas.

Het is alweer een tijdje geleden dat ik zestien jaar oud was – blijkbaar heb ik alle herinneringen verdrongen – dus toen het op Lucas aankwam, had ik het geluk dat ik gebruik kon maken van de scherpzinnige opmerkingen van Eric Beam en Stefan Pappius-Lefebvre, twee charismatische en welbespraakte jongens (al waren ze helaas lang niet zo opstandig en ontspoord als ik voor mijn doeleinden zou willen). Nicks gezinsleven, en vooral zijn omgang met Luke, is voor een groot deel geïnspireerd door Michael Gurian, therapeut en schrijver van de bestseller *The Wonder of Boys*.

Wat de esoterische kunst van het vliegvissen betreft, was mijn vriend Allen Smith een geweldig goede bron. Voor informatie over ijshockey ben ik dank verschuldigd aan Steve Counihan, tennisprof en uitmuntend ijshockeyspeler. Nogmaals dank aan mijn getalenteerde researcher voor dit boek en andere boeken van mij, Kevin Biehl, en aan mijn geweldige voormalige assistente, Rachel Pomerantz. En aan een paar goede vrienden die ook hun steentje bijdroegen: Joe Teig en Rick Weissbourd. Mijn broer, de arts Jonathan Finder, die medische adviezen gaf, mijn jongere zus Lisa Finder, researchbibliothecaresse op het Hunter College, die met research hielp, en mijn oudere zus Susan Finder, advocate in Hongkong, die het China-materiaal verifieerde. Zoals altijd gaat mijn dank naar mijn fantastische agente Molly Friedrich en haar assistent Paul Cirone van de Aaron Priest Agency, die mij voortdurend hebben gesteund en ook een aantal erg nuttige redactionele bijdragen hebben geleverd.

En dan mijn uitgever, St. Martin's Press – goh, wat ben ik blij dat ik in zee ben gegaan met zo'n uitstekend en enthousiast uitgeefteam, en ik ben hun allen dankbaar, met name directeur John Sargent, uitgever Sally Richardson, Matthew Shear, John Cunningham, George Witte, Matt Baldacci, Christina Harcar, Nancy Trypuc, Jim DiMiero, Alison Lazarus, Jeff Capshew, Brian Heller, Ken Holland, Andy LeCount, Tom Siino, Rob Renzler, John Murphy, Gregg Sullivan, Peter Nasaw, Steve Eichinger, en bij Audio Renaissance: Mary Beth Roche, Joe McNeely en Laura Wilson.

En mijn verbazingwekkende redacteur, Keith Kahla – nou, je bent de beste.

Mijn dochter Emma was mijn voornaamste bron als het om het leven van tienjarige meisjes ging, van honkbal tot The Sims. In de koortsachtige laatste maanden van mijn werk aan *Bedrijfsongeval* moest ze me vaak lange tijd missen, maar ze bracht altijd opgewekt frisdrank de helling op naar mijn schrijfatelier in Truro en wist me altijd weer op te vrolijken. Zij en mijn vrouw, Michele Souda, zijn mij enorm tot steun geweest in de tijd dat ik dit boek schreef.

En opnieuw dank ik bovenal mijn broer Henry Finder, editorial director van *The New Yorker*, onuitputtelijke bron van ideeën, onvermoeibaar brainstormer, weergaloos redacteur in eerste en laatste instantie. Zonder jou had ik het niet kunnen doen.